## 추천의 글

혹실드 교수를 처음 뵌 건 2024년 9월 어느 날이었다. 프린스턴대학교 공공 강연 시리즈 연사로 초청받은 혹실드 교수는 당시 갓 나온 따끈따끈한 책 《도둑맞은 자부심》의 골자를 흡인력 있게 찬찬히 풀어냈다. 프린스턴은 많은 대학 도시가 그렇듯 민주당 지지세가 훨씬 강하다. 대선을 두 달 앞두고 트럼프의 돌풍을 여전히 이해하지 못하던, 그래서 처음엔 갸우뚱하던 청중들은 갈수록 연신 고개를 끄덕였다.

혹실드 교수는 '트럼프 현상'을 이해하는 핵심 키워드로 '자부심'과 '수치심'을 꼽았다. 트럼프가 공화당에 이어 미국 정치를 장악하게 된 연원을 이해하는 일은 곧 오랫동안 민주당을 지지했던 블루칼라 백인 노동자들이 왜 트럼프로 돌아섰는지 알아가는 과정이다. 《도둑맞은 자부심》은 트럼프를 찍은 유권자들을 가장 가까이서 들여다보며 정치가 유권자들의 자부심과 수치심에 어떻게 영향을 미쳤는지 자세하고 명쾌하게 해설한다.

켄터키주 광산 마을인 파이크카운티는 광산 붐이 불던 시절만 해도 고등학생들이 벤츠를 몰고 다니던 부자 동네였다. 하지만 지금 파이크카운티가 속한 선거구는 미국 435개 하원의원 선거구 가운데 평균 소득이 뒤에서 두 번째일 정도로 가난한 데다 마약에 찌든 이들을 쉽게 만날 수 있는 곳이 됐다. 이곳에 사는 백인들의 투표 성향은 프린스턴과 정반대로 트럼프의 지지세가 압도적으로 높다.

혹실드 교수는 이런 변화의 원인을 찾기 위해 8년 가까이 파이크카운티를 제집처럼 드나들며 지역 사회를 관찰하고, 주민들의 이야기를 들었다. 그리고 이들이 품고 있던 자부심이 경제 구조의 변화, 정부의 부재, 가짜뉴스, 마약으로 인해 수치심으로 변하는 과정을 생생히 기록했다.

애팔래치아산맥 근처 시골 지역의 백인 노동자들은 어쩌다 도시에 사는 고학력, 고소득층이 자신들을 촌스러운 인종주의자로 손가락질한다고 생각하게 됐을까? 자신들의 뿌리 깊은 자부심을 흑인이나 도시 사람들한테 "도둑맞았다"고 여기며 분노하는 이유는 뭘까? 그리고 트럼프는 분노한 이들에게 어떻게 어필했을까? 혹실드 교수는 파이크카운티 사람들의 삶을 통해 그 원인을 짚는다.

한 사회와 커뮤니티는 다면적이고 다층적이다. 트럼프의 지지율이 90%에 육박하는 동네라고 해서 사람들의 생각이나 삶의 방식이 다 같을 리가 없다. 책은 이런 점도 훌륭히 그려낸다. 마약에 빠져 죽을 고비를 몇 번 넘긴 뒤 주변의 도움으로 회복하고 나서 이제는 다른 사람을 돕는 사람 이야기, 미국의 소외된 지역에 의료 서비스를 제공하는 조건으로 비자를 받고 이곳에 와서 몇십 년째 사는 인도 출신 무슬림 의사 이야기, 코딩을 배우는 선견지명을 발휘해 광산 경제의 그늘에서 벗어난 사람들의 모습까지 만나볼 수 있다. 다양한 이야기를 통해 광산 경제의 쇠락과 같은 구조적인 문제, 극우의 부상, 더 나은 삶을 개척하려는 인간의 의지가 어떻게 공존하는지도 자연스럽게 그려진다.

트럼프라는 이름 세 글자가 하루도 빠지지 않고 뉴스에서 들리는 세상에서 트럼프의 정치적 지지 기반을 이해하지 않고서는 트럼프의 정책을 온전히 이해하기는 어렵다. 트럼프 지지자들이 어떻게 탄생했는지 정확히 꿰뚫어 본 이 책은 트럼프 시대에 더욱 귀중한 참고서가 될 것이다.

— 유혜영, 프린스턴대학교 정치학과 및 공공정책대학원 교수

앨리 러셀 혹실드는 진보 진영이 놓치고 있는 진실을 보여준다. 정치적 갈등의 출발점이 자부심과 수치심이라는 도덕적 감정이라는 사실이다. 이 책은 새로 등장한 우파의 도덕과 정치심리에 관해 지금까지 나온 책들 중 단연 최고이며, 문화적·정치적 분열을 넘어서는 경청의 기술의 진수를 보여준다.

— 마이클 샌델, 하버드대학교 정치철학과 교수

이 책은 '잊힌 미국인들'에 대한 선구적인 연구의 또 다른 결과물이다. 그들은 간절히 도움이 필요함에도 열심히 노력하면 누구나 성공할 수 있다는 신화를 붙잡은 채 위태롭게 살아간다. 혹실드의 통찰은 따뜻하면서도 날카롭고 무엇보다 깊은 울림을 준다.

— 로버트 라이시, 전 미국 노동부 장관

정말 뛰어난 책이다! 갈수록 경제적 상황이 악화되며 트럼프와 극우에 강하게 끌리는 백인 유권자들에게 진보 진영이 다시 신뢰받기 위해서는 혹실드의 말을 깊이 경청해야 한다.

— 로버트 커트너, 〈아메리칸 프로스펙트〉 창립자

《도둑맞은 자부심》은 걸작이라고 부르기에 손색이 없는 책이다. 쇠락해가는 애팔래치아의 작은 지역 공동체가 외지에서 온 백인 민족주의자들의 행진에 대응한 이야기를 담은 이 책은 정치적 양극화, 경제적 불평등, 인종차별, 그리고 비합리적이고 감정적인 정치 정체성과 선동 속에서도 연약한 우리 민주주의에 대한 한 줄기 희망의 빛을 보여준다. 모든 이에게 말하고 싶다. 이 책을 꼭 읽으시라.

— 쇼나 L. 스콧, 켄터키대학교 사회학과 명예 부교수

《도둑맞은 자부심》에서 앨리 러셀 혹실드는 특유의 섬세한 시선으로 늘 뒷전으로 밀려나 있던 미국인들의 삶의 단면을 다시 조명한다. 불안한 시대를 살아가는, 자부심 강한 이 지역 사람들이 어떻게 스스로를 지탱해 왔는지를, 그들이 이어온 관습과 감정을 통해 깊이 있게 들여다본다.
— 제니퍼 M. 실바, 《커밍 업 쇼트》 저자

혹실드의 앞선 명저 《자기 땅의 이방인들》과 마찬가지로, 이 책에는 오늘날 정치 연구에서 보기 드문 진실과 친밀함으로 독자들에게 던지는 뚜렷한 메시지가 있다. 바로 인간에 대한 진정한 이해다. 《도둑맞은 자부심》은 탁월한 책이며, 이 시대에 반드시 읽어야 할 책이다.
— 마크 대너, 《엘 모조테 대학살 The Massacre at El Mozote》 저자

잊힌 심장부의 정치적 분노에 대한 통찰력 있고 문제적인 시각.
— 〈커커스 리뷰〉

미국 정치의 핵심적 요소에 대한 인상적이고 섬세한 평가.
— 〈퍼블리셔스 위클리〉

《도둑맞은 자부심》은 7년이라는 시간을 통해 얻은 권위를 가지고 있다. 혹실드의 수많은 도구 중 가장 효과적인 도구는 이제껏 잘 들리지 않던 사람들의 이야기에 귀를 기울이는 것이다.
— 〈뉴욕타임스 북리뷰〉

도둑맞은 자부심

★ **Stolen Pride**

# 도둑맞은 자부심

고립된 아메리카 탄생의 기원

상실감, 수치심

엘리 러셀 혹실드 지음
이종민 옮김

어크로스

STOLEN PRIDE by Arlie Russell Hochschild
Copyright ⓒ 2024 by Arlie Russell Hochschild
All rights reserved.
This Korean edition was published by ACROSS Publishing Group Inc.
in 2025 by arrangement with Arlie Russell Hochschild c/o Georges Borchardt, Inc.
through KCC(Korea Copyright Center Inc.), Seoul.

이 책은 (주)한국저작권센터(KCC)를 통한 저작권자와의 독점계약으로
어크로스출판그룹(주)에서 출간되었습니다.
저작권법에 의해 한국 내에서 보호를 받는 저작물이므로 무단전재와 복제를 금합니다.

조앤 콜에게 바칩니다.

"이야기를 풀어간다는 건 밀이 가득한 곡물 창고에 손을 넣어 한 줌의 밀을 꺼내는 것과 같다. 항상 할 수 있는 이야기보다 더 많은 이야기가 남아 있다."

— 웬델 베리 Wendell Berry, 《포트윌리엄의 이발사》 중에서

차례

## 1부
## 우파들의 행진

1장 정중한 목소리  17
2장 완벽한 폭풍  35
3장 자부심의 역설  49
4장 백인 민족주의자  79
5장 문을 잠근 사람들  105

## 2부
## 군중 속의 얼굴들

6장 자수성가를 향한 길  133
7장 나쁜 놈이라는 자부심  155
8장 나는 가짜 인종주의자  183
9장 밑바닥을 딛고 서다  213
10장 중독에서 벗어나기  231

## 3부

## 격동하는 정치

**11장** 자부심과 수치심의 대결 263
**12장** 전향한 극우 지도자 277
**13장** 정치를 움직인 감정 293
**14장** 국회의사당에 울린 총성 345
**15장** 공감의 다리 367
**16장** 밀려난 사람들 385

나가는 글: 파이크빌을 떠나며 403
후기 409
감사의 글 417

부록 1: 연구 개요 421
부록 2: 공감의 다리를 건너며 426

주 431
색인 477

일러두기

- 원서에서 이탤릭체로 강조한 부분은 고딕체로 표기했다.
- 외국 인명과 지명은 외래어표기법에 따르되, 널리 쓰이는 인명과 지명은 그에 따라 표기했다.
- 국내에 소개된 작품은 번역된 제목을 따랐고, 국내에 소개되지 않은 작품은 원어 제목을 우리말로 옮기고 원제를 병기했다.

# 1부 우파들의 행진

공동체의 주요한 자부심의 원천인 고임금 일자리가 사라진다면 어떻게 될까? 오래된 기술이나 전통적인 생활 방식이 쓸모없어지고 가치가 떨어진다면 어떻게 될까? 문제에 대한 실질적 해결책이 없는 상황에서 상실감과 수치심이 정치인들이 캐내려는 '광석'이 되면 어떤 일이 벌어질까?

# 1장 정중한 목소리

목소리는 정중하고 말투는 차분했다. 억양으로 봐서는 애팔래치아 사람이 아닌 듯했다. 문제의 전화가 걸려온 것은 2017년 4월 초의 어느 날 아침이었다. 켄터키주 파이크빌 주변 산비탈에 미국삼나무와 층층나무들이 꽃망울을 터뜨리며 서서히 봄의 창을 열고 있었다.

전화벨이 울린 곳은 파이크빌의 행정 담당관인 도너번 블랙번의 사무실이었다. "비서가 제 집무실로 고개를 들이밀며 메인스트리트에서 행진 허가를 요청한 사람이 있다면서 어떻게 해야 할지 묻더군요. 신청자 이름은 매슈 하임바크였어요." 키가 크고 마른 체격에 날카로운 파란 눈, 희끗한 금발, 그리고 흔들림 없는 태도를 지닌 40대 남성인 도너번은 나중에 이렇게 말했다. "그래서 구글에 하임바크를 검색해봤고 그가 네오나치라는 사실을 알게 됐죠." 도너번은 점점 커져가던 자신의 팀을 종종 "우리"라고 표현했는데, 이 팀은 이후 벌어진 온갖 일을 꿋꿋이 처리해 찬사를 받았다.

"하임바크가 가는 곳마다 폭력이 뒤따릅니다." 도너번은 내게 말하곤 했다. 정중한 목소리의 그 남자는 불과 9개월 전에 캘리포니아주 새크라멘토에서 백인 민족주의 행진을 공동으로 주도했다. 그곳에서 사람들은 구타당하고 발로 차이고 질질 끌려다녔다. 게다가 10명이 칼에 찔려 병원에 입원하기까지 했다.[1]

파이크빌은 켄터키주 제5 연방하원선거구(KY-5)[2]에 속한 쇠락한 카운티의 산자락 아래에 자리 잡고 있다. 이 선거구는 미국의 435개 선거구 중에서 두 번째로 가난한 곳이자 백인 비율이 가장 높은 곳이다. 파이크빌은 한때 번성했던 석탄 산업의 중심지였다. "우리가 미국 전역에 불을 밝혔지!", "제2차 세계대전의 연료도 우리가 공급했다고!" 같은 말이 자주 들려왔다. 실제로 과거 한때는 주변 산에서 캐낸 검은 황금인 석탄을 산업화된 미국의 열린 입속으로 쏟아 넣기 위해 기차들이 쉭쉭 증기를 뿜어대고 날카로운 마찰음을 내며 파이크빌 한가운데에 놓인 철로를 바삐 내달렸다. 하지만 요즘은 석탄이 자취를 감추고 마약이 밀려들면서 이 지역은 어려움을 겪고 있었다. "사람들은 이곳의 힘든 현실을 제대로 알지 못해요. 아니면 모두 우리 잘못이라고 하죠." 누군가가 말했다. 얼마 전까지만 해도 파이크 카운티의 유권자들은 루스벨트와 케네디, 빌 클린턴에게 표를 던진 민주당 지지자들이었다. 하지만 이제 이 카운티는 미국에서 가장 빠르게 공화당 지지로 기울고 있는 다섯 개 카운티 중 하나가 됐다.[3]

미국 전역에서 백인 민족주의자들의 시위가 터져 나오고 있었다. 2017년 문제의 전화가 걸려오기 전 3개월간 백인 민족주의 단체들은 워싱턴주 시애틀과 오리건주 레이크오스위고에서 행진을 벌였다.[4]

미니애폴리스에서는 한 백인 남성이 "흑인의 생명도 소중하다Black Lives Matter(BLM)" 시위대 다섯 명을 총으로 쐈다.[5] 백인 우월주의 단체인 기사당Knights Party은 아칸소주 해리슨에서 "자신의 혈통을 사랑하라Love Your Heritage"는 기치를 내걸고 깃발 시위를 벌였다.[6] 캘리포니아주 버클리에서는 화려한 언변의 극우 성향 연사 마일로 야노풀로스의 지지자들과 그에 반대하는 1000여 명의 시위대가 충돌했다. 캘리포니아주는 공공장소에서 무허가 총기 소지를 금지하고 있지만 공립대학인 UC버클리는 학생이 아닌 캘리포니아 주민들의 캠퍼스 출입을 막을 수 없었다. 이후 공개된 영상에는 검은 옷을 입고 복면을 쓴 폭도들이 유리창을 깨고 불을 지르는 모습이 포착됐고 대학은 80만 달러의 피해를 입었다.[7]

비영리 법률 지원 기구인 남부빈곤법률센터는 2000년 혐오 단체가 599개에 달하는 것으로 집계했지만 하임바크의 전화가 걸려온 2017년에는 그 숫자가 954개로 늘어났다.[8] 그중 켄터키주에 본부를 둔 단체만 11개에 달했다.[9] '대안우파 TV', '백인의 자부심 라디오', '백인 저항 뉴스' 같은 극단주의 성향의 미디어 채널들도 세를 불리며 자신들이 주최하는 공개 행사를 홍보하고 지지자를 모집했다.

한편 120개에 달하는 켄터키주의 카운티 대부분과 마찬가지로 파이크카운티는 수정헌법 2조(총기를 소유하고 휴대할 권리를 보장한 미국의 헌법 조항-옮긴이)의 보호 지역임을 선언해 총기 규제가 적용되지 않았다.[10] 따라서 하임바크가 이끄는 백인 민족주의 행진 참가자들과 이에 맞선 반대 시위대 모두 21세 이상이면 신원 조회나 허가 없이 공개된 장소에서 총을 소지할 수 있었다.[11] 공격용 총기의 휴대도 가능하고 탄창 용량에도 제한이 없었다. 켄터키주는 '자기 방어권Stand Your Ground'을 보장하는 주로 총기 소지자가 자기 방어나 타인의 보호를 위해 필요하다고 판단할 경우 총기로 반격하는 것이 허용된다.[12] 이 때문에 2010년 이후 켄터키주의 총기 관련 사망자는 계속 증가하고 있었다.[13]

도너번 블랙번은 내게 이렇게 말했다. "저는 백인 국수주의를 믿지 않습니다. 저는 이 근방의 그리시크릭에서 자랐어요. 제 조상들이 이곳에서 살았고 지금도 가족이 살고 있습니다. 저는 이곳에서 학교를 다녔고요. 이 지역 사람들은 생명권과 수정헌법 2조, 인간의 존엄성을 믿습니다. 누군가가 공동체에 들어오면 그에게 사랑과 존엄, 존중을 베풀어야 합니다. 우리 지역에도 흑인, 유대인, 무슬림 같은 소수집단이 살고 있고 이들도 다른 사람들과 마찬가지로 안전하다고 느낄 자격이 있어요. 우리는 이들을 보호하기 위해 최선을 다할 겁니다. 하지만 이곳은 자유 국가예요. 표현의 자유를 존중하죠. 우리는 좋은 사람들이고요."

## 분열의 현장 속으로

나는 갈수록 심화되는 미국 내 정치적 분열에 대한 우려와 낯선 장소에 대한 강한 관심 그리고 정치에서 감정의 작용을 밝힘으로써 다가올 폭풍을 규명할 수 있겠다는 기대를 품고 파이크빌에 도착했다. 이전 저서인 《자기 땅의 이방인들》에서 나는 루이지애나 남부 석유

화학 공장 주변의 습지와 인근 마을로 들어가서 분열된 양극단 중 보수 쪽으로 기운 사람들과 시간을 보내며 그들을 이해하려 노력했다. 그곳에서 반쯤 묻혀 있던 이야기를 발견하고 거기에 "깊은 이야기"라는 이름을 붙였다. 그 이야기에 등장하는 많은 사람이 아메리칸드림을 이루기 위해 줄 서서 기다리는 듯한 기분을 느끼고 있었다. 하지만 그 줄은 멈춰 있었다. 사람들이 보기에는 여성, 아프리카계 미국인, 이민자, 난민들이 '새치기'를 하는 탓이었다. 줄 서 있던 사람들은 자신들이 느낀 이런 불공정을 막기 위해 우파 정치로 눈을 돌리고 있었다.

하지만 당시 나는 '상대편'에 대한 분노가 점점 증폭돼 증오로 변하고 '복수'를 논하는 수준에까지 이를 것이라고는 예상하지 못했다.[14] 파이크카운티에서 사업을 하는 한 열렬한 트럼프 지지자는 이렇게 예측했다. "2024년 대선에서는 폭력 사태가 발생할 거예요. 우리는 예전에도 분열된 적이 있지만 지금은 대화 자체가 끊겼어요. 마치 1861년(남북전쟁이 발발한 해-옮긴이) 같은 내전 상황으로 치닫고 있습니다." 사회학자 커스틴 크러셀Kirstin Krusell은 재난에 대비하는 미국인인 프레퍼prepper에 관한 연구에서 버락 오바마가 승리한 2008년과 도널드 트럼프가 승리한 2016년 등 최근 들어 대통령 선거가 끝난 뒤 재난 대비에 대한 관심이 급증했다는 사실을 발견했다.[15] 나는 분노의 강을 '거슬러 올라가' 분노를 촉발한 경험과 환경을 찾고자 했다.

하나의 주장이 강렬한 전류처럼 미국 우파의 마음을 사로잡으며 나라를 둘로 갈라놓았다.[16] 바로 2020년 대선을 "도둑맞았다"는 주장이었다. 미국인의 60퍼센트(민주당 지지자의 90퍼센트, 공화당 지지자의

23퍼센트)는 선거가 공정하게 치러졌다고 믿었지만 트럼프는 선거를 "도둑맞았다"고 선언하며 복수를 다짐했다.[17]

나는 초점을 딥 사우스Deep South(남북전쟁 당시 노예제를 지지했던 루이지애나 등 다섯 개 주-옮긴이)에서 애팔래치아로 옮겨 켄터키 동부 지역에 집중하고 싶었다.[18] 미국의 각 지역은 저마다의 정치적 전통, 역사, 경제, 그리고 전승된 이야기들을 가지고 있다. 루이지애나의 경우 대농장 중심 문화, 애팔래치아의 경우 험준한 산악 지형 속에 고립된 정착지 문화가 있다. 이 차이는 각 지역이 이 "강렬한 전류" 같은 주장을 받아들이는 방식에 서로 다른 색채를 더했다.[19]

루이지애나는 오랫동안 공화당 성향을 유지하며 우파의 변함없는 중심부였다. 켄터키는 중도 성향을 보여왔지만 최근 우파로 기울었다. 2023년 〈쿡 정치 보고서〉의 분석에 따르면 1996년에는 KY-5보다 더 진보적인 선거구가 235곳, 더 보수적인 선거구가 200곳으로 KY-5는 미국 정치의 중앙에 가까웠다.[20] 그러나 2023년이 되자 KY-5는 미국 전체 435개의 연방하원선거구 중 두 번째로 보수적인 선거구가 됐다. KY-5는 오클라호마주 제2 연방하원선거구와 함께 2016년과 2020년 대선에서 모두 가장 큰 표 차이로 도널드 트럼프를 지지한 다섯 개 선거구에 들었다.[21] 실제로 KY-5(그리고 파이크카운티)의 80퍼센트가 2016년에 이어 2020년에도 트럼프에게 투표했다.[22] 그 이유를 알고 싶었다.

미국 역사에서 상당 기간 동안 공화당은 정부의 복지 정책과 증세에 반대하는 부유층의 지지를 받아왔고 이는 오늘날에도 마찬가지다. 하지만 현재 공화당은 많은 백인 저소득층까지 지지층으로 흡수하고 있다. 2014년 KY-5는 갤럽과 헬스웨이가 공동 개발한 '웰빙 지수'에서 미국 전체 선거구 중 최하위를 기록했다.[23] 이 지역은 삶의 만족도, 근로 환경, 정서적 건강, 신체 건강, 건강한 생활 습관, 의료 서비스 접근성에서 최하위로 평가됐다. 또한 KY-5 주민의 36퍼센트가 메디케이드Medicaid(저소득층 의료 보조-옮긴이)의 혜택을 받고 있었는데, 이는 공화당이 줄곧 반대하며 축소하려고 노력해온 복지 정책이다.[24] 코로나19 기간에 KY-5에 속한 31개 카운티 중 하나인 파이크카운티 주민의 거의 절반이 메디케이드의 지원을 받았다.[25] 우파 성향이 강한 켄터키주는 주 예산의 38퍼센트를 연방정부로부터 지원받았다. 나는 공화당에 대한 내 인식이 내가 알게 된 사람들과 맞지 않는다는 것을 깨닫고는 내가 무엇을 놓치고 있는지 궁금해졌다.

나는 지금까지 주로 여성에 초점을 맞춘 연구를 해왔지만 우파 정치에 대한 연구를 통해 남성에게 주목하게 됐다. 2020년 대선에서 미국 백인 유권자의 58퍼센트가 도널드 트럼프를 지지한 가운데 백인 남성의 61퍼센트, 저학력(대졸 미만)인 백인 남성의 70퍼센트가 트럼프에게 표를 던졌다.[26]

내가 보기에 이런 흐름 뒤에는 남성에게 닥친 특정한 위기가 자리하는 듯했다. 헬레나 노르베리-호지는 현대화의 압박을 받고 있는 아시아 농촌 문화에 관한 연구에서 이런 변화에 가장 크게 부담을 느끼는 계층이 젊은 남성이라는 점을 지적했다. 미국에서도 매슈 하임바크가 파이크빌에서 계획한 행진이나 강경 우파 단체들은 거의 모두 남성으로 이루어져 있었다. 또한 블루칼라 남성은 약물 중독, 알코올 중독, 자살 같은 "절망의 질병"에 가장 취약한 계층으로 드러났고

애팔래치아 지역은 안타깝게도 이러한 재앙의 중심이 되어버렸다.[27]

일부 좌파 진영 사람에게 **농촌**, **백인**, **블루칼라**, **남성**이라는 네 단어는 특정한 고정관념을 불러일으키지만 나는 이를 멀리서 판단하기보다 내부에서 탐구해보고 싶었다. '레드 아메리카'(보수 성향이 강한 공화당 우세 지역-옮긴이)의 취약 지역인 KY-5를 면밀히 살펴보면 레드 아메리카 전체, 나아가 전 세계에 불고 있는 백인 민족주의의 바람을 이해할 단서를 찾을 수 있을 것이라 생각했다. 무엇보다도 이곳을 고향으로 여기는 남성들과 깊은 대화를 통해 그들에게 영향을 미치는 변화를 그들의 시각에서 이해하고 그들을 끌어들이려는 백인 민주주의자들과도 같은 방식으로 이야기를 나누고 싶었다.

그래서 나는 애팔래치아의 작은 도시, 그리고 그곳에 사는 남성에게 주로 초점을 맞췄다. 그리고 마침내 파이크카운티뿐만 아니라 미국의 붉은 주(보수 성향이 강한 공화당 우세 지역-옮긴이)에서 이 인구 집단에게 공통적으로 나타나는 '완벽한 폭풍'을 발견했다. 1970년대 이후 붉은 주들은 세계화의 직격탄을 맞았다.[28] 기업의 국외 이전, 자동화, 노동조합의 쇠퇴로 인해 붉은 주들은 파란 주(진보 성향이 강한 민주당 우세 지역-옮긴이)들보다 더 가난하고 건강 상태도 더 나빠지면서 교육 예산 부족, 사고에 대한 취약성 증가, 기대 수명 감소 등의 문제에 부딪혔다. 여기에 코로나19로 인한 질병과 사망, 기후변화로 인한 폭풍이라는 새로운 문제들이 더해지면서 이 지역의 어려움은 더욱 심화됐다.

그러나 미국의 다른 붉은 주들에 비해 파이크카운티는 더욱 심각한 타격을 입었다. 이 지역의 경제는 쇠퇴하고 있었다. 한때 번성했던 탄광촌은 오래전에 문을 닫았지만 흔적은 여전히 남아 있었다. 한때 석탄을 분류하고 정제하던 설비들은 이제 기다란 다리의 거대한 귀뚜라미처럼 우두커니 자리를 지키고 있었다. 일자리가 떠난 자리에 마약 문제가 찾아들었다. 악덕 제약 회사인 퍼듀 파마Purdue Pharma는 켄터키 동부와 웨스트버지니아를 표적 삼아 자사의 진통제 옥시콘틴 OxyContin에 대한 허위 주장을 퍼뜨렸고 이로 인해 중독자 양산, 과다 복용으로 인한 사망, 극심한 개인적 고통이 발생했다. 이런 상황을 이용하려는 듯이 백인 민족주의 행진이 지역사회의 고통에 대한 '해결책'을 제시하며 이제 파이크빌로 향하고 있었다. 파이크빌은 더 큰 위기의 진원지로 보였다.[29]

도너번 블랙번이 애정을 담아 묘사했던 지역 주민들은 이 폭풍을 어떻게 견뎌내고 있을지 궁금했다. 그들은 연방정부를 믿고 의지할까? 그렇기도 하고 그렇지 않기도 했다.[30] 1964년 77퍼센트의 미국인은 연방정부가 "항상" 또는 "대개 올바른 일을 한다"고 믿었지만[31] 2023년에는 이 수치가 16퍼센트로 급감했다.[32] 1980년대 로널드 레이건이 정부 서비스와 규제를 조롱 섞어 비판한 이래 공화당 대통령 조지 H. W. 부시와 민주당 대통령 빌 클린턴도 연방정부에 대한 전반적인 불신을 불러일으켰다. 공화당 지지자의 절반 이상이 연방정부에서 주정부로 더 많은 권한이 이양되기를 원하는 반면 민주당 지지자 가운데 같은 견해를 가진 사람은 18퍼센트에 불과하다.[33] 그러나 양당 지지층 모두 정부에 대한 신뢰는 하락하고 있다.

일부 유권자는 강한 지도자, 심지어 자신이 선거 결과보다 '위에 있다'고 생각하는 지도자를 선호한다. 민주주의 기금 유권자 연구 그룹

Democracy Fund Voter Study Group이 "의회와 선거에 신경 쓰지 않아도 되는 강력한 지도자"를 원하는지 물었을 때 미국인의 24퍼센트가 그렇다고 답했다.³⁴ 물론 이런 강력한 지도자에 대한 바람은 좌파와 우파 어느 쪽에서든 나타날 수 있지만 2017년 퓨리서치센터가 10개 선진 민주국을 대상으로 실시한 글로벌 설문조사에 따르면 이런 "강한 지도자"를 선호하는 사람은 우파 진영에 두세 배 더 많았다.³⁵ 오늘날 미국에서는 우파의 27퍼센트가 이러한 지도자를 원한다고 답한 반면, 좌파는 14퍼센트가 같은 입장을 보였다.³⁶ 2018년 대통령 임기 2년 차이던 도널드 트럼프는 시진핑 중국 국가주석에 대해 "이제 그는 종신 국가수반이다. (…) 정말 대단한 일이다. 언젠가는 우리도 한번 시도해볼 수 있지 않을까"라고 찬사를 보냈다.³⁷

'종신 국가수반'이라는 말은 단순한 농담이었을까, 아니면 진지하게 떠보는 말이었을까? 만약 진지하게 한 말이었다면 도너번 블랙번의 동료 지역 주민들과 우리 모두는 어떤 질문에 맞닥뜨리게 될까? 미국뿐만 아니라 전 세계적으로도 이 질문은 시사하는 바가 크다. 정치학자 카스 무데는 2000년 이후 전 세계 민주 국가들이 제2차 세계대전 직후를 연상하게 하는 급진 우파의 급증을 경험했다고 지적했다.³⁸ 2020년까지 세계 인구의 약 4분의 1이 권위주의 지도자를 경험했다. 말하자면 매슈 하임바크가 파이크빌에서 제시하려던 비전인 법치, 헌법, 견제와 균형을 초월하는 '강한 지도자'였다. 미국을 비롯한 서구 사회 곳곳에서 이러한 흐름에 필요한 전제 조건이 상당히 현실화한 상태다. 정부에 대한 불신, 이민 정책에 대한 우려, 경제적 불확실성, 산업·금융 중심지와 조직화된 노동력의 외부에 있는 사람들의 불만 등이 바로 그것이다. 나는 미국이 이 흐름에 합류할 것인지, 아니면 저항할 것인지 궁금했다. 그리고 이 모든 변화가 나를 기꺼이 자신들의 삶에 받아들인 애팔래치아 사람들에게 어떻게 다가왔을지 궁금했다.

## 자부심과 수치심

나는 정치의 밑바탕을 이루는 감정, 특히 자부심과 수치심이라는 감정에 깊은 관심을 가지고 파이크빌로 향했다. 보통 정치 지도자는 지지자들의 감정에 호소한다. 감정은 우리가 정치라고 생각하는 정책적 담론에 따라붙는 부가물이 아니다. 오히려 정치가 감정을 담아 전달하는 그릇일 수 있다. 따라서 정치를 통해 표출된 감정을 이해하려면 사람들이 어떤 경험을 했으며 무엇을 소중히 여기는지를 알아야 한다.[39]

내가 알게 된 많은 애팔래치아 사람이 '자부심의 역설'에 갇혀 있었다. 시골 지역인 KY-5의 공화당 지지자들은 한편으로는 근면 성실하게 개인적 책임을 다하는 것에 강한 자부심을 가졌다. 성공하면 자부심, 실패하면 수치심을 느꼈다. 다른 한편으로 그들은 어려운 경제 상황 속에서 성공 가능성이 크게 낮아지면서 수치심에 취약해졌다. 상황의 희생자가 된 그들은 부당한 수치심에 어떻게 대처해야 할지 딜레마에 처하게 되었다. 그들은 다양한 대응 방법을 찾았다. 수치심을 내면화하거나 외부로 돌리거나 자부심의 역설에 대한 창의적인 해결책을 찾아내는 것이다.

켄터키 동부 주민들과 인터뷰할 때마다 나는 테이블 위에 녹음기를 올려놓았다. 녹음 버튼을 누르기 전에 인터뷰 취지를 설명하고 녹음을 해도 되는지 허락을 구했다. "어떤 이유에서든 녹음에서 제외하고 싶은 부분이 있으면 말씀해주세요. 녹음기를 **끄겠습니다**"라고 말했다. 상대방이 손짓이나 고갯짓으로 녹음기를 꺼달라고 한 경우가 몇 차례 있었다. 그들이 자신을 보호하기 위해 그런 경우는 거의 없었다. 거의 언제나 사랑하는 사람들의 자부심을 지키기 위해서였다.

이런 이야기들은 대개 마약과 깊은 관련이 있었다. 한 사람은 슬픈 목소리로 자신의 형이 열일곱 살 소녀를 임신시킨 뒤 양육비를 벌기 위해 보수가 많은 공장 일자리를 찾아 고향을 떠난 이야기를 들려주었다. 한편 어린 나이에 엄마가 된 소녀는 우울증에 걸린 뒤 약물에 중독되었고 결국 아이를 위탁 보호 시설에 맡길 수밖에 없었다. 또 다른 남성은 자신의 아버지 이야기를 들려주었다. 그의 아버지는 탄광에서 해고된 뒤 히치하이킹을 해가며 다른 탄광으로 일자리를 찾아다녔지만 끝내 약물에 손을 댔고 결국 약물 중독으로 세상을 떠났다. 우리가 단지 자신의 슬픔이나 수치심만 느끼는 것이 아니라 타인의 슬픔과 수치심도 함께 짊어진다는 사실을 일깨워주는 가슴 아픈 일화였다.

나는 미국인들이 물질 경제뿐만 아니라 물질만큼이나 중요한 '자부심 경제' 속에서도 살아간다는 생각이 들기 시작했다. 자부심과 수치심은 언제나 개인적인 감정처럼 **느껴지지만** 그 뿌리는 더 넓은 사회적 환경 속에 자리하고 있다. 사람들 사이에서 나는 다양한 자부심의 기반을 발견했다. 지역적 자부심, 직업윤리에 대한 자부심, 아웃사이더로서의 자부심, 회복에 대한 자부심이었다. 그러나 한 공동체의 주요한 자부심의 원천인 고임금 일자리가 사라진다면 어떻게 될까? 또는 오래된 기술이나 전통적인 생활 방식이 쓸모없어지고 가치가 떨어진다면 어떻게 될까? 실제 문제에 대한 실질적 해결책이 없는 상황에서 상실감과 수치심이 정치인들이 캐내려는 '광석'이 되면 어떤 일이 벌어질까?

### 위에서 아래, 좌에서 우까지

나는 이 '완벽한 폭풍'을 위에서 아래까지, 좌에서 우까지 최대한 다양한 관점에서 이해하고 싶었다. 이를 위해 도너번 블랙번처럼 도시를 지키는 사람들은 물론 매슈 하임바크처럼 도시를 자극하는 사람들과도 대화를 나눴다. 행진의 잠재적 피해자인 아프리카계 미국인 주민, 나치 독일에서 탈출한 유대인 난민, 모스크를 관리하는 무슬림 이민자 출신 의사 등과도 이야기를 나눴다. 전 켄터키 주지사, 시장, 부시장, 판사, 자동차 판매상, 사업가, 교사, 정원사, 도로 공사 책임자, 의학 연구원, 예술가, 목사 등 도시의 지도자들은 물론 중범죄자, 마약 중독에서 회복 중인 사람들과도 대화를 나누었다. 민주당원, 무당파, 공화당원, 정치 무관심자 등 다양한 사람과 대화했다. 마음속으로 떠올려온 군중 속의 다양한 얼굴들을 만나 행진에 대해, 자신들의 삶과 정치 그리고 자부심에 대해 어떻게 생각하는지 듣고 싶었다.

내가 만난 한 사람 한 사람의 자부심과 수치심에 관한 이야기, 즉 그들의 자부심 일대기를 전반적으로 이해하고 싶었다.

또한 내가 알게 된 사람들이 갈수록 깊어지는 정치적 분열 속에서 상대 진영 사람들에게 다가가는 것에 대해 어떻게 생각하는지 알고 싶었다. 현재 미국인들은 정치적 분열을 넘어 대화를 나누는 데 서툰 듯하다. 백인 진보주의자들이 특히 그렇다. 2019년 퓨리서치센터의 흥미로운 조사에 따르면 미국인의 45퍼센트가 상대방의 말 때문에 정치 이야기 자체를 중단한 적이 있다고 했다.[40] 정치 성향별로는 보수인 공화당 지지자의 45퍼센트, 진보인 민주당 지지자의 60퍼센트가 여기 포함됐다. 또한 백인이 흑인보다 대화를 단절할 가능성이 더 높았다(50퍼센트 대 37퍼센트). 소통의 문을 계속 열어둔 사람들로부터 우리는 무엇을 배울 수 있을지 궁금했다.

서부 해안의 파란 주 출신인 '평지 사람flatlander'(애팔래치아 사람들이 산이 없는 평지에 사는 타지 사람들을 일컫는 말—옮긴이)으로서 나는 스스로를 '산 사람mountain people'이라고 부르는 사람들을 천천히 알아가기로 했다. 거의 평생 동안 해안 도시에서 살아온 나는 켄터키를 이전에 딱 한 번 방문해봤을 뿐이다. 학술 행사에 초청을 받았던 것이다. 하지만 시골 생활이 낯설지는 않았다. 어린 시절 메인주에 있는 할머니의 목장에서 여름을 보내곤 했기 때문이다. 내가 태어났을 무렵 소들은 이미 사라진 뒤였지만 외양간과 우유 창고, 냄새, 옛이야기, 노동의 가치, 그리고 잡초로 뒤덮인 커다란 정원은 그대로 남아 있었다. 이런 기억들을 품고 2017년 켄터키주 파이크카운티로 향했다.

파이크빌은 미국의 수많은 전통을 간직한 곳이다. 이곳에서 약

230킬로미터 떨어진 렉싱턴은 '지하철도Underground Railroad'(노예들이 미국 북부로 탈출할 수 있게 도운 비밀 조직망-옮긴이)의 주요 경로에 위치한 곳이었다. 약 420킬로미터 떨어진 포트녹스에는 재무부가 보유한 금의 절반 이상이 콘크리트와 강철로 만들어진 세계에서 가장 안전한 금고에 보관돼 있다. 약 110킬로미터 떨어진 블레어산은 남북전쟁 이후 최대 규모의 반란이 터졌던 현장으로(1921년 1만여 명의 광부와 300명가량의 파업 반대 세력이 충돌했다-옮긴이) 당시 파업 중이던 광부들 머리 위로 석탄 회사들이 제1차 세계대전 때 사용했던 비행기로 폭탄을 투하했다. 당시 광부 중에는 흑인, 백인, 외국인과 함께 참전용사도 상당수 섞여 있었다. 파이크빌에서 약 80킬로미터 떨어진 켄터키주 이네즈는 1964년 린든 존슨 대통령이 '빈곤과의 전쟁'을 선언한 곳으로, 내가 만난 사람들은 이 사실을 떠올릴 때면 고개를 떨구거나 저었다. 존슨 대통령은 "이 지역 주민들을 희망의 고속도로로 이끌겠다"고 다짐했다.[41] 그러나 존슨이 방문하고 수십 년이 지난 지금 내가 만난 많은 사람은 그 약속이 지켜지지 않았다고 느꼈다. 이 지역에서 만난 많은 사람이 더딘 발전에 조바심을 느끼면서도 자신들을 무시하거나 수치스럽게 하는 외부 세계로부터 스스로를 보호해야 할 필요성을 느끼고 있었다. 또한 파이크빌에서 약 360킬로미터 떨어진 켄터키주 싱킹스프링 농장은 에이브러햄 링컨이 태어난 곳으로 국가적, 인종적 통합을 촉구한 그의 메시지는 오늘날에도 여전히 유효한 듯했다.

그러던 2017년 4월 파이크빌의 집집마다 전단이 나돌기 시작했다.[42] 전단에는 건장한 체격의 아버지가 환하게 웃는 아이를 번쩍 들어 올리고 그 모습을 다정하게 바라보는 어머니가 등장한다. '백인 노동자 가정'을 대상으로 곧 있을 백인 민족주의 행진을 알리는 전단이었다.

도너번 블랙번은 이미 대응에 나선 상태였다. "하임바크의 전화를 받은 뒤 저는 시 변호사에게 전화해 행진 참가자들의 권리와 우리 시의 권리를 확인했어요. 그다음 시의 경찰서장, 보안관 사무실, 주경찰에 전화를 걸었습니다." 그가 이렇게 대응하는 가운데 더 나쁜 소식이 들려왔다. "국토안보부에서 전화가 왔습니다. 페이스북 사이트에서 KKK, NSM [네오나치 집단인 국가 사회주의 운동], 남부연합League of the South(미국 남부에 자유롭고 독립적인 공화국 건설을 목표로 하는 백인 민족주의자 조직-옮긴이), n-단어(흑인을 비하하는 표현-옮긴이) 같은 특정 유행어를 감시해왔다더군요. 국토안보부는 백인 민족주의자, 안티파Antifa(파시즘에 반대하는 극좌 단체-옮긴이), 루이빌에서 올 다른 시위대까지 감안하면 우리가 2000명에서 3000명, 심지어 6000명의 행진 참가자와 시위대에 대비해야 한다고 하더군요. 이곳 파이크빌은 주민이라고 해봐야 고작 7000명뿐입니다. 당황스러웠다고 제 입으로는 말하지 않겠습니다."

소문이 퍼지면서 도움의 손길이 쏟아졌다. 인근 마을인 콜런Coal Run의 시장이 내게 말했다. "행진 소식을 듣고 도너번에게 전화를 걸어 '어떻게 도와드릴까요? 추가 경찰 지원이 필요합니까?'라고 물었습니다." 도너번은 다른 제안도 받았다. "주지사가 전화를 걸어 주방위군을 대기시키겠다고 했습니다. 주경찰도 투입될 준비가 돼 있었어요. FBI에서도 연락이 왔고요. 심지어 어류 및 야생동물보호국에서도 도와주겠다고 하더군요."

도너번 블랙번은 더 걱정스러운 제안도 받았다. "프라우드 보이스 Proud Boys(반이민, 백인 우월주의 성향의 극우 단체-옮긴이) 소속의 남자가 전화를 했더군요. '안티파가 버클리에서 일으킨 소란을 전부 지켜봤다'면서 '우리는 무기를 소지하고 있는데, 당신들을 도우러 가겠다'고 하더군요. 나는 '고맙기는 하지만 그런 지원은 원하지 않는다'고 대답했습니다."

그렇게 도너번 블랙번은 모든 것, 그러니까 하임바크가 꼬리표처럼 달고 다니는 폭력, 미국 전역으로 확산되는 극우주의, 켄터키주의 총기 관련 법률, 이방인에게 친절한 파이크카운티의 문화, 지역의 문화와 표현의 자유에 대한 자신의 신념을 고려한 끝에 결정을 내렸다.

"심호흡을 한 번 하고는 행진 허가증을 내주었습니다."

"네오나치들은 완전히 몰락한 지역을 찾고 있어요.
좋은 일자리는 사라지고 마약이 넘쳐나는데도 아무도
관심을 갖거나 도와주지 않는 곳. 그게 바로 우리인 거죠!"

2장   **완벽한 폭풍**

인구 약 7000명의 작지만 반짝이는 도시 파이크빌은 야트막한 산을 부드럽게 감싸는 말굽 모양의 계곡에 자리 잡고 있으며, 석탄이 가득한 켄터키의 완만한 산맥 사이를 흐르는 빅샌디강 지류에 위치해 있다. 마을은 석탄 관련 일자리가 사라진 자리에 마약이 퍼진 상태였다. 백인 민족주의자들은 이곳으로 행진할 준비를 하고 있었다.

그러나 겉보기에 이 '완벽한 폭풍'은 쉽게 감지되지 않았다. 오히려 파이크빌은 조용히 호황을 누리는 것처럼 보일 정도였다. 6월이면 상점들이 늘어선 깔끔한 메인스트리트에 세워진 가로등 기둥마다 희고 붉은 피튜니아 꽃바구니와 함께 고등학교 졸업생들의 활짝 웃는 얼굴 사진이 걸렸다. 지역 병원과 작은 대학도 있었다. 이 때문에 파이크빌은 인근 산골 마을의 '가난한' 사람들에게 '부자' 소리를 듣곤 했다. 이곳에는 돼지 한 마리를 둘러싼 시비가 유혈 다툼으로까지 번진 매코이 가문과 햇필드 가문 간의 반목(켄터키주와 웨스트버지니아

주에 거주하던 두 가문은 1860년대부터 30여 년간 법정 다툼과 살인 등 서로에 대한 보복을 이어갔다-옮긴이)을 테마로 한 여행 상품도 있었으며, 이 지역 출신으로 전국적 스타가 된 컨트리 음악 가수 로레타 린을 기념하는 열쇠고리나 그녀의 삶을 담은 영화 〈광부의 딸〉의 DVD를 구매할 수도 있었다.

파이크빌은 루이빌, 신시내티, 디트로이트처럼 경기 침체기에 노동자들이 몰려든 대도시들과, 산비탈에서 계곡 바닥까지 이어진 좁은 도로를 따라 친척과 친구들이 옹기종기 모여 사는 산골 마을 사이에 놓인 중간 기착지 같은 곳이었다. 녹슬고 버려진 트레일러 주택들이 도로 위에 늘어서 있다가도 그 아래쪽에는 말끔하게 관리된 주택들이 자리 잡고 있었다. 한 목사는 파이크빌을 "점잖은 공화당 성향의 도시"라고 표현했다. 뉴욕에서 파이크빌로 이사 온 한 아프리카계 미국인 관리직 종사자는 파이크빌이 "예전에 살던 퀸스보다 안전하다"고 말했다.

보수가 좋은 일자리들이 이 지역을 떠나면서 일부 주민도 함께 떠났다. 현재 5만 9000명인 파이크카운티의 인구는 2040년까지 4만 8000명으로 감소할 것으로 예상된다.[1] 그럼에도 마을의 상점 진열대들은 이곳에 머물고 싶은 욕구에 호소하는 것 같았다. 세컨드스트리트의 퀼트 가게 옆에 있는 상점에는 벽난로, "집HOME"이라고 쓰인 큼지막한 장식판, 크리스마스 화환, "내가 있고 싶은 곳WHERE I WANT TO BE"이라고 적힌 장식판이 진열돼 있었다. 전시된 한 여성 예술가의 작품에는 이런 글이 적혀 있었다. "우리 증조할머니들로부터 영감을 받아 (…) 텃밭에서 딴 콩을 말려 저장하고 직접 반죽해 만든 옥수수빵을 굽는 일까지, 이 켄터키 동부의 여성들은 불평 한마디 없이 모든 일을 해냈습니다." 이 말이 고향을 등지고 떠나려는 이들과 끝까지 남으려는 이들과 향수에 젖은 관광객 가운데 누구를 향한 메시지인지 궁금했다. 켄터키 출신 작가이자 활동가인 웬델 베리는 이곳을 방문했을 때 이렇게 말했다. "미국인들은 고향을 떠나온 뒤에도 계속 이동하면서 결국 영원한 이주민이 된다."² 그러나 파이크빌의 상점 진열대들은 이렇게 말하고 있는 듯했다. **언젠가 너는 다시 돌아와 이곳에 정착하게 될 거야.**

시의 지도자들은 양질의 일자리를 카운티로 유치하기 위해 열심히 애쓰고 있었다. 파이크빌대학교(유파이크 UPike라는 애칭으로 불린다) 총장은 이 지역에 투자하려는 기업가들과 잇달아 면담을 가졌다고 홍보했다. 석탄 광산을 운영했던 두 명의 저명한 은퇴 기업가는 코카콜라 병입 공장을 개조해 '비트소스Bit Source'라는 훈련 센터를 설립하기로 했다. 해고된 광부들에게 프로그래밍과 디지털 디자인 교육을 제공하는 곳이었다. 두 명의 기업가 중 한 명인 러스티 저스티스는 "몸은 더러워도 광부들이야말로 진정한 기술 노동자"라고 밝은 표정으로 설명했다.³ 비트소스의 한 개발자는 "굶주림이야말로 최고의 동기부여"라고 농담을 던졌다.⁴ 비트소스는 일부 실직자에게 도움을 주고 있었지만 마을은 끊임없이 더 많은 그리고 더 나은 일자리를 찾고 있었다.

## 그들이 이곳에 오는 이유

한편 주민들 사이에서는 의견이 분분했다. 도대체 왜 네오나치는 이 평화로운 파이크빌에 와서 문제를 일으키려는 것일까? 두 가지 해석이 퍼졌다. 첫 번째는 순전히 우연이라는 것이었다. 한 사업가는 "그 친구가 다트판 위에 미국 지도를 붙여놓고 다트를 던졌을 것"이라고 추측했다. 햄프턴인 호텔 직원도 생각이 같았다. "그 사람이 알파벳을 살펴보다가 우연히 P자가 눈에 들어온 거겠죠." 도로 건설을 위해 산비탈에 다이너마이트를 설치하는 폭파 전문가는 이렇게 말했다. "극단주의자들이 미네소타주 미니애폴리스와 캘리포니아주 버클리에 이어 이제 켄터키주 동부까지 와서 행진을 한단 말이죠? 그건 우파를 결집하려는 겁니다. 우파가 전국 곳곳에 흩어져 있다고 생각하니까요."

두 번째 해석은 켄터키주 동부 지역이 '앉아 있는 오리'처럼 손쉬운 먹잇감이라는 것이었다. 가난하고 백인이 많은 시골 지역인 데다가 잊힌 곳이어서 백인 민족주의자들이 자기 목소리를 낼 수 있다고 생각할 만한 그런 장소 말이다. "아, 네오나치들은 인종 전쟁을 원하기 때문에 백인이 많은 곳을 찾는 거예요. 우리가 인종주의자라고 생각하는 거죠. 하지만 우린 그렇지 않습니다." 한 남성이 진지하게 말했다. 중학교 수학 교사는 이렇게 추측했다. "네오나치들은 완전히 몰락한 지역을 찾고 있어요. 좋은 일자리는 사라지고 마약이 넘쳐나는데도 아무도 관심을 갖거나 도와주지 않는 곳. 그게 바로 우리인 거죠!"

행진 참가자들은 두 가지 메시지를 가지고 찾아올 것으로 보였다. 하나는 인종에 관한 것이고 다른 하나는 비민주적인 권력 행사에 관한 것이었다. 만약 매슈 하임바크가 최근의 설문조사 결과를 자세히 살펴봤다면 파이크카운티의 인구학적 특징(대부분이 백인, 고령, 시골 지역에 거주, 고졸 학력, 경기 침체의 피해자, 고향을 지키는 토박이, 빈곤층) 과 백인 정체성에 대한 견해 사이에서 연관성을 발견했을 것이다. 미국 전국선거연구(ANES, 1948년부터 미국의 모든 중간 선거와 대통령 선거를 대상으로 실시한 여론조사-옮긴이)는 6000여 명의 백인 응답자에게 "백인이라는 사실이 당신의 정체성에 얼마나 중요한가?"라는 질문을 던졌다.[5] 답변은 "극히 중요하다"부터 "전혀 중요하지 않다"까지 다양했다. 학사 이상의 학위를 소지하고 있으며 소득 수준이 가장 높은 백인 중에서는 15퍼센트만이 자신의 인종이 자신의 정체성에서 "극히" 또는 "매우 중요하다"고 답했다. 반면 고졸 이하 학력에 가구소득이 가장 낮은 계층에 속한 백인 중에서는 30퍼센트가 백인이라는 사실이 자신의 정체성에서 "극히" 또는 "매우 중요하다"고 응답했다. 즉 이 연구는 매슈 하임바크가 보기에 '유망한 인구 집단', 가장 가난하고 교육 수준이 낮은 백인 중에서도 약 3분의 2는 자신의 정체성에서 백인이라는 사실이 "극히" 또는 "매우 중요하다"고 여기지 않는다는 사실을 보여주었다.

미국에서 백인 비율이 가장 높은 KY-5에서도 '백인'이라는 범주는 단순하지 않았다. 역사학자 데이비드 해킷 피셔는 《앨비언의 씨앗 Albion's Seed》에서 18세기 애팔래치아 지역의 많은 백인이 스스로를 "혼혈mixed"로 여겼고 심지어 일부는 자신을 "비백인nonwhite"으로 간주했다고 설명했다.[6] 당시 "혼혈"이라는 용어는 아일랜드, 스코틀랜드, 이탈리아, 독일, 영국, 스칸디나비아 혈통이 다양한 비율로 **섞여** 있다는 의미로 쓰였다. 이후 이 용어는 아메리카 원주민과 아프리카계 혈통으로 의미가 확장됐다. 내 프로젝트를 처음 설명했을 때 콜런 시장인 앤드루 스콧은 친절하게도 내 연구를 돕겠다면서 자랑스럽게 말했다. "사실 저는 멜런전Melungeon입니다." 백인, 아메리카 원주민, 아프리카계 미국인의 혼혈을 의미하는 용어였다. "이곳 애팔래치아에는 나 같은 사람이 꽤 많습니다."

그러나 경기 침체는 인종에 대한 감정을 변화시킬 수 있다. 적어도 일정 기간 동안은 그렇다. 경제학자 아르준 자야데브와 로버트 존슨은 논문 〈경제 부침과 편견: 미국 경제 침체기(1979~2014)의 인종적 태도〉에서 2008년 경제 위기 이전과 이후인 1979년과 2014년의 인종적 태도 변화를 추적했다.[7] 그 결과 백인의 실업률이 높은 시기에 백인의 인종적 적대감이 증가했다는 사실이 밝혀졌다. 이와 함께 고용이 증가하면 이런 적대감이 감소한다는 흥미롭고도 희망적인 사실도 드러났다.

이는 어떤 일, 즉 일자리 상실로 인한 불안이 다른 일, 즉 인종에 대한 적대감을 자극할 수 있음을 보여준다. 마찬가지로 총기 난사, 코로나19, 기후변화에 대한 불안 역시 인종이나 민주주의에 대한 기존 감정을 더욱 부추길 수 있다. 붉은 주들, 그중에서도 특히 애팔래치아 지역은 다양한 역경에 더 큰 타격을 입었다.[8] 나는 숙련된 정치 지도자들이 이처럼 거대한 감정적 에너지를 어느 정도까지 다른 방향으로 돌릴 수 있을지 궁금했다. 이는 백인 극단주의자가 어디에서 자신의 말에 공감해줄 대상을 찾을지를 예측하는 데도 참고가 된다. 과거 연방정부는 경기 침체로 가장 크게 타격을 받은 지역을 지원했지만 이런 지원이 지나치게 비대하고 방만하며 의심스러울 정도로 '깊다'는 불만의 목소리가 갈수록 커지고 있다. 곧 있을 행진에서 매슈 하임바크 일행은 한때 훌륭한 정부의 상징으로 여겨졌고 지금도 운영 중인 연방법원 건물(1940년 공공사업진흥국 WPA이 지었다)을 지나갈 예정이었다.[9]

흥미롭게도 이 지역에서 연방정부의 지원이 가장 많이 들어간 곳은 미 육군 공병대가 1973년부터 1987년까지 건설한 '컷스루 Cut-Through'였다.[10] 나는 "컷스루에 대해 아시나요?" 혹은 "전망대에 가보셨나요?"라는 질문을 여러 차례 받았다(전망대에서는 현장이 한눈에 내려다보인다). 은퇴한 탄광업자는 내가 이 지역을 처음 방문했다는 사실을 알고는 친절하게도 나를 차에 태우고 가서 직접 현장을 보여주었다. 그곳에 세워진 동판에는 컷스루가 "미국에서 가장 큰 공학적 업적이자 파나마 운하의 뒤를 이은 세계 두 번째의 대규모 공사였다. (…) 산을 뚫어 4차선 고속도로, 철도, 강을 연결함으로써 빅샌디강의 범람 위험을 없앴다"[11]고 적혀 있었다. 한 관광 안내 사이트에는 파이크빌이 "담대한 꿈을 꾸는" 마을이자 "산을 옮긴 작은 마을"이라고 소개되어 있었다.[12]

파이크빌은 이제 깨끗하고 건조하며 매력적인 지역 중심지가 됐고 컷스루 역시 자랑스러운 관광지로 자리 잡았다. 그러나 관광청 홍보 자료에서 잘 드러나지 않고 주민들과의 대화에서도 사라진 사실이 하나 있었다.[13] 컷스루가 연방정부의 자금 지원을 통해 건설되었다는 사실이었다.

## 자랑스러운 고향

도너번 블랙번이 지원자 그룹을 확대해가면서 말쑥한 차림에 안경을 쓴 여든한 살의 민주당 소속 전 켄터키 주지사이자 파이크빌대학교 명예총장인 폴 패튼도 가세했다. 파이크카운티 출신인 패튼은 평범한 삶을 살다가 일약 주지사 자리에 오른 인물로 재임 기간 동안 교육 환경 개선과 양질의 일자리 확보를 위해 노력했고 성과도 거두었다. 정계에서 은퇴한 그는 이제 파이크빌대학교의 웅장한 사무실에서 자신의 사회적 성공을 보여주는 수십 장의 사진들(웃고 있는 남성들의 얼굴, 다른 주지사·상원의원·대통령과 악수하는 모습)에 둘러싸인 채 앉아 있었다. 책상 뒤에서 기운차게 일어난 그는 의자 뒤로 돌아가더니 벽을 가득 채운 대형 유화를 가리켰다. 그림에는 탁 트인 푸른 잔디밭 위로 길이 나 있고 그 끝에는 흰색 기둥들이 우뚝 선 저택이 있었다. 켄터키 주지사 관저였다.

패튼을 기리는 기념물은 또 있었다. 우리가 이야기를 나누던 집무실과 대학 입구로 이어지는 99개의 계단 아래에 2.7미터 높이의 동상이 서 있었다. 반지를 낀 그의 오른손은 켄터키주의 형상을 본뜬 커다란 석판을 가슴 앞에 들고 있었다. 정장 위에 학사 가운을 걸친 그의 왼손에는 큰 책이 들려 있었다. 패튼의 동상은 사랑하는 애팔래치아를 바라보고 있었다.

패튼은 파이크빌에서 북쪽으로 약 130킬로미터 떨어진 켄터키주 폴스버그에 있는 옥수수 저장고를 개조한 집에서 태어났다. 그는 어린 시절을 이렇게 회상했다. "우리는 텃밭에서 기른 채소를 먹고 토끼와 다람쥐, 멧돼지를 사냥해 끼니를 해결했어요. 열한 살 때 냉장고를 처음 들이고 열두 살 때 집에 차가 생겼죠. 초등학교는 공공사업진흥국이 지은 교실 네 칸짜리 작은 학교였어요. 전화는 고등학교를 졸업하고 나서야 처음 써봤습니다."[14] 순회 교사였던 패튼의 아버지는 어린 시절 지역의 침례교 학교를 다녔지만 중학교 2학년 때 자신의 뜻과 상관없이 학업을 중단해야 했다. "우리 가족은 아버지의 직장을 따라 이리저리 옮겨 다녔어요. 나중에 아버지는 돈을 더 벌기 위해 철도 건설 노동자로 일하시기도 했죠. 어머니도 중학교 2학년 때 학교를 그만두셨지만 여성 잡지를 열심히 읽고 아이디어를 얻어 우리 집의 식탁을 꽃으로 장식하셨어요."

패튼이 대학 시절 만난 전처의 아버지는 탄광을 소유한 광산업자로 패튼이 공학 학위를 마칠 수 있도록 마지막 2년간 학비를 대주고 나중에는 패튼을 자신의 사업에 참여시키기까지 했다. 1970년대에 패튼은 탄광을 소유한 백만장자가 됐고 촉망받는 정치인으로 떠오르기 시작했다. 그는 파이크카운티의 최고 행정 책임자에서 출발해 켄터키주 국무부 차관, 켄터키주 민주당 대표를 거쳐 켄터키 주지사가 되었다.[15]

"저는 켄터키의 '일자리·교육 주지사'라고 불린답니다." 패튼이 활짝 웃으며 말했다. "1995년에 제가 처음 주지사로 취임했을 당시만 해도 켄터키주의 교육 수준은 전국 최하위권이었어요. 미시시피주가 있어서 천만다행이었죠." 그는 헛웃음을 지었다. "그렇지 않았으면 우리가 꼴찌였을 테니까요. 하지만 저의 두 번째 임기 중이던 2003년에는 중위권까지 올라갔어요." 켄터키주는 현재 교육 분야에서 50개 주 중 31위에 머물고 있다.[16] 패튼은 성추문, 이혼, 아들의 약물 중독 등으로 인해 어려움을 겪었다. 그러나 패튼은 미국에서 가장 큰 타격을 입은 지역 중 하나인 켄터키주에서 역시 켄터키주 출신인 에이브러햄 링컨처럼 자신만의 99계단을 올라 마침내 아메리칸드림을 이뤘다.

내가 만난 거의 모든 사람과 마찬가지로 패튼도 네오나치를 강하게 비판하면서도 그들이 파이크빌에서 행진할 권리는 인정했다. 자랑스러운 자신의 고향에 극단주의자들이 오점을 남길까 두려워하면서도 말이다. 켄터키 주의회도 행진이 주 전체에 불명예를 안길까 우려했다. 파이크빌에서 행진이 시작되기 몇 주 전에 켄터키 주의회는 행진 허가를 요청한 매슈 하임바크의 전통주의 노동자당Traditionalist Workers Party을 규탄하는 결의안을 구두로 통과시켰다. 결의안은 "그들이 증오를 지지하고 옹호할 수 있는 수정헌법 1조(종교, 언론, 집회의 자유를 보장하는 미국 헌법 조항-옮긴이)의 권리를 갖는 것처럼, 우리도 우리 지역 사회에서 이런 일을 용납하지 않겠다고 선언할 수 있는 수정헌법 1조의 권리를 갖는다"고 선언했다. 켄터키주 지도부의 입장은 분명했다.

그럼에도 이번 행진은 백인 민족주의가 소도시에 등장할 경우 어떤 모습일지를 보여주는 예고편 역할을 할 것이 분명했다. 그들은 군화에 중무장을 하고, 짧게 깎은 머리에 검은색 선글라스를 쓰고, 음침

하고 단호하고 사납고 험상궂은 모습을 드러낼 것이었다. 뻣뻣한 자세로 행진을 하면서 1933년 독일 유권자 30퍼센트의 지지로 권좌에 오른 악명 높은 독일인의 모습을 떠올리게 할 것이었다. 나약하고 고립된 좌파가 제1차 세계대전에서 독일이 치욕적인 패배를 당한 책임을 뒤집어쓰자 나치당이 이 패배로 잃어버린 자부심을 되찾아주겠다는 약속을 내걸고 부상했다. 매슈 하임바크의 행진은 그 사람과 그 시대를 떠올리게 할 것이기 때문에 행진은 낯설고, 이질적이고, 미국적이지 않고, 대부분의 사람에게 반갑지 않을 것이었다. 그도 그럴 것이 마을 언덕의 공동묘지에는 작은 미국 국기와 해외 참전용사임을 나타내는 표식이 꽃다발과 함께 곳곳에 자리하고 있었다. "우리의 할아버지와 증조할아버지들이 나치에 맞서 싸우셨어요." 한 은퇴한 간호사가 조상의 묘비를 닦으며 내게 말했다. "그리고 우리는 그 사실을 잊지 않았어요."

한편 파이크빌대학교의 총장은 백인 민족주의 시위대가 캠퍼스에 출입할 수 없도록 했다는 이유로 살해 협박을 받았다. 누구의 소행이었을까? 아무도 알지 못했다. 파이크빌의 행정 담당관 역시 비슷한 위험에 처해 있었다. "FBI가 제 이름이 트위터에서 거론되고 있다고 제게 경고하더군요." 도너번은 차분한 어조로 덧붙였다. "부정적인 방식으로 말이죠."

도너번은 대규모 무력 사용을 준비하면서도 시민의 불안을 최소화하려 했다. "폭동 진압용 장갑차와 주방위군을 동원하기로 했지만 사람들 눈에 띄지 않게 시내 전시장 건물에 대기시키기로 했습니다." 그는 말했다. 여기에 막판에 떠오른 아이디어 하나가 추가됐다. "다른 도시에서는 극단주의자들이 신분을 감추는 경우가 많았어요." 도너번은 설명했다. "그래서 파이크빌 시의회는 '공공장소에서 마스크나 복면을 착용할 수 없다'는 긴급 명령을 통과시켰습니다. 그러면 그들의 얼굴과 신분을 확인할 수 있으니까요. 또 최고 250달러의 벌금과 최장 50일의 구류 처분이 가능하도록 경범죄 처벌 조항도 추가했습니다."

한편 파이크빌대학교의 활기 넘치는 교목인 롭 뮤직에게 아이디어가 하나 떠올랐다. 환한 미소를 지닌 마흔한 살의 이 남자는 무테안경과 성직자 칼라를 착용하고 대머리에 턱수염을 길렀다. 뮤직은 패튼 명예총장의 넓은 사무실로 찾아갔다.

"안 그래도 파이크카운티는 힘든 시기를 겪어왔습니다. 외부의 극단주의자들이 몰려오는 것만은 막아야 합니다." 교목은 패튼에게 말했다. "이 일이 보도되면 우리 지역은 망신을 당할 겁니다. 우리도 버클리처럼 형편없어 보이겠죠. 결코 그렇게 되어선 안 됩니다." 뮤직은 말을 이어갔다. "그렇지만 우리 학생들에게 극단주의자에 맞설 방법을 가르쳐야 합니다. 그러지 않으면 학생들은 그 방법을 모를 겁니다. 그러니 매슈 하임바크를 캠퍼스로 불러 공개 토론을 해보면 어떨까요?"

폴 패튼은 자신이 거쳐 온 수많은 고위 직책, 즉 두 차례의 켄터키 주지사, 석탄 회사 CEO, 대학 총장과 명예총장 등의 권위를 앞세워서 팔짱을 끼고는 젊은 교목 앞에 섰다. "아무 말씀 없이 얼굴이 붉어지셨어요." 뮤직은 회상했다.

마침내 패튼이 입을 열었다.

"표현의 자유? 좋죠. 인간적인 소통? 물론 좋아요. 하지만 네오나치 폭력배들이 우리 파이크빌대학교 캠퍼스에서 **혐오** 발언을 하게 한다고요? 절대 안 됩니다!"

"일자리를 찾아 23번 국도를 타고 떠났다가 빈손으로 돌아오면 집에서 그를 기다리는 것은 바로 수치심입니다. 그러다 만약 마약에 손을 대게 되면, 장담하건대 그는 엄청난 수치심에 빠집니다."

# 3장 자부심의 역설

괜찮아,
괜찮다고,
넌 우리 밑에 있게 될 테니까
언젠가는!

"제가 파이크빌독립고등학교 1학년일 때 렉싱턴고등학교 풋볼 팀이 우리 학교와 경기를 하러 왔습니다. 녀석들은 자기네가 우리보다 한 수 위라고 생각했어요. 렉싱턴은 큰 도시이고 우리는 파이크빌 촌뜨기들이니까요. 그들은 부자였고 우리는 가난했죠. 우리를 박살내겠다고 자신만만해하더군요. 하지만 우리도 자신 있었어요. 1980년대 당시만 해도 우리 마을에는 석탄 붐이 한창이었거든요. 같은 반 친구 중에도 하룻밤 사이에 부자가 된 경우가 많았어요. 졸부였죠. 학교 주차장에 학생들이 타고 온 벤츠가 여러 대 눈에 띨 정도였어요."

"콜Coal!" 앤드루 스콧은 그레이트데인 종인 반려견의 이름을 부르며 목줄을 잡아당겼다. 콜은 역시 스콧의 반려견인 오스트레일리안 셰퍼드 치프와 씨름 중이었다('치프'는 경찰서장을 뜻하는 '폴리스 치프police chief'의 줄임말이다. 스콧은 오리건주 포틀랜드에서 안티파 시위대가 경찰을 모욕하는 모습을 보고 경찰을 존중하는 의미로 반려견을 들인 뒤에 이 이름을 붙였다).

주민들의 사랑을 받으면서 콜런 시장으로 두 번째 임기를 시작한 스콧은 드넓은 잔디밭에 둘러싸인 산꼭대기의 널찍한 저택 안에 나무 패널로 장식한 서재에 앉아 있었다. 한쪽 벽에는 엘크와 사슴의 머리가 걸려 있고 돌로 만든 벽난로 옆에는 길이가 50센티미터 남짓 되는 네모반듯한 장식용 석탄 원석이 반짝이고 있었다. 벽난로 옆에 놓였어도 땔감이 아닌 엄연한 장식품이었다. 벽난로 위에는 황동으로 만든 코끼리 컬렉션이 놓여 있었다. 스콧의 친할머니가 오랫동안 모은 수집품인 황동 코끼리들은 켄터키 주의회에서 민주당이 3대 1의 압도적 우위를 점하던 1880년대부터 이어져온 스콧 일가의 정치적 성향을 상징했다(코끼리는 미국 공화당의 상징이다-옮긴이). 오랜 세월 파이크카운티를 지켜온 스콧 일가는 1880년대 중반 방대한 토지에 대한 광물 채굴권을 매입해 석탄 회사에 되팔았다. 하지만 같은 땅의 지표권을 산 농부들은 석탄 회사가 텃밭이나 심지어 묘지까지 파헤치는 바람에 큰 고통을 겪었다. 1980년대에 파이크카운티 순회법원 판사였던 스콧의 아버지는 철강 회사 베슬리헴 스틸과 지역 토지 소유주 간의 소송에서 토지 소유주의 손을 들어주었고, 이 판결은 상고 끝에 연방대법원에서 최종 확정됐다.

훤칠한 키에 갈색 머리카락인 40대 초반의 앤드루 스콧은 뿔테 안경을 쓰고 학구적인 인상을 풍겼다. 감세와 긴축 재정을 확고하게 지지하는 공화당원 스콧이 트럼프의 지지자가 된 데에는 대대로 이어온 가풍의 영향이 컸다. 그는 파이크빌과 맞닿아 있는 콜런에 깊은 애정을 갖고 있었다. "우리 시의 규모는 23번 국도 양편에 있는 두 쇼핑몰 수준에 불과하지만 재산세율은 주 전체에서 가장 낮습니다. 단돈 1달러도 낭비하는 법이 없거든요." 그는 자랑스럽게 말했다. 앤드루의 트위터 계정에는 크리스마스이브에 제설차가 전조등을 환히 밝히고는 밤새 눈이 쌓인 좁은 산비탈 도로를 치우는 뭉클한 영상이 올라와 있었다. "유가부터 달걀 값까지 물가가 줄줄이 올라서 힘든 상황"이라고 스콧은 말했다. "8월에는 콜런 아이들에게 책가방과 학용품을 무료로 나눠줬어요. 그 애들에게 꼭 필요한 것들이거든요." 그는 핼러윈에는 사탕을, 크리스마스에는 장난감을 아이들에게 선물했다. "우리 마을은 작지만 정말 멋진 곳입니다. 우리는 미국을 사랑합니다. 하지만 카운티 전체가 경기 침체로 큰 타격을 받았기 때문에 저는 최선을 다해 도움이 되는 일을 하고 있어요. 공화당에 투표하는 게 우리에게 도움이 됩니다."

### 정치를 움직이는 감정들

앤드루 스콧과의 대화는 도너번 블랙번이나 폴 패튼 등과 나눈 대화와 마찬가지로 이 지역의 지도자들이 지역의 절박한 요구를 어떻게 바라보고 있는지 보여주었다. 그러나 파이크카운티 중에서도 변두리에 거주하는 사람들은 세상 속에서 자신의 위치를 어떻게 바라보고 있을까? 또한 자신들을 향한 다양한 정치적 호소에 어떻게 반응할까?

내 질문을 이끌어낸 것은 2016년 도널드 트럼프의 당선 전에 몇 년간 루이지애나주의 우파 성향 주민들을 대상으로 수행한 연구였다. 당시 나는 모든 정치 입후보자의 호소에는 거의 항상 감정이 깔려 있다는 생각에서 연구를 시작했다. 모든 유권자의 내면에는 다양한 감정들이 잠재적 경험으로 존재한다. 한 남성은 "정치 지도자가 가장 먼저 호소하는 감정은 두려움이고 그다음이 슬픔, 그다음이 자부심과 수치심"이라고 했다. 그러나 나는 이 책에서 자부심과 수치심, 특히 부당한 수치심에 집중하고자 한다.

본론으로 들어가기 전에 몇 가지 전제를 간단히 설명하겠다. 이 전제들이 이야기의 배경을 이루고 있기 때문이다. 자부심과 수치심은 우리가 세상에 드러내는 정체성과 세상이 우리의 정체성에 반응하는 방식이 만나는 접점을 보여준다. 자부심은 말하자면 "자아의 피부" 역할을 하는 감정이다.[1] 즉 우리의 정체성이 안전하게 받아들여지고 인정받으며 존경받고 있는지, 아니면 거부당할 위험에 처했는지를 알려주는 신호다. 자부심은 우리의 외적 모습에 대한 내적 반응이다. 수치심 역시 '피부'처럼 느껴지지만 사실은 우리가 벗어던지고 싶어 하는 허물에 가깝다.[2] 우리는 자부심을 열망하고 수치심을 두려워한다. 데이비드 킨은 2023년 《수치심Shame》에서 이러한 개념을 깊이 있게 탐구했는데, 그의 사고는 이 책의 논지와 맞닿아 있다(그의 책은 내 이전 저서 《자기 땅의 이방인들》에서 영향을 받았고 나 또한 그의 연구에서 통찰을 얻고 있다).[3] 당연히 자부심과 수치심에 대한 반응으로 다른 감정들도 나타난다. 예를 들어 우리는 자부심을 얻고 싶다는 열망을 느끼기도 하고 수치심에 분노를 드러내기도 한다.

아리스토텔레스는 자부심을 "미덕의 제왕"이라고 부르며, 우리가 위대한 성취를 이룰 때 느끼는 감정으로 설명했다(13세기에는 자부심을 오만함이나 '지나친 자존감', '자만심'과 연관 짓는 경우가 많았지만 여기서는 논외로 하겠다).[4] 대신 나는 자부심이 '쓸모 있음being of use'을 느끼는 감정이라는 사실에 초점을 맞출 것이다. 실제로 **자부심**pride이라는 단어는 '쓸모 있음'을 뜻하는 후기 라틴어 **프로데**prode에서 유래됐다.[5] 프로데는 개인, 집단 또는 공동의 목표에 쓸모가 있다는 뜻을 내포하고 있다. 어떤 일에서 자부심을 느끼는지 물었을 때 앤드루는 가족을 위한 헌신 다음으로 "콜린을 돕는 일"을 꼽았다.

나는 **자부심**을 상위 개념으로, 명예·존중·지위는 그 하위 유형으로 구분한다. 자부심과 정반대의 감정인 수치심 역시 굴욕, 치욕, 당혹감 같은 다양한 감정을 포괄하는 상위 개념이다. 수치심은 자아가 위축되는 불쾌한 감정으로 느껴진다. 수치심은 종종 후회, 자기 비하, 처벌에 대한 두려움과 연관된다.[6] 내가 생각하는 수치심은 다른 사람의 눈으로 보기에 자신이 잘못했다고 느끼는 감정이다. 반면 죄책감은 나 자신의 눈으로 보기에 스스로 잘못을 저질렀다고 느끼는 감정이다. 물론 우리는 이 두 가지 감정을 따로 경험할 수도 있고 함께 경험할 수도 있다. 수치심이 특히 중요한 이유는 우리가 벗어나고 싶어 하는 기존의 자기 부족감을 더욱 자극할 수도 있고 정치적 호소의 기반이 될 수도 있기 때문이다.

자부심 혹은 수치심과 더불어 우리는 이러한 감정에 대한 이차적인 태도를 경험한다.[7] 내가 수치를 당했다면 당연히 수치심을 느껴야 할까? 아니면 자부심을 느껴야 할까? 그 판단의 근거는? 이러한 자부심의 기반은 논란의 여지가 있지만 사회가 유지되는 한 우리는 일종의 국가적 자부심 경제 안에 놓이게 된다. 나는 루이지애나주 레이크 찰스 주변의 석유화학 벨트에 관한 연구에서 도전에 직면한 자부심을 발견했고 보수 성향인 남부 지역 전체에 대해서도 유사한 추측을 할 수 있었다. 그러나 자부심의 기본 요소들이 어떻게 결합해 사람들에게 특정한 정치적 관점을 갖게 하는지 궁금했다.

어린 시절 우리는 물질 경제 안에서 특정한 위치를 부여받고 그 안에서 스스로 길을 만들어간다. 자부심 경제도 마찬가지다. 우리는 특정한 지역, 사회계층, 인종, 성별을 갖고 태어나며, 이러한 요소들은 더 넓은 자부심 경제 안에서 우리의 가치를 높이거나 낮추기도 한다. 이러한 특징들은 특권이라는 논쟁적인 개념을 동반한다. 예를 들어 애팔래치아의 탄광 지역은 한때 국가 전력 공급의 핵심이었지만 이제는 쇠퇴의 길을 걷고 있다. 광부라는 직업에 대한 자부심, 그 직업이 요구하는 도덕적 강인함과 기술적 숙련도에 대한 자부심, 국가적으로 중요한 지역에 있다는 자부심까지 모든 것이 변화했다.

그 결과 많은 사람이 사회적 공격을 받고 있다고 느꼈다. '구조적' 자부심 또는 '떠안은' 자부심을 일정 부분 상실했기 때문이다. 대부분의 사람이 어느 정도 자신이 속한 더 큰 집단(지역, 국가, 축구팀, 가족 등)의 자부심 또는 수치심을 '떠안고' 살아간다. 이러한 집단이 자부심 경제 내에서 갖는 위상은 개인의 통제 범위 밖이다. 앤드루 스콧이나 롭 뮤직을 비롯한 많은 사람이 도시 중심의 전국적인 여론 법정에서 밀려난 '힐빌리hillbily(미국의 쇠락한 공업 지대에 사는 백인 하층민-옮긴이)의 정체성'을 지켜내야 한다는 사명감을 느끼는 듯했다. 대학원생인 애슐리는 말했다. "큰 도시에 가면 우리 말투가 이상하고 우리 생각이 낡아빠졌다고들 해요. 우리 말을 알아듣지 못해서 방금 했던 말을 다시 해달라고 하기도 하죠."

혹은 엉뚱한 농담이 날아들기도 한다. 애슐리는 연방정부가 지원하는 대입 준비 프로그램을 통해 보스턴으로 수학여행을 갔다가 한 서점을 방문했다. "카운터의 점원이 제게 어디서 자랐냐고 물었어요. 제가 켄터키 동부 출신이라고 말하자 점원은 카운터 너머로 몸을 내밀어 제가 맨발인지 아닌지 확인하더군요. 농담이었겠죠. 하지만 그 사람은 제게 그런 농담을 해도 저는 그에게 그런 말을 할 수 없다는 사실을 깨달았어요." 고정관념의 대상이 되면 낯선 사람에게 공감할 지점을 제공해줄 수 있다. 예를 들어 나는 한 남성에게 내 아버지의 이야기를 해준 적이 있다. 아버지가 뉴잉글랜드 억양이 강해서 '야드'를 '야아아드'로, 내 이름 '앨리'를 '알리이이'로 발음한다는 이야기였다. 그러자 그는 공감의 미소를 지으며 이렇게 말했다. "그분께 축복이 있기를."

이 말은 바버라 킹솔버의 소설 《내 이름은 데몬 코퍼헤드》의 한 장면을 떠올리게 한다.[8] 소설에서 주인공은 공중화장실에서 이렇게 말한다. "세상의 모든 똑똑한 사람에게 그들의 멍청한 힐빌리 농담에 대해 이렇게 말해주고 싶다. 우리가 바로 여기 화장실 칸막이 안에 있다고. 우리는 사실 당신들의 말을 들을 수 있다고."

우리는 별다른 생각 없이 국가적, 지역적, 직업적, 지적, 도덕적 자부심뿐만 아니라 인종, 성별, 성적 취향, 신체적 특성에 부여된 문화적 자부심까지 다양한 자부심을 바탕으로 살아간다. 이런 자부심의 근거 중에는 개인이 통제할 수 없는 것들도 있다. 그럼에도 우리는 이 개별적인 자부심의 근거를 한데 모아 개인적 자부심이라는 전반적인 의식을 형성하고 대개는 이에 대해 깊이 고민하지 않는다. 사회적 지위가 높은 사람일수록 자부심에 대해 덜 생각하는 경향이 있다.

우리는 물질 경제와 자부심 경제 속에서 동시에 살아간다. 하지만 물질 경제의 변화에는 촉각을 곤두세우면서도 국가의 물질 경제 내에서 차지하는 위치에 따라 변화하는 자부심 경제가 얼마나 중요한지는 종종 간과하거나 과소평가한다. 켄터키주의 번영이 석탄 산업의 흥망성쇠에 따라 부침을 겪어온 것처럼, 자부심 경제에서 이 지역이 차지한 위상 역시 부침을 겪었다. 우리가 물질 경제와 자부심 경제에서 차지하는 입지는 종종 우리가 거의 인식하지 못하는 방식으로 연결돼 있다. 자부심 계좌에 충분한 자부심이 있으면 그것을 여유롭게 사용할 수 있다. 하지만 자부심 계좌에 한 푼의 자부심도 남아있지 않을 수도 있다.

그뿐만 아니라 물질 경제에서 우리의 위치는 종종 자부심 경제에서의 위치와 연결돼 있다. 가난해지면 우리는 두 가지 문제에 직면하게 된다. 첫째, 가난한 상태가 되고(물질적인 문제) 둘째, 가난한 상태에 대해 수치심을 느낀다(자부심의 문제). 일자리를 잃으면 우리는 실직 상태가 되고(물질적 손실), 실직 상태라는 것에 수치심을 느낀다(정서적 손실). 많은 사람이 이런 손실을 보상받기 위해 정부의 지원을 받는 것에도 수치심을 느낀다. 한때 자부심이 강했지만 경기 침체로 몰락한 지역에 사는 사람은 먼저 물질적 손실을 겪고, 이어서 그 손실에 대한 수치심을 느낀다. 그리고 뒤에서 살펴보겠지만 종종 실제로든 상상이든 우리를 수치스럽게 하는 사람들에게 분노를 느낀다.

그러나 자부심 경제는 경제적 요인과 무관하게 변화하는 문화적 위계에서 우리가 차지하는 위치와도 연결돼 있다. 물질 경제가 세계 무역이나 지역 경제에 따라 변동하는 것처럼, 자부심 경제에서 우리의 위치는 문화의 변화에 따라 달라진다. 애팔래치아에서 내가 들은 자부심 관련 이야기는 단순한 부의 축적이 아니라(예전에 파이크빌 풋볼팀의 응원 구호가 부를 강조했던 것과는 다르다) 가난 속에서도 버티며 지혜롭게 살아남는 능력에 관한 것이었다.

그러나 이 과정에서 우리는 개인적 자부심을 형성하는 각각의 요소가 우리의 개인적 의도나 바람과는 무관하게 외부의 영향을 크게 받는다는 사실을 어렴풋이나마 인식하게 된다. 예를 들어 시골 생활에 대한 자부심은 사회 전체의 문화적 인식 변화에 따라 커지거나 작아질 뿐만 아니라 더 넓은 문화적 흐름에 따라서도 변화한다. 엽서 그림 등에 낭만적으로 묘사되는 시골 생활은 사실 대중의 마음속에서 지루하고 시대에 뒤처진 것으로 여겨지는 반면, 도시는 새롭고 흥미로운 것과 연결된다. 예를 들어 1971년 텔레비전 방송국들은 〈그린 에이커스Green Acres〉, 〈히호Hee Haw〉, 〈래시Lassie〉, 〈페티코트 정크션Petticoat Junction〉, 〈베벌리 힐빌리스The Beverly Hillbillies〉 같은 농촌 생활을 주제로 한 프로그램을 대거 폐지하고 도시 시청자들을 겨냥한 프로그램들을 신설했다.[9] 자부심은 공적 서사 속에 자리 잡고 있다.

한때 석탄과 석유를 채굴하던 지역은 국가의 핵심 자산으로 찬사를 받으며 자부심 경제에서 높은 위치를 차지했지만 나중에는 오염된 하천과 깎여나간 산들이 있는 곳으로 인식되며 자부심 경제에서 낮은 위치로 전락했다. 한 청년이 나를 차에 태우고 자신의 집 근처 산으로 가서 들쭉날쭉한 지평선을 보여주었다. "저기 저 산 보이세요? 그리고 저 산도요? 저렇게 평평해서는 안 되죠. 산꼭대기를 폭파하면서 땅은 상처투성이가 되고 표토는 개울에 버려졌어요. 제가 보기에 우리 산들보다 더 아름다운 것은 없어요. 하지만 산을 폭파하는 것은 정말 부끄러운 일이에요. 사람들은 우리에게 어떻게 그런 일을 그냥 두고 봤냐고 묻죠."

사람들은 삶의 다른 많은 측면에서 개인적 자부심을 느끼지만 이런 요소들 역시 변화를 비껴가지는 못한다. 심지어 체형조차도 특정 체형이 바람직한 것으로 유행하면서 자부심의 대상이 되었다가 유행이 사그라들기도 한다. 1940년대와 1950년대에는 큰 가슴과 넓은 엉덩이가 자부심을 주었지만 1960년대에는 작은 가슴과 긴 다리가 선망의 대상이 됐다. 어느 시기에는 마른 몸매와 금발이 유행할 수 있고 또 다른 시기에는 풍만한 몸매와 짙은 머리색이 더 매력적으로 여겨질 수도 있다. 한동안은 미의 기준이 백인이었다가 이후 동양인이나 흑인으로 바뀌기도 한다. 이처럼 개인적 자부심의 거의 모든 근거가 우리가 알아차리지 못하는 방식으로 사회 전체의 문화적 변화와 밀접하게 연결돼 있다. 이런 식으로 우리는 개인적으로 통제 가능한 수치심은 물론, 지역의 운명(기업의 폐쇄나 제약 회사의 약물 판매와 같은 요인)에서 비롯된 수치심을 경험할 수도 있다.

## 자부심의 역설

자부심의 가장 중요한 기반은 아메리칸드림이다. 1931년 작가이자 역사학자인 제임스 트러슬로 애덤스James Truslow Adams가 만든 용어인 아메리칸드림은 안정적인 직업, 집, 자동차 등 중산층의 삶과 함께 자신의 힘으로 부모보다 더 많은 돈을 벌고 출세한다는 생각을 떠올리게 한다.

그런데 이 꿈에는 역설이 숨겨져 있다. 그리고 이 역설은 서로 다른 문화적 세계를 만들어낸다. 기회는 적고 기대는 엄격한 붉은 주의 세계, 그리고 기회는 많고 기대는 덜 엄격한 파란 주의 세계다. 앞으로 살펴보겠지만 붉은 주의 세계에서 아메리칸드림에 도달하지 못한 사람은 수치심에 취약하다. 그들은 수치심에 맞서 세 가지 '행동' 중 하나를 선택할 수 있다.

먼저 역설부터 살펴보자. 이 역설은 두 가지 요소로 이루어져 있다. 자신이 속한 지역에 존재하는 경제적 기회, 그리고 그 기회를 활용하는 것이 누구의 책임인가에 관한 문화적 신념이다. 1970년 무렵부터 미국은 차츰 두 개의 경제권으로 나뉘었다. 세계화의 승자 그리고 패자의 경제권이다. 경제가 다각화된 도시 지역은 기회가 늘어났다. 이곳은 서비스와 기술 분야 등 취약성이 적은 신생 산업의 중심지가 되어 주로 대학 교육을 받은 인력을 고용했다. 반면 농촌과 준농촌 지역은 기회가 감소했다. 이곳은 기업의 국외 이전과 자동화에 취약한 오래된 제조업 중심의 블루칼라 일자리를 제공했다. 여기에는 전 세계의 수요에 영향을 받는 석유와 석탄 등 광물 자원 채굴을 기반으로 하는 일자리들도 포함됐다. 도시 중산층이 민주당 성향을 띠며 '계층 이동의 인큐베이터' 역할을 하게 되었다면 블루칼라 중심의 시골 지역은 공화당 성향을 띠며 계층 이동의 덫이 됐다.[10] 한 연구에 따르면 2008년부터 2017년까지 하원의원에 민주당이 당선된 선거구에서는 중위 가구소득이 5만 4000달러에서 6만 1000달러로 증가한 반면, 공화당이 당선된 선거구에서는 5만 5000달러에서 5만 3000달러로 감소했다.[11] 최근 몇 년간 공화당이 당선된 선거구의 주민들은 민주당이 당선된 선거구의 주민들보다 코로나19 감염률이 더 높았다.[12] 또 다른 연구에 따르면 아메리칸드림을 실현할 수 있는 기회에 얼마나 가깝거나 먼가에 따라 사람들의 낙관도가 달라졌다.[13] 가장 낙관적이지 않은 사람들은 시골의 가난한 백인이었다. 이들은 도시의 가난한 백인보다 더 비관적인 것으로 드러났다. 또한 공화당이 우세한 카운티의 거주자들, 그중에서도 특히 백인 남성은 민주당 우세 카운티의 주민보다 높은 사망률을 보였다. 시간이 흐를수록 공화당 우세 카운티보다 민주당 우세 카운티의 사망률이 더 많이 감소하면서 2001~19년에는 두 카운티의 사망률 격차가 여섯 배나 벌어졌다.[14] 경기 침체로 자부심을 상실한 것은 KY-5만이 아니었다. 전국의 다른 '붉은' 카운티들도 마찬가지였다.

  역설의 두 번째 요소는 근면함과 개인의 책임(개인의 경제적 운명은 개인이 책임진다는 핵심적인 개념)에 기초하고 있다. 우리 대부분은 아메리칸드림을 개인주의와 연결 짓는다. 이는 사회학자 막스 베버가 자본주의를 움직이는 핵심 동력으로 지목한 '프로테스탄트 윤리'의 핵심 신념이기도 하다.[15] 근면함은 개인적 책임이라는 개념과 떼려야 뗄 수 없는 관계다. 당신이 성공했다고 생각하는가? 모두 당신의 공이다. 실패했다면 그것 역시 당신 책임이다. 물론 개신교 신자가 아니어도 프로테스탄트 윤리에 감화받을 수는 있지만 자부심의 기반으로서 프로테스탄트 윤리의 영향은 깊고도 넓다.

공화당과 민주당 지지자 모두 근면 성실하지만 민주당보다는 공화당 지지자가 전통적인 프로테스탄트 윤리를 더 신봉하는 경향이 있다.[16] 한 설문조사에서 사람들이 가난해지는 이유를 물었다. 그러자 공화당 지지자의 31퍼센트만이 "자신이 통제할 수 없는 환경 때문"이라고 답한 반면 민주당 지지자는 69퍼센트가 같은 대답을 했다.[17] 마찬가지로 공화당 지지자의 71퍼센트가 "사람들이 부자가 되는 이유는 그들이 열심히 일했기 때문"이라고 생각한 반면 민주당 지지자 중에서 그렇게 생각하는 비율은 21퍼센트에 불과했다. 애팔래치아 주민의 조상은 상당수가 스코틀랜드와 아일랜드 출신이다. 베버가 프로테스탄트 윤리의 대표적인 신봉자로 꼽은 바로 그 집단이다. 성공이든 실패든 모두 자신의 책임으로 돌리는 애팔래치아인의 태도는 수세기에 걸친 전통에 기반한 것이다. "우리는 여러모로 구식이에요." 앤드루 스콧이 말했다. "자신의 성공을 스스로 책임지는 것도 그중 하나일 겁니다." 결국 서로 다른 두 경제 환경에서 자란 사람들은 자부심을 얻기 위한 문화적 조건과 실제 이를 실현할 경제적 기회 사이에서 느끼는 도덕적 압박의 정도가 다를 수밖에 없다.

지지 정당과 관계없이 미국에서는 부유한 사람 못지않게 가난한 사람도 개인의 경제적 운명은 개인의 책임이라고 믿는다. 2020년 공영방송 NPR, 로버트 우드 존슨 재단, 하버드대학교 T. H. 챈 보건대학원이 공동으로 설문조사를 실시했다. 그리고 계층에 관계없이 무작위로 선정된 미국인에게 "오늘날 미국에서 경제적으로 성공하려면 다음 요인들이 얼마나 중요하다고 생각합니까?"라는 질문을 던졌다.[18] 경제적 성공에 필요한 요인으로는 근면함, 고소득층 출신, 부유한 지역 출신, 개인의 인종적·민족적 배경을 제시했다. 상위 1퍼센트(가구소득 50만 달러 이상)에 속하는 응답자의 93퍼센트가 근면함 덕분에 성공할 수 있었다고 응답했다. 반면 고소득층이나 부유한 지역 출신 또는 인종이 성공에 영향을 미쳤다고 생각하는 비율은 3분의 1에 미치지 못했다. 가장 가난한 계층(가구소득 3만 5000달러 이하)의 경우에도 87퍼센트가 '근면함'을 경제적 성공의 요인으로 꼽았다. 사회적 계층, 인종, 민족적 배경이 성공에 유리한 출발점이 된다고 생각하는 사람은 3분의 1을 넘지 않았다. 부유하든 가난하든 성공과 실패는 **자신에게 달렸다는 믿음이 미국 사회의 모든 계층에 강하게 자리 잡고 있다.**

앞서 언급했듯이 아메리칸드림이란 젊은 남성이 단순히 자신의 힘으로 일어서는 것뿐만 아니라 아버지보다 나은 삶을 이룸으로써 세대 간의 사회적 신분 상승을 달성하는 것을 의미한다. 이 책에서 나중에 만나볼 한 남성은 자신의 아버지가 근면함을 성공의 열쇠라 믿었다고 설명했다. "아버지는 굉장히 힘든 삶을 살았고 자신의 일에 정말 최선을 다해야 했습니다. 충분히 노력하지 않았다는 핑계를 절대 용납하지 않으셨죠. 아버지는 늘 '최선을 다해야 한다'고 말씀하셨어요. 하지만 결국에는 아버지 자신에게나 저에게나 이렇게 말할 수밖에 없는 상황이 됐죠. '최선을 다하는 것만으로는 **충분하지 않아. 충분히 열심히** 노력하지 않았어.' 아버지가 너무 어린 나이부터 너무 열심히 노력해야 했던 것이 문제였어요." 아들은 자신의 삶을 돌아보면서 이렇게 덧붙였다. "그래서 가끔은 내가 자부심을 느낄 권리가 있는지 고민돼요. 아버지가 그러셨던 것만큼 나 자신을 몰아붙이지 않았다는 생각이 들거든요."

개인의 책임과 관련해 최근 몇 년 동안 공화당과 민주당은 갈수록 견해 차이가 커지고 있다. 2014년에는 공화당 지지자의 47퍼센트가 가난은 대체로 "노력의 부족"에 기인한다고 생각했다.[19] 2017년에는 이 비율이 56퍼센트로 증가했다. 반면 민주당 지지자의 경우 2014년에는 29퍼센트가 같은 생각을 했지만 2017년에는 이 비율이 19퍼센트로 감소하면서 공화당 지지자와의 격차가 37퍼센트포인트까지 벌어졌다.

이렇듯 공화당 지지자는 경기 침체의 타격을 가장 크게 받은 지역, 즉 공장 폐쇄와 임금 삭감에 더 취약한 환경에서 힘겹게 생계를 꾸려가고 있음에도 자신도 모르는 사이에 자부심을 가질 자격에 대해 더 엄격한 조건을 스스로 부과하고 있다. 반면 민주당 지지자는 자신의 운이 좋은 것이 '환경적 요인' 덕분이라고 생각하는 경향이 강하다.

이렇게 해서 미국 전역에서 아직 이름 붙여지지 않은 가슴 아픈 자부심의 역설이 탄생했다. 그 핵심은 다음과 같다. 우리는 두 개의 경제권, 두 개의 문화로 갈라졌다. 하나는 붉은 주, 또 하나는 파란 주다. 붉은 주들은 더 어려운 경제적 상황에 처해 있으면서 정부 지원도, 계층적 특혜도, 인종적 이점도 없이 오직 **개인**의 노력만으로 운명이 결정되는 더욱 엄격한 전통적 개인주의에 직면했다. 반면 파란 주의 주민들은 상대적으로 더 나은 경제 환경과 개인의 실패를 덜 수치스럽게 생각하는 문화 속에서 살아가고 있다.

흥미롭게도 공화당 지지자는 정부의 지원이나 규제를 배제한 자본주의, 즉 원시 자본주의에 대해 민주당 지지자보다 강한 신념을 가지고 있다. 이들이 장악한 주에서는 규제 없는 자본주의가 더 험난한 시련을 초래했다. 애덤 스미스는 《국부론》에서 자유 시장은 인위적 통제 없이 "보이지 않는 손"의 인도를 받을 때 다소 부침은 있겠지만 가장 잘 작동한다고 주장했다. 그러나 보이지 않는 손은 정작 그 손을 가장 신뢰하는 사람들에게 가장 가혹하게 작동한 반면, 적극적인 복지 정책을 포함하는 경제 시스템을 지지하는 사람들에게 더 관대하게 작동했다. 그래서 양질의 석탄이 고갈되거나 천연가스가 석탄보다 저렴해지면 많은 공화당 지지자가 자본주의의 보이지 않는 손이 작동한 결과라고 믿고는 개인은 그저 열심히 일하며 변화에 적응하면 된다고 여긴다.

특히 공화당 지지자에게 개인이 꿈꾸는 아메리칸드림은 기업이 추구하는 아메리칸드림, 즉 주주 이익의 극대화와 밀접하게 연결돼 있다. 20세기 대부분의 기간 동안 이 두 가지 꿈은 사이좋게 공존했지만 1970년대부터 점점 더 충돌하기 시작했다. 많은 기업이 사업장의 국외 이전을 통해 멕시코, 중국, 베트남 등지에서 더 값싼 노동력을 고용해 인건비를 절감하고 이윤을 극대화했다. 이것이 바로 윌리엄 그라이더William Greider가 《준비가 됐든 아니든 하나의 세계One World Ready or Not》에서 주장한 기업판 아메리칸드림이다.[20] 한편으로는 노동조합, 다른 한편으로는 연방정부가 가하던 과거의 속박에서 벗어난 상태를 기업의 아메리칸드림이 실현된 상태로 본 것이다.

켄터키 동부의 석탄 회사들은 작업을 기계로 대체하고 사업장을 다른 지역으로 이전하면서 작업 인력을 감축했다.[21] 레벨레이션 에너지,[22] 블랙주얼,[23] 피바디 같은 기업들이 켄터키에서 와이오밍으로 사업을 이전하면서 와이오밍은 현재 미국의 주요 석탄 생산지로 자리 잡았다.[24]

공화당과 민주당 모두 개인의 아메리칸드림과 기업의 아메리칸드림이 충돌하는 현실을 받아들였다. 하지만 고통스러운 결과를 관리하기 위해 민주당은 연방정부에 의지한 반면, 공화당은 기업의 아메리칸드림에 대한 신념을 더욱 강화했다. 실제로 공화당은 거대 기업의 관행에 개입하는 것을 전반적으로 반대하고 있다. 설사 이로 인해 중소기업에 피해가 발생하더라도 말이다.

그렇다면 노동자가 자본주의에는 정부의 개입이 필요 없고 개개인이 자신의 성패를 책임져야 한다고 믿었다가 기업이 철수해버리면 어떻게 될까? 남겨진 사람들은 자부심의 역설에 갇히게 된다.

좋은 일자리가 고갈된 지역에 살고 있을 뿐만 아니라 다른 좋은 일자리를 얻는 데 필요한 교육이나 훈련을 받지 못한 사람들이 가장 큰 타격을 받는다. 그들은 이중고에 시달리는 상황에서 구조적 수치심에 더욱 취약해진다.

그러나 어떻게 아무런 잘못 없이 직장에서 해고당한 사람이 자신의 책임감 부족을 자책하며 수치심을 느끼게 될까? 함께 점심 식사를 하는 자리에서 광부의 손자인 40세의 남자가 그 답을 내놓았다.

"수치심은 서서히 다가옵니다. 우리 지역 사람들을 예로 들어볼게요. 먼저 한 남자가 해고 통지서를 받아듭니다. 그는 가장 먼저 정부 감독관을 탓하고 그다음에는 상사를 탓합니다. 그러다 주먹을 불끈 쥐고 오바마 행정부가 도입한 대기청정법을 비난하죠. 여기에 바이든, 민주당, 그리고 딥 스테이트(음모론자들이 국가 제도 밖에 존재한다고 믿는 가상의 권력 집단-옮긴이)까지 싸잡아 비난합니다.

그런 다음 실업급여가 바닥나고 아내가 아이들에게 먹일 식료품을 살 돈이 없다고 하면 그는 어려운 선택에 직면합니다. 돈이 필요하지만 학위가 없다면 떠나야 하죠. 하지만 가족이 여기 있는데 떠나고 싶겠습니까?

그때부터 자괴감을 느끼게 됩니다. 주변을 둘러보면 시급 9달러나 10달러 50센트짜리 일자리만 있습니다. 그는 여자들이나 하는 서비스직이라고 콧방귀를 뀝니다. 그런 돈으로는 가족을 부양할 수 없으니까요. 그때 아내가 말합니다. '아이들 밥은 먹여야죠.' 그래서 그는 그 형편없는 일자리를 받아들이지만 아내는 다시 말합니다. '이걸로는 식비와 기름 값, 지붕 수리비를 댈 수 없어요.'

그때부터 그의 수치심은 더 커지기 시작합니다. 이제는 문제가 자신에게 있다고 느끼기 때문이죠. 일자리를 찾아 23번 국도를 타고 떠났다가 빈손으로 돌아오면 집에서 그를 기다리는 것은 바로 수치심입니다.

그러다 만약 마약에 손을 대게 되면, 장담하건대 그는 엄청난 수치심에 빠집니다. 결국 이혼을 하고 아이들과도 떨어지게 되죠. 그리고 이제 복지 수당을 받게 됩니다. 과거에는 복지 수당을 받는 사람을 보면 늘 자신이 그들보다 우월하다고 느꼈지만 이제 자신도 같은 처지가 된 겁니다. 그래서 그는 수치심을 느끼고 자신이 수치심을 느끼게 된 것에 분노합니다.

그러다 그는 지역 신문 〈애팔래치안 뉴스 익스프레스〉에 실린 칼럼을 읽게 될지도 모릅니다. 자신과 같은 사람은 가족을 부양하지 못하고 마을의 하수도 보수에 필요한 세금도 내지 않는 무책임한 사람이라고 비난하는 글이죠. 그는 더 이상 지역사회에 기여하는 사람이 아닌 겁니다.

그뿐만 아니라 그는 인터넷에서 타지 사람들이 자신을 '무식하다', '인종주의자다', '성차별적이다', 또는 '동성애 혐오자다'라고 모욕하는 것을 보게 됩니다. 이제 그는 수치심을 안겨주는 사람들에게 분노합니다. 이쯤 되면 수치심은 잊어버리죠. 그저 화가 치밀어 오를 뿐입니다."


**"석탄이 우리를 수렁에서 건져냈죠."**

켄터키 동부 주민들의 경제생활은 오랫동안 오르막과 내리막을 오갔지만 시작은 내리막이었다. "석탄이 나오기 전에 우리는 이곳에서 힘겨운 개척자의 삶을 살았습니다." 앤드루 스콧이 설명했다. "우리는 가난했기에 수치심을 느껴야 했어요. 석탄이 우리를 가난의 수렁에서 건져냈죠." 1905년 체서피크 오하이오 철도가 처음 파이크빌에 들어와 엄청난 매장량의 석탄을 실어 나르기 시작한 이후 석탄 생산은 계속 증가했다.[25] 1977년 파이크카운티는 켄터키주 전체에서 누적 석탄 생산량 1위로 올라섰고 이 기록은 여전히 깨지지 않아 큰 자부심의 원천이 되고 있다.[26] 앤드루 스콧이 학교 주차장에서 벤츠를 본 것도 이 무렵이었다.

파이크빌에서 50여 채의 주택이 모여 있는 동네인 볼스어디션(패튼 전 주지사가 현재 살고 있는 곳이다)에는 한때 자부심 경제의 최상층을 차지했던 '석탄왕'들이 살던 흰 기둥의 대저택들이 자리하고 있다. 〈내셔널 지오그래픽〉은 1983년 기사에서 "마을 반경 16킬로미터 안에 100만 달러 이상의 순자산을 가진 사람이 100명 넘게 살고 있는,[27] 켄터키주에서 백만장자가 가장 많이 밀집한 지역"이라고 소개했다. 번영을 누린 사람들은 석탄 회사 소유주들만이 아니었다. 개인 사업자인 트럭 광부들(트럭 한 대와 곡괭이를 갖고 있고, 노천 탄광의 위치를 알고 있는 사람들)과 깊은 지하에서 일하는 광부들까지 많은 사람이 빈곤에서 벗어날 수 있었다. 켄터키의 저명한 저널리스트 해리 코딜에 따르면 높아진 급여 덕분에 광부의 아내들은 "창문에 레이스 커튼을 달고 화려한 카펫으로 소나무 바닥을 덮었다."[28] 또한 광부들은 "실크 속옷과 셔츠를 입고 값비싼 카우보이모자를 썼다."

하지만 석탄이 모든 사람을 빈곤에서 구하거나 가난을 영구적으로 없애지는 못했다. 스콧 역시 자라는 동안 애팔래치아가 미국의 극빈 지역으로 여겨지는 모습을 지켜봤다. 그는 1964년 CBS 뉴스에서 방영된 〈애팔래치아의 크리스마스〉라는 특집 방송을 기억했다(유튜브에서 시청 가능하다).²⁹ 파이크빌에서 차로 30분을 가면 나오는 비버크릭의 생활상을 소개하는 프로그램이었다. "이 지역 사람들은 그 보도에 불쾌감을 느꼈습니다. 우리를 찢어지게 가난하고, 머리도 빗지 않고, 누더기 옷을 걸친 동정의 대상으로 묘사했으니까요." CBS 기자 찰스 쿠럴트는 나이보다 늙어 보이는 한 아버지에게 왜 자녀들을 학교에 보내지 않는지 걱정스러운 목소리로 물었다. 그러자 그 아버지는 "아이들이 입은 옷 때문에 학급 친구들이 놀려댈까 봐요"라고 답했다. 아이들은 "이런 모습으로 다른 아이들 앞에 서면 너무 창피해서 아무것도 배울 수 없을 것"이라며 학교에 가지 않으려 했고, 부모 역시 "아이들을 학교에 보낼 이유가 없다"고 했다. 가슴 아프게도 이 보도를 포함한 이후의 여러 방송을 통해 애팔래치아 사람들은 외부인의 눈에 자신들이 얼마나 가난해 보이는지를 깨닫게 됐다. 애팔래치아의 어려운 상황을 선의로 소개한 이 프로그램들은 내가 만난 많은 사람에게 수치심과 함께 분노를 불러일으켰다. 그들이 받은 메시지는 명확했다. '세상은 우리를 가난하고 불쌍하게 여기지만 우리를 알려고 노력하지는 않는다. 특히 우리가 이루고 자랑스러워하는 모든 것을.'

"저는 전 세계의 에너지 수도에 산다는 사실이 자랑스러웠어요." 스콧이 말을 이었다. "그리고 광부인 내 이웃들도 자랑스러웠습니다." 대부분의 경우 직업은 아버지로부터 아들에게 그리고 다시 손자에게 대물림됐다. 한 30대 남성은 "할아버지와 아버지 모두 탄광에서 일하셨다"고 내게 말했다. 그는 탄광 일을 가족의 요리 비법이나 가보처럼 대대로 이어지는 가업으로 여겼다. 광부가 아들에게 탄광 일은 너무 위험하고 진폐증에 걸릴 수도 있다며 하지 말라고 했다면 아들은 "아버지가 하지 말라고 해서" 탄광 일을 하지 않는다고 말할 수 있었다. 내가 이야기를 나눈 남성들은 광부의 길을 따르지 않았더라도 아버지에게서 아들로 이어진 그 전통을 자랑스럽게 여기는 듯했다.

광부들은 지식, 자질, 직업적으로 요구되는 품성(용기, 끈기, 인내 등), 지루함과 불편함 그리고 무엇보다 두려움(갱도 붕괴, 밀폐 공간의 유해 증기, 장비 고장, 수명 단축 등)을 견디는 능력 때문에 존경을 받았다. 한 광부의 딸은 아버지의 삶에 대한 고마움을 이렇게 표현했다. "아버지는 랜턴을 벗고 도시락을 내려놓은 뒤 식탁에 앉으셨어요. 어머니가 커피를 따라드리면 언니와 저는 아버지의 다리에 붙은 석탄 조각을 떼어드렸죠. 탄광 안에서 아버지는 허리를 잔뜩 숙인 채로 천장이 낮은 갱도를 지나 작업 장소까지 간 다음 엎드린 자세로 석탄을 캐야 했어요. 점심도 옆으로 누워서 드셨죠. 아버지는 매일 그렇게 일하시다가 일요일 하루만 어머니와 우리 일곱 자매와 함께 시간을 보내셨어요."

그녀는 자신의 집 거실 벽에 걸린 액자를 가리키며 말했다. "저거 보이세요? 광산 노동자 잡지의 표지예요. 아버지 생각이 나서요." 표지 사진 속의 남자는 홀쭉한 체격에 헤드 랜턴을 쓰고 허리띠에는 배터리팩을 끼우고는 걱정스러운 표정으로 앞을 바라보고 있었다. 사진 아래에는 이렇게 적혀 있었다. "내일 작업 없음." "아버지도 같은 일을 겪으셨어요. 해고당하셨죠." 그녀가 말했다. "우리는 옥수수, 순무, 감자 같은 작물을 직접 기르고 돼지도 키웠어요. 하지만 파업 기간에는 푸드 스탬프(저소득층에 대한 식료품 지원-옮긴이)가 필요했어요. 우리는 스스로 가난하다고 생각하지 않았고, 정부 지원을 받을 거라고도 생각하지 않았어요. 이곳에서는 그게 수치스러운 일이거든요. 하지만 결국 정부 지원이 필요했어요. 우리는 지원금 수표를 들고 마을에서 멀리 떨어진 가게에 가서 장을 봤어요. 거기서는 우리를 알지 못했으니까요. 사람들 눈에 띄고 싶지 않았던 거죠. 아버지는 참 많은 것을 견뎌내셨어요."

## 일자리가 사라지다

단일 산업에 의존해온 이 카운티에서 석탄의 수요는 1990년대까지 꾸준히 늘다가 이후 감소하기 시작했다. 2000년에는 석탄이 미국 전력 생산의 52퍼센트를 담당했지만 2024년 초 그 비율은 16퍼센트로 떨어졌다.[30] 아울러 석탄 산업에도 자동화 바람이 불어닥쳤다. 역사학자 맥스 프레이저에 따르면 1948년에 이미 연속식 채탄기(이빨 달린 컨베이어 벨트처럼 생겼다)가 도입되면서 탄광 작업조의 규모가 "13, 14명에서 6, 7명으로 줄었지만 석탄 생산량은 되려 증가했다."[31] 이어 수압파쇄법의 발전으로 천연가스 공급이 증가했다. 1990년대 들어 석탄 수요가 감소하면서 석탄 트럭 기사, 기계 수리공, 식당 직원 같은 일자리가 함께 사라졌다. "1990년대 이후부터 탄광 관련 일자리가 사라지기 시작해서 이제는 그야말로 속수무책인 상황"이라고 앤드루는 설명했다. 1990년 켄터키주에는 3만 498개의 탄광 관련 일자리가 있었지만 2000년에는 1만 4508개로 줄었고 2020년에는 불과 3874개만 남았다.³² 도로를 달리는 트럭과 자동차 뒷면에 "석탄을 사랑해요I LOVE COAL"라고 쓴 빛바랜 스티커가 붙어 있는 것을 볼 수 있었다. 일자리가 사라지면서 한때 노동자들을 민주당과 연결해주던 노동조합들도 거의 사라졌다.³³

"우리 집은 마을 꼭대기에 있습니다." 앤드루가 설명했다. "여기에는 서른 채 정도 되는 멋진 집들이 널찍이 자리 잡고 있어요. 10년 전만 해도 제 이웃들은 부유한 석탄 회사 임원과 광부들이었죠. 하지만 그들은 전부 해고됐습니다. 한 전직 광부는 미용 학교에 들어갔고, 또 다른 전직 광부는 재교육을 받고 간호사가 됐어요. 집을 잃고 떠도는 전직 광부들도 있습니다. 노숙자 보호소에 가기 싫다고 다리 밑에서 생활하고 있어요. 이웃과 친구들이 도움을 주고 있습니다. 지역 상점에서 광부를 위한 20퍼센트 할인 행사를 하기도 해요. 제가 시의원일 때 광부 감사의 날을 지정해서 무료 이발 서비스를 제공하기도 했죠. 이제 제 이웃들은 파이크빌의료센터에서 일하는 의사들이에요."

앤드루가 계산에 넣지 않은 또 다른 끔찍한 손실이 있었다. 기업들은 석탄을 찾기 위해 거대한 기계로 산 정상부를 폭파하기 시작했다. 그렇게 날려버린 산이 애팔래치아 전역에 500개, 켄터키에만 300개에 달했고 그중 일부는 '힐빌리 하이웨이'로 불리는 23번 국도 근처의 파이크카운티에 있었다. 엄청난 양의 흙이 하천 바닥에 버려지면서 물을 오염시키고 생태계를 파괴했다. 할런카운티의 블랙주얼 같은 일부 회사는 자신들이 초래한 환경 피해를 복구하겠다고 약속했지만 결국 약속을 지키지 못하고 파산을 선언했다.³⁴ 미국에서 가장 설득력 있는 전원생활 옹호자인 웬델 베리는 산의 정상부를 폭파하는 것에 항의하며 주지사 사무실에서 시위를 벌였다.[35] "석탄은 한번 태우고 나면 사라집니다. 하지만 산 정상부를 날려버리고 물을 오염시키고 생태계를 파괴하면 그 상처는 영원히 남습니다." 베리는 나중에 나와 다른 사람들을 만났을 때 이렇게 말했다.

전직 광부들은 실직만큼이나 중요한 또 다른 상실을 경험했다. 바로 자신의 숙련된 능력과 지식의 가치가 땅에 떨어진 것이다. 광부들은 갱도 벽의 석탄층을 읽고, 폭파 타이밍을 맞추고, 장비를 수리하고, 위험을 감지하는 법을 알고 있었다. 광부들은 특정 시간과 장소, 업종에 특화된 방대한 지식을 갖고 있었지만 이는 다른 곳에서는 거의 쓸모가 없는 지식이었다. 일부 주민이 지역을 떠나기 시작하면서 광부들은 자신의 지식과 일을 인정해주던 공동체마저 잃어버릴 위기에 처했다.

많은 사람이 전설적인 가수 존 프라인의 노래 가사에 자신의 삶이 담겨 있다고 느꼈다.[36] 프라인의 부모는 켄터키주 뮬런버그카운티 출신이었다.

> 음, 석탄 회사가 세상에서 가장 큰 삽을 들고 나타났어
> 나무를 마구 베어내고 땅을 모조리 파헤쳤지
> 음, 그들은 땅이 황폐해질 때까지 석탄을 캐냈어
> 그러고는 이 모든 것을 인류의 진보라고 포장했지

파이크빌 출신의 컨트리앤드웨스턴 가수 드와이트 요아캄은 광부

들이 탄광에 남든 떠나든 간에 불길한 소식이 닥쳐올 것이라고 경고했다.[37]

들어본 적 있나요?
산골 사내가 평생 기침을 달고 살며
그 캄캄한 탄광, 캄캄한 탄광에서
검은 석탄을 캐다가
결국 목숨을 잃었다는 이야기를
들어본 적 있다면 이해할 수 있겠죠
그들이 모든 걸 뒤로하고 떠나간 이유를

공장 일자리를 찾아 켄터키 산골에서 신시내티, 톨레도, 시카고 등지로 떠나간 이들에 대해 요아캄은 이렇게 노래했다.

그들은 읽고 쓸 줄 알고 23번 국도만 있으면
한번도 보지 못한 좋은 삶으로 갈 수 있을 거라 생각했지
하지만 그들은 알지 못했어
그 오래된 도로가 고통의 세상으로 이어질 수 있다는 걸

맥스 프레이저는 "20세기 초 이 지역에서 가장 빠르게 성장한 곳 중 하나였던 켄터키 동부와 웨스트버지니아의 탄광 지대(1인당 소득은 여전히 전국 평균의 절반 수준에 불과했다)는 제2차 세계대전이 끝난 1945년부터 1960년 사이에 인구가 10~15퍼센트나 감소했다"고 기

록했다.[38] 사실 1900년부터 1975년 사이에 이들을 포함해 무려 800만여 명이나 되는 백인이 급성장한 중서부 산업 지대의 공업 도시로 이주했다.[39] 그들은 주로 시카고의 업타운("힐빌리의 천국"으로 알려졌다), 오하이오주 데이턴의 이스트엔드 사우스레버넌, 인디애나주 먼시의 셰드타운, 인디애나폴리스의 스트링타운 같은 지역으로 몰려들었다.[40] 그러나 새로운 터전에서 이주자들은 북부에서 태어난 백인들에게 멸시받기 일쑤였다. 남부에서 이주한 흑인들이 북부 흑인들에게 무시당한 것과 마찬가지였다. 켄터키 동부에서 신시내티로 이주했다가 다시 돌아온 한 남성은 이렇게 말했다. "힐빌리들은 그곳에서도 소수자예요. 2등 시민이죠." 일부 실직자들은 있지도 않은 일자리를 미끼로 모집돼 고향 애팔래치아를 떠나기도 했다. 1910년대와 1920년대에 오하이오주 애크런에 있던 굿이어 타이어앤러버는 채용 담당자를 애팔래치아로 보내 가난한 백인 농부들에게 북부의 애크런으로 이주할 것을 권했다.[41] 이 말을 듣고 애크런으로 옮겨간 한 이주자는 "그들은 이주 노동자를 고용하는 대신 기존 직원을 해고했다"고 증언했다. 과잉 공급되는 노동력 덕분에 회사는 임금을 낮추고 적어도 한동안은 노조 활동을 약화시킬 수 있었다. 이 때문에 이주한 힐빌리들은 일자리를 훔치고 임금을 깎아먹는다는 등의 비난을 받으면서 기존 백인들과 반목했다.

어쨌든 애팔래치아 주민들은 떠나든 남든 세계화의 혜택을 누리는 부유한 파란 주의 삶을 접하게 됐다. 그리고 당연히 이런 의문을 갖게 됐다. 왜 저들은 우리보다 잘사는 걸까? 경제적 운명이 개인의 책임이라면 우리는 대체 무엇을 잘못한 걸까?

켄터키 동부에서 만난 사람들에게 힐빌리라고 무시당한 적이 있냐고 물으면 거의 모두가 곧바로 고개를 끄덕였다. 앤드루 스콧은 말했다. "여행을 해보면 이 지역 밖의 사람들이 우리 켄터키 동부 사람들을 어떤 눈으로 보는지 알 수 있어요. 린든 존슨 대통령이 세상에 보여준 사진 속의 아이들, 맨발에 누더기를 걸치고 머리가 헝클어진 그 아이들 때문만은 아니에요. 우리는 우리가 어떻게 보이는지, 그리고 외부인들이 우리를 얼마나 모르는지 잘 압니다. 진보 성향의 코미디언이나 평론가조차 우리가 뚱뚱하다, 마약에 찌들었다, 말투가 이상하다, 가난하다, 편견이 심하다고 조롱하잖아요. 그런 외부의 비판에 일일이 맞서서 스스로를 변호해야 할까요?"

이 지역 사람들에게 아메리칸드림은 수평선 너머에서 희미하게 반짝이다가 어떤 이들에게는 바로 눈앞에 다가오기도 하지만 이내 다시 멀어져버리는 것이었다. 그래서 많은 사람이 이를 좇아 중서부 도시와 그보다 더 먼 곳으로 떠나곤 했다. 파이크카운티의 많은 주민이 경제적 손실을 겪고 있었지만 그게 전부는 아니었다. 그들은 자신들의 문화가 평가절하되고 사회적 지위가 흔들리며 고통받고 있었다. 하지만 그 역시 전부는 아니었다. 주민들은 지역 밖의 외부인들이 자신들보다 더 나은 삶을 살고 있다는 사실을 깨닫고 있었다. 하지만 그것 역시 전부는 아니었다. 이 모든 상실은 많은 사람에게 자부심의 역설이라는 무거운 짐을 안겨주었다.

앤드루 스콧은 반려견 치프의 두 귀를 어루만지며 말했다. "도시의 진보 진영 사람들은 의식조차 하지 않지만 그들은 '자부심 뉴스'의 주인공들입니다. 하지만 그들에게 가난과 폐병에 시달리며 얼굴도 지저분하기 짝이 없는 우리 석탄 광부들은 '수치심 뉴스'일 뿐이에요. 우리는 그런 식으로 비춰지는 게 싫습니다. 제 [공화당] 동료들 중 일부는 연방에서 탈퇴하자는 말까지 합니다." 켄터키주의 한 공화당 하원의원은 실제로 켄터키주의 미국 연방 탈퇴를 공개적으로 요구했다.[42] 앤드루는 "난 연방 탈퇴는 잘못된 생각이라고 봐요. 하지만 그가 왜 화가 났는지는 이해합니다"라고 말했다.

'우리는 여러분의 고통을 듣고 있습니다. 여러분에게는 부족한 것이 많죠. 우리가 여기에 온 것은 여러분이 가진 것의 가치를 높이기 위해서입니다. 여러분이 가진 것이란 바로 백인이라는 정체성입니다.'

## 4장  백인 민족주의자

　　　　　　　　　　행정 담당관인 도너번 블랙번이 토요일 행진에서 벌어질지도 모를 폭력 사태를 막기 위해 최종적으로 계획을 조율하는 동안 백인 민족주의자들의 차량 행렬은 파이크빌에서 남서쪽으로 약 65킬로미터 떨어진 켄터키주 화이츠버그로 향하고 있었다. 그들은 화이츠버그에 하임바크가 미리 확보해둔 사유지에서 금요일 저녁부터 교류, 연설, 군사 훈련을 진행할 예정이었기 때문이다. 픽업트럭과 밴, 승용차들이 좁고 구불구불한 길(나무집들이 점점이 흩어져 있는 산비탈 마을을 통과하는 길이었다)을 따라 올라갔다. 그들은 트레일러 주택, 주차된 차량, 길가의 광고판(개인 상해 전문 변호사, 군 신병 모집, 장기 기증, 위탁 가정 홍보 문구가 적혀 있었다)과 함께 "트럼프는 석탄을 캔다TRUMP DIGS COAL"처럼 미처 철거되지 않은 선거운동 현수막을 지나쳤다.

　이 차량 행렬에는 다음과 같은 단체 구성원들이 타고 있었다.

글로벌 십자군

큐클럭스클랜(KKK) 기사단

큐클럭스클랜(KKK) 남부 기사단 연맹

국가 사회주의 운동(NSM)

라이트 스터프

더티 화이트 보이스

보수 시민 회의(CCC)

백인 목숨도 중요하다(WLM)

아이덴티티 에브로파

뱅가드 아메리카

전통주의 노동자당(매슈 하임바크가 이끄는 인디애나주 기반 단체)

남자들은 텐트와 식탁을 설치하기 위해 한 발 앞서 도착한 행사 주최자들의 밴 근처 넓은 들판 가장자리에 차를 댔다. 차에서 내린 남자들은 키가 크고 다부진 체격의 스물여섯 살 하임바크에게서 환대의 악수를 받았다(대부분의 행사 준비 작업은 여자들이 했지만 현장에는 거의 보이지 않았다).

"어서 오세요!" 매슈가 방금 도착한 사람들에게 커피와 도넛이 놓인 긴 테이블을 가리키며 쾌활하게 말했다. "건강에 좋은 정통 **미국식** 아침 식사예요! **베이글**은 없습니다."

행진 하루 전날 그들은 이곳에 모여서 백인의 자부심에 호소할 준비를 하고 있었다. 하임바크는 바지와 셔츠 그리고 부츠를 모두 검은색으로 차려입고 나중에 내게 들뜬 목소리로 말했다. "이거 휴고 보스 제품이에요. 히틀러와 나치 친위대의 부츠를 만들었던 바로 그 회사 말이에요." 그는 새까만 머리를 짧고 빳빳하게 다듬고 턱수염도 깔끔하게 정리해서 단정하고 절제된 느낌을 풍겼다. 하임바크는 활기차고 논리적인 어조로 한 단락 한 단락 말을 끊어가며 대화를 이끌어갔다. 아마도 이런 화법 때문에 많은 추종자가 그를 '제2의 데이비드 듀크'라고 생각했을 것이다. 데이비드 듀크는 루이지애나를 기반으로 활동한 KKK의 전 지도자로 미국에서 가장 유명한 KKK의 대변인이었다.

군중은 점점 늘어나며 이리저리 어울렸다. 담배에 불을 붙여 서로 나눠 피우고, 담배 연기를 깊이 들이마시고, 담뱃불을 비벼 끄고, 새 담배에 다시 불을 붙였다. 몇몇 고령의 참전용사를 제외하고는 150여 명의 남성 대부분이 20대, 30대 혹은 40대처럼 보였다. 대부분이 검은색이나 황갈색 옷을 입은 가운데 배가 불룩 나온 사람도 일부 눈에 띄었고 박박 민 머리에 턱수염을 깔끔하게 다듬은 사람도 있었다. 상당수는 이마에 선글라스를 걸치고 있었다. 팔을 타고 올라간 문신이 가슴을 지나 목과 뺨, 이마에까지 새겨져 있었다. 일부 남성은 자신의 픽업트럭 옆에 서서 일행과 함께 담배를 피우고 있었다. 블랙 메탈 펑크 밴드에서 활동하는 창백한 안색의 음악가이자 켄터키 출신 네오나치인 제이슨은 "뉴욕시를 떠나 주민 대부분이 백인인 인디애나 주로 이주했다"고 말했다.[1] 또 다른 남성인 스콧은 "최근 켄터키의 한 아일랜드 펍에서 히틀러의 생일을 축하했다는 이유로 해고됐다"고 털어놓았다. 남자들은 어깨에 소총을 메고 허리춤이나 다리에는 권총을 차고 있었다. 무전기를 손에 든 남자도 있었다. 대머리인 한 남자의 검은색 티셔츠에는 "근육질 도널드DONALD PUMPS"라는 문구와 함께 트럼프가 튼튼한 팔로 무거운 역기를 들어 올리는 과장된 이미지가 그려져 있었다. 그런가 하면 마른 체격에 수염이 없는 한 젊은 남성은 그곳 분위기와 어울리지 않게 파란색과 흰색 체크무늬 셔츠를 입고 있었다.

ABC, 〈가디언〉, 그리고 프랑스의 한 TV 방송국에서 나온 밴과 트럭들이 들판 가장자리에 자리를 잡아 매슈 하임바크를 기쁘게 했다. 마치 행진 참가자들과 미디어가 강렬한 시선으로 서로를 응시하는 듯했다.

## 하임바크가 하려던 말

나는 하임바크의 메시지가 마을 사람과 그 너머 KY-5 주민에게 어떻게 받아들여질지 궁금했다. 겉보기에 매슈의 메시지는 이렇게 요약될 듯했다. 우리는 여러분의 고통을 듣고 있습니다. 여러분에게는 부족한 것이 많죠. 우리가 여기에 온 것은 여러분이 가진 것의 가치를 높이기 위해서입니다. 여러분이 가진 것이란 바로 백인이라는 정체성입니다.

자부심의 언어로 번역하면 그의 메시지는 다음과 같았다. 여러분은 지역에 대한 자부심을 잃었고, 보수가 좋은 일자리도 잃었고, 그나마 가진 것마저 평가절하당했습니다. 이제 당할 만큼 당했어요. 우리 폭력 우파가 여러분의 수치심을 지우고 그 수치심을 유대인, 무슬림, 흑인, 이민자, 진보주의자, 민주당원에 대한 원망으로 완벽하게 바꿔드리겠습니다. 여러분이 꿈꾸던 아메리칸드림은 어떻게 됐습니까? 그들이 빼앗아버렸습니다! 여러분에게 상처를 준 모든 것은 그들의 잘못입니다. 우리의 총은 장전이 끝났습니다.

하임바크와 가장 가까운 친구이자 핵심 동지는 미국에서 가장 규모가 크고 활동도 왕성한 네오나치 단체인 국가 사회주의 운동의 전 대표 제프 쇼프Jeff Schoep이었다.[2] 두 사람은 수치심에 맞서 자부심을 지키는 무장한 수호자로서 존재감을 드러냈다. 진보주의자와 좌파는 노예제의 폐해, 짐 크로 법(흑백 분리를 강제한 인종차별 법안-옮긴이)의 유산, 홀로코스트의 상흔, 기후변화에 대한 석탄의 영향 등 수치스러운 과거에 집착해 잘못된 방식으로 미국에 **수치심을 안기는** 자들이었다.

미국에 대해 얼마나 자부심을 가져야 하는지 엄연히 규칙이 있는데도 진보 세력과 민주당은 이를 어기고 있었다. 기독교도인 백인의 자부심을 옹호하는 과정에서 매슈는 새로운 정치적 흐름을 등에 업었다고 느꼈다. 과거 공화당 대통령이었던 로널드 레이건과 조지 H. W. 부시는 KKK 지도자 데이비드 듀크를 인종주의자라고 공개적으로 비판했지만 도널드 트럼프는 그러지 않았다.[3] "듀크를 비판하지 않는 것이 트럼프에게 쉬운 일은 아니었을 거예요. 우리는 그걸 이해했습니다." 하임바크는 내게 이렇게 설명했다. "그래서 우리는 이렇게 생각했죠. '트럼프는 우리 편이구나. 그리고 애팔래치아도 우리 편이 될지도 몰라.' 이곳 사람들은 석탄 회사들이 자신들에게 신경 쓰지 않는다고 느낍니다. 연방정부도 마찬가지예요. 어느 정당도 우리를 신경 쓰지 않습니다. 파이크카운티는 도널드 트럼프에게 투표했고 덕분에 우리도 목소리를 낼 좋은 기회를 얻을 수 있다고 생각했어요."

　15개월 전인 2016년 3월 하임바크는 자신의 상징적인 복장인 검은색 셔츠와 바지 그리고 부츠에 MAGA("미국을 다시 위대하게 Make America Great Again"라는 트럼프의 대표적 정치 구호-옮긴이) 모자를 쓰고 켄터키주 루이빌의 국제컨벤션센터에 갔다. 그곳에서는 수천 명의 열광한 지지자가 모인 가운데 도널드 트럼프의 대통령 선거 유세가 열렸다. 하임바크는 앞서 아이오와주에서 열린 사전 유세에서 트럼프가 지지자들에게 "누군가 야유를 하면 그를 박살내버리세요. (…) 법적 비용은 내가 대겠습니다"라고 말하는 모습을 뉴스로 지켜봤다.[4] 또한 트럼프는 노스캐롤라이나주 페이엣빌에서 선거 유세 도중 흑인 시위자를 주먹으로 때린 백인 남성(영상에 찍혔다)의 법적 비용을 지원하는 문제를 "검토하겠다"고 약속했다. 이번에는 루이빌에서 다시 "흑인 생명도 소중하다(BLM)" 시위대를 발견하자 트럼프는 지지자들에게 "저들을 여기서 끌어내라!"고 촉구했다.

　영상에는 찡그린 얼굴의 하임바크가 트럼프의 요청에 따라 "나가!"라고 외치며 루이빌대학교 학생인 젊은 흑인 여성 카시야 은완구마를 출구 쪽으로 계속 밀치는 장면이 포착됐다. 이후 은완구마는 자신을 공격한 다른 시위자들과 함께 하임바크와 트럼프를 폭력 선동 혐의로 고소했다.[5]

　하임바크는 체포됐다. "경찰서에서 저는 무질서 행위에 대해 유죄를 인정하고 직접 저 자신을 변호했습니다." 그는 이렇게 회상했다. "저는 그들에게 도널드 트럼프는 세계적으로 유명한 사업가이자 대통령 후보라고 말했어요. 권위를 따지자면 이보다 더 높은 위치가 어디 있겠습니까?" 데이비드 J. 헤일 연방판사는 판결문에서 "트럼프의 '여기서 끝내내라'는 지시는 폭력 사용을 옹호하는 것으로 볼 수 있다"고 적었다.[6] 판사는 징역 90일에 집행유예 2년을 선고했다. 그러나 하임바크는 집행유예 기간을 지키지 못했다.

하임바크의 활동은 그가 꿈꾸는 더 원대한 비전, 즉 민주주의의 가장 큰 약점을 제거할 국제적인 백인 민족주의 운동의 일환이었다. 그는 러시아를 사랑하고 그리스의 극우 정당인 황금새벽당을 흠모했다. 그는 세 차례나 그리스를 방문해 황금새벽당 관계자들을 만났다. 현재 그리스에서 세 번째로 큰 정당인 황금새벽당은 히틀러의 대독일 구상을 모델 삼아 순수 백인으로 구성된 기독교 국가인 '대大그리스' 건설을 주장했다. 하임바크는 체코의 백인 민족주의자들도 만나고 독일 네오나치 정당인 국민민주당 전당대회에서 연설도 했다. 또한 영국의 네오나치 정당인 국민행동과 우호적 관계를 유지했고, 신혼여행을 다녀온 루마니아 부쿠레슈티에서도 "훌륭한 민족주의자들을 여럿 알고 있다"고 말했다. 그는 마린 르펜이 이끄는 프랑스의 국민전선(국민연합으로 당명을 바꿨다), 벨기에의 플람스 벨랑(플랑드르의 이익이라는 뜻으로 플랑드르의 독립, 반이민, 반이슬람을 주장한다-옮긴이)과 신플람스 연맹, 이탈리아의 북부 연맹, 오스트리아의 자유당, 호주의 원 네이션을 지지했다.[7]

미국 전역에서 극우 세력을 규합한 매슈 하임바크는 "전 세계의 형제들"과 연대해 폴란드의 언론인인 리샤르드 카푸시친스키가 묘사한 상상 속 "위대한 어제"의 복원을 꿈꿨다.

일단 하임바크는 애팔래치아 지역의 "풀뿌리 형제들"에게 집중하고 있었다. 하임바크 무리의 참가자들은 파이크빌에 거주하는 "백인 노동자 가정"을 대상으로 큰 키의 아버지가 미소 짓는 아이를 다정하게 들어 올리는 모습을 담은 전단을 집집마다 배포한 데 이어 군사 훈련을 받기 위해 들판에 모인 남자들에게 도넛을 나눠주었다.

사실 매슈 하임바크는 서로 충돌하는 두 가지 목표를 세웠다. 하나는 평화로운 마을 파이크빌에서 극단주의 메시지를 주류로 만드는 것이었다. 이를 위해 그는 서두르지 않고 천천히 백인 민족주의를 전달하면서 거칠고 냉혹하거나 비인간적으로 보이지 않도록 노력할 계획이었다. 그는 주민들이 겪은 부당한 상실에 대한 고뇌와 분노에 호소하고 토착 백인들에게 "백인이 미국을 세웠으니 이 나라는 온전히 우리 것"이라는 자부심을 심어줄 수 있었다.

그다음 그는 인종 분리 개념을 자연스럽게 덧붙였다. "일부 흑인, 예를 들면 흑인 무슬림은 인종 분리를 원하지 않나요?" 그는 나중에 내게 이렇게 물었다. "흑인에게 반대하는 게 아닙니다. 저는 그들만의 거주지를 원하는 흑인 분리주의자들과 같은 편이에요." 이런 메시지를 주류화하려면 행진 참가자들이 너무 기괴하거나 극단적으로 보여서는 안 되었다. 즉 흰색 가운도, 후드도, 불타는 십자가도 없이 행진해야 했다. 그는 두툼한 콧수염에 머리를 단정하게 넘기고 제복 차림으로 뻣뻣하게 걸으면서 팔을 곧게 뻗어 올리는 악명 높은 경례를 한 그 남자의 이름을 한 번도 언급하지 않고도 네오나치즘을 퍼뜨릴 수 있었다.

하지만 그를 따르는 사람들이 '부드럽게 전달한다'는 생각에 어떻게 반응할지는 분명하지 않았다. "이 사람들은 대개 대중 앞에 나설 기회가 거의 없었습니다." 하임바크는 말했다. KKK 단원들은 무시무시한 가운을 입고 남부연합 깃발을 흔들고 싶어 했다. 네오나치들은 나치 문양을 과시하고 싶어 했다. 아이덴티티 에브로파 회원들은 켈트 십자가를 내보이고 싶어 했다. 어떤 사람들은 스웨덴 반이민 단체의 슬로건인 "노그 아르 노그NOG ÄR NOG"('이제 그만'이라는 뜻)가 적힌 방패를 직접 만들어오기도 했다.[8] 현장에서 이 장면을 직접 취재한 언론인 베이거스 테놀드가 《당신이 사랑하는 모든 것이 불타버릴 것이다Everything You Love Will Burn》에서 생생하게 묘사했듯이 대부분의 참가자가 행진에 참여한 주된 이유는 극단주의를 주류화하기 위해서가 아니었다. 그들은 자신들의 극단주의를 표출하기 위해서 시위에 참가했다.[9]

하임바크는 행진 참가자들에게 존재감을 과시할 기회를 주고 싶은 동시에 일반 대중을 자신의 대의에 끌어들이고 싶었다. 그리고 여기에 그는 세 번째 목표를 추가했다. 그가 데려온 여러 극우 단체가 서로 협력하는 법을 배우게 하는 것이었다. 그러나 이는 또 다른 문제를 불러왔다. 하임바크는 나중에 "이 친구들을 하나로 뭉치게 하는 것은 마치 고양이 떼를 몰고 다니는 것 같았습니다"라고 털어놓았다. 같은 극우 단체라도 단체마다 자신만의 정체성이 있었고 이를 드러내기를 원한 반면 어떤 단체도 다른 단체와 혼동되는 것을 원하지 않았다. 예를 들어 아리안 형제단과 더티 화이트 보이스는 "노그 아르 노그"를 외치는 사람들과 자신들이 어떤 공통점이 있는지 확신하지 못했다. KKK의 강령에는 홀로코스트를 부정하는 조항이 없었지만 네오나치 단체들에는 홀로코스트 부정이야말로 핵심적인 사안이었다. 일부 단체는 다른 극우 단체들과 표방하는 신념이 다를 바가 없음에도 개인적으로 서로를 탐탁지 않게 여겼다. 하임바크 역시 개인적으로는 KKK 단원들을 "인터넷도 제대로 다룰 줄 모르는 노인네들"이라고 비난했고, 스킨헤드들을 "글도 읽을 줄 모르는 거리의 싸움꾼들"이라고 폄하했다. 반면 이슬람 극단주의자들은 "진정한 독서가들"이라며 존경했다.

흥미롭게도 여기 모여든 단체들은 때로 서로를 폄하했지만 하임바크는 개인적인 영역에서 이들의 차이를 조화롭게 통합해냈다. "제 몸에는 정치적 상징이 많이 있습니다." 하임바크는 나중에 이렇게 털어놓았다. "가슴에는 톱니바퀴와 그 안의 나치 문양이 새겨져 있어요.[10] 그리고 이 팔에는……." 그는 왼팔을 들어 올렸다. "남부연합 깃발이 있습니다. 그리고 켈트 십자가와 룬 문자(고대 북유럽 문자-옮긴이) 문신도 있고요." 그의 몸은 극우 세력의 가상 국제연합이나 다름없었다.

행진은 토요일 오후 2시로 예정돼 있었다. 그날 아침 켄터키주 화이츠버그의 한적한 푸른 들판에서는 하임바크가 이끄는 남자들이 군사 훈련을 위해 대열을 갖추고 모여들었다.

"일동 **차렷**! 전방 **주시**! 총기 내려! 앞으로, 가!"

이 훈련을 주도한 중년 남자들은 이라크, 아프가니스탄, 걸프전 등에 미군으로 참전한 퇴역 군인들이었다. 이날 들판에 모인 사람들에게는 공동의 목표, 전투 준비, 그리고 아버지 같은 리더십이 제시되었다. 총과 방독면을 다루는 방법을 교육하는 이 훈련은 소외된 사람에게 공동체를, 아버지가 없는 사람에게는 관심을, 확신이 없는 사람에게는 남성적 자부심을, 자부심이 결핍된 사람에게는 인종적 자부심을 제공하는 듯했다. 마치 꿈을 이뤄줄 해답 같았다.

## 마을에 등장한 낯선 이

많은 블루칼라 백인이 힘겨운 시절을 묵묵히 견디던 평화로운 애팔래치아 마을에서 어떻게 젊은 외지인 한 명이 그렇게 큰 소동을 일으킬 수 있었을까? 매슈 하임바크의 개인적인 사연은 무엇이었을까? 그는 애팔래치아 출신인 걸까? 4년간 여러 차례 만나면서 매슈 하임바크는 조금씩 자신의 이야기를 들려주었다.

"저는 아주 평범한 중산층 가정에서 자랐어요. 메릴랜드주 풀스빌의 치스웰스트리트에 있는 저택에서 자랐죠." 파이크빌의 한 식당에서 음식을 주문한 뒤 매슈는 더 넓은 사회적 맥락에서 자신의 가족이 어디에 속하는지 능숙하게 설명했다. "메릴랜드주 몽고메리카운티의 풀스빌은 주민의 95퍼센트가 백인이에요.[11] 몽고메리카운티는 미국 전체에서 열한 번째로 부유한 카운티죠.[12] 풀스빌은 이 카운티의 농업 보호구역 안에 있어서 저는 좋은 학교와 좋은 도로 등 온갖 혜택을 누렸어요. 하지만 인구가 5000명인 풀스빌은 지금도 신호등 하나 없는 작은 마을이죠.

중산층인 부모님은 가톨릭 신자에다 밋 롬니를 지지하는 온건한 공화당원이었어요. 또 인종적 다양성을 진심으로 받아들이는 분들이었죠. 아버지는 독일계, 어머니는 아일랜드계예요. 아버지는 고아원에서 가난하게 자랐고 고등학교 교사이자 농구 코치로 일하셨어요. 어머니는 집에 계시다가 제가 여덟 살쯤 됐을 때 고등학교 교사로 일하면서 여자 농구팀 코치를 맡으셨죠."

어린 시절만 보면 매슈는 폴 패튼 전 주지사보다 더 좋은 환경에서 자랐다. 앞서 말했듯이 패튼의 가족은 그가 고등학교를 졸업한 뒤에야 집 전화가 생겼다. 또한 매슈는 교내 토론을 제안했다가 패튼에게 단호하게 거절당한 롭 뮤직 교목보다도 훨씬 더 아메리칸드림에 가까운 환경에서 태어났다.

하지만 그밖에 알아야 할 사실이 더 있었다. 평소 차분하게 말하는 매슈였지만 다음 말을 할 때는 목소리에서 간간이 거칠고 분노 섞인 떨림이 느껴졌다. "저는 아버지를 본 적이 거의 없어요. 항상 일만 하셨거든요. 제가 어렸을 때 아버지는 굳이 하지 않아도 될 부업까지 하셨어요. 가끔 아버지가 저를 남북전쟁 재연 행사에 데려갔지만 내심 혼자 거기 가고 싶으셨던 것 같아요."

매슈는 계속 말했다. "저는 3남매 중 맏이예요. 부모님은 지하실에 있는 가장 큰 방을 제게 주셨어요. 제가 원하던 방이었죠. 저는 거기에 남부연합 깃발과 나치 친위대 깃발을 걸었어요. 하지만 아버지는 그 깃발들을 보신 적이 없어요. 한 번도 제 방에 내려오지 않으셨으니까요. 부모님이 이혼하셨을 때도……." 매슈가 열일곱 살 무렵의 일이었다. "아버지를 보는 빈도는 전혀 달라지지 않았어요." 이혼 후에도 아버지는 매슈에게 여전히 원망의 대상이었다.

미국 전역에서 많은 소년이 아버지가 들락날락대거나 아예 없는 환경에서 어머니, 삼촌, 형, 사촌, 친구에게 의지하며 자란다. 매슈는 아버지에 대한 실망과 분노 속에서 아버지와 연결된 독일 문화에 집착하는 듯했다. "아버지는 은퇴 이후 독일을 수십 번이나 여행하셨어요. 조상의 나라인 독일에 관심이 많으셨기 때문이죠. 저도 어렸을 때부터 독일과 제2차 세계대전에 정말 관심이 많았어요." 매슈는 말했다. "TV에서 역사 채널을 많이 봤어요. 벌지 전투(제2차 세계대전 막판에 독일이 총반격했던 전투-옮긴이)에서 생포된 독일군 포로 10명의 사진을 봤는데 모두 지친 모습이었어요. 이런 사람들이 어떻게 악마가 될 수 있었는지 전혀 상상이 안 됐어요. 저는 히틀러의 《나의 투쟁》과 《터너의 일기》를 가지고 있었어요." 《터너의 일기》는 1970년대에 윌리엄 루서 피어스가 쓴 백인 우월주의 소설로, 총기가 금지된 상황에서 아프리카계 미국인들이 백인들의 집에 침입해 강도와 강간을 일삼는 내용이다. 소설은 결국 모든 유대인이 제거되는 것으로 끝난다.

다른 아이들처럼 매슈도 1970년대 블록버스터 영화 〈스타워즈〉를 봤다. 하지만 그는 극장을 메운 다른 사람들과 같은 방식으로 환호하지는 않았다. "극장에 있던 다른 사람들은 전부 레아 공주와 루크 스카이워커를 응원했어요." 매슈는 회상했다. "하지만 저는 제국군 스톰트루퍼가 훨씬 더 멋지다고 생각했어요." 얼굴을 드러내지 않은 채 총을 들고, 흰색과 크롬 색상의 갑옷을 입고, 절도 있고도 무자비하게 행동하는 스톰트루퍼는 악당인 은하제국 지도자 다스 베이더를 호위했다. 무시무시할 만큼 일사불란하게 움직이는 스톰트루퍼는 정의로운 제다이들을 몰살하려 했다. "저는 모든 종류의 스톰트루퍼를 알고 있었어요. 퍼지 트루퍼, 데스 트루퍼, 다크 트루퍼, 인시너레이터 스톰트루퍼까지요." 얼굴이 있어야 할 자리에 갑옷을 두른 스톰트루퍼는 감정도 의지도 없는 듯했다. 이들은 일사불란하게 지도자에게 복종했고 매슈는 바로 그 점이 멋지다고 생각했다.

"저는 항상 독일 나치 친위대가 〈스타워즈〉의 스톰트루퍼와 비슷하다고 생각했어요." 그는 덧붙였다. 실제로 조지 루카스가 스톰트루퍼를 만들어낼 때 나치 병사들을 염두에 두었을 가능성이 있다. 차갑고 흔들림 없는 스톰트루퍼의 모습은 매슈가 평화로운 마을 파이크빌로 몰려드는 자신의 오합지졸 추종자들에게 제시할 걸맞은 본보기처럼 보였다.

물론 〈스타워즈〉 캐릭터에 동질감을 느낀 아이들은 수없이 많았다. 하지만 매슈의 스톰트루퍼에 대한 몰입은 잔혹한 지도자들, 즉 필리핀의 로드리고 두테르테, 캄보디아의 폴 포트, 북한의 김정은, 칠레의 아우구스토 피노체트, 독일의 아돌프 히틀러처럼 실제 역사에서 스톰트루퍼를 거느렸던 인물들에 대한 집요한 관심으로 발전했다.

하지만 매슈의 이야기는 대부분의 사람이 보기에 대단히 비정상적이다. 어쩌다 이렇게 되었을까? 그는 내 질문의 의도를 이해하고 어린 시절 놀이터에서 놀림당한 일부터 설명하기 시작했다. "초등학교 때 아이들은 제가 뚱뚱하고 성이 이상하다며 놀려댔어요. 저는 '크라우트'나 '제리' 같은 별명으로 불렸죠." 하지만 놀이터에서 괴롭힘을 당한 모든 아이가 네오나치가 되는 것은 아니다. 이름으로 놀림을 당한 것 말고 다른 이유가 있었던 것일까?

여러 차례의 인터뷰를 통해 하임바크는 자신에 대해 거의 임상적 진단을 내렸다. "제 생각에 저는 자폐 스펙트럼에 속하는 것 같아요. 고기능 쪽이죠. 이것 때문에 삶에 지장을 받지 않으려고 노력합니다." 고기능 자폐 스펙트럼은 지능은 높지만 타인에 대한 공감 능력은 부족한 일종의 발달 장애다. 물론 자폐는 다양한 정도와 형태로 나타나고 자폐 스펙트럼에 속한 사람들이 몰입하는 대상도 다양하다. 예를 들어 세계적으로 유명한 스웨덴의 기후변화 운동가 그레타 툰베리도 자폐 스펙트럼에 속한다. 그럼에도 어쩌면 자폐 스펙트럼이 매슈의 고착된 사고를 설명해줄지 모른다. 또한 그가 네오나치적 사고방식으로 인해 많은 희생자에게 공감하지 못하는 이유도 설명해줄지 모른다.

무관심한 아버지와 자폐 스펙트럼 외에 또 다른 사건이 어린 매슈 하임바크의 인격 형성에 영향을 미쳤을 수도 있다. 매슈는 어린 시절을 회상하면서 어머니가 메릴랜드주 록빌에서 학교 교사로 일하던 시절에 겪었던 특별한 사건을 언급했다. "어머니는 저를 임신했을 때 학교에서 아이들을 가르치고 계셨어요. 록빌은 다양한 인종이 모인 곳이었기 때문에 어머니가 가르치는 학급들 역시 인종이 다양했죠. 어머니는 걸핏하면 결석을 하던 한 흑인 남학생에게 낙제점을 줬어요. 어느 날 수업이 끝나고 어머니가 차로 걸어가는데 그 학생이 칼을 들고 어머니를 따라오며 합격점을 주지 않으면 죽이겠다고 위협했어요."

매슈는 회상을 이어갔다. "이후 부모님은 풀스빌로 이사하기로 했고 백인 주민 비율이 95퍼센트인 그곳에서 제가 태어났어요. 의식했는지 못했는지는 모르겠지만, 부모님은 백인이 대다수인 지역이 더 안전하다는 생각에 그곳에 가셨던 것 같아요." 이어 매슈는 덧붙였다. "어머니는 인종주의자가 아니에요. 그 어떤 편견도 없는 분입니다. 제가 잘 알아요. 어머니는 다문화주의자이고 정치색이 강하지 않은 분이에요. 하지만 자기 자식이 위협받는 것만은 참지 못하셨죠. 저는 그게 항상 마음에 걸렸어요." 매슈가 보기에 자신의 어머니는 진보적 세계관의 포로가 되어 '흑인 폭력'으로부터 자신과 아들을 지키지 못할 뻔했다. 하지만 매슈는 이 사건을 깊이 고민하기보다는 흑인 가해자에게 피해를 입은 백인, 즉 스톰트루퍼의 보호가 필요한 피해자라는 견고한 범주에 끼워넣었다.

사회학자 마이클 키멀은 《혐오의 치유 Healing from Hate》에서 미국, 독일, 영국의 남성 극단주의자들이 어떻게 끔찍한 신념을 버리고 '전前 극단주의자'가 됐는지 설명한다. 키멀이 연구한 남성 대부분은 아버지에게 심한 학대를 당하거나 버림받거나 트라우마를 경험했다. 친부에게 그런 학대를 받지 않은 경우에는 대부분 계부에게 신체적 또는 성적 학대를 당했다. 집을 비우거나 대놓고 학대를 하지 않은 친부나 계부는 "집안에서 감정적으로 단절되고 속내를 알 수 없는, 유령 같은 존재"였다. 키멀에 따르면 이런 환경에서 자란 소년들은 스스로를 "실패한 남성"이라고 느끼게 된다.[13] 그리고 "좋은 남성", "성공한 남성"이 있어야 할 빈자리에 "강인한 존재"라는 개념을 채워 넣을 가능성이 있다. 역사학자 조지 모스는 1930년대 독일의 남성 극단주의자들에 대해 "투쟁은 그들의 존재 그 자체였다. 그들은 핏속에 전쟁을 품고 있었다"고 말했다.[14]

여성은 매슈의 세계관에서 유대인이나 흑인 또는 이민자처럼 희생양으로 취급되지는 않았지만 부차적인 역할에 갇혀 있었다. 이는 그가 가족의 가톨릭 전통을 깨고 새로 받아들인 러시아 정교회에서는 당연하고 마땅한 질서였다. 그는 프라우드 보이스의 회원들처럼 여성을 혐오하지는 않는 것으로 드러났지만 백인 민족주의는 어디까지나 남자들만의 게임이었다.[15]

하지만 여기에 또 다른 요소가 작용하고 있었던 것은 아닐까?

### 수치심에 맞서는 방패

나는 매슈가 놀라운 변화를 겪고 있던 4년 동안 그와 여러 차례 인터뷰를 진행했다. 그리고 매슈가 자신에게 부당하게 지워졌다고 느끼는 인종적 수치심에 극도로 민감하게 반응한다는 사실을 깨달았다. 그는 진보주의자들이 자신의 독일 혈통과 아일랜드 혈통 그리고 백인 정체성에 대해 자부심을 가질 수 없게 만들었다고 주장했다. "어머니와 아버지 양쪽의 조상들이 저지른 범죄에 대해 제가 비난받는 느낌이었어요. 그래서 **분노**가 치밀어 오릅니다. 독일에 있는 아버지의 친척들은 분명 제2차 세계대전에서 미국에 맞서 싸웠을 거예요. 버지니아에 살던 어머니의 조상들도 분명 남북전쟁에서 북군에 맞서 싸웠겠죠. 사람들은 독일인과 남부연합을 악이라고 말합니다. 하지만……." 이 대목에서 그의 목소리는 단호해졌다. "저는 그런 죄책감을 떠안지 않을 겁니다. 독일인과 남부인의 핏줄을 이어받았다고 사과하지도 않을 거고요. 저는 진보주의자들이 미국을 '사과의 과부하' 상태로 몰아간다고 생각해요. 저는 그걸 절대 용납하지 않을 겁니다."

아홉 살 때의 기억 역시 매슈에게는 상처로 남았다. "우리 학교 농구팀은 항상 '풀스빌 인디언스'라고 불렸어요. 그런데 일부 진보주의자들이 정치적 올바름에 어긋난다면서 팀 이름을 '풀스빌 팰컨스'로 바꾸려고 했죠. 저는 반대했어요." 마을에서 그는 혼자가 아니었다. 고등학교 시절 그는 조상들과 자신을 상상 속의 수치심에서 해방시키겠다고 결심했다. "외가 쪽 가계를 조사하다가 남부연합에 참여했던 조상들을 찾아냈어요. 고등학생일 때 저는 남부연합 참전용사 후손 모임에 가입했습니다. 그리고 버지니아 제8보병연대 전투 재연 행사부터 참여하기 시작했죠."

실제 또는 상상 속의 수치심을 지우는 한 가지 방법은 바닥난 인종적 자부심을 다시 채우는 것이다. 매슈도 그러려고 했던 것 같다. 그는 자신이 백인이라는 사실에 자부심을 가질 수 있기를 바랐다. 하지만 여기서 그는 한 걸음 더 나아갔다. "남부연합 쪽은 사악하다고들 하죠. 어머니의 조상들이 바로 사악한 남부연합 쪽이었어요." 이런 상황에서 매슈는 조상들과 자신이 잃어버렸다고, 심지어 도둑맞았다고 믿는 자부심을 되찾고 싶었다. 따라서 그는 자신의 조상들이 숭고한 일을 했고 그들의 신념이 정당했음을 증명하고, 이를 방해하는 사람들을 적으로 규정하기로 목표를 세웠다. 수치심은 백인, 남부인, 독일인이라는 범주에 달라붙은, 지울 수 없는 낙인처럼 느껴졌다. 그의 목표는 자신이 속한 사회적 범주에 부당하게 씌워진 수치심에 맞서 싸우는 것이었다. 그는 진보주의자들이 조상들의 죄악에 대한 수치심을 자신에게 떠안기려 한다고 생각했다. 그리고 그런 요구를 하는 사람이 누구든 거칠게 맞설 준비가 돼 있는 듯했다.

"제가 좀 더 컸을 때······." 매슈가 말을 이었다. "풀스빌 시의회에 남부연합 병사들을 기리는 기념비를 세우자고 제안했어요. 그런데 시의회는 이렇게 답하더군요. '남북 **양쪽** 모두를 기념하는 것은 어떤가요?' 하지만 풀스빌은 전적으로 남부연합에 동조하는 마을이었어요. 물론 북군 병사들도 그곳에 묻혀 있지만 그들은 버지니아 북부에서 병사하거나 전사했죠. **양쪽**이란 존재하지 않았습니다." 매슈에게 남부연합 기념비를 세우는 일은 단순히 역사를 기리는 것이 아니라 주민들의 자부심을 되찾아주는 일이었다.

어린 시절 매슈는 뚱뚱하다는 이유로, 자음투성이인 성을 가졌다는 이유로 수모를 당했고 그 수치심으로부터 보호받지 못했다. 그는 부당하게 수모를 당한 것에 분노했고 어른이 된 지금까지도 분노는 사그라지지 않았다. 그는 스스로를 피해자라 생각하고 같은 생각을 가진 사람들을 모아 수치심과의 전쟁을 시작했다.

수치심에 맞서는 한 가지 방법은 수치심이 따라붙는 대상 자체를 부정하는 것이다. 매슈는 엄연한 역사적 사실일지라도 그 때문에 자신이나 조상들이 폄하당한다고 느끼면 가차 없이 그 사실을 얼버무리거나 부정하는 능력을 갖추고 있었다. 그가 보기에 미국에서 남북전쟁이 벌어진 주된 이유는 노예제가 아니라 '주州의 권리' 때문이었다. 그렇다면 노예제 자체는? "대부분의 흑인 노예는 좋은 대우를 받았어요." 그는 그렇게 믿고 있었다. 홀로코스트에 대해서는 이렇게 말했다. "죽음의 수용소가 있었다거나 600만 명이 죽었다는 사실을 인정하지 않습니다." 잘못된 일이 없었다면 수치심을 느낄 이유도 없다는 것이 그의 생각이었다. 매슈에게 과거의 잘못을 바로잡는 것은 상상조차 할 수 없는 일이었다. 왜냐하면 그것은 모든 백인 미국인과 독일계 비유대인에게 영원히 비참한 수치심을 안기기 때문이었다. 그는 단호한 목소리로 말했다. "누구라도 나를 비난하려 한다면 절대 용납하지 않을 겁니다. 그걸 받아줄 이유가 없죠."

## 수치심 지우기

그렇게 고무된 매슈 하임바크는 볼티모어에 있는 토슨대학교에 입학하면서 수치심에 맞선 성전을 시작했다. "3학년 때 저는 '서구 문명을 위한 청년 모임'(백인 민족주의를 앞세운 극우 학생 단체-옮긴이)에 가입했습니다. 토슨에 흑인 학생 연합이 있다는 걸 알게 됐어요. 여성 연합도 있고 게이·레즈비언 연합도 있었죠. 그런데 백인 연합은 없었어요. 저는 백인 학생 연합을 만들려고 했습니다."

자신을 백인의 자부심을 지키는 수호자이자 정치적 올바름의 희생자라고 생각한 하임바크는 자경단 성격의 '경비대'를 만들어 밤마다 손전등과 호신용 스프레이를 들고 토슨대학교 캠퍼스를 순찰했다. 그전에 그는 토슨대학교에 '서구 문명을 위한 청년 모임' 지부를 조직하고 캠퍼스 보도에 "백인의 자부심", "백인의 죄책감은 이제 끝났다" 같은 문구를 분필로 적어 논란을 일으켰다. 같은 시기에 토슨대학교를 다녔던 한 흑인 학부생은 나중에 한 기자와의 인터뷰에서 "정말 무서웠다"고 회상했다.[16]

수치심을 막겠다는 일념으로 매슈는 점차 폭력의 위협을 더해갔다. 토슨대학교에서 역사학 학사 학위를 받은 그는 교사 자격증을 신청했다. 교사 자격증이야말로 그가 꿈꾸던 아메리칸드림으로 가는 티켓이었다. 그러나 그는 이렇게 말했다. "교직을 원한다면 백인 민족주의를 포기해야 한다는 말을 들었습니다. 그래서 저는 백인 민족주의를 선택했어요. 의료보험, 연금, 초임 연봉 5만 달러가 넘는 직업을 포기한 거죠. 이제 학사 학위밖에 없는 저는 평생 공장에서 시간당 10~11달러를 받고 일하겠지만 그래도 그게 옳은 길이라고 믿어요. 훗날 손주들에게 너희를 위해 모든 것을 걸고 싸웠다고 말할 수 있어야 하잖아요." 이제 매슈의 자부심은 두 가지 기반을 갖게 됐다. 하나는 백인 기독교인을 위한 아메리칸드림의 용맹한 수호자로서의 자부심, 또 하나는 그 꿈을 이룰 기회를 스스로 포기한 희생자로서의 자부심이었다.

매슈는 학사 학위를 받고 나서 블루칼라 노동자의 삶에 뛰어들었다. 2015년 인디애나주 파올리의 트레일러 주택지에서 그는 전통주의 노동자당을 공동 창립했다. 그의 주장에 따르면 이 단체는 2017년 켄터키에서만 300명이 넘는 지지자를 확보했다.

매슈의 인생 이야기는 자연스럽게 현실과 상상 속의 비판자들에 대한 격렬한 비난으로 이어졌다. "좌파는 영원한 피해자들이에요. 앞에서는 피해자 의식을 숭배하면서 뒤로는 죄책감을 조장합니다. 하지만 그들이 그렇게 떠들어댈 수 있는 체제를 지탱하는 건 결국 테네시 출신의 시골 청년들이잖아요. 이 부르주아 녀석들이 무슨 자격으로 풀스빌에 와서 우리 학교 마스코트에 대해 이래라저래라 합니까?(앞서 말했듯이 팀의 원래 이름은 '인디언스'였다) 학사 학위 하나 땄다고 무슨 우주의 비밀이라도 깨달았다는 건가요?" 매슈가 말을 이어 갔다. "스타벅스에서 바리스타나 하면서 존 스튜어트나 빌 마어(민주당 지지자들이 좋아하는 코미디언들이다-옮긴이)의 말을 재탕 삼탕 떠들어대는 주제에. 죄책감을 강요하는 그런 자들은 **나약**하고 **한심**해요. 국가권력이 뒤에서 받쳐주지 않으면 하루도 못 버티고 무너질 거예요."

그의 머릿속에서 백인은 피해자이고 진보주의자는 가해자였다. 남부연합과 나치 역시 수치심을 조장하는 진보 세력의 희생양일 뿐이었다. 그리고 어쩌면 애팔래치아 사람들도 자신들이 피해자임을 자각하고 단순히 경제적으로 어려운 가족의 더 나은 미래를 위해서가 아니라 수치를 당했다는 공통된 분노를 기반으로 결속할 수 있었다. 나는 바로 이런 생각이 매슈 하임바크를 파이크빌로 이끌었다고 믿게 됐다.

물질 경제에서 매슈의 아버지는 아메리칸드림을 이루기 위해 열심히 일했지만 매슈는 자신의 신념을 위해 이를 용감하게 포기했다. 사실 기꺼이 아메리칸드림을 포기했다는 그의 자부심 속에는 아메리칸드림을 추구하는 사람들에 대한 경멸이 섞여 있었다. "내 친구 중에는 뼈 빠지게 일한 다음 사랑 없는 부유한 결혼 생활로 돌아와 대마초나 피워대는 녀석이 있습니다. 얼마나 인생이 **아까워요**." 반면 매슈는 증오 운동 세력 내의 사다리를 당당히 올라가서 전국의 스톰트루퍼들을 이끌고 백인 민족주의의 승리를 완성하겠다는 야망을 품고 있었다.

매슈는 때때로 "남부빈곤법률센터 홈페이지에 올려놓은 제 항목을 살펴봅니다"라고 털어놓았다. 진보 진영에서 자신의 악명이 높아진 것을 그는 흥미로워했다. "노르웨이 사람 하나가 벌써 저에 대한 책을 냈더라고요. 스물여섯 살치고는 꽤 괜찮은 것 아닌가요?" 그는 웃으며 말했다. 그가 말한 책은 베이거스 테놀드의《당신이 사랑하는 모든 것이 불타버릴 것이다》였다.[17]

그는 자신의 악명이 높아지는 것을 즐겼지만 그의 가족은 큰 충격을 받았다. "가족에게 제가 네오나치라고 말하자 부모님은 저를 버렸어요." 그는 담담한 목소리로 회상했다. 그가 새롭게 얻은 자부심은 가족에게는 수치심이 됐다. "[16세 때] 할아버지의 장례식 이후로는 가족과 한번도 이야기한 적이 없어요. 누가 살아 있고 누가 죽었는지도 모릅니다. 아버지의 양어머니가 치매에 걸렸다는 소식을 듣고 찾아가볼까도 생각했지만 어디 계신지를 몰라요. 아버지에게 이메일을 보냈지만 답장을 받지 못했어요. 누나는 저와 엮이지 않으려고 결혼 전에 성부터 바꿨어요. 백인 민족주의 운동이야말로 제 진짜 가족입니다."

대체 어떻게 된 일일까? 아마도 이런 상황이었을 것이다. 아버지에게 버림받았다고 느낀 매슈는 자신이 한쪽은 독일인이고 다른 한쪽은 남부인인 조상의 '아들'이라고 여기게 됐다. 그가 봤을 때, 진보주의자는 홀로코스트(아버지 쪽)와 노예제(어머니 쪽)를 이유로 그의 조상들에게 수치심을 안기고 있었다. 그래서 역사에 대한 지식이 풍부한 총명한 매슈는 스톰트루퍼가 되어 역사적 사실을 뒤엎고 홀로코스트를 완전히 부정하며 노예제가 선의의 제도였다고 상상하기 시작했다. 잃어버린 기억과 부정당한 진실은 스톰트루퍼의 보호 장구였다. 홀로코스트와 노예제가 만들어 낸 수백만 명의 죽음, 사적 보복, 필사적 탈출 시도 등 모든 것이 도둑맞은 자부심을 회복하려는 그에게는 거짓말로 여겨졌다.

매슈 하임바크가 도착한 곳은 자부심의 역설에 직면한 지역이었다. 줄어드는 기회에 대한 책임을 개인이 져야 한다는 생각이 강한 곳이었다. 성공하든 실패하든 모두 개인이 책임을 져야 한다고 믿는 곳이었다. 성공하기는 어렵고 바닥을 치기는 쉬운 지역에서 많은 사람이 부당한 수치심이라는 짐을 짊어지고 있다고 느꼈다. 매슈는 그들에게 그 짐을 벗어던질 길을 제시하기 위해 찾아온 것이다. 파이크빌 행진을 앞둔 그는 상실감과 수치심의 두 가지 근원을 하나로 합치려 했다. 하나는 세계화, 석탄 고갈, 해고 통지서, 힘겹게 얻은 기술의 가치 하락으로 타격을 입은 모든 범주의 사람, 즉 수치심을 떠안은 희생자들이 느끼는 상실감과 수치심이었다. 두 번째는 그가 상상한 백인의 인종적 굴욕이었다. 그들은 피해자였다. 매슈 자신도 피해자였다. 함께 손을 잡으면 형제가 될 수 있었다.

매슈가 파이크빌에 제시하려는 변화는 수치심에서 비난으로, 비난에서 복수로의 전환이었다. 그가 보기에 버락 오바마의 당선, 흑인 생명 존중 운동의 부상, 마틴 루서 킹 주니어 기념일 지정(2000년에 모든 주에서 공휴일로 지정됐다-옮긴이), 건물 명칭 변경, 남부연합 기념상 철거, 새로운 인종 역사 교육 등 모든 것이 자부심을 훔쳐간 자들의 소행이었다.

매슈 하임바크는 자신이 문화적 광맥에서 일확천금을 거머쥘 석탄층을 찾아 나선 광부라고 느꼈다. 그는 상처 입은 자부심을 캐내어 분노의 불길로 타오르게 하고, 점점 더 커지는 세력을 규합해 백인의 영광을 향해 나아가려 했다.

이제 새로운 위험이 다가오고 있었다. 인도나 독일 일부 지역처럼 미국에서도 다수 민족 중심의 민족주의 바람이 불고 있었다. 메시지는 모두 동일했다. '멈춰. 그리고 돌아가. 당신들이 원하는 것은 자부심까지 포함해서 전부 우리 것이야.'

5장  **문을 잠근 사람들**

"행진이요? 문을 닫아걸고 집에 있어야죠."

사회복지국 공무원으로 일하다 은퇴한 온화한 성격의 아프리카계 미국인 루스 멀린스는 시온산 침례교회의 신실한 신자이자 〈워싱턴 포스트〉의 열렬한 구독자였다. 일흔여섯의 나이보다 젊은 기운을 풍기는 루스는 흰머리에 연갈색 눈과 부드러운 얼굴이 인상적이었다. 파이크빌 시내에 있는 식당에서 조용한 테이블을 찾아 함께 이동하는 동안 그녀는 고관절염 때문에 살짝 힘들어했다. 나는 그녀의 집 앞에 가서 그녀를 내 차에 태워 왔다. 그녀의 집은 어머니와 두 자매의 집 근처, 소나무 숲에 있었다. 우리는 저녁을 먹으면서 대화를 나눴다. 그녀는 행진 참가자들이 마을로 오는 이유를 담담하게 추측했다. "저는 파이크빌에서 나고 자랐어요. 부모님, 조부모님, 증조부모님도 모두 파이크빌 출신이시죠. 하지만 흑인은 파이크카운티 인구의 1퍼센트에 불과합니다. 어쩌면 그들은 우리가 여기 없다고 생각할지도 모르겠네요."

행진 참가자들이 켄터키 동부의 흑인과 유대인 그리고 이민자를 인식하지 못했든, 아니면 미국에서 백인 비율이 가장 높은 선거구에서 이들을 표적으로 삼았든 이들의 존재는 자부심의 상징으로 곳곳에 흔적을 남겼다. 우선 유서 깊은 파이크빌 시내에는 파이크빌에서 노예의 딸로 태어나 1904년 스물다섯 살의 나이에 펴낸 첫 시집을 포함해 모두 세 권의 시집을 발표한 아프리카계 미국인 시인 에피 월러 스미스를 기리는 청동 명판이 세워져 있었다.[1] 또한 한 북군 대령이 설립한 파이크빌의 딜스 공동묘지는 켄터키 동부 최초의 흑백 통합 공동묘지로 널리 알려져 있다.[2]

이민자들도 지역사회에서 확고한 자리를 차지하고 있었다. 대부분의 주민이 건강 검진과 전문적 진료를 받는 파이크빌 의료센터의 의료진 명단에는 알 아다시 박사, 무함마드 아마드 박사, 람야 아켈라 박사 같은 이름이 올라 있었다. 앤드루 스콧 시장은 "산간 지역에서는 좋은 의료 서비스를 받기가 정말 어렵다"면서 "이분들이 있어 천만다행"이라고 했다. 또한 많은 파이크빌 주민이 엘 아술 그란데, 미아시엔다, 엘 피칸테, 엘 부리또 로코 같은 식당을 찾았다. 모두 멕시코계 이민자들이 운영하는 식당들로 그들은 지역사회에서 조용히 환영받는 소수집단을 형성하고 있었다.

메릴랜드에서 태어나 인디애나에 거주하며 애팔래치아에 새로 찾아온 매슈 하임바크는 나치 독일을 찬양하는 한편, 행진 참가자들이 경멸하는 사람들을 환영해온 마을에 자신의 메시지를 전하려 하고 있었다. 루스는 이렇게 설명했다. "KKK는 파이크빌에서 흔한 일이 아니고 과거에도 그런 적은 없었어요. 100년 전이라면 몰라도 최근에는 없었죠." 실제로 KKK는 약 100년 전인 1924년에 파이크빌에 등장했고 1990년에 한 차례 더 나타난 적이 있었다.³ 도너번 블랙번의 말을 되풀이하듯이 그녀는 지친 한숨을 내쉬며 덧붙였다. "인종주의자들도 우리처럼 표현의 자유를 갖겠죠. 하지만 전 이곳을 잘 압니다. 여기 사람들은 그런 미끼를 물지 않을 거예요."

이곳의 다른 아프리카계 주민들 역시 남녀노소를 불문하고 같은 생각을 가지고 있었다. 나는 92세인 루스의 고모 델마 멀린스도 만나 보았다. 아주 작은 체구인 그녀는 가족사진들로 둘러싸인 테이블 옆에 앉아 있었다. 그녀는 사랑스러운 딸과 손자의 보살핌을 받았지만 행진에 대해서는 들어본 적이 없었다. 내가 행진에 대해 이야기하자 델마는 이렇게 대답했다. "나는 신경 쓰지 않아요." 델마는 소작농의 딸로 태어나 파이크빌 지역 은행에서 일했고 10남매를 두었다. 그녀는 자신의 어린 시절을 이렇게 회상했다. "우리 아홉 명은 윌리스 박사의 농장에서 살았어요. 아버지는 옥수수로 집세를 내고 우리가 사는 통나무집을 직접 지으셨죠. 아버지는 노새를 끌고 밭을 갈았어요. 어머니는 직접 기른 채소를 통조림으로 만들어 보관하셨고요. 정말 할 일이 많았죠."

델마는 당시 페리 A. 클라인 스쿨이라고 불리던 학교를 졸업했다. 매코이 가문의 일원으로 매코이 가문과 햇필드 가문의 분쟁에 적극 가담했던 한 변호사가 세운 학교였다.⁴ 델마가 재학 중이던 1930년에 이 학교에는 흑인 학생이 87명가량 됐고 스페인어 동아리와 합창단이 있었다. 합창단은 파이크빌 지역 은행에서 정기적으로 공연을 했다(파이크빌고등학교는 1956년에 흑인 학생을 받아들이기 시작했지만 카운티 내의 모든 학교에서 인종차별이 전면 폐지된 것은 10년 뒤인 1966년 페리 A. 클라인 스쿨이 문을 닫은 이후였다).[5] 델마는 행진 참가자들이 마을로 온다는 이야기를 듣고 가볍게 웃으며 고개를 저었다. "그 사람들에게 나만큼 열심히 일해본 적이 있는지 물어보세요."

인근의 작은 교회에서 예배를 이끄는 40대 아프리카계 여성 목사는 교회 밖에 세 칸짜리 '기도함'을 마련해 어려운 이들을 위한 통조림을 채워두었다. 그녀는 루스의 말에 전적으로 공감했다. 그녀의 주일 예배에 참석하는 수십 명의 신자는 대부분 흑인이고 백인은 서너 명 정도였다. 기타 반주는 그녀의 조카가 맡았다. "[목사였던] 남편이 세상을 떠난 뒤에 성가대 지휘자와 성가대원들이 모두 떠났어요." 그녀는 담담하게 말했다. "그래도 남은 우리는 기쁘게 찬양을 드립니다." 행진에 대한 질문에는 이렇게 답했다. "교회에서 신경 쓸 만한 일이 아니에요."

유파이크에서 학사 업무를 담당하는 스물아홉 살의 성실한 흑인 행정 직원은 학교 내의 인종 상황을 이렇게 설명했다. "우리 학교의 흑인 비율은 7퍼센트 정도예요. 얼마 전에 흑인 역사 기념일 행사를 열었지만 학생들이 아직 어린 데다가 시험도 봐야 하고 운동이나 연애 같은 일에 바빠 크게 관심을 보이지 않더라고요. 역사적인 흑인 인물의 사진을 다양하게 전시한 홍보용 밴으로 기숙사를 돌면서 좀 더 관심을 불러일으켜볼 생각이에요. 하지만 댄스파티에서 보니까 말이죠." 그는 잠시 말을 멈추었다가 다시 입을 열었다. "흑인을 비하하는 단어에 대한 태도가 좀 웃습더라고요. 흑인끼리 이런 말을 쓰는 건 괜찮아요. 그런데 얼마 전 댄스파티에서 몇몇 흑인 학생이 혹시 백인이 그런 단어를 쓰지는 않는지 돌아다니면서 확인하더군요. 자기들의 전유물이라고 여기는 거죠. 파이크카운티의 백인들이 **힐빌리**라는 단어를 자신들만의 것이라고 생각하는 것처럼요." 다가오는 행진에 대해 묻자 그는 고개를 저었다. "누가 그런 걸 좋아하겠어요? 하지만 평화롭게만 하면 자기 생각을 말할 수 있는 거잖아요? 여긴 미국이니까요."

루스 멀린스의 조상들은 도너번 블랙번 행정 담당관, 버턴 웨브 유파이크 총장을 비롯한 다른 많은 사람의 조상들만큼이나 오래전에 파이크카운티로 이주했다. 루스의 조상들은 1910년부터 1970년까지 흑인들이 딥 사우스를 떠나 '대이동'을 하기 훨씬 전에 켄터키로 왔다. 대이동 당시 일부 흑인은 경유지였던 켄터키에 영구 정착했다.

루스의 아버지는 석탄 산업의 마지막 호황기에 광부로 일했다. 당시에는 미식축구 팬들의 응원 구호조차 "괜찮아. 그럴 수도 있지"였을 만큼 자신감 넘치던 시기였다. 미국의 많은 지역과 마찬가지로 파이크빌 주민은 기업의 투자와 철수에 매우 민감하게 반응했다. 기업의 움직임에 따라 노동자가 유입되거나 쫓겨나면서 경기 호황과 불황이 반복됐다. 호황기에는 석탄 관련 일자리가 흑인 노동자를 이 지역으로 끌어들였다. 1912년부터 1927년까지 500개에 달하는 석탄 회사가 애팔래치아 남부 전역에 탄광촌을 조성해 이 지역 일자리의 3분의 1을 제공했다.[6] 파이크카운티만 해도 1907년부터 1958년까지 54개 이상의 회사 소유 탄광촌이 건설되어 광부와 그 가족을 수용했다.[7] 프레이즈에 있던 엘크혼시티 석탄 회사의 탄광촌에는 노동자가 10명뿐이었던 반면, 스톤에 있던 포드 자동차 소유 탄광촌에는 노동자가 1500명에 달하는 등 탄광촌의 규모는 다양했다.[8] 제2차 세계대전이 발발할 무렵 파이크카운티는 켄터키주에서 가장 인구가 많은 지역 중 하나가 됐다.[9]

켄터키주 전체에서 가장 큰 탄광촌은 파이크빌에서 남쪽으로 100킬로미터 떨어진 린치라는 마을에 있었다. 1917년 US스틸이 건설한 탄광촌으로 자사 탄광에서 일할 2000명의 노동자를 수용했다.[10] 이 탄광촌에는 1000여 채의 주택과 함께 4층짜리 백화점과 볼링장까지 있었다. 제2차 세계대전이 끝날 무렵 린치에는 38개국에서 온 이민자를 포함해 1만 2000명이 거주하고 있었다.

탄광촌들은 미국 시골 지역의 다양성을 보여주는 사례였다. 대중 지식인이자 변호사이자 작가인 해리 코딜은 "찢어지게 가난한 소작농의 아들과 딸들이 새로운 출발을 꿈꾸며 딥 사우스의 황폐한 목화밭을 떠나서 이곳에 올라왔다"고 당시를 기록했다.[11] 여기에 더해 이탈리아, 헝가리, 폴란드, 루마니아, 알바니아, 그리스 출신의 노동자들이 유입됐다. "젱킨스에 새로 지어진 주택 900채에 8000명이 넘는 사람들이 살게 됐다. 불과 몇 해 전만 해도 그곳은 [한 개인 소유의] 옥수수밭과 목초지였다."[12] 해피, 사사프라스, 하이햇 같은 이름을 가진 새로운 마을들이 우후죽순 생겨났다.[13] "컴벌랜드고원(애팔래치아산맥 서남쪽의 고원-옮긴이)의 석탄 산업 황금기, 미국 전역의 벽난로와 용광로 그리고 제분소에 석탄이 간절하게 필요했던 시절, 수백 곳의 크고 작은 석탄 선별장에서 검은 다이아몬드 석탄이 급류처럼 끝없이 쏟아져 나왔다. (…) 광부들의 주요 도구는 수동 천공기, 곡괭이, 9번 삽, 카바이드 등, 부드러운 캔버스 천과 가죽으로 만든 광부용 모자, 둥근 주석 도시락통이었다."**14** 코딜은 기록했다. 이것이 해고당하기 전까지 루스 멀린스의 아버지가 살았던 삶이었다. "아버지는 1950년대에 광부 일자리를 잃으셨어요. 그 뒤에 파이크빌의 모래 준설 회사에서 일하면서 우리를 키우셨죠." 루스는 회상했다.

식당에 자리를 잡고 음식을 주문한 뒤 루스는 파이크빌에서 보낸 소녀 시절을 회상하기 시작했다. "저는 근처에 있는 작은 흑인 전용 초등학교를 다녔어요. 제가 졸업한 뒤에 인종 통합이 이루어졌죠. 1959년에 저는 파이크빌고등학교에 입학한 네 명의 흑인 학생 중 한 명이었어요. 넷 다 여학생이었죠. 사실 통합 자체에는 문제가 없었어요. 전혀요." 그녀는 회상했다. 기록에 따르면 파이크빌고등학교는 1956년에 이미 흑인 학생 140명을 받아들였다.**15** 연방대법원이 '브라운 대 교육위원회' 판결에서 인종 분리된 학교는 "본질적으로 불평등하다"고 판결한 지 2년 만의 일이었다. "[이웃 마을] 젱킨스는 1960년대 후반에야 통합이 이루어졌어요." 루스는 말했다.

10대 시절 루스는 마을 곳곳에서 여전히 인종 분리가 사라지지 않은 현실을 마주했다. "당시 파이크빌 리버티 극장은 좌석이 두 구역으로 나뉘어 있었어요. 백인은 1층에 앉았고 유색인종은 2층 발코니에 앉아야 했죠. 또 다른 극장은 뒤쪽의 여덟 줄이 흑인 전용으로 지정돼 있었어요." 학교 건너편에는 바비 삭스 그릴이라는 식당이 있었는데, 루스의 친구인 마거릿 같은 백인 청소년이 주크박스를 틀어놓고 춤을 추거나 콜라와 핫도그를 먹을 수 있는 곳이었다.

"마거릿이 제게 묻더군요. '너는 왜 한 번도 거기 안 갔어?' '몰랐니? 나는 거기 들어갈 수 없어. 인종 분리된 곳이거든.' 마거릿은 **충격**

을 받았어요. 백인들은 누에고치 같은 보호막 안에서 살았으니까요." 루스는 담담하게 말했다. 그녀에게 고통스러웠던 것은 인종 분리 자체만이 아니었다. 친구 마거릿이 그저 방관자의 입장에 머문 가운데 혼자 그 경험을 감당해야 했던 외로움이 그녀를 힘들게 했다. 오랜 시간이 흘러도 이 외로움은 루스의 마음에 고스란히 남아 있었다. 나는 고인이 된 폴 파머 박사의 말이 떠올랐다. 비영리단체 '건강의 동반자Partners in Health'를 설립해 아이티와 르완다의 시골 지역 등에 양질의 의료 서비스를 제공한 파머 박사는 인종 간의 우정에 대해 언급하며 "역사 지식은 친밀감으로 들어가는 입장료"라고 했다.[16]

루스는 고등학생 시절 짝사랑했던 선생님으로부터 아무렇지도 않게 무시당했던 더욱 가슴 아픈 기억도 떠올렸다. "학교에 정말 훌륭한 영어 선생님이 계셨어요. 선생님이 1963년에 우리 반을 버지니아주 애빙던에 있는 바터 극장으로 데려가서 〈말괄량이 길들이기〉를 관람하게 해주셨죠. 정말 멋진 경험이었어요. 하지만 공연이 끝나고 저녁 식사 장소인 마사 워싱턴 인에 갔을 때 백인 학생만 식당 안에서 식사를 하고 저를 포함한 흑인 여학생 네 명은 식당 주방에서 식사를 하라는 말을 들었어요." 선생님은 이를 바로잡기 위해 아무런 노력도 하지 않았다. "그래서 우리 흑인 여학생들은 주방에서 따로 식사하는 걸 거부하고 버스로 돌아가 앉아 있다가 그냥 집으로 돌아왔어요." 연방대법원이 1954년에 이미 학교 내의 인종 분리를 폐지하라고 판결했지만 1964년 민권법이 통과되기 전까지 여전히 이런 차별이 이뤄지고 있었다.[17] 백인 학생들이 식당에서 밥을 먹는 동안 주린 배를 안고 덩그러니 버스에 앉아 있어야 했던 쓰라린 기억, 반 친구들과 선생님의 무대응, 형식적인 사과와 무거운 침묵, 그리고 그 때 느꼈던 수치심을 떠올리며 루스는 씁쓸하게 말했다. "저는 지금까지도 그 선생님을 용서하지 못했어요."

## 멀린스 가문의 시간

어린 시절의 기억을 들려주며 저녁 식사를 하는 동안 루스는 휴대전화에 저장된 가족사진 수십 장을 끊임없이 넘겨보았다. 그녀의 시선은 피부색에 예민하게 반응하고 있었다. 접시 옆에 휴대전화를 내려놓은 루스는 특정한 얼굴을 찾기 위해 손가락으로 화면을 쓸어 올렸다. 사실 우리의 대화는 두 갈래로 진행됐다. 하나는 말로, 다른 하나는 그녀가 천천히 훑어보는 이미지들을 통해서였다. 루스는 이미지 하나하나, 근엄한 얼굴 하나하나를 살펴보다가 때로는 피부색이 어둡고 때로는 피부색이 밝은 얼굴을 보여주면서 켄터키에서 160년을 이어온 자신의 혈통을 거슬러 올라갔다.

그녀의 어머니는 사진 속에서 연한 갈색 피부에 중년의 모습을 하고 있었다. 1911년 파이크카운티에서 태어난 그녀는 온화하면서도 엄숙한 표정이었다. 그보다 한 세대 전에 태어난 그녀의 외할머니 역시 비슷한 모습이었다.

루스는 한 사진에서 잠시 멈추었다. "이 사람은 좀 백인처럼 보이지 않나요? …… 우리 가족은 모두 피부가 아주 밝아요. 파란 눈에 금발인 분도 있어요." 그녀는 화면을 넘기다가 또 다른 조상의 사진에서 다시 멈추었다. "이분은 절반은 백인이었어요." 이어 그녀는 이렇게 말했다. "워싱턴 D.C.에서 한 백인 동료가 저에게 이렇게 말한 적이 있어요. '난 네가 무슨 인종인지 모르겠어. 넌 백인이 아니지만 그렇다고 아예 백인이 아닌 것도 아니잖아.' 저는 그 말이 마음에 들지 않았어요. 나는 그냥 나일 뿐이니까요."

메인 요리가 들어왔을 때도 루스는 여전히 사진을 천천히 넘기고 있었다. 그녀는 친증조부가 노예 소유주에게서 태어났을 거라고 추측했다. 그 노예 소유주는 차로 26분 거리인 파이크빌 북서쪽의 켄터키주 플로이드카운티 해럴드에 있는 중간 규모 농장주의 장남이었다. 친증조모의 백인 주인은 버지니아에서 태어났지만 켄터키에서 농장을 구입했다. 기둥이 늘어선 대저택이 딸린 대농장은 아니었다. "외증조부도 1840년 이전에 버지니아에서 켄터키로 왔어요. 역시 쇠고랑을 찬 노예 신세였죠." 조상들의 밝은 피부색에 대해 루스는 담담하게 덧붙였다. "농장주 아들들이 여자들을 어떻게 대했는지 아시잖아요. 그것 역시 역사인데도 많은 사람이 외면하고 있을 뿐이죠."

루스가 말했다. "1865년까지만 해도 인구조사에서 흑인은 숫자로만 기록됐어요. 1865년 이후부터 이름으로 기록되기 시작했죠." 1860년 당시 흑인은 켄터키주 전체 인구의 약 20퍼센트를 차지했고 그중 4.5퍼센트가 노예가 아닌 자유인이었다.[18] 켄터키 동부의 산악지역은 대규모 농업에 적합하지 않았기 때문에 흑인 인구가 켄터키주의 다른 지역보다 훨씬 적었다. 1860년 파이크카운티의 인구통계를 보면 백인 7325명, 노예 소유주 29명, 흑인 노예 37명, 물라토(백인과 흑인의 혼혈-옮긴이) 노예 60명, 흑인 자유인 다섯 명, 물라토 자유인 35명이었다.¹⁹ 남북전쟁 이후인 1870년의 인구조사에서는 파이크카운티에서 태어난 주민이 흑인 64명, 물라토 32명, 유색인종 일곱 명으로 기록됐다. 루스는 "우리 조상 중 한 명은 웨스트버지니아에서 탄광을 소유하고 있었어요"라고 말했다.

한 세기가 지난 지금 루스의 휴대전화 속 사진에는 1910년부터 1970년 사이에 대이동으로 켄터키에 도착한 다른 친척들의 모습도 담겨 있었다. "앨라배마에 살던 친척들은 탄광에서 일하기 위해 켄터키로 왔어요." 그녀가 설명했다. 하지만 석탄 산업이 침체하면서 "삼촌과 숙모 그리고 이웃들은 일자리를 찾아 북쪽으로 떠났죠. 일리노이에 있는 철강 회사 인랜드 스틸, 미시간에 있는 자동차 회사 쉐보레 같은 곳에서 일자리를 잡았어요." 그들에게 켄터키는 딥 사우스에서부터 시작된 이주 여정의 중간 기착지였다. 사회학자 카리다 브라운은 《귀향Gone Home》에서 대이동에 나선 일부 흑인이 애팔래치아 동부 지역을 거쳐 갔다고 지적했다. 브라운은 "1세대 이주민은 딥 사우스의 밑바닥에서 자유와 시민권을 찾아 켄터키 동부 산악 지대로 이동했고 이후 일자리를 찾아 다시 신시내티, 클리블랜드, 콜럼버스, 데이턴, 미들타운, 폰티액, 플린트 같은 도시로 이주해 자동차 공장에서 일했다. 하지만 이 공장들이 멕시코와 중국으로 이전하면서 이동 행렬도 끝났다"고 적었다.²⁰

그러나 켄터키 동부에서 보낸 수년 또는 수십 년 동안 흑인들은 탄광에서 일하며 블랙조, 할런, 해저드, 레드폭스, 윌라이트 같은 이름의 마을에서 생활했다.²¹ 역사학자 빌 터너는 《할런 르네상스The Harlan Renaissance》에서 오늘날까지 켄터키에서 열리는 흑인 동창회에는 뉴

저지나 오하이오 또는 버지니아 번호판을 단 자동차들이 모여든다고 썼다.[22] 린치카운티(린치는 범죄가 아니라 사람 이름에서 유래했다)에는 제1차 세계대전 당시 4000명의 흑인이 살았다.[23] 1946년 할런에는 흑인 광부와 그 가족 8500명이 살았지만[24] 이제는 할런카운티 전체에서 흑인 인구가 500명 남짓으로 급감했다.[25]

그럼에도 루스의 아버지는 다른 흑인 주민들과 마찬가지로 항상 경계하며 살아갔을 가능성이 크다. 20세기 미국 전역에서는 이른바 '일몰 마을sundown town'이 1만 개 이상 생겨났다.[26] 흑인들은 해가 지기 전에 마을이나 도시를 떠나야 했고 그러지 않을 경우 폭력의 위험을 감수해야 했다. 하지만 파이크빌은 그런 마을이 아니었다.

루스가 알고 있는 가장 악명 높은 사건은 1919년 파이크빌 서쪽에 있는 코빈에서 발생했다. 루스의 아버지가 여덟 살쯤 됐을 때의 일이었다. 제1차 세계대전에 징집됐던 백인 남성들은 경제가 위축된 상황에서 일자리를 찾기 위해 전쟁으로 지친 몸을 이끌고 고향으로 돌아왔다. 그런데 이들 백인 참전용사들을 기다리고 있던 것은 루이빌 앤 내슈빌 철도 회사(L&N)가 신규 철도를 놓기 위해 이미 흑인 노동자들을 고용했다는 소식이었다. 분노한 125명의 백인 남성이 200~400명의 흑인 노동자와 그 가족을 총으로 위협하여 코빈에서 몰아냈다.[27] 사망자는 발생하지 않았지만 코빈의 흑인 주민들은 트라우마를 입고, 전 재산을 빼앗기고, 부당한 수치심을 뒤집어쓴 채 쫓겨났다. 이들 대부분이 다시는 코빈으로 돌아오지 않았다.

이 사건은 파이크빌에 있는 루스의 집에서 차로 한 시간 거리인 코빈에서 일어났다. 하지만 루스는 코빈의 역사를 알고 기억하는 반면 그녀의 백인 친구인 마거릿은 그러지 못했다. 실제로 내가 만난 백인 중 상당수는 이 사건을 기억하지 못했고 역사에 조예가 깊은 매슈 하임바크와의 대화에서도 이 사건은 나오지 않았다. "어릴 때는 바비 삭스 그릴이나 인종이 분리된 파이크빌 영화관 또는 코빈 사건을 전혀 알지 못했어요." 한 남성이 내게 말했다. "40대에 대학에 가서야 깨달았죠. 단순히 상점이나 일자리만 분리된 것이 아니라 우리의 기억 자체가 분리됐다는 사실을요."

아메리칸드림을 향한 루스의 여정은 파이크빌 시장 집무실에서 시작되어 워싱턴 D.C. 인근 메릴랜드로 이어졌다. "파이크빌고등학교를 졸업한 뒤에 저는 부기 강좌를 수강하고 여성복 매장에서 장부를 관리하게 됐어요." 그녀는 회상했다. 1960년 파이크빌 시장 윌리엄 햄블리는 역사적인 파이크빌 컷스루 공사를 추진하기 시작했다.[28] 많은 사람이 파나마 운하에 비견하는 거대한 엔지니어링 프로젝트였다. 햄블리 시장은 조사를 진행할 유능한 지원자를 찾고 있었다. "제가 채용됐고 정말 즐겁게 일했어요." 루스는 회고했다.

"이후 공무원 시험이 있다는 소문이 돌았고 사람들은 저에게 시험을 보라고 했어요. 사람들의 말대로 시험을 봤고 높은 점수를 받았죠. 그리고 워싱턴 D.C. 사회보장국의 복지 담당 부서에서 타자수 겸 사무원으로 일해달라는 제안을 받았어요. 그때 제 나이 스물한 살이었어요! 메릴랜드주 실버스프링에 아파트를 구하고 일을 시작했어요. 당시 사무실에서는 문서 작성과 전화 응대 능력으로 평가를 받았어요." 그러나 루스의 세계는 점점 더 넓어졌다. "얼마 뒤에 일본인 포로, 홀로코스트 생존자, 중국인 맞선 결혼 신청자, 두 다리를 잃은 젊은 베트남 참전용사들의 서류 접수를 맡게 됐어요. 놀란 표정을 지어서는 안 되는 업무였죠."

30년 뒤에 루스는 파이크빌에 있는 자매들의 연락을 받았다. "어머니가 치매 증상을 보이기 시작했어요. 그래서 돕기 위해 돌아왔죠." 집으로 돌아온 루스는 "진폐증 보상 청구를 맡은 광산안전보건국에서" 일하게 됐다. 은퇴 후에도 그녀는 파이크빌에 남았다.

디저트가 나오자 루스는 휴대전화를 옆으로 치웠다. 화면에는 고단한 삶 속에서 카메라를 응시하는 수염이 희끗한 흑인 남성의 근엄한 모습이 떠 있었다. 그녀는 다시 휴대전화를 집어 들고 계속 찾고 있던 이미지를 마침내 찾아 화면에 띄웠다. 친증조할머니의 사진이었다. 그녀는 1800년대 초 버지니아에서 노예로 태어나 200년 전쯤 멀린스 가문에서 가장 먼저 켄터키에 도착한 사람이었다.

컷스루 프로젝트에 대한 연방정부의 투자를 비롯한 자본주의의 부침 속에서 연방 주도의 인종 통합 정책이 변화하고 남북전쟁 이후 흑인들의 이동이 활발해지는 동안 루스 멀린스는 수도 워싱턴 D.C.로 갔다가 다시 고향으로 돌아왔다. 한편 매슈 하임바크는 루스가 직접 경험해온 진보의 흐름을 되돌리고 배제당한 수치심을 되살리기 위해 마을로 오고 있었다.

### 기억하려는 사람들

"1990년대에도 KKK가 프레스턴스버그 근처에 나타난 적이 있었어요. 그래서 파이크빌 행진에 대해 들었을 때……." 존 로젠버그가 하늘을 바라보며 말했다. "제발, **다시는** 그런 일이 없어야 할 텐데'라고 생각했죠." 루스의 집에서 차로 30분 거리에 사는 존은 은퇴한 인권 변호사였다. 젊은 시절 그는 바비 삭스 그릴과 파이크빌고등학교 같은 곳의 완전한 인종 통합을 도왔고 매슈 하임바크의 '백인 민족주의의 적' 명단에 유대인으로 이름을 올렸다.

작은 키에 머리가 벗겨진 존은 안경 너머로 호기심 많고 친절한 눈빛을 반짝이는 여든여덟 살의 노신사였다. 그는 퀘이커 교도인 아내 진과 함께 파이크빌에서 북쪽으로 조금 가면 나오는 프레스턴스버그 외곽의 집에서 나를 맞아주었다. 그의 집은 앞마당이 있는 소박하고 깔끔한 집들 사이에 있었다. 성격이 쾌활한 금발의 진이 나를 집 안으로 안내했다. 한쪽 벽에 작은 액자들이 빼곡히 걸린 현관을 따라 걸어가면서 진은 독일계 유대인인 남편 존의 가족사진을 하나씩 설명해주었다. "우리 직계가족 중에서……." 그녀의 '**우리**'라는 말에는 오랜 세월 함께해온 부부의 정이 묻어났다. "열네 명이 살아남지 못했어요." 그녀는 홀로코스트로 목숨을 잃은 가족들을 가리켰다.

존은 내게 커피잔과 견과류, 쿠키가 놓인 아늑한 주방 테이블에 앉으라고 권했다. 선량함에 대한 믿음을 온몸으로 드러내는 온화한 그는 어린 시절 트라우마를 안겨준 사건들을 주저 없이 들려주었다. 일부 생존자는 슬픈 침묵으로 홀로코스트를 증언한다. 하지만 존이 마음을 열고 들려주는 이야기를 들으면서 나는 그가 역사적 교훈을 잊지 않기 위해 지금까지 수없이 되새긴 개인적 경험의 세계로 초대받은 듯한 느낌을 받았다.

매슈 하임바크에게 홀로코스트에 대한 기억은 인종차별의 기억과 마찬가지로 수치심과 비난을 불러일으킬 수 있었기에 억눌러야만 하는 것이었다. 하지만 존에게 기억의 목적은 상기시키고 경고하는 것이었다. 행진 참가자들의 역사 부정에 대해 존은 이렇게 말했다. "우리는 이런 일들을 잊고 싶지 않습니다. 그 일들이 다시 일어날 수도 있으니까요."

그는 이야기를 시작했다. "저는 1931년 독일의 작은 도시 마그데부르크에서 태어났어요. 우리 집 바로 옆에 유대교 회당이 있었고 아버지는 그곳에서 보조 랍비로 일하셨죠. 당시 제 이름은 한스였고, 나치가 이미 유대인 학생들을 공립학교에서 추방했기 때문에 집에서 공부하고 있었어요. 제가 일곱 살이던 어느 날 밤 유리 깨지는 소리와 현관문을 거세게 두드리는 소리에 잠을 깼어요. 그때가 1938년 수정의 밤Kristallnacht(유대인 상점과 주택이 대규모로 약탈당한 날로 홀로코스트의 신호탄이 됐다-옮긴이)이었어요. 문을 열자 무장한 군인들이 부모님과 두 살 난 여동생 그리고 나에게 건물 마당으로 나가라고 명령했어요. 그곳에는 다른 유대인 이웃들도 끌려나와 있었어요. 11월의 차가운 밤이었죠. 병사들은 회당에서 유대교의 두루마리 성경을 꺼내 마당에 큰 불을 지피고 태워버렸어요. 그러고는 회당을 폭파했죠. 자정이 넘어 집으로 돌아와 보니 집이 완전히 엉망이 돼 있었어요."

수정의 밤에 독일 전역에서 가정과 상점, 유대교 회당이 파괴됐고 이후 며칠 동안 마그데부르크에서는 유대인 남성들이 체포되어 기차로 강제 수용소에 보내졌다. "아버지는 총구 앞에서 강제로 줄을 섰고 다음 날 아침 부헨발트로 끌려갔어요. 천만다행으로 지역 시장의 중재로 아버지는 17일 만에 풀려났고 30일 안에 독일을 떠나라는 명령을 받았어요. 우리 가족은 비자를 받기 위해 줄을 선 마지막 사람들이었어요." 존이 말했다.

"우리는 동전 한 푼 없이 뉴욕에 도착했어요. 교사였던 아버지는 노스캐롤라이나주 개스토니아에 있는 방직 공장에서 바닥 청소를 하기 위해 남부로 떠나셨죠. 어머니와 우리 형제들도 따라갔고 어머니는 가정부로 일하셨어요. 저는 학교에 들어가서 영어를 배우고, 이글 스카우트(보이스카우트의 최고 등급-옮긴이)에 가입하고, 이름을 존으로 바꾸고, 목요일마다 성조기 색인 빨간색, 흰색, 파란색 옷을 입었어요." 나중에 존은 미군에 입대해 정부 지원으로 법학 학위를 받고 민권 분야에 전념하기로 했다. 결국 그는 미국 법무부 민권국 소속 재판 변호사가 되어 남부 지역을 중점적으로 담당하게 됐다.[29]

이후 로젠버그는 애팔래치아 시민법률센터를 설립했다. 루스 멀린스의 아버지 같은 광부들이 의료 권리를 보장받도록 돕는 비영리 로펌이다. 그 대표적 사례가 진폐증에 걸린 은퇴 광부들을 도운 것이었다. 진폐증은 루스가 아버지와 함께 작성한 보상 청구서에 명시된 증상이기도 했다. 로젠버그는 또한 무지한 조상들이 '권리 분리 계약'을 체결한 탓에 고통받는 소농들을 변호하기도 했다. 이 농부들은 토지의 지상권은 자신들에게 있지만 땅 밑의 석탄 채굴권은 다른 사람들에게 팔렸다는 사실조차 모르고 있었다.

존은 이런 계약을 금지하도록 켄터키주 헌법을 개정하려는 노력에 동참했다. 오랜 시간이 걸렸지만 1987년 그는 꿈을 이뤄냈다. 콜런 시장인 앤드루 스콧은 자신의 조상도 그렇게 권리 분리 계약으로 토지를 팔았다고 씁쓸하게 말했다. 그러나 그의 아버지는 켄터키주 법무장관으로 재임하면서 이러한 행위를 법으로 금지하는 데 앞장섰다. 또한 로젠버그는 켄터키 애팔래치아 연구 및 변호 기금을 설립해서 파이크카운티를 포함한 켄터키 동부 37개 카운티의 저소득층을 지원하고 있다.

존은 지역 학교에서 홀로코스트에 관한 강연을 하고 여러 자선단체 이사회에 참여하는 한편, 프레스턴스버그의 이웃들과도 스스럼없이 어울렸다. 어떤 모임에서든 그는 늘 대화에 깊이 몰두했기 때문에 그의 아내 진은 천천히 조심스럽게 차로 걸어가서 존에게 그만 떠날 시간이라는 신호를 보내는 습관이 생겼다.

거의 평생을 애팔래치아에서 살며 이미 오래전에 변호사 일에서 은퇴한 그는 책상 서랍에 오래된 연설문을 하나 보관해두었다. 1990년 KKK와 네오나치주의자들이 프레스턴스버그에 나타났을 때 극단주의에 반대해 마을 주민들에게 했던 연설 원고였다. 그는 다가오는 행진일에 연설 요청을 받으면 다시 이 연설문을 읽을 준비가 돼 있었다. 연설문에는 이렇게 적혀 있었다. "KKK는 (…) 흑인은 물론 유대인과 가톨릭 신자 같은 다른 소수자들에게도 고통을 가져옵니다." 그는 1964년 미시시피에서 KKK에 의해 살해된 민권운동가들을 추모하며 희생자들의 이름을 하나씩 불렀다. "제임스 채니는 아프리카계 미국인이었고, 마이크 슈워너와 앤드루 굿맨은 유대인이었습니다."

한편 폭력 사태를 우려한 유파이크 총장은 존이 연설할 예정이었던 반대 집회 주최 측에게 집회를 연기해달라고 요청했다. 존은 연설문을 책상 서랍에 넣어두고 언제든 다시 꺼내 들 준비를 했다.

이제 법조계에서 은퇴한 존과 진 로젠버그 부부는 지역 노숙자 보호소의 이사회에서 활동하고 있었다. "우리는 이웃이나 친구인 다른 자원봉사자들과 함께 노숙자들을 위한 음식을 포장해요. 우리가 이곳에 집을 가지고 있는 것이 정말 행운이라고 생각하기 때문에 노숙자들을 돕고 있죠. 우리 친구들 대부분은 '침수례'나 '주수례'를 받았습니다." 존은 친근한 어조로 기독교 세례의 두 가지 형태를 언급했다.

"우리 부부를 만나기 전까지 많은 사람이 유대인이나 퀘이커 교도에 대해 한 번도 들어본 적이 없었어요. 하지만 우리 모두 보호소에서 점심과 저녁 식사를 준비하면서 자유의지 침례파에 속한 매우 소중한 친구들을 사귀고 있습니다. 한번은 복음주의 개신교 신자인 친구가 제게 이렇게 말했어요. '유대인은 선택받은 민족이에요.'

하지만 저는 이렇게 대답했어요. '나는 유대인이지만 단지 유대인이라는 이유만으로 선택받았다고 생각하지는 않아요. 이곳 미국에 사는 우리 **모두**가 선택받은 사람들이라고 생각해요.'

복음주의 개신교 신자인 이웃들은 저를 정말 아껴줍니다. 제가 말하는 방식 때문에 천국에 가지 못할까 봐 걱정하며, 제가 꼭 천국에 가길 바라죠. 그들이 저를 걱정해준다는 게 가슴 뭉클합니다."

그러나 존 로젠버그는 제2차 세계대전에서 연합군이 승리한 덕분에 자신이 살아났고 이미 구원받았다고 느꼈다. 이는 목숨 바쳐 싸운 애팔래치아 출신 병사들이 남긴 유산이기도 했다.

존이 현관 앞에서 나를 배웅하며 물었다. "또 누구를 만날 건가요?" 나는 지역 모스크의 임시 이맘(이슬람 성직자-옮긴이)인 사이드 바드루두자 박사를 만나러 간다고 대답했다. "아!" 존이 반가운 듯 말했다. "버지 박사 말씀이군요. 우리는 버지 박사라고 부르죠. 좋은 친구예요. 버지는 은퇴 전까지 내 주치의였어요. 라마단이나 디왈리 같은 이슬람 축제 기간에 저를 모스크로 초대하곤 해요." 존은 덧붙였다. "그리고 우리는 함께 차를 타고 웨스트버지니아주 윌리엄슨으로 가기도 합니다. 거기서 그는 모스크에서 예배를 드리고 저는 가까운 유대교 회당에 가죠. 그에게 안부 전해주세요!"

## "이곳에 오신 것을 환영합니다"

프레스턴스버그 외곽의 애벗크릭. 여기 빅브랜치 근처 마스지드애비뉴에 마스지드 알 파루크 동부 켄터키 이슬람 센터가 있다. 이곳에서 사이드 바드루두자 박사의 조수가 전화를 받았다.[30] 그는 인터뷰의 목적을 물었고 나는 이번 행진과 이 지역의 변화하는 정치적 분위기에 관심이 있다고 했다. 그러자 그가 말했다. "우리는 좋은 사람들입니다! 이 극단주의자들이 하는 말들, 2001년 9·11 테러 이후 도널드 트럼프가 우리 무슬림에 대해 했던 말들은 정말 말도 안 되는 것들이에요! 정말 끔찍했어요! 여기 있는 우리는 그런 짓을 하지 않았어요. 목소리를 높여서 미안합니다. 저는 여기 조수일 뿐입니다. 우리는 좋은 사람들이에요!"[31]

그리고 바드루두자 박사를 만났을 때 그는 존 로젠버그의 이름을 듣고 환하게 미소 지었다. "정말 좋은 분이죠!" 깔끔한 회색 수염에 커다란 안경을 쓰고 마른 체격인 일흔일곱 살의 버지 박사가 모스크에서 걸어 나와 내 차 쪽으로 다가오더니 두 손을 기도하듯이 모으고 고개 숙여 인사했다.

로젠버그와 마찬가지로 버지 박사도 백인 기독교 중심인 애팔래치아 지역에 터를 잡았다. 그는 로젠버그 부부의 집에서 차로 10분 거리에 살면서 동부 켄터키 이슬람 센터를 관리하고 있었다. 이 바이블 벨트(보수 복음주의자들이 많이 사는 남부 지역-옮긴이)에서 몇 킬로미터 반경 내에 있는 유일한 이슬람 예배당이었다. 커다란 흰색 명판에는 영어와 아랍어로 "마스지드 알 파루크에 오신 것을 환영합니다"라고 적혀 있었다. 버지 박사는 카펫이 깔린 커다란 예배실 한쪽 끝으로 나를 데려갔다. 테이블과 의자 두 개가 놓여 있고 테이블 위에는 주스 한 병과 과자가 준비되어 있었다.

그는 금요일에는 큰 예배실을 칸막이로 나눠서 남녀 신도가 분리된 상태로 방 전체에 깔린 파란색 카페 위에서 따로 기도를 드린다고 했다. "일부 여성은 아래층에서 예배드리는 것을 더 선호합니다." 그가 말했다. 예배실의 사방 벽에는 커다란 아치형 창이 나 있었다. 입구 옆의 바닥에는 신도들이 예배 전에 손발을 씻을 수 있도록 직사각형 세면기와 수도꼭지가 있었다.

"저는 1976년 외과 전문의로 인도 하이데라바드에서 프레스턴스버그로 왔습니다. 이곳은 산이 너무 높고 도로는 좁고 이동이 느려서 단절된 느낌이 들었죠." 사이드가 이야기를 시작했다. "그때만 해도 이 지역에 인도 출신은 저 혼자뿐이었습니다. 1990년대 들어 두세 명이 더 생겼고 그다음에는 열두 가구로 늘어났죠. 42년이 지난 지금

프레스턴스버그에는 인도, 파키스탄, 레바논, 방글라데시, 시리아에서 온 무슬림이 15명에서 30명 정도 있습니다. 대부분이 의료 전문가들이죠. 켄터키에는 우리 같은 사람들이 필요합니다. 우리 신도 중 한 명은 시리아 출신 소아과 의사로 근방 일곱 개 카운티에서 5000명의 환자를 돌보고 있습니다." 사이드의 말에서는 자부심이 느껴졌다. 파이크빌대학교에는 무슬림 의대생들이 무슬림 의사 협회를 결성할 만큼 그 수가 많다.[32] "기도 중에 누군가가 다친다면 여기 있는 누군가가 도움을 줄 수 있죠. 우리 중에 심장 전문의도 있고, 외과 의사도 있고, 소아과 의사도 있으니까요."

그가 이어서 말했다. "저는 얼마 전에 하이데라바드를 방문하고 왔습니다." 그는 공무원의 아들로 태어났고 그의 9남매 중 다른 두 형제도 해외로 이주했다. 인도에서 의대를 졸업하고 1971년 미국으로 건너온 버지 박사는 루이빌대학교에서 5년간 외과 레지던트 과정을 다시 밟은 뒤 특별 비자를 받았다. 정부가 지정한 '의료 취약 지역'인 동부 켄터키에서 개업할 수 있는 비자였다.

"대체로 이곳은 외부인들이 살기에 무척 안전한 곳입니다. 여기서 외부인이란 켄터키 동부 이외의 지역에서 온 모든 사람을 뜻하죠." 버지 박사가 장난스럽게 덧붙였다. "예를 들어 렉싱턴 출신이라면, 글쎄요, 거긴 **동부** 켄터키가 아닙니다. **중부** 켄터키죠."

사람들이 그에게 고정관념을 갖고 있는지 물었다. "아니요." 그는 잠시 생각에 잠기는 듯했다. "여기서는 오히려 그 반대입니다. 미국의 나머지 지역 사람들이 동부 켄터키 사람들에게 고정관념을 갖고 있죠."

그는 이렇게 덧붙였다. "피부색만 보면 이방인일 수밖에 없죠. 이곳 사람들은 다른 나라에서 온 우리 같은 사람들을 접할 기회가 없었으니까요. 갈색 피부는 토박이가 아니라는 뜻이 됩니다." 지역 커뮤니티칼리지의 한 사회학과 교수는 나중에 내게 이렇게 말했다. "학생들을 모스크에 데려간 다음 보고서를 쓰게 했어요. 어떤 학생들은 식은땀이 날 만큼 긴장되고 무서웠다고 썼더군요. 너무 낯설게 느껴진 거죠."

초기 애팔래치아 정착민이 외부인들을 대한 태도에 대해 역사학자 데이비드 해킷 피셔는 냉소적으로 적었다. "남부 고지대 사람들은 적대감을 표현할 때 놀라울 정도로 공평했다. 그들은 인종, 종교, 국적에 상관없이 낯선 사람 모두를 적대시했다."[33] 그러나 존 로젠버그와 사이드 바드루두자 같은 이민자들의 경우에는 점진적으로 애정 어린 수용의 과정을 밟은 듯했다. 아마도 그들이 고학력자이고 지역에서 절실히 필요로 하는 전문 기술을 제공했다는 점이 작용했을 것이다.

9·11 테러 이후에야 사이드 바드루두자는 무슬림이라는 이유로 표적이 된다고 느꼈다. "새벽 2시에 술에 잔뜩 취해 욕설을 늘어놓는 전화를 몇 번 받았어요. 추적해보니 오하이오에서 걸려온 전화더군요." 몇 달 뒤 모스크의 창문 두 곳에 비비탄 총알 자국이 나고, 모스크 앞의 도로 표지판이 도랑에 처박히는 일이 발생했다. "그 일이 있고 나서 경보 시스템과 번호 자물쇠를 설치했어요."

루스 멀린스에게 인종은 학교에서도, 영화관에서도, 바비 삭스 그릴 식당에서도, 버지니아 여행에서도, 그리고 피부색을 신경 쓰지 않는 마거릿과 친밀감을 잃은 순간에도 늘 삶을 지배하는 중요한 요소였다. 아이러니하게도 인도에서 태어난 바드루두자 박사는 최상위 계층인 브라만부터 최하위 계층인 달리트(과거에는 '불가촉천민'이라고 불렀다)까지 신분이 엄격히 나뉘는 힌두 카스트제도가 3000년이나 이어져온 문화에서 성장했다. 그와 같은 무슬림들은 인도의 힌두 민족주의 정부 아래에서 점점 더 심한 차별을 받고 있었다.

하지만 인도에서 어떤 사회적 지위였든 간에 긴급히 필요한 의사로 J-1 비자를 받고 켄터키 동부에 온 외국인인 바드루두자 박사는 현재 '유색인종'으로 규정되고 있었다. 히틀러 치하 나치 독일의 희생자였던 존 로젠버그는 이제 개신교 중심인 켄터키에서 비개신교도로 살아가고 있었다. 과거 아프리카계 미국인이라는 이유로 차별받았던 루스 멀린스와 그녀의 가족은 파이크카운티에서 가장 오랜 역사를 가진 주민 중 하나가 됐다.

루스와 존 그리고 버지 박사처럼 각기 다른 방식으로 '소수자'인 사람들은 독특한 태도를 지닌 듯했다. 바로 타인이 떠넘긴 수치심의 희생양이 되지 않으려고 경계하는 모습이었다. KKK와 네오나치가 마을을 행진하고 창문에는 비비탄 총알 자국이 남아 있었다.

루스 멀린스는 오랫동안 이곳에 거주해온 주민이지만 그녀의 가장 아픈 기억들은 피부색과 관련이 있었다. 존 로젠버그에게 그런 순간들은 유대인 난민 출신이라는 사실과 맞물려 있었고 버지 박사에게는 피부색, 종교, 억양, 이민자 신분과 관련이 있었다. 각기 다른 방식으로 이 세 사람 모두 자부심에 상처를 입었다.

역사학자 이저벨 윌커슨은 《카스트》에서 이 세 사람의 출신국인 미국, 인도, 독일을 비교하면서 세 나라 모두에 계급제도를 드러내는 신념과 관행이 있다고 설명한다.³⁴ 윌커슨은 이들 세 나라의 분리와 종속의 관행을 비교하면서 이들 체제가 모두 순수와 오염이라는 고정된 기본 개념에 기반을 두고 있으며 각각 종교에서 정당성을 가져왔다고 주장한다.

모든 형태의 계급제도는 역사적으로 수치심을 기반으로 형성돼왔다. 인도에서 카스트는 수천 년의 역사 속에서 힌두교라는 종교와 함께 하나의 우주론으로 자리를 굳히며 전통에 따라 사람들을 계급과 직업별로 배열하는 역할을 했다. 브라만과 달리트는 피부색이 같을 수도 있다. 카스트 계급에서 개인의 지위를 결정하는 것은 피부색이 아니기 때문이다. 궁극적으로 인도의 카스트제도는 불가촉천민이라는 개념을 기반으로 한다. 독일에서는 나치가 유대인을 게토화한 이후에 끔찍한 조치들이 이뤄졌다. 미국에서는 처음에는 노예제를 통해, 그다음에는 짐 크로 법을 통해 '색깔 경계선'을 통한 인종 분리가 굳어졌다.

그러나 각기 다른 경로를 통해 세 사람 모두 계급제도의 장벽을 만나고 이를 극복함으로써 아메리칸드림을 달성했다. 그리고 그 과정에서 각기 다른 방식으로 환영받으며 자부심을 느꼈다.

이 지역에서 이 세 사람의 이웃과 친구들 대부분은 기회가 적은 상황에서 실패하면 모든 책임이 자신에게 있다는 생각, 즉 자부심의 역설에서 벗어나기 위해 애쓰고 있었다. 이들은 부당한 수치심에 대처하기 위해 이를 내면화하거나 외부로 투사하거나 수치심을 이해하고 극복할 제3의 방식을 찾으려 했다. 그러나 루스와 존 그리고 버지 박사의 주된 관심사는 타인이 떠넘긴 수치심에서 벗어나는 것이었다.

그런 수치심은 비난처럼 보이고 비난처럼 강하게 다가오며 비난처럼 상처를 주기 때문이었다.

하지만 이제 새로운 위험이 다가오고 있었다. 인도나 독일 일부 지역처럼 미국에서도 다수 민족 중심의 민족주의 바람이 불고 있었다. 인도의 힌두 민족주의, 독일의 백인 기독교주의, 미국의 백인 민족주의는 각자 자신들만의 자부심 논리로 정당화되며 확산하고 있었다. 그 메시지는 모두 동일했다. '멈춰. 그리고 돌아가. 당신들이 원하는 것은 자부심까지 포함해서 전부 우리 것이야.'

행진 전날 밤 존 로젠버그는 마지막 순간에 연설 요청이 들어올 것에 대비해 반反KKK 연설문이 어느 서랍에 있는지 확인했다. 이맘 버지 박사는 9·11 테러 이후 한 번도 바꾼 적이 없는 이슬람 센터 정문의 자물쇠를 다시 한번 점검했다. 버지 박사의 환자이기도 한 프레스턴스버그 경찰서장은 그에게 전화를 걸어 말했다. "행진이 임박한 만큼 그냥 이 말씀을 드리고 싶습니다. 저희가 박사님 쪽의 상황을 주의 깊게 살펴보고 있다고요." 한편 루스 멀린스는 저녁 식사가 끝난 뒤 휴대전화를 가방에 집어넣으면서 자신의 집 현관문을 걸어 잠글 거라고 다시 한번 말했다. 그리고 천천히, 조심스럽게 주민 모두가 마음속에 품고 있는 생각을 입 밖에 냈다. "극단주의자들을 자극하는 일은 피하는 게 좋죠."

2부 군중 속의 얼굴들

"칼에 찔린 건 1990년대 어느 토요일 밤에 술에 취한 이상한 사람 때문이었어요. 끔찍한 일이었죠. 하지만 일자리를 잃은 건 그보다 더 끔찍했어요. 다른 무엇보다 저를 크게 바꿔놓았죠. 실직의 충격은 절대 극복할 수가 없답니다."

# 6장     자수성가를 향한 길

    2017년 4월 무대는 이미 차려진 듯했다. 파이크빌은 행진을 준비하는 백인 민족주의자들로부터 스스로를 보호할 준비를 하고 있었다. 그 책임을 맡은 사람들은 책상에 앉아 전화를 걸고 있었고 행진 참가자들은 차로 한 시간 거리에 있는 들판에 진을 치고 있었다. 잠재적 피해자들은 문을 닫아걸었다. 한편 안티파나 레드넥 리볼트(안티파보다 호전적인 반파시스트 조직-옮긴이)와 연계된 반反백인 민족주의 활동가들도 루이빌에서 파이크빌로 일제히 차로 이동할 계획을 세우고 있었다. 하지만 그 외 사람들의 생각은 어떨지 궁금했다. 과연 그들은 이 지역의 어려운 상황에 호소하려는 하임바크의 시도를 어떻게 평가할까?

    그래서 나는 다양한 주민들과 대화를 나누기 시작했다. 상류층부터 하류층까지, 정치적으로 좌파부터 우파까지 다양한 계층의 주민들이었다. 그중에는 앨릭스 휴스라는 마흔 살의 남성이 있었다. 삶의 경험이나 관심사를 보면 중도에 가까운 사람처럼 보였다. 친근하고 개방적이고 사려 깊은 그는 큰 키에 걸음걸이가 크고, 회사 로고가 새겨진 모자 아래로는 희끗희끗한 금발이 드러나 있었다. 블루칼라에서 화이트칼라로 계층 상승을 꿈꾸는 공화당 지지자인 그는 2016년과 2020년에 도널드 트럼프에게 투표한 80퍼센트의 파이크카운티 주민 중 한 명이었다.

우리의 대화는 예상치 못한 상황에서 시작됐다. 우리는 파이크빌의 메인스트리트를 따라 작은 카페로 함께 걸어가고 있었다. 그때 갑자기 앨릭스가 걸음을 멈췄다. 그의 눈은 길 건너의 무언가를 응시하고 있었다.

"저기 주차장 보이세요? 저기서 **이렇게** 됐어요." 앨릭스가 고개를 돌려서 오른쪽 귀부터 턱 근처까지 10센티미터 넘게 이어진 흉터를 보여주었다. "10센티미터만 더 아래로 내려갔으면 난 목이 베이고 죽었을 거예요."

카페에 자리를 잡고 샌드위치를 먹으면서 앨릭스는 더 자세한 이야기를 들려주었다. "제가 20대 초반이던 1990년대 어느 토요일 밤이었어요. 친구 몇 명과 함께 시간을 보내고 있었죠. 우리는 일거리를 찾아 다녔고 주말에는 할 만한 것이 별로 없었어요. 그래서 아까 그 주차장에 차를 대고 그냥 어슬렁거리며 시간을 보냈어요. 그러다 저녁 늦게 주차장에서 술에 취한 남자 두 명이 시끄럽게 떠드는 소리가 들렸어요. 우리는 주차장에서 차를 빼서 근처를 돌아다니다가 그들이 떠난 뒤에 다시 돌아오려고 했죠. 그런데 내가 차를 타려고 취객 중 한 명 옆을 지나치려는 순간 그가 저를 막아서더니 마구 때리고 칼을 휘둘렀어요. 저도 그 남자의 얼굴을 한 대 치긴 했지만 그대로 도로에 쓰러졌고 피를 심하게 흘렸어요. 다행히 친구가 그 남자를 떼어내서 내 목을 베지 못하게 했죠. 경찰이 와서 그를 체포했고 그는 특수상해죄로 10년형을 받았어요. 1990년대에 볼 수 있었던 이 지역의 어두운 면이었죠."

앨릭스의 아메리칸드림은 석탄 회사를 소유하는 거창한 것이 아니었다. 학사 학위를 취득하거나(그러기에는 집안에 돈이 없었다) 루스 멀린스처럼 공무원이 되는 것도 아니었다. 앨릭스의 꿈은 가족을 부양하는 것이었고 어쩌면 소규모 사업체를 운영하는 것도 그 방법일 수 있었다. 하지만 경제 불황으로 계획이 무너질 위기를 맞고 있었다.

행진에 대한 견해는? "아, 들었어요. 하지만 더 이상 알고 싶지는 않아요." 앨릭스가 말했다. "지금 일하는 곳에서 마감 기한을 세 번이나 넘기며 다급한 상황에 몰렸어요. 잘릴까 봐 걱정이에요. 저는 인종 갈등을 원하지 않아요. 하지만 때론 고개를 숙이고 중요한 일부터 챙겨야죠. 저에게는 아내와 세 아이가 있어요. 아내의 아이, 제 아이, 그리고 우리 아이요. 그들이 최우선이에요."

어린 시절 앨릭스는 부모님의 이혼으로 불안정한 삶을 살았다. "어머니가 떠나기 전의 기억이라고는 제가 어머니에게 탄산음료를 한 잔 달라고 했던 것뿐이에요. 그 뒤로는 엽서 한 장, 전화 한 통 없었어요. 그냥 떠나셨죠. 그래서 새어머니가 사실상 제 어머니가 되셨어요." 아버지가 재혼한 뒤 앨릭스는 3남매의 둘째가 됐다. 위로는 아버지가 첫 결혼에서 낳은 형, 아래로는 아버지와 새어머니 사이에서 태어난 훨씬 어린 여동생이 있었다. 가족 관계는 아이의 힘으로는 어찌할 수 없는 이유들로 인해 예고 없이 변할 수 있었다.

그리고 일 역시 큰 불확실성을 안겨주었다. 앨릭스는 광부였던 할아버지로부터 탄광 내부의 위험에 대해 들으며 자랐다. 역사학자 해리 코딜은 1960년대까지 광산 노동자들이 일상적으로 겪은 위험을 이렇게 회상했다. "광부는 두툼한 고무 무릎 보호대를 착용한 뒤 무릎을 꿇고 점판암 바닥에서 20센티미터 정도 위의 석탄을 쪼기 시작했다. (…) 곡괭이를 최대한 멀리까지 뻗어 석탄을 캐냈다."[1] 광부는 석탄층 아래에 있는 암석층을 파내어 석탄층을 '하부 절단'했다. 다음에는 '드릴링과 발파' 작업이 진행됐다. "광부는 드릴 손잡이를 가슴으로 힘껏 누르며 돌려서 석탄 속으로 깊숙이 구멍을 뚫었다. 그런 구멍들을 일렬로 나란히 뚫었다. 그런 다음 화약에 도화선을 붙여 구멍 안으로 깊이 밀어 넣었다. 구멍에는 흙을 채운 뒤 단단한 종이 원통인 '데드맨'으로 밀봉했다. 광부는 도구를 챙겨서 안전한 장소로 물러선 뒤 '발파'를 기다렸다." 감독관이 모든 준비가 끝났는지 점검하고 작업자들의 안전을 확인한 뒤 "카바이드 등의 불꽃을 도화선 끝에 대면 불길이 쉭쉭 소리를 내며 장전된 화약을 향해 빠르게 번져갔다." 갱도를 뒤흔드는 굉음과 함께 폭발이 일어나고 번쩍이는 석탄더미가 탄광 바닥에 쏟아졌다.

석탄 가루는 휘발성이 무척 강해 광부가 든 램프 불꽃에 의해 우발적으로 발화될 수도 있었다. "폭발은 번개가 치는 듯한 섬광과 대포를 일제히 쏘는 듯한 굉음과 함께 주 갱도와 입구 통로, 채굴 현장을 덮쳤다."[2] 코딜은 적었다. "곡괭이, 삽, 쇠망치, 바위, 석탄 덩어리, 빈 석탄차와 함께 사람의 몸까지도 산탄총의 총알처럼 갱도 아래로 쏟아져 내렸다."

광산 노동이 위험하긴 했지만 보수가 좋고 광부들 간의 유대감도 끈끈해서 광부 일은 자부심의 원천으로 역사에 기록되었다. 19세기 뉴잉글랜드의 전설적인 고래 사냥꾼이나 대평원의 카우보이처럼 광부들은 위험과 심지어 죽음까지 감수해야 했다. 안전을 경시하던 시대, 그리고 광산 소유주들이 노동조합과 정부 규제를 의심의 눈초리로 보던 시절에 부상을 피하고 무서운 질병인 진폐증의 위험을 감수하는 것은 자부심이 걸린 문제였다. 오늘날까지도 파이크빌 의료센터에서는 진폐증 전담 특별 병동을 운영하면서 전현직 광부들에게 무료 흉부 X선 촬영을 통한 진폐증 진단 서비스를 제공하고 있다.[3]

### 만능 재주꾼, 실직하다

앨릭스의 할아버지는 광산에서 크게 다친 경험이 있었기 때문에 앨릭스의 아버지와 앨릭스에게 더 안전한 직업을 찾으라고 충고했다. 그래서 앨릭스의 아버지는 장거리 석탄 트럭 운전사가 됐다. 앨릭스는 열여섯 살 때 조부모의 집으로 들어가 집에 페인트칠을 하는 일을 시작했다. 열아홉 살 때 그는 작은 도장 업체를 차리고 주택에 페인트칠을 하는 사업에 뛰어들었다. 결혼도 했다.

앨릭스는 자신만의 사업을 운영하겠다는 꿈을 키우면서 친할아버지에게서 영감을 받았다. 뛰어난 만능 재주꾼이었던 그의 친할아버지는 임기응변으로 기회를 만들어 아메리칸드림을 이뤘다. "할아버지는 몽상가라고 놀림받았어요. 가족 사이에서 그게 자랑스러운 일은 아니었죠." 앨릭스는 회상했다. "할아버지는 열네 살 때부터 증조할아버지가 운영하던 작은 정비소에서 자동차 수리를 배우기 시작했어요." 나중에 앨릭스의 할아버지는 유리를 구부리고 색칠을 해서 네온사인 만드는 기술을 독학으로 익혔다. 자동차 수리와 간판 제작뿐만 아니라 동물을 사랑했던 앨릭스의 할아버지는 수의학 관련 책을 주문해 독학으로 공부하고 우편 강좌로 학위를 받았다. 모두가 그를 "의사 양반"이라고 불렀다.

앨릭스의 할아버지는 몽상가에서 실천가로 변모한 다재다능한 르네상스적 교양인이었다. 이런 사람은 산업혁명 이전이었다면 큰 성공을 거두었을지도 모른다. 스코틀랜드의 철학자 애덤 스미스가 《국부론》에서 묘사한 세계였다면 말이다.[4] 스미스는 이런 사람이 시골을 떠나 도시 공장에서 평생 하나의 작업에 종사하며 더 나은 보수를 받는 사람보다 훨씬 더 다재다능하다고 봤다. 그러나 스미스는 시골 출신이 더 창의적으로 사고할지는 몰라도 도시 사람이 더욱 역동적인 경제 체제의 일부가 된다고 주장했다. 앨릭스의 할아버지 역시 이런 변화의 영향을 받았다.

할아버지처럼 앨릭스도 처음에는 다재다능하지만 어느 한 분야에 특화된 재능은 없는 만능 재주꾼으로 출발했다. 열아홉 살에 시작해 짧게 끝난 결혼 생활 초기부터 앨릭스는 집을 페인트칠하는 일을 했다. "일감이 줄어들면서 엘리베이터 수리를 시도해봤어요. 그러다 보니 석탄 회사에서 기계 고치는 일도 할 수 있겠더군요. 이후 오하이오의 작은 회사와 일하게 됐습니다. 탄광 지도를 인쇄하는 대형 HP 프린터를 판매하는 곳이었죠." 앨릭스는 회상했다. "회전식 칼날이 광산 벽을 깎아내면서 거대한 벽면 지도는 매일 바뀝니다. 석탄 산업은 정말 '빨리빨리 처리해야 하는' 문화예요. 그래서 프린터 회사에서 저에게 '프린터와 설명서를 보내주면 설치할 수 있겠냐?'고 묻더군요. 저는 설치 방법을 몰랐지만 설명서는 읽을 수 있었고 무엇보다 일이 필요했어요. 그래서 '네, 물론 할 수 있습니다'라고 대답했죠. 그렇게 저는 '네, 물론이죠' 정신으로 일자리를 얻기 시작했어요. 캐나다에 본사를 둔 한 회사의 지역 기술자로 일했고, 석탄 회사인 매시 에너지에서 영상 편집 일도 했고, 페이스북에서 광고 캠페인을 하는 사람도 도왔어요."

하지만 1990년대에 접어들면서 앨릭스는 '네, 물론이죠'의 임기응변 전략만으로는 더 이상 안정적인 일자리를 얻을 수 없었다. 친구들처럼 그의 부모도 대학 학비를 지원해줄 형편이 아니었고 친구들 중에도 대학에 가는 경우는 드물었다(최근 추산에 따르면 파이크카운티 성인 중 학사 학위 보유자는 16퍼센트에 불과했다[5]). 그래서 앨릭스는 창업을 결심하고, 파이크빌에 작은 타투숍을 열었다. 이를 위해 그리고 "컴퓨터 네트워크 관련 아이디어를 사업화하기 위해" 그는 "꽤 큰 대출을 받아 사업을 시작했고 처음에는 돈을 벌었습니다"라고 했다.

앨릭스는 말을 이어갔다. "하지만 경기 침체의 징후를 빨리 알아차리지 못했고 그래서 얼마나 걱정스러운 상황인지 몰랐어요. 결국 타투숍과 컴퓨터 사업 모두 문을 닫았죠. 저는 소규모 사업자였기 때문에 실업 수당이나 푸드 스탬프를 받을 자격도 없었어요. 결국 다시 부모님 집으로 들어가야 했죠."

그의 이야기는 계속되었다. "처음에는 작은 일들을 여러 개 하면서 어떻게든 버텼어요. 하지만 그런 일들도 점점 줄어들었어요. 냉장고 수리, 프린터 수리, 3D 이미지 제작 같은 일도 해봤지만 그마저도 갈수록 줄어들었죠. 결국 제가 할 수 있는 일이 **전혀** 없었어요. 길 건너 식료품점의 계산대 보조 자리에 지원했지만 아무도 연락을 주지 않더군요.

그리고 이제 저는 공과금뿐만 아니라 사업할 때 받았던 대출금까지 갚아야 했어요. 그 무렵 저는 이혼한 상태였고 딸을 돌봐야 했죠. 사업에 실패하고 세금만 12만 8000달러를 체납했을 때가 정말 최악이었어요.

집? 사라졌죠.

차? 사라졌어요.

가구? 다 처분했어요.

아내와 제 결혼반지요? 전당포에 맡겼어요.

끝없이 추락하는 기분이었어요. 세상 어디에도 내 자리가 없는 것 같았습니다. 스스로에게 묻지 않을 수 없었어요. '도대체 내가 뭘 잘못한 걸까?'

교회에 갔어요.

기도를 드렸죠.

모든 게 **제 탓**이라는 생각이 들었어요.

목사님에게 의지했고, 목사님은 제가 용기를 잃지 않도록 도와주셨어요."

하지만 앨릭스는 또 다른 기억을 떠올렸다. "어느 날 교회에서 지역 병원의 이사 한 분과 이야기를 나누면서 기술 지원이 필요한지 물어봤어요. 그런데 그다음 주일에 목사님이 교회를 사업에 이용하지 말라는 설교를 하시더군요. 참담한 기분이었어요."

앨릭스는 동부 켄터키를 떠날 생각을 했다. "많은 사람이 '나는 산을 사랑하고 우리 가족이 여기서 살아왔으니까 절대 떠나지 않을 거야'라고 말하고 싶어 합니다. 그렇게 생각하는 사람을 정말 존경해요. 하지만 저는 산에 갇힌 기분이에요. 그렇다고 무작정 짐을 싸서 노숙자로 떠돌며 디트로이트나 톨레도, 시카고에서 일자리를 구하기를 바랄 수는 없잖아요. 떠나려면 돈도 필요하고 인맥도 있어야 해요. 그런데 저는 둘 다 없었어요."

내가 KY-5에서 만난 모든 사람이 '교육받은 청년들은 대부분 떠나가는 지역에 자신들이 살고 있다'고 느꼈다. 그들은 고임금 일자리와 노동력이 갈수록 줄어드는 지역에 '남아 있는 사람들'이었다. 최근 일부 예외적인 흐름도 있었지만 2000년 이후 미국의 대도시들은 인구가 증가한 반면, 소도시와 농촌 지역은 인구를 잃어왔다.[6] 켄터키주에서는 제퍼슨카운티(앨릭스 휴스가 이주한 루이빌이 이 카운티에 있다)가 2010년부터 2021년 사이에 인구가 가장 많이 증가한 카운티였다. 반면 행진 참가자들이 몰려들고 있는 파이크카운티는 인구가 가장 많이 줄어든 카운티였다.[7]

실제로 앨릭스는 백인판 '대이동' 행렬에 합류할 것을 고민하고 있었다. 1900년부터 1970년 사이에 이미 800만 명의 백인이 상남부Upper South와 하남부Lower South를 떠났다.[8] 1910년에는 (켄터키, 아칸소, 테네시, 웨스트버지니아를 포함한) 남부에서 태어난 백인 약 148만 8000명과 흑인 44만 2000명이 다른 지역으로 이주했다. 1990년 기준으로 백인 745만 1000명과 흑인 400만 명이 남부를 떠나 살고 있었다. 보통 처음 이주하는 사람들은 북부로 떠나기 전에 그곳에 사는 친척을 방문하는 경우가 많았다. 그다음 빚에 허덕이는 농장, 막다른 골목에 몰린 일자리, 폐쇄된 광산과 공장을 뒤로하고 '힐빌리 하이웨이'를 따라 북쪽으로 이주했다.[9] 이들은 시카고의 업타운, 먼시의 셰드타운, 데이턴의 이스트엔드 같은 가난한 백인 게토에 정착했다.

그러나 1990년대에 접어들면서 백인 이주자 상당수가 다시 남부로 돌아오기 시작했다. 그 무렵 중서부 지역의 공장들이 자동화와 해외 이전을 진행하면서 일자리를 구하기 어려워졌기 때문이다. 상남부(노동사학자 맥스 프레이저가 붙인 명칭이다)에서 이주한 백인은 5년마다 6~12퍼센트가 다시 돌아왔다.[10] 1900년부터 1975년 사이 일부 시기에는 그 비율이 20~25퍼센트에 달하기도 했다.

당시 앨릭스는 이주 행렬을 집에서 지켜보는 '남아 있는 사람'이었다. 하지만 남아 있는 입장에서도 떠나는 사람들이 처한 현실을 볼 수 있었다. "지역 밖에서 일자리를 찾다 보니 도시인들이 우리를 어떻게 보는지 알게 됐어요. 펜실베이니아 사람들에게 전화를 걸어봤지만 다들 '좋아요, 그런데 첨단 기술이라고 하면 동부 켄터키가 떠오르지는 않네요'라고 하더군요. 그래서 켄터키주 렉싱턴에 갔더니 한 고용주가 제게 이러더군요. '여기 렉싱턴에 사세요? 아니라고요? 그럼 여기서 일자리 못 얻어요.' 그러니까 켄터키주 안에서도 도시 사람들은 시골을 깔보는 분위기였죠." 앨릭스는 내가 이 핵심적인 말을 확실히 이해했는지 확인하려는 듯 한참 동안 나를 쳐다봤다. "그런데도 도시의 진보주의자들이 페이스북이나 인스타그램, 트위터에서 시골 사람들을 비판하는 글을 보면…….” 그는 감정을 억누르려는 듯 고개를 뒤로 젖히며 덧붙였다. “나는 그런 소리는 정말 듣고 싶지 않아요.”

“우연인지 아닌지는 모르겠지만…….” 그는 말을 이었다. “6개월 동안 일자리를 찾아다니다 보니 흰머리가 나기 시작했어요. 흰머리가 보이는 게 싫어서 수염까지 밀어버렸죠.”

그러다가 유혹이 찾아들었다고 앨릭스는 회상했다. “칼에 찔렸을 때 병원에서 진통제로 오피오이드를 많이 줬어요. 약물은 선택지를 줍니다. 맑은 정신으로 지옥에서 살거나 약을 먹거나 둘 중 하나죠.” 동부 켄터키에서 석탄 채굴, 트럭 운송, 트럭 수리 같은 석탄 관련 일자리가 빠져나간 자리에 옥시콘틴이 밀려들고 있었다. 유혹에 빠진 사람들에게는 위험이었지만 제약 회사에는 돈이 되는 일이었다.

“이런 생각이 들더라고요. ‘사회가 나를 거부하는 거라면 사회의 규칙도 나에게 적용되지 않는 것 아닐까?’ 그리고 ‘뒷마당에서 마약을 만들어 공과금을 내고 대출을 갚으면 얼마나 쉬울까’ 하는 생각도 했어요.” 그는 다시 천천히 말을 이어갔다. “사람이 이런 생각을 하는 상태에 몰릴 수도 있어요. ‘이 사회에 내 자리는 없나?’라고 말이죠. 저는 완전히 바닥을 쳤어요. 살고 싶지 않았어요. 그래서 다시 목사님에게 돌아가 기도를 드렸습니다.”

이제는 18년이나 지난 과거의 일이 됐지만 앨릭스는 여전히 진지한 표정이었다. “칼에 찔린 건 1990년대 어느 토요일 밤에 술에 취한 이상한 사람 때문이었어요. 끔찍한 일이었죠. 하지만 일자리를 잃은 건 그보다 더 끔찍했어요. 다른 무엇보다 저를 크게 바꿔놓았죠. 실직의 충격은 **절대 극복할 수가 없습니다.**"

## 기나긴 자책의 여정

이와 함께 앨릭스는 사업 실패 이후의 경제적 어려움에 대해 책임을 느끼고 있었다. "누구도 자신에게 일어난 나쁜 일을 자책하고 **싶지 않을** 거예요. 여기 점심 식사 자리에 앉아 그 모든 일을 되돌아보는 저 역시 마찬가지예요. 하지만 결국 많은 부분이 제 잘못이었어요. 이렇게 될 줄 알았어야죠. 그리고 스스로에게 이렇게 말했어야죠. '잠깐만. 특정한 고객 한 사람에게 너무 많은 시간을 쏟고 있잖아. 다른 고객도 확보해야지.' 하지만 그러지 못했어요. 결국 제 잘못이죠. 가족에게 그런 일을 겪게 했으니까요. 저로서는 인정하기 쉽지 않지만 모든 게 제 탓입니다. 모든 책임은 **제게** 있습니다."

자신의 실패를 책임진다는 것은 앨릭스에게 어떤 의미일까? 자신이 성숙하고 강인하며 당당한 사람이라는 의미였다. 그는 변명하거나 책임을 회피하거나 상황 탓을 하는 사람이 아니었다. 그런 태도는 책임을 회피하는 손쉬운 길이라고 생각했다. 그는 자신이 이런 사람이라는 것을 묵묵히 자랑스러워했다. 진정한 인격의 증거였다. 성공하면 자부심을 느낄 수 있지만 실패하면 '남자답게' 책임을 져야 한다. 실제로 이 책을 쓰는 과정에서 나눈 많은 대화에서 사람들은 다른 사람들이 게으르다거나 정부에 의존한다거나 '불평만 일삼는다'는 비판을 많이 했다.

"석탄 산업의 쇠퇴 같은 큰 흐름까지 내 책임이라고 생각하진 않아요." 앨릭스는 분명히 말했다. "하지만 저는 사업을 운영하는 사람이었어요. 그런 변화가 제 타투숍을 찾는 고객 수에 어떤 영향을 미치는지 예의주시하지 않은 건 제 책임이에요." 대출 담당자들의 말이 옳았다고 앨릭스는 생각했다. 빚을 갚을 책임은 **자신에게** 있었다.

동시에 수치심과 분노도 감당해야 했다. "실직했을 때 저는 화가 났어요. 왜 화가 났는지 이해했지만 결국 제 탓이라는 것을 인정하지 않을 수 없었습니다." 그는 자신의 명예를 저당 잡힐 수밖에 없었다.

자영업자로서 앨릭스는 힘겨운 상황에 직면했다. 아마존과 월마트의 등장으로 인해 미국의 주요 거리에서 동네 상점이 사라지면서 전국적으로 자영업의 폐업률은 창업 첫해 20퍼센트, 5년째는 50퍼센트에 달했다.[11] 파이크카운티의 어려운 상황을 감안하면 자영업의 폐업률은 미국의 다른 지역보다 더 높았을 것이다. 세계경제포럼WEF의 〈2020년 글로벌 사회 이동성 보고서〉에 따르면 앨릭스가 미국이 아닌 덴마크, 노르웨이, 핀란드, 스웨덴에 살았다면 아메리칸드림에 해당하는 생활수준을 누릴 가능성이 더 높았을 수도 있었다.[12]

그러나 미국 전역의 많은 공화당 지지자와 마찬가지로 앨릭스도 엄격한 형태의 '자수성가적' 개인주의를 신봉했다. 전국적인 설문조사에 따르면 공화당 지지자의 71퍼센트가 부자가 되는 이유는 더 열심히 일하기 때문이라고 믿는 반면, 민주당 지지자는 22퍼센트만이 이런 생각에 동의하는 것으로 나타났다.[13] 마찬가지로 공화당 지지자의 31퍼센트만이 사람들이 가난한 이유는 "개인이 통제할 수 없는 환경적 요인" 때문이라는 주장에 동의한 반면, 민주당 지지자는 69퍼센트가 이에 동의했다.

소득수준의 차이가 답변에 미치는 영향은 크지 않았다. 빈곤층(경제적 위기에 처했을 때 앨릭스도 여기에 해당됐다) 중에서도 36퍼센트가 "근면함"을 성공의 주요 요인으로 꼽았다.[14] 또한 가난이 "개인이 통제할 수 없는 환경적 요인"의 산물이라는 주장에 대해 부유층(연소득 7만 5000달러 이상)의 46퍼센트, 빈곤층(연소득 3만 달러 이하)의 56퍼센트가 동의해 부유층과 빈곤층의 차이가 놀라울 만큼 적었다. 그 근간에 깔린 핵심적인 생각은 이렇다. 부모의 계층이나 인종을 탓하지 말고 일에 대한 헌신 부족을 탓하라는 것이다. 앨릭스의 경우 고객 수를 늘리기 위해 노력해야 했는데 그러지 못한 자신을 자책하고 있었다. 그렇게 해서 앨릭스는 자부심의 역설 한가운데에 서게 됐다.

이 모든 것에서 벗어나기 위해 앨릭스는 가끔 도미니카공화국으로 휴가를 떠나곤 했다. 첫 번째 결혼이 빚과 실직으로 무너진 뒤 앨릭스는 아름답고 따뜻한 마음을 가진 한 여성을 만나 사랑에 빠졌다. "마거릿은 도미니카공화국 사람으로 스페인 혈통에 올리브색 피부를 가졌어요. 우리에게는 세 자녀가 있어요. 나이 차이가 좀 나는 첫 번째 아이는 제 딸이고요. 두 번째 아이는 우리 둘 사이에서 낳은 아들인데 저처럼 하얗게 생겼어요. 세 번째 아이는 제 의붓아들인데 친아버지가 아프리카 혈통이라 피부색이 무척 까맣습니다. 아이의 친아버지는 양육에 전혀 관여하지 않아요. 생일 카드도 전화도 편지도 아무것도 없죠." 앨릭스는 천천히 말을 이었다. "저는 의붓아들의 친아버지가 아니지만 어쨌든 친아버지와의 인연은 완전히 끝났어요. 제가 아이의 전부예요. (…) 그러니까 아이는 (…) 내 자식이나 다름

없죠. 아니 제 자식이에요. 아이에게는 제가 필요합니다. 그래서 저는 제가 직접 겪어보지 않은 일들을 아이가 헤쳐나가도록 도와줘야 합니다. 그게 제 숙제예요."

앨릭스는 잠시 멈칫하더니 다시 입을 열었다. "공상과학소설에는 머리 뒤에 촉수가 달린 사람들이 등장하잖아요. 그런데 왜 현실에서는 피부색이 조금 다른 것도 감당할 수 없는 걸까요?"

점심 식사를 마치고 돌아오는 길에 앨릭스는 길가에 멈춰 서서 인종 문제가 자신 같은 남자들을 함정에 빠뜨린다면서 이렇게 말했다. "디트로이트가 겪은 일을 이해합니다. 그렇게 된 게 그들 잘못은 아니었잖아요. 그리고 아무도 도와주지 않을 때 세상에 분노하는 심정도 이해할 수 있어요. 그리고 흑인들이 길거리에서 경찰에게 살해당하는 일도 있죠. 그것도 이해합니다. 하지만 동부 켄터키에 사는 우리도 이렇게 외치고 싶어요. **우리도 잊혔다고요.** 저는 그럴 수 없을 것 같지만요." 앨릭스는 단순히 무시당했다고 느낀 게 아니었다. 그는 침묵을 강요당한다고 느꼈다. 매슈 하임바크는 바로 그런 감정을 파고들려 했다.

## 정부를 향한 분노

나는 앨릭스에게 그가 살고 있는 프레스턴스버그(파이크빌에서 차를 타고 북쪽으로 30분 거리다) 지역 정부에 대해 어떻게 생각하는지 물었다. 그는 테이블 뒤로 의자를 밀고 커피를 한 모금 마시고는 모자를 만지작거리며 말했다. "어떤 일에는 화가 나요. 머리가 멍해질 정도로요. 언젠가는 분노가 사라질 거라는 사실조차 잊어버리죠. 그리고 다음번에 또 그런 일이 생기면 분노가 다시 확 끓어올라요. 내가 설 자리가 없다는 느낌이 들면서 또다시 화를 내게 됩니다. 어떤 힘이 저와 다른 사람들을 벼랑 끝으로 몰아가는 듯한 기분이 들었어요. 세상 어딘가에 우리를 짓누르도록 설계된 뭔가가 있는 느낌이죠. 딱히 누군가에게 화가 나는 게 아니에요. 하지만 어떤 시스템이 작동하든 난 그게 **싫고** 싹 갈아엎고 싶다는 생각이 듭니다."

앨릭스는 자신의 좌절감을 흑인이나 이민자에 대한 분노로 바꾸고 싶지 않았다. 그는 도미니카공화국 출신의 아름다운 신부와 결혼했고 그녀가 이전 결혼에서 낳은 흑인 혼혈 아이를 친자식처럼 사랑했다. 그는 딥 스테이트에 대한 피해망상적인 음모론에 휩쓸리지 않았다. 대기업을 싸잡아 비난하지 않았고 실제로 기업을 경영하는 것도 마다하지 않았다. 그가 보기에 민간 부문은 일자리와 상품, 서비스를 제공하는 쪽이었다. 세금과 자유를 빼앗아가는 것은 정부였다. 앨릭스는 자신이 **스스로에게** 엄격하다고 느꼈지만 지역 정부는 **스스로에게** 엄격하지 않다고 생각했다.

특히 기억에 남는 사건이 하나 있었다. "우리 집 **잔디** 때문에 과태료 통지서를 받았어요! 그야말로 뚜껑이 열리더군요. 전화로 확인해보니 다른 집에 보낼 통지서였어요. 그런데 왜 애초에 잔디가 길다고 과태료를 부과하는 걸까요? 마을 정부는 쓸모없는 규칙들을 위반했다고 터무니없이 높은 과태료를 부과합니다. 우편함에 적힌 주소가 색이 바랬다고 뭐라고 한다니까요. 규칙이 너무 많아서 다 지키며 살기가 힘들어요."

앨릭스 휴스가 잔디 때문에 과태료를 부과받은 이유가 나도 궁금했다. 주민 자치단체가 동네 경관에 관해 자체 규정을 두기도 하지만 앨릭스가 사는 동네에는 그런 단체가 없었다. 다만 프레스턴스버그는 압류된 집 주변에 풀이 너무 길게 자라면 과태료를 부과한다. 당시 그런 집이 많았을 수도 있지만 앨릭스의 집은 압류 상태가 아니었다.[15] 대신 나는 앨릭스가 숨겨진 경제 논리에 부딪혔을지도 모른다는 생각이 들었다. 탄광이 문을 닫으면 석탄 채굴에 부과하던 세금이 고갈된다. 이 때문에 일부 마을에서는 사소한 위반 사항에 대한 과태료를 인상해 줄어든 세수를 보충하려고 한다. 즉 앨릭스 같은 사람은 한편으로는 경기 침체로 인해 압박을 받고, 다른 한편으로는 줄어든 재정을 보충하려는 지역 정부로부터도 압박을 받는다고 느낄 수 있다. 아마도 이것이 '잔디 경찰'이 등장한 이유이자 앨릭스가 '뚜껑이 열린' 이유일지도 모른다.

앨릭스는 연방정부에도 화가 나 있었다. "국세청에서 협박성 편지를 보냈어요. '연체된 세금을 납부하지 않으면 벌금을 부과하겠다'고요. 국세청에 전화해보니, 그들의 시스템이 잘못된 거였어요." 이어서 그는 주정부의 자동차 보험 의무 가입과 같은 규제에 대해 이야기했다. "자동차 보험의 취지는 이해합니다. 하지만 강제로 보험에 들게 하는 게 문제죠. 일단 보험에 가입하면 보험 회사가 보험료를 야금야금 올리잖아요, 그렇죠? 보험료율은 도대체 어떻게 산정하는 건가요? 그리고 왜 항상 내가 감당할 수 있는 금액보다 좀 더 청구하나요? 보험료는 내가 사는 지역에 따라 결정됩니다. 그러니까 단지 제가 동부 켄터키에 산다는 이유로 자동차 보험료를 더 많이 내야 하는 거죠. 이걸 대체 어떻게 받아들여야 하죠?" 정부와의 마찰은 매번 그에게 마치 꾸짖는 손가락처럼 수치심을 불러일으켰다.

지역 정부의 권위에서 벗어나고 싶다는 생각을 하며 앨릭스는 말했다. "도시 경계선 안에서 살고 싶은 마음은 전혀 없었어요. 도시마다 자체 규칙이 있지만 저에게 도움이 되는 규칙은 하나도 없거든요. 낡은 차를 타고 가면 경찰이 멈춰 세워요. 보닛을 열어보면 안의 부품 색깔이 전부 다르죠. 그럼 경찰은 딱지를 끊습니다. 새 캐딜락을 몰고 지나가면 두 번 쳐다보지도 않으면서 말이에요. 이런 규칙들, 이런 권위들 때문에 가끔은 견딜 수 없을 정도로 화가 나요." 지금까지 견뎌온 것들만으로도 앨릭스는 이미 감정적으로 한계에 다다른 상태였다. 하지만 그가 정말로 화가 난 것은 정부의 권한 남용(그가 보기에 그랬다)이었다.

앨릭스는 자부심의 역설에 갇혀 있었다. 그는 경제적 어려움에 처한 '붉은 주'에 살고 있었고 사업에도 실패했다. 하지만 그의 옛날식 자부심은 실패에 대한 비난을 받아들이는 것이었다. 따라서 그가 자신에게 엄격해지는 것이 옳다고 생각했다면 정부도 그의 잔디를 단속하는 대신 스스로에게 엄격해져야 하지 않을까? 우리가 여러 차례 대화를 나누는 동안 그는 정부가 자신에게 해준 좋은 일을 떠올리려고 해봤지만 하나도 떠오르지 않았다. 한편 '잊힌 느낌'은 매슈 하임바크가 파고들려는 틈새였고 자부심의 역설 역시 그가 노리는 또 다른 틈새였다.

## 음모론에 빠진 친구

이 모든 일이 일어나기 전부터 앨릭스는 아끼는 친구인 트럭 기사 해리를 걱정했다. 해리는 앨릭스와 인생철학을 공유하는 사이였다. 해리도 앨릭스처럼 취업 시장에서 많은 어려움을 겪었지만 점점 더 격앙된 말투로 앨릭스를 걱정스럽게 만들었다. "해리는 믿음직스럽고 성실하고 모든 면에서 훌륭한 사람이에요. 저와 같은 공화당원이고 저처럼 트럼프를 찍었지만 저보다 더 다혈질이에요. 솔직히 요즘은 그가 걱정돼요." 앨릭스가 말했다. "그 친구가 인터넷 어디에서 뉴스를 접하는지 모르지만 요즘 음모론 같은 이상한 이야기를 하더라고요. 평생 해리를 알고 지냈는데 무슨 일인지 잘 모르겠어요."

해리는 단순히 큰 정부와 민주당을 싫어하는 것이 아니라 완전히 **경멸**했다. 그는 그들이 모든 것을 조작했다고 생각했다. 그는 흑인 생명 존중 운동으로 발생한 모든 폭력을 싫어했다. 한쪽에는 시골 사람들이 있고 반대쪽에는 대도시에 살면서 공짜 지원만 바라는 사람들이 있다고 생각했다. 그는 미국 전체가 곧 한바탕 전쟁을 치를 거라고 생각했다. 텍사스와 캘리포니아는 각자 독립하고 나머지 주들은 무력 충돌을 벌일 거라고 말이다. 해리는 트럭에 짐을 싣고 총을 챙겨 어디론가 떠날 준비가 됐다고 말했다. 그곳이 어디인지는 해리 자신도 아직 모르지만. "괜찮을 거야, 해리." 냉정하고 차분한 목소리로 앨릭스가 해리를 다독였다.

점심 식사를 마친 뒤 앨릭스와 나는 인도를 따라 걸으며 몇 해 전 술 취한 괴한이 그를 공격했던 주차장을 지나쳤다. 나는 앨릭스를 공격했던 남자가 지금쯤 출소할 때가 됐을지도 모른다는 생각과 함께 백인 민족주의에 호소하려는 하임바크의 시도에 대해 그 남자가 어떻게 생각할지 궁금했다. "그런 사람이야말로 네오나치에 끌릴지도 모르죠." 앨릭스가 말했다. 하지만 그의 친구 해리도 그럴까? 나는 궁금했다.

한편 앨릭스는 자신의 인생을 바꾼 사건을 떠올렸다. "루이빌에 본사를 둔 회사 인터앱트InterApt가 후원하는 6개월짜리 유급 교육 프로그램 광고를 봤어요." 이 프로그램은 앞서 언급했듯이 연방 자금을 경제난에 처한 지역의 복구 프로그램에 지원하는 애팔래치아 지역 위원회에서 일부 자금을 제공했다. 실직한 광부와 앨릭스 같은 사람들을 훈련시키는 프로그램이었다. 인터앱트의 CEO는 인도 방갈로르로 아웃소싱했던 업무를 켄터키 동부로 인소싱할 수 있다고 생각했다.

광고에 따르면 앨릭스는 음식 주문이나 영화표 예매용 휴대전화 앱을 프로그래밍하는 것을 목표로 코딩을 배우면서 급여를 받을 수 있었다. 켄터키 주민 800명이 지원해서 50명이 선발됐고 그중 35명이 과정을 수료했다. 그중에는 기쁨에 찬 앨릭스 휴스도 있었다. "회사에서 주는 급여로 공과금을 전부 내면서 기술도 배울 수 있을 것 같았어요. 믿기지 않을 만큼 좋은 조건이었죠. 어쨌든 저는 선발됐고 루이빌로 갔습니다." 앨릭스가 말했다. "돈을 받으면서 배운다는 건 완전히 새로운 경험이었어요. 동료 수강생들과는 가까운 친구가 됐죠. 우리는 서로 도와가며 실력을 쌓았어요. 내 안의 두려움과 비관적인 생각들이 많이 사라졌어요. 솔직히 그 교육이 제 인생을 **바꿔놓았**

어요."

　쇠락한 시골에서도 중산층의 끝자락에 매달린 절박한 상황에서 앨릭스는 타투숍의 실패 징후를 제때 파악하지 못한 책임을 '남자답게' 받아들였다. 자부심의 역설에 사로잡히긴 했지만 수치심을 타인에 대한 비난으로 대체하지 않았다('잔디 경찰'과 국세청 때문에 순식간에 뚜껑이 열리긴 했지만). 사실 힘든 시간을 보내는 동안 그는 수치심을 내면화하며 자기 삶의 가치까지 의심했다. 그러나 이제 급여도 많이 받고, 행복하게 재혼도 하고, 아기도 새로 태어나고, 새로운 일자리 제안도 받고 있기에 앨릭스는 수치심을 안으로도 밖으로도 돌릴 필요가 없었다. 오히려 그는 자부심을 느꼈다.

　앨릭스를 훈련시킨 프로그램은 민관 협력 사업으로, 비용은 연방 정부의 지원을 받는 애팔래치아 지역 위원회에서 부담했다. 이 기관의 사명은 바로 이 지역의 앨릭스들을 돕는 것이었다.

　앨릭스는 작별 인사를 나누며 자신은 파이크빌 행진에 참가할 시간이 없다고 했다. 그러면서 다시 친구 해리를 걱정했다. "해리도 정치 성향이 저와 같아요. 단지 훨씬 더 강하게 느낄 뿐이죠. 그 친구가 행진에 오지 않겠다니 다행입니다."

"1990년대 초 켄터키주 루이자에서 KKK 가운을 입고 행진한 첫 번째 그룹 안에 나도 있었어요. 얼굴을 드러내지 않고 허리춤에는 권총을 차고 있었죠. 하지만 이제는 감옥에 갇혀 있느라 더 이상 집회에 참석하지 못하고 있어요. 난 예전만큼 나쁘지 않아요." 그는 마치 부끄러운 실수라도 고백하듯 말했다.

# 7장 나쁜 놈이라는 자부심

"파이크빌에서 백인 민족주의자들이 행진한다는 소식 들으셨나요?" 나는 와이엇 블레어에게 물었다. 우리는 켄터키주 교정국의 보호관찰·가석방·재입소 담당 부서에서 관리하는 사우스게이트 시설[1] 내의 회의실에 마주 앉아 있었다. 경비는 삼엄했다.

시설 정보와 수감자 신원을 보호한다는 조건하에 인터뷰를 허가받았기 때문에 이 책에 등장하는 수감자들의 이름은 모두 가명이다. 나는 긴 테이블이 놓인 회의실로 안내되었고 몇 분 뒤에 키가 작고 건방진 인상에 장난기 있는 남자가 들어왔다. 회색 머리에 흰 수염을 덥수룩하게 기른 남자는 마흔셋이라는 나이보다 훨씬 더 나이 든 사람처럼 조심스럽게 자리에 앉았다. 그는 과거 오토바이 사고를 당해 왼쪽 다리를 절뚝거렸다. 하지만 자리에 앉은 그의 태도는 상당히 개방적이었다.

"아, 물론이죠. 행진에 대해 들었어요. 운동장에서 사람들이 얘기하더라고요. 네오나치들이 주도하는 거 맞죠?" 그가 물었다. "우리 운동장에도 네오나치들이 있어요. 걔들은 백인을 위한 활동이라고 떠들지만 사실은 그렇지 않아요. 그냥 마약이나 팔고 있을 뿐이지. 난 KKK예요. KKK는 예전에 네오나치를 싫어했어요. 그래도 난 나치 문양으로 문신했어요. 교도소에선 쓸모가 있거든요. 셔츠를 벗고 돌아다닐 때 다른 녀석들이 다가오지 못하게 막아주죠. 마치 뜨거운 부지깽이처럼."

와이엇은 얇은 입술에 살짝 일그러진 파란 눈 위로 짙고 곧은 눈썹과 헝클어진 회색 머리를 하고 있었다. 그는 켄터키주 유일의 슈퍼맥스 교도소(최고의 보안시설을 갖추고 중범죄자를 수용하는 교도소-옮긴이)인 에디빌에서 5년 형기의 거의 대부분을 복역했고 그중 거의 절반을 독방에서 보냈다고 담담하게 말했다.[2] 하지만 그는 출소에 대비하여 습관 등을 교정해주는 3개월짜리 프로그램에 지원했고 여기서 요건을 충족하면 조기 출소할 수 있었다. "이 프로그램이 내 말버릇을 고쳐주고 있어요." 그는 주위를 힐끔거렸다. "그런데 그건 좋은 일이잖아요."

"지금 밖에 있었다면 행진에 참여하고 싶었을까요?" 내가 물었다.

"아, 물론이죠. 사람들에게 다가가서 악수를 나누고 '다들 안녕하세요?'라고 했을 겁니다. 네오나치는 정말 폭력적인 무리예요. 하지만 그들이 내 편이면 좋죠. 나만큼 예의 바른 친구들은 아니지만요."

와이엇에게 성장 배경에 대해 조금 이야기해달라고 하자 그는 의자에 몸을 기대고 팔걸이에 팔꿈치를 올렸다. "태어난 곳은 켄터키주 재닌이지만 자란 곳은 레프트포크예요. 레프트포크라고 알아요? 모르시나?"

그러더니 갑자기 마치 다른 지도를 이용해 자신을 설명하려는 것처럼 와이엇이 말했다. "나는 매코이 가문과 먼 친척이에요!" 그는 한때 켄터키 동부와 웨스트버지니아 일대를 공포에 떨게 했던 전설적인 분쟁(매코이-햇필드 가문의 분쟁)의 한쪽 당사자를 언급했다. "우리 할아버지는 7대 매코이, 아버지는 8대 매코이와 친척 관계였어요. 그래서 이름이 '샷건 매코이 블레어'였는데, 사람들은 그냥 '건'이라고 불렀죠. 말하자면 저는 9대 매코이와 친척 관계인 셈이에요. 운이 좋은 거죠."

와이엇에게 어떻게 KKK에 관여하게 됐는지 물었다. 그가 이야기를 시작했다. "내가 태어났을 때 엄마는 열세 살이었고 아빠는 열일곱 살이었어요. 엄마는 내가 세 살 때 떠났죠. 그래서 아빠와 새엄마가 나를 키웠어요. 난 문제가 생기면 아빠에게 털어놓았는데 아빠가 KKK 단원이었어요. 고등학교를 졸업한 뒤에 아빠가 나를 버지니아주 포카혼타스에 있는 KKK 기독교 기사단에 입단시켰어요. 신념을 주입받은 거죠. 나는 전국에서 열리는 모든 KKK 집회에 참석했어요. KKK의 위세가 사그라지기 전까지는요. 1990년대에는 인디애나에서 온 그룹과 함께 재닌에서 행진도 했어요. 해머스킨스[스킨헤드로 구성된 혐오 단체]가 우리의 경호를 맡았죠. 행진은 대체로 평화로웠어요. 노스캐롤라이나주 마운트홀리[흑인 거주 지역]를 지날 때만 빼면요. KKK는 종교 단체예요. 마약에는 철저히 반대하죠. 네오나치와는 달라요."

앨릭스 휴스와 와이엇 블레어는 모두 켄터키 동부에 거주하는 한창 나이의 백인 남성이었다. 두 사람 모두 1970년대 이후 경기 침체

7장 나쁜 놈이라는 자부심 157

에 직면한 블루칼라 노동자 중심의 시골 지역에서 성장했다. 두 사람의 할아버지는 석탄을 캐는 광부였고 숙련된 기술직으로 일하는 근면 성실한 남성 친척들이 있었다. 와이엇의 남성 친척들은 대부분 용접공이나 건설 노동자였고, 감옥에 들어오기 전 와이엇 자신도 오하이오주 클리블랜드에 건설 중인 건물의 철골 작업에 참여한 적이 있었다. 두 사람의 가족은 모두 보수적인 공화당원이었다. 공교롭게도 두 사람 다 재혼한 부모 밑에서 자랐다. 그리고 성장한 뒤에 두 사람 다 고향을 '떠난 사람'이 됐다. 앨릭스 휴스는 켄터키주 루이빌로 떠났고 와이엇 블레어는 클리블랜드, 신시내티, 에디빌 그리고 그 너머로 떠났다.

하지만 공통점은 거기까지였다. 앨릭스는 가족을 부양하기 위해 열심히 일하고 있었다. 그가 사는 지역은 상실과 자책감이 팽배하고, 자부심의 역설이 고통스러운 그림자를 짙게 드리운 곳이었다. 도너번 블랙번이나 앤드루 스콧 시장만큼이나 앨릭스 휴스도 아내와 자녀를 떳떳하게 부양할 수 있기를 간절히 바랐다. 그는 '자수성가적' 자부심을 가진 사람이었다. 반면 와이엇은 일에 대해 그다지 깊은 관심을 두지 않았고, 오래전에 이혼했으며, 혼외자로 태어난 딸을 한 번도 만난 적이 없었다. 긴 인터뷰 동안 그는 **가장**이라는 단어를 한 번도 사용하지 않았다.

매슈 하임바크와 마찬가지로 와이엇도 자신이 도덕적 무법자라는 사실에 자부심을 느꼈다. 그의 입지는 백인 민족주의의 부침에 따라 결정될 것이었다. 매슈처럼 와이엇 블레어도 도널드 트럼프가 암묵적으로 KKK를 지지한다고 믿었다. 트럼프는 대선 캠페인 전후로

KKK 지도자 데이비드 듀크를 모른다고 주장했고 블룸버그 뉴스 앵커에게 이 문제에 대해 질문을 받자 "나를 좋아하는 사람은 많다"며 핵심을 비껴갔다.[3] 하지만 와이엇은 이렇게 결론 내렸다. "트럼프는 백인들을 위해 뛰는 사람이에요. 흑인 놈들을 도우려는 게 아니란 말입니다. 왜냐하면 흑인들이 연방정부로부터 모든 도움을 받고 있다는 걸 트럼프도 알고 있으니까. 나는 미국의 모든 국경에 장벽을 세워야 한다고 생각해요. 이민자와 흑인들을 다 내쫓아야죠. 트럼프는 할 수 있을 겁니다. 저는 그가 정말 좋아요."

### 창살 속 시민들

나는 왜 와이엇 블레어와 대화를 나누었을까? 수감자들은 종종 공공 설문조사, 지역사회 연구, 심지어 역사 기록에서도 제외된다. 그러나 상당히 많은 미국인이 일정 기간 감옥에 갇혀 지낸다. 형사사법 관련 비영리단체인 교도소 정책 구상Prison Policy Initiative에 따르면 "켄터키주의 수감률은 국제적으로 두드러지는 수준"인 10만 명당 930명으로, 미국 전체 평균인 664명, 영국의 129명, 캐나다의 104명과 비교된다.[4] 대부분의 수감자는 언젠가 석방될 미국 시민들이다. 새로운 정책이 도입됨에 따라 이제 시골 지역의 교도소 수감자들은 인구조사와 유권자 명부에 포함됐다. 따라서 이들을 '군중 속의 얼굴들'에 포함시키는 것이 중요해 보였다.

와이엇은 에디빌 교도소에서 사우스게이트 시설로 이송되어, 켄터키주 교정국의 감독하에 민간이 운영하는 단계적 전환 프로그램에 참여하고 있었다. 와이엇 같은 수감자에게는 이 프로그램이 좋은 기회처럼 보였다. 정직성, 책임감, 배려를 가르치는 3개월간의 엄격한 행동 교정 프로그램에 지원해서 이를 수료하면 형량을 감면받을 수 있었다. 이 치료 프로그램(도덕적 재인식 프로그램, MRT로 불린다[5])은 와이엇에게 '말버릇 고치는 법'을 가르치고 있었다. 또한 이 프로그램은 약물 중독자에게 해독의 기회를 제공했다. 미국 전체 수감자의 65퍼센트가 약물 문제를 가지고 있고 20퍼센트는 범죄를 저지를 당시 약물이나 알코올에 취해 있었다.[6]

와이엇은 또한 별다른 주목을 받지 못하지만 전국적으로 뚜렷하게 나타나는 흐름에 속해 있었다. 지난 40년 동안 교도소 수용 인구가 도시에서 시골로 이동하는 현상이 지속돼왔다.[7] 현재 미국 내 교도소의 53퍼센트가 소도시나 시골 지역에 위치해 있다.[8] 예를 들어 뉴욕시는 매년 유죄 판결로 파이크카운티보다 훨씬 더 많은 수감자를 배출하지만 수감자들 대부분은 뉴욕주 북부 시골 지역에서 형을 복역한다.[9]

켄터키주의 새로운 선거구 재조정법에 따라 와이엇은 이제 자신이 살던 곳이 아니라 수감된 곳의 주민으로 간주됐다. 다시 말해 와이엇 자신은 투표권이 없었지만 선거구 재조정법에 따라 인구가 줄어드는 시골 지역의 인구를 '보충'하는 데 기여하고 있었다.

이러한 교도소 개리맨더링(특정 목적을 위해 선거구를 인위적으로 조정하는 행위-옮긴이)은 시골 지역의 인구통계를 부풀리고 그 결과 해당 지역을 대표하는 연방 하원의원과 주의원의 비율도 증가시킨다.[10] 미국의 시골 지역은 공화당 성향이 강하기 때문에 시골 지역의 유권자 수가 늘어날수록 공화당 표도 많아진다. 2016년 대선에서 도널드 트럼프에게 투표한 2623곳의 소규모 카운티나 시골 카운티는 힐러리 클린턴에게 투표한 489개 카운티보다 교도소 인구가 더 많고 수감률도 높았다.[11]

와이엇의 수감 뒤에는 두 가지 또 다른 힘이 작용했다. 석탄 산업의 쇠퇴와 함께 지역 정부의 재원에 도움이 되어온 석탄 채굴세도 감소했다. 파이크카운티의 경우 석탄 채굴로 조성된 재원(석탄 채굴세 수입)은 2015년 260만 달러에서 2020년 48만 6000달러로 급감했다.[12] 이런 상황에서 교도소 건설과 직원(간수, 요리사, 운전사, 관리자) 고용을 위한 정부 자금은 더욱 환영받았고 교도소를 시골 지역의 일자리 창출에 기여하는 수익성 높은 산업이라 여기는 사람이 늘어났다.[13]

시골 카운티들은 재판일을 기다리는 주 내 수감자를 위한 침대를 임대함으로써 추가 수익을 올릴 수도 있었다. 1970년과 2017년 사이에 재판 전 수감률은 436퍼센트나 증가했다.[14] 그리고 최근 들어 켄터키 주정부는 주립 교도소에서 복역해야 하는 수감자들을 재정난에 처한 켄터키 동부 카운티들이 대신 수용하는 대가로 점점 더 많은 1인당 보조금을 지급하고 있다.[15]

더욱 불길한 점은 켄터키 주의회가 최근 중범죄의 형량을 줄이기보다는 늘리는 법안을 더 많이 통과시켰다는 사실이다. 처벌을 강화하는 법안은 59건이었지만 완화하는 법안은 10건에 불과했다.[16] 결국 교도소의 지방 이전으로 재판을 기다리는 시간이 더욱 늘어나고 중범죄 형량도 점점 더 강화되면서 선거구 재조정에 반영되는 수감자 수는 더욱 증가할 전망이다.

그다음은 인종 문제가 있었다. 행진이 열릴 예정이던 2017년 미국 인구 가운데 백인의 비율은 교도소 밖에서는 감소하고 있었지만 교도소 안에서는 오히려 증가하고 있었다(현재는 50퍼센트에 이른다). 2000년 이후 백인의 수감률은 41퍼센트 증가한 반면, 아프리카계 미국인의 수감률은 22퍼센트 감소해 교도소가 점점 백인화한 결과다.[17] 점차 백인의 비중이 줄어드는 교도소 밖의 백인 세계에서 인종이 뜨거운 이슈가 되는 만큼 교도소 안은 갈수록 백인화하고 있었다. 와이엇 블레어가 사우스게이트 시설 회의실에서 나와 마주 앉게 된 것도 결국 이런 흐름의 산물이었다.

## "진짜 나쁜 인종주의자"

"난 진짜 나쁜 인종주의자예요." 와이엇은 자랑하듯 말을 꺼냈다. "우리 엄마[사실은 새엄마]는 나만큼 심하진 않았어요. 엄마와 할머니는 데이즈 호텔에서 흑인 여성들과 함께 객실 청소를 하면서 그들과 함께 어울리고 떠들고 웃었어요. 난 엄마의 엄마를 매미mammy('엄마'와 '흑인 하녀'라는 두 가지 뜻으로 쓰인다-옮긴이)라고 불렀어요. 나중에 [교도소] 운동장에서 그 말을 했더니 몇몇 흑인이 이상하게 쳐다보더라고요. '할머니를 매미라고 부른다고?' 그들은 '그건 흑인들이나 쓰는 말이야'라고 하더군요."

와이엇이 이어 말했다. "우리 아버지의 아버지, 그리고 그 아버지와 내 삼촌들은 모두 석탄 광부였고 전미광산노동조합 조합원이었어요. 우리 할아버지는 1930년대 할런 거리가 피로 물들었던 일을 기억하고 있었어요. 그분들은 탄광 일을 그만둔 뒤 기술직으로 전환했어요. 아버지는 목수였고 할아버지는 침례교 목사이기도 했어요. 나는 용접공이고 내 형은 전기 기술자예요. 하지만……."

와이엇은 계속해서 말했다. "내가 열다섯 살 때 아버지와 함께 오하이오주 콜럼버스로 이주했는데, 1년 동안 하루도 빠짐없이 스쿨버스에서 두들겨 맞았어요. 학교에서 내가 유일한 백인이었고 흑인 아이들은 내가 백인이라는 이유로 내 말투를 싫어했거든요. 그들은 나를 '촌놈'이라고 불렀어요. 난 맞서 싸웠고 절대 약한 모습을 보이지 않았어요."

나는 와이엇에게 물었다. "흑인 아이들이 당신 아버지가 KKK 단원이라는 걸 알고 있었나요?" 와이엇은 그들이 알고 있었는지 기억하지 못했고 설령 알았다고 해도 별로 중요하게 생각하지 않는 듯했다. 인종이 다르면 당연히 싸우기 마련이라는 태도였다. 실제로 와이엇에게 싸움은 빈번하고 폭력적이었으며 자부심의 원천이었다.

"렉싱턴의 한 술집에서 경비원으로 일할 때 술에 취한 흑인들을 내쫓으라는 지시를 받았어요." 그는 담담하게 말을 이었다. "그래서 손전등을 집어 들고 한 녀석의 뒤통수를 몇 번 내리쳤어요. 그가 총을 들고 다시 나타났고 우리는 제대로 한판 붙었죠." 또 다른 사건은 더욱 극단적이었다. "제가 열아홉 살 때였어요. 술집에서 한 백인 남자가 자기 맥주를 맡아달라고 하고는 화장실에 갔어요. 그가 자리를 비운 사이 흑인 녀석 하나가 맥주를 달라고 하기에 '내 맥주가 아냐'라고 대꾸했죠. 그랬더니 그와 같이 있던 친구 두세 명이 나를 둘러싸더군요. 나는 면도칼을 꺼내 녀석의 갈비뼈 부위를 그어버렸어요. 그렇게 심하게 베어버린 줄은 몰랐어요. 녀석은 바위처럼 바닥에 쓰러졌고 그의 친구들은 줄행랑을 쳤어요." 그렇게 와이엇은 또다시 교도소 신세를 지게 됐다.

마흔두 살이 되자 와이엇에게 교도소는 집만큼이나 익숙한 공간이 돼 있었다. 외할아버지가 그랬던 것처럼 그는 성인기의 절반을 감옥에서 보냈다. "엄마가 어렸을 때 외할아버지가 인디애나에서 사람을 죽였어요. 아빠는 흑인을 찔렀지만 감옥에 가지는 않았죠." 와이엇의 형량은 각각 몇 년씩이었지만 교도소에 들어가면 "존중받기 위해" 싸움을 벌였고 그때마다 형기가 연장됐다. "한번은 내 감옥 형제들인 슈프림 얼라이언스와 로열스를 돕기 위해 싸움에 가담했어요. 2010년에는 에디빌 교도소에서 백인과 흑인이 맞붙은 폭동에도 참전했죠. 몸을 날려 흑인들을 찔렀고 그 덕분에 존중을 받았어요. 4년형을 받고 복역 중이었는데 10년으로 형기를 늘리고 독방에 처넣더군요. 가로 2.5미터, 세로 3미터에 불과한 공간에 갇혀 아무도 볼 수 없고 누구와도 이야기할 수 없었어요. 밖을 볼 수 없으니 낮인지 밤인지도 모르죠. 정신적으로 정말 힘들었어요. 그런 독방에서 52개월을 보냈어요."[18]

"오바마 대통령이 독방 수감 기간을 30일로 제한하는 법에 서명했어요. 그 법이 적용됐다면 독방에서 보낸 시간이 훨씬 줄어들었을 텐데요. 그렇죠?" 내가 물었다.

"그래요." 와이엇은 인정했다. "하지만 그건 오바마가 자기 자신을 위해서 한 일이잖아요." 감옥 안에서도 밖에서도 와이엇에게 가장 중요한 문제는 인종이었다. 와이엇과 같은 교화 프로그램에 참여한 댄(가명)은 나중에 자신의 수감 생활을 이렇게 설명했다. "운동장에 나가면 페커우드(교도소를 중심으로 발전한 백인 우월주의 단체-옮긴이), 아리안 형제단, 모호크(아메리카 원주민 단체-옮긴이), 원 퍼센터(오토바이 갱 집단-옮긴이) 같은 그룹들이 있어요. 그리고 흑인, 백인, 멕시코인, 미국 태생 멕시코인이 섞여 있죠. 그들은 서로를 증오합니다." 댄은 말을 이었다. "흑인 중에는 멕시코계와 백인을 다 싫어하는 친구들도 있고 그냥 백인만 싫어하는 친구들도 있어요. 사람마다 다르죠. 두들겨 맞지 않는 가장 좋은 방법은 같은 인종의 사람들과 뭉치는 거예요."

이어 댄이 물었다. "제 주먹에 있는 검은 점들 보이세요? 이건 '나는 백인 편에 서서 싸우겠다'는 뜻이에요. 우리는 이걸 'N점'이라고 부르죠(N은 깜둥이nigger를 뜻한다-옮긴이). 인종주의자의 상징이에요. 저는 어렸을 때 감옥에서 이걸 새겼어요. 거기선 선택의 여지가 거의 없거든요. 진짜 인종주의자는 어떤 일이 있어도 다른 인종과 절대 엮이지 않아요. 심지어 거래를 할 때조차도요. 감옥에 있으면 인종주의자가 될 수밖에 없어요. 운동장에서 싸움이 나면 누가 우리 편인지 알아야 하니까요."

그러나 때로는 교도소 안에서도 인종을 초월한 우정이 싹트기도 했다. 지금은 인종주의를 버린 댄은 이렇게 말했다. "저는 필리핀계 여성과 사랑에 빠졌고, 아이들이 있는 그 여성과 결혼을 했어요. 그 애들은 제 친자식은 아니에요. 하지만 저를 아빠라고 부르고 우리 아버지를 할아버지라고 부르며 제가 출소하기를 기다렸어요. 감옥 안에서 저는 인종주의자였어요. 제가 흑인 수감자 한 명을 흠씬 두들겨 팼더니 친구가 칭찬했던 기억이 나요. '너와 같은 인종인 형제들을 위해 잘한 일이야.' 하지만 그런 말을 들어도 저는 아무런 느낌도 받지 못했어요. 출소하고 나서야 그게 다 헛소리라는 걸 깨달았죠." 하지만 댄에게는 헛소리였던 그 말이 와이엇에게는 '존중을 얻는' 방식이었다.

와이엇이 스스로를 "나쁜 놈"이라고 칭찬하는 것이 의아했다. 그는 지나가는 말로 자신의 계모는 아버지만큼 "나쁘지 않다"고, 아들도 자신만큼 "나쁘지 않다"고 했지만 교도소에 수감 중인 딸은 "나만큼 나쁘다"고 했다. 나쁜 것이 좋은 것, 자부심을 느끼는 명예로운 것일 수 있을까? 실제로 와이엇에게 '나쁘다'는 것은 존경받을 만하다는 의미였고, 이는 폭력을 일삼고 심지어 (백인의 우월성이 위협받는다고 느낄 때는) 살인을 저지를 수도 있다는 뜻이었다. 살인은 와이엇에게 더 높은 도덕규범을 저버린다는 신호가 전혀 아니었다. 기꺼이 살인을 저지를 의향이 있다는 것 자체가 그가 가진 무법자 윤리 강령의 근간이었다. 그는 자신이 독방에 갇혔던 이유는 자신이 **그만큼** 나빴기 때문이라고 했다.

감옥 밖에서도 나쁜 것이 좋은 것이었다. "1990년대 초 켄터키주 루이자에서 KKK 가운을 입고 행진한 첫 번째 그룹 안에 나도 있었어요. 얼굴을 드러내지 않고 허리춤에는 권총을 차고 있었죠. 하지만 이제는 감옥에 갇혀 있느라 더 이상 집회에 참석하지 못하고 있어요. 난 예전만큼 나쁘지 않아요." 그는 마치 부끄러운 실수라도 고백하듯 말했다.

한편 와이엇은 KKK가 "요즘 내리막길을 걷고 있다"고 느꼈다. 그는 눈살을 찌푸리며 이렇게 말했다. "고소당할까 두려워하고, 더 진지한 사람들은 아예 입을 다물고 있죠. 게다가 조직의 정점에 있는 사람들은 60대, 70대, 80대라서 뒷전에서 회비만 걷고 있어요. 요즘 KKK는 돈벌이가 다예요." 그는 다른 환경들도 예전 같지 않다고 생각했다. "이제 한 달에 회비 35달러를 내야 세 장짜리 월간 소식지를 받아볼 수 있어요. 그나마도 내용 없는 맹탕이죠. 요즘 젊은 애들은 랩 음악에 빠져서 흑인들을 우상화하고 있고……. 심지어 복면 착용도 허용되지 않습니다. 두건은 쓸 수 있지만 단추를 채우거나 핀으로 고정해서 얼굴을 드러내야 하죠. 그러지 않으면 테러 행위로 간주되거든요. 십자가를 불태우는 모습(KKK의 상징적 행동이다-옮긴이)을 마지막으로 본 게 언제인가요?"

KKK가 지역적으로나 전국적으로 쇠퇴한 것은 사실이다. 1925년에는 3만 명에 달하는 단원이 워싱턴 D.C.의 펜실베이니아애비뉴에서 공개적으로 행진하기도 했다.[19] 하지만 2016년에는 활동 중인 KKK 지역 지부가 130여 개로 줄어들었고, 2021년에는 겨우 18개만 남았다.[20] 다른 민족주의 단체들이 점점 더 세를 키우고 있는 것과는 대조적인 상황이었다.

하지만 내가 만난 일부 지역 주민들은 KKK가 단지 휴면 상태일 뿐이라고 생각했다. 이네즈(파이크빌에서 차로 한 시간 거리에 있다)에 사는 한 젊은 여성은 최근 삼촌이 세상을 떠난 뒤 그가 비밀리에 KKK의 지역 최고 지도자인 '그랜드 위저드'로 활동했다는 사실을 알게 되었다. "우리 가족 모두 **충격**을 받았어요. 가족이 강하게 반대했기 때문에 삼촌은 철저히 비밀로 했던 것 같아요. 하지만 삼촌이 돌아가시기 전에 병문안을 갔을 때 이상한 광경을 봤어요. 병실에 가족은 두 명뿐이고 병상 주변에는 낯선 남자가 여럿 모여 있었거든요. 마치 그들이 삼촌의 **진짜** 가족 같았어요."

한 은퇴한 방역업자는 이렇게 말했다. "예전에 사람들 집에서 이를 없애주는 일을 했어요. 안락의자 같은 데 약을 뿌렸죠. 하지만 이는 의자 속의 솜에서 겨울잠을 자요. 그러다 날씨가 따뜻해져야 밖으로 기어 나오기 때문에 없애기가 정말 힘들어요. 제가 보기에 KKK도 이와 비슷해요."

한편 와이엇은 나쁜 행동으로 "존중받는 일"이 더 어려워졌다고 느꼈다. "연방정부가 우리 암호를 알아내서 조직 내에 침투했고 이제 정부는 모든 인종에는 좋은 사람도 있고 나쁜 사람도 있다고 설교하고 있어요. 그리고 공개적으로 발언할 때는 '이 사람은 좋은 흑인이고 저 사람은 나쁜 흑인'이라고 말해야 해요. 하지만 난 흑인이 싫어요. 내가 두들겨 맞아봐서 안다니까요."

이제 교도소 당국조차 KKK를 차별하는 것처럼 보였다. "내 모든 문신은 보안 심사를 통과했어요. 하지만 가슴에 새긴 KKK 문신만 통과하지 못했죠. 그래서 난 STG(보안 위협 그룹)로 분류됐고, 교도소에서는 우리 인쇄물에 [극우주의자들 사이에서 인기 있는 종교 이데올로기인] '기독교 정체성'이 담겼다며 반입을 금지시켰어요. 강력한 탄압이죠. 흑인 놈들에게 뭔가 해코지를 하면 증오 범죄로 몰아 주법이 아닌 연방법으로 기소합니다. 연방 법정에서 종신형을 선고받으면 죽기 전에는 집에 돌아갈 수 없어요." 와이엇에게 요즘 세상은 완전히 거꾸로 뒤집힌 것처럼 보였다. 이제 나쁜 짓은 그저 나쁜 짓일 뿐이었다.

## 인종 정체성의 혼란을 겪다

나쁜 남자의 자부심을 지키기 위해 고군분투하는 와이엇은 어린 시절 자신의 인종적 정체성과 관련된 내적 모순을 여러 차례 경험했다. 우선 그는 KKK의 규칙에 따라 "흑인 여성과 함께 먹거나 자면 안 된다고 생각했어요. 자연스러운 게 아니기 때문"이다. 하지만 고등학교 시절 와이엇은 흑인 혼혈인 한 여학생에게 강한 호감을 느꼈다. "그 애랑은 정말 좋은 시간을 보냈어요. 내 할리 뒤에 그 애를 태우고 마을을 돌아다니곤 했죠. 어느 날은 그 애를 우리 집 저녁 식사에 초대한 적도 있어요. 새엄마는 괜찮았지만 아버지는 그 애가 흑인 혼혈이라는 얘기를 듣고는 저녁을 같이 먹는 걸 허락하지 않았어요. 결국 난 그 애를 다시 집에 데려다줘야 했죠." 그는 여학생이 당시 상황을 어떻게 받아들였는지, 그리고 그 상황이 어떤 모순을 드러냈는지에 대해서는 아무 말도 하지 않았다. 만약 인종 간 분리가 자연 질서의 일부라면 왜 그의 자연스러운 끌림을 제한하는 엄격한 규율이 필요했을까?

그뿐만 아니라 와이엇 자신도 혼혈이었다. 이 사실은 내가 그의 문신에 대해 물어보던 중 우연히 알게 됐다. 와이엇은 소매를 걷어 올리고 오른팔을 내밀었다. "내 오른쪽은 아버지를 뜻해요. 그래서 여기에 KKK 단원의 '신비의 휘장' 문신을 새겼어요.[21] 가운데 하얀 정사각형과 붉은 피 한 방울이 보이죠? 백인종을 지키기 위해 흘린 피를 뜻해요. 그리고 그 옆 오른쪽에는 반란군(남북전쟁 당시 북군이 남군을 지칭한 말-옮긴이) 깃발이 있어요. 그러니까 아버지 쪽에는 KKK와 남부연합 깃발을 새긴 거죠. 그리고 흐릿하게 나치 문양도 그렸어요." 그는 이렇게 덧붙였다. "너무 티 나지 않게 펜으로 흐릿하게 그렸어요."

그런 다음 와이엇은 아무렇지 않은 듯 왼팔의 소매도 걷어 올렸다. 그리고 거기에 새겨진 다섯 개의 긴 발톱이 달린 곰 발자국을 가리켰다. "이건 내 부족 문신이에요. 내게는 체로키족의 피가 흐르거든요. 우리 엄마의 엄마가 반은 체로키였어요." 이어 그는 왼쪽 팔뚝을 가리키며 말을 이었다. "여기에는 오래된 독수리 문신과 쇠 올가미 문신이 있어요." 문신은 검고 둥근 띠에서 여러 개의 날카로운 가시가 뻗어 나오고, 그 사이에 막대가 교차하며, 한쪽 끝에는 쇠사슬이 아래로 늘어진 모양이었다. 그는 "곰을 잡는 것"을 의미하는 아메리카 원주민의 상징이라고 했다. 이렇게 오른팔의 문신들은 그의 아버지와 앵글로색슨족의 정체성을 상징했고 왼팔의 문신들은 어머니의 체로키족 정체성을 상징했다. 와이엇이 어렸을 때 헤어진 부모님을 그의 문신이 한데 모은 셈이었다.

"한쪽 팔에는 KKK의 상징이 새겨져 있고 다른 쪽 팔에는 아메리카 원주민의 상징이 새겨져 있네요." 나는 담담한 어조로 말했다. "백인과 아메리카 원주민의 관계에 대해서는 어떻게 생각하세요?" 와이엇은 내 질문에 약간 놀란 듯 눈썹을 치켜올리더니 잠시 아무런 말이 없었다.

잠시 뒤 그가 말했다. "그래요. 백인들이 우리를 켄터키 남부에서 일리노이, 미주리, 오클라호마까지 몰아내는 바람에 수천 명이 목숨을 잃었어요. 혹시 '눈물의 길Trail of Tears'이라고 들어봤나요?" 와이엇은 1830년부터 1850년까지 앤드루 잭슨 대통령의 명령에 따라 아메리카 원주민 6만 명이 강제 이주당한 사건을 언급하고 있었다. 그는 고개를 저었다. "끔찍한 일이었어요."

나는 그가 **우리는**과 **우리의**라는 단어를 이리저리 사용하는 것이 의아했다. 그런데 와이엇이 먼저 입을 열었다. "백인들이 우리를 우리 땅에서 쫓아낸 것에 대해 나는 아무런 원한도 없어요. 그들에게 인디언은 열등한 종족이었으니까요. 그래도 이곳은 한때 우리 땅이었어요." 그는 이어 "우리가" 카지노를 소유하고 있고 그 수익에 대해 연방 소득세를 내지 않고 있기 때문에 "우리는" 이제 백인을 원망하지 않는다고 설명했다. 하지만 마지막으로 이렇게 덧붙였다. "눈물의 길에 관해서는 KKK에 불만이 있어요. 백인들은 인디언에게 정말 못되게 굴었거든요." 그리고 다시 한번 말했다. "내가 세 살 때 엄마가 떠나고 아버지가 나를 키웠어요. 그 뒤로 저는 문제가 생기면 아버지에게 털어놓았어요. 체로키는 엄마 쪽 조상이지만 엄마는 떠났잖아요."²² 이 혼란스러운 지점에서 와이엇은 이 문제에 대한 이야기를 끝냈다.

하지만 또 다른 모순이 드러났다. 와이엇은 미국 전역에 장벽을 세워 흑인과 이민자가 들어오는 일을 막아야 한다고 단언했었다. 하지

7장 나쁜 놈이라는 자부심

만 이제 그는 흰 수염을 긁적이며 이렇게 말했다. "멕시코인들과는 전혀 문제가 없다니까요. 그들은 열심히 일하면서 가족을 부양하려고 애쓰잖아요. 그리고 교도소 운동장에서 백인 편에 서서 싸우기도 해요. 그들은 충성심이 강해요. 길거리에서도 내 친구들이었어요." 그는 잠시 말을 멈추었다가 덧붙였다. "물론 KKK는 탐탁지 않아 하겠지만 말이죠."

와이엇에게 9·11 테러를 저지른 무슬림 항공기 납치범들에 대한 견해를 물었을 때 또 다른 모순이 드러났다. 그는 "난 무슬림이 싫어요"라고 단언하더니 다시 눈썹을 치켜뜨고 방금 자신이 한 말을 곱씹었다. "9·11은 나빴어요. 시신들이 전부 길바닥에 나뒹굴었으니까요." 그는 고개를 저으며 덧붙였다. "아마 9·11 테러로 죽은 사람 중에는 좋은 흑인도 많았겠죠. 그러니까 흑인을 비하하는 단어는 쓰지 않을게요. 몇몇 흑인은 존중합니다." 그런 다음 와이엇은 9·11 테러를 저지른 이슬람 극단주의자에 대해 말했다. "그들은 자신들의 사명에 대한 **믿음**이 강했어요. 정말 독하게, 헌신적으로 행동한 거죠. 자기 몸에 폭탄을 둘렀잖아요. KKK가 그들과 같은 생각을 하지는 않을지라도 어쩌면 같은 부류일지도 모르죠."

처음에는 분명하고 확고해 보였던 구분들이 와이엇의 마음속에서 모순의 늪으로 녹아들고 있었다. 오른팔과 왼팔, 백인에 대한 충성심과 아메리카 원주민에 대한 동정심, 완전히 백인들만의 국가를 만들어야 한다는 요구와 멕시코계 동료 수감자들에 대한 호감, '독한' 9·11 납치범들에 대한 존경심과 백인 및 흑인 희생자들에 대한 연민이 머릿속에서 뒤엉킨 듯했다. 그러나 이런 모순들이 다른 사람에게는 놀라워 보일지 몰라도 정작 와이엇 자신에게는 대수롭지 않은 듯 했다.

한편 와이엇은 가정에서도 자신의 인종적 견해에 대한 도전에 직면했다. "아들이 어렸을 때 나처럼 (KKK가) 되려고 했어요. 하지만 진심으로 받아들이지 못한다는 걸 난 알 수 있었어요. 게다가 며느리는 KKK에 결사반대하는 입장이에요. 며느리는 금발에 파란 눈을 가진 백인이지만 집에서 흑인을 비하하는 단어를 쓰지 않아요. 아이들도 절대 그런 말을 못 하게 엄격하게 가르치고요. 절대 안 된다는 거죠. 내 어린 손녀는 내게 그런 생각은 집어치우라고 쏘아붙여요. 내 동생도 KKK를 좋아하지 않아요. 우리 가족 모두 트럼프를 지지하는 공화당원이지만 식탁에서는 인종 얘기를 꺼내지 않습니다." 가정에서는 KKK가 수치심을 안겨주는 대상이었다.

와이엇이 자신의 편으로 끌어들인 자녀는 딸 크리스타뿐이었다. "그 아이는 등 전체에 반군 깃발을 문신으로 새겼어요." 그는 자랑스럽게 말했지만 말을 이어갈수록 목소리가 점점 더 가라앉았다. "지금은 강도, 마약 소지, 뺑소니 혐의로 감옥에 있어요. 그 애는…… 19년 형 정도 받을 것 같은데 12년이나 15년 정도로 감형받을 수 있을 거예요. 크리스타는 나만큼이나 사고를 많이 쳤어요. 나이도 어린데 감옥에서 보낸 시간이 나랑 거의 비슷할 정도죠. 내가 집에 전화를 걸 때마다 크리스타는 감옥에 있더라고요. 전국을 돌아다니며 마약을 팔고 심지어 집 앞에서도 팔았거든요. 어린 나이지만 자칫 종신형을 받을 수도 있어요. 누구 하나 찔러 죽이면 상습 중범죄자가 되어 인생 종 치는 거죠."

교도소에 있는 동안 크리스타는 아리안 서클이라는 백인 범죄 조직의 지역 교도소 지부장과 결혼했다.[23] 아홉 개 주에서 활동하는 아리안 서클의 구성원은 '가족'이라고 불리며 교도소 안팎의 갱단 활동을 돕기 위해 감옥 안에서 '교회에 참석'하거나 모임에 참석한다. 와이엇 블레어는 자기 가족의 '나쁜 점'을 요약하듯 이렇게 말했다. "크리스타는 나만큼 나쁜 사람이에요. 그리고 나는 내 형이나 아들보다 더 나쁘죠."

만약 와이엇이 평화적으로 법을 준수하는 용접공이었더라면 주류적인 '자수성가적' 자부심의 원천에 접근할 수 있었을 것이다. 이는 폴 패튼 전 주지사, 도너번 블랙번 행정 담당관, 앤드루 스콧 시장, 그리고 끊임없이 노력하는 앨릭스 휴스가 지지하는 가치였다. 루스 멀린스와 존 로젠버그, 버지 박사 등 와이엇 같은 사람의 폭력에 취약한 이들도 마찬가지였다. 그러나 갱단, 주먹 문신, 인종 간 싸움이 있는 교도소는 와이엇에게 더 매력적인 자부심의 무대를 제공했다. 그곳에서는 '자기 자신을 위해 물어뜯고 싸우는 핏불'로 불리기만 하면 '존중받을' 수 있었다. 교도소에서 자부심은 힘과 인종을 기반으로 삼았다.

사우스게이트의 수감자들 사이에서도 와이엇은 최하위층에 가까웠다. 그 프로그램의 상담사는 내게 이렇게 말했다. "교도소 내부 계층 구조의 최상부에는 양육비 미지급으로 복역 중인 사람들이 있습니다. 한 가지 사실만 빼면 평범한 사람들이죠. 그다음은 전국적, 국제적 마약 조직을 운영하는 거물급 마약상들입니다. 그 아래에는 소규모 마약 판매상들이 있고 그 밑에는 마약 사용자·중독자, 알코올 중독자들이 있죠. 맨 밑바닥에는 아동 성범죄자들을 비롯한 온갖 별종들이 모여 있어요." 와이엇은 아마도 마지막 그룹에 속했을 것이다. 고향에서도 와이엇은 수감된 딸을 제외하면 누구에게도 '존중받지' 못했다.

매슈 하임바크와는 달리 와이엇은 수치당하는 것을 거부하지 않았다. 하임바크는 자신의 감정적 서사를 **사람들이 나를 수치스럽게 만들려 한다**에서 **나는 수치당하지 않겠다**로 바꾸었고, 이는 결국 **나뿐만 아니라 다른 독일계나 미국 남부 출신 백인도 그런 수치스러운 행동을 한 적이 없다**는 생각으로 이어진 듯했다. 그리고 여기에서 **홀로코스트는 결코 일어나지 않았다**는 생각으로 나아가는 것은 그리 어렵지 않은 것 같았다. 이런 방식으로 하임바크는 반反수치심 전사가 됐다. 반면 와이엇 블레어는 아무것도 부정하지 않는 듯했다. 심지어 상해나 살인조차 부정하지 않고, 오히려 이를 통해 동료들로부터 '존중받고자' 했다. 1920년대에만 해도 KKK는 대놓고 활보하면서 자신들의 범죄를 자랑스럽게 드러냈다. 하지만 오늘날 KKK는 점점 시대에 뒤처지고 있었고 그럼에도 와이엇은 여전히 과거 무법자적 자부심의 잔재를 붙잡고 있었다.

극단주의자인 매슈 하임바크와 와이엇 블레어의 심리적 기원이 무엇이든 간에 두 사람 모두 더 큰 미국 사회의 자부심 경제 속에서 자신들이 수치를 당하고 있다고 인식했고, 작은 극단주의 집단 내에서 인정받으려고 했다. 그러나 그 인정은 오로지 조직 내부에서만 유효한 것이었다. 매슈 하임바크는 홀로코스트와 노예제의 고통을 강하게 부정하며 반反수치심 운동과 정당을 이끄는 꿈을 꿨다. 반면 와이엇 블레어는 자신의 인종차별에 많은 사람이 부여하는 수치심을 아무렇지 않게 받아들이는 듯했다.

둘 다 네오나치와 KKK 밖에서는 자신들이 혐오받는 존재임을 인식하고 있었다. 범죄를 통해 얻은 자부심의 화폐는 더 넓은 자부심 경제에서 더 높은 지위를 얻기 위해 '현금화'할 수 없었다. 앨릭스 휴스가 자수성가를 통해 아메리칸드림을 이룬 것에 자부심을 느꼈다면 와이엇 블레어는 매슈 하임바크처럼 다른 사람(루스 멀린스, 존 로젠버그, 버지 박사 등)의 꿈을 방해하는 데서 무법자적 자부심을 찾았다. 흥미롭게도 출세, 근면함, 자동차, 집 같은 요소들로 구성된 아메리칸드림 그 자체는 와이엇이 그린 그림에는 포함되지 않았다. 하지만 술집 밖에서 흑인의 머리를 손전등으로 내리친 일에서는 자부심을 느꼈다.

### 뜻밖의 유대

지루한 교도소에서 폭력적인 난투극만이 활력소가 되어주는 가운데 일부 수감자는 용기를 내어 위험한 유대를 형성하기도 했다. 와이엇과 같은 교도소에 수감됐던 한 백인 남성은 이렇게 회상했다. "1년간 일주일 내내 하루 24시간 세 남자와 함께 좁은 감방에 갇혀 있으면 숨소리만 들어도 누가 누군지 알 수 있어요. 한 명은 신시내티 갱단 소속의 흑인, 한 명은 멕시코계, 한 명은 오토바이 갱단 소속 백인이었죠. 저는 그중에 흑인이랑 멕시코계 남자와 가장 친했어요. 물론 그들과 친구가 된다는 건 위험한 일이었어요. 그렇지만 흑인 친구는 제가 자리를 비우거나 잠을 잘 때 제 물건을 지켜줬고 저도 그 친구의 물건을 지켜줬습니다. 그 친구는 내 계좌에 영치금을 넣어줬고 저도 그 친구에게 돈을 넣어줬어요. 지금까지도 그 친구와는 형제처럼 지냅니다."

윌리는 큰 키와 떡 벌어진 어깨에 새까만 머리카락을 포니테일로 묶고 우람한 팔에는 문신을 새겼다. 그는 환한 미소를 지었지만 아주 험난한 삶을 살아왔다. 와이엇처럼 윌리도 아메리카 원주민 혼혈로, 디트로이트 뒷골목에서 벌어지는 인종 간의 싸움에서 잔뼈가 굵었다.

"저는 피부색이 어두운 체로키족이라서 히스패닉으로 오해를 받아요. 겨울에는 피부가 더 밝아지고 여름에는 더 어두워지죠. 그래서 어디에도 속하지 못해요." 그는 편안하게 미소 지었다. "그래서 흑인들과 '그냥' 싸우는 일이 많았어요. 어린 시절 우리 가족은 디트로이트의 흑인 동네에 살았어요. 내가 흑인이 아니라는 이유로 매일 스쿨버스에서 내릴 때마다 어떤 흑인 남자가 나를 때렸어요. 거의 매일 눈이 멍든 채로 집에 돌아왔죠. 그런데 당시 저는 폭력적인 성향이 강한 체로키족 할아버지와 함께 살았어요. 할아버지는 저에게 더 열심히 싸워야 한다고, **전사**가 돼야 한다고 하셨어요. 또 얻어맞고 들어오면 할아버지가 매를 때리겠다고 하셨죠. 할아버지에게 맞다가 피부가 찢어져서 꿰맨 적도 있었기 때문에 더는 맞고 싶지 않았어요. 저는 누가 더 무서운지 모르겠더라고요. 버스 정류장에서 기다리고 있는 흑인 남자가 더 무서운지, 아니면 집에서 기다리고 있는 할아버지가 더 무서운지요."

윌리는 설명했다. "어릴 때 제 감정은 완전히 뒤죽박죽이었어요. 화가 나면 분노를 터뜨렸고, 슬퍼도 분노를 터뜨렸고, 혼란스러울 때도 분노를 터뜨렸어요. 감정을 제대로 구분하지 못했던 거죠. TV에서 영화를 보는데 인디언이 백인들의 머리 가죽을 벗기는 장면이 나오더군요. 그래서 어느 날 주머니에 칼을 넣고 스쿨버스에서 내렸는데 역시나 그 흑인 남자가 저를 때리기 시작했어요. 저는 칼을 꺼내 그 남자의 머리 가죽을 벗기려고 했고, 결국 그의 팔을 베었어요. 그 뒤로 그는 더 이상 저를 괴롭히지 않았고 할아버지도 저를 건드리지 않았어요.

수십 년 뒤에 제가 20년형을 선고받고 슈퍼맥스 교도소에서 복역 중일 때 그 흑인 남자도 거기서 복역 중이었어요. 어느 날 그가 저를 보더니 천천히 다가와서 물었어요. '나 기억해?'

나는 그를 쳐다보며 말했어요. '그래요.'

'매일 스쿨버스에서 내릴 때마다 내가 너를 흠씬 두들겨 팼던 거 기억나?'

나는 '그래요'라고 대답했어요.

'그때 때려서 정말 미안해.'

나는 '괜찮아요'라고 말했어요.

그러자 그가 말했어요. '지금부터 내가 하는 말을 너는 이해하지 못할 거야. 사실 나도 이해가 안 되거든. 하지만 너를 때린 건 너를 좋아한다는 뜻이었어. 나는 널 존중했어. 이상한 말이지. 너는 이해하지 못할 거야.'

난 그의 눈을 한참 동안 뚫어지게 바라봤어요. 그리고 말했죠. '이해해요.' 그렇게 우리는 친구가 됐어요."

이처럼 교도소 안팎에서 일어난 뜻밖의 접촉은 과거 서로 적대적이었던 두 사람 사이에 새로운 우정을 심어주었을 뿐만 아니라 나쁜 남자의 서열에서 상위에 있어야만 자부심을 가질 수 있다는 기존 인식을 무너뜨렸다.

와이엇 블레어 역시 인종의 벽을 넘은 적이 있었다. 하지만 훨씬 피상적인 방식이었다. 사우스게이트에서 와이엇을 담당하는 상담사에 따르면 와이엇은 케일럽이라는 흑인 수감자와 함께 주방 보조를 맡고 있었다. "와이엇과 케일럽은 둘 다 교도소 내에서 서열이 가장 낮았어요. 와이엇은 장애가 있는 데다 성격이 좀 별났고 케일럽은 성범죄로 복역 중이었거든요. 다른 수감자들이 두 사람은 건드리지 않고 그냥 내버려뒀어요."

나는 와이엇에게 케일럽이 친구인지 물었다. 그는 아무렇지도 않게 대답했다. "우리 둘 다 중범죄자잖아요. 구내식당에서 주방 보조로 세 시간씩 같이 일을 해야 하고 가끔 같이 어울리기도 해요." 그러고 나서 그가 덧붙였다. "사우스게이트에서는 누군가가 잘못을 하면 우리가 '한마디' 해야 해요. 케일럽은 건강하니까 서서 일할 수 있어요. 하지만 나는 장애가 있어서 앉아서 주방 일을 해야 하죠. 그런데 케일럽이 너무 느릿느릿하게 일하는 거예요. 빈둥거리면서 내가 일하는 걸 보기만 하길래 내가 싫은 소리를 했죠. 그랬더니 케일럽이 고래고래 소리치면서 자기가 흑인이기 때문에 내가 그러는 거라고 하더라고요. 젠장, 이제는 어떤 이유로도 유색인종에게 쓴소리를 할 수가 없다니까요. 그게 바로 당신들이 떠들어대는 정치적 올바름이고 인종차별을 역이용하는 거죠."

정치적 올바름(PC)에 대한 혐오감은 와이엇이 평생 가져온 신념과 자연스럽게 맞아떨어졌다. 즉 수치심을 느낄 만한 일이 있으면 이를 누군가에 대한 비난으로 돌려야 한다는 생각이었다. 흑인, 이민자, '제자리를 벗어난' 여성들이 그 대상이었다. 와이엇이 느끼는 자부심은 개인의 책임과 근면을 강조하는 프로테스탄트 윤리 그리고 미국 사회의 자부심 경제를 떠받치는 아메리칸드림의 문화 밖에서 형성된 것이었다. 그는 앨릭스 휴스처럼 힘든 시기에도 아메리칸드림을 향해 노력하는 사람이 아니었다. 그래서 와이엇은 자부심의 역설에 따르는 압박감에 구애받지 않는 듯했다. 그는 아메리칸드림을 위해 노력하는 대신 다른 사람들의 아메리칸드림을 방해하는 운동에 헌신하는 데서 자신의 자부심을 찾았다. 어쩌면 매슈 하임바크가 전파하려는 백인 민족주의 메시지가 일부 사람에게는 아메리칸드림에 도달하지 못하는 어려운 상황에서 벗어날 탈출구(즉 '비난할 대상')를 제공하는 것처럼 보일 수도 있었다. 하지만 와이엇에게 중요한 것은 무법자의 자부심을 널리 퍼뜨리는 것이었다.

다른 사람들에게는 무시당했지만 매일 함께 주방 보조 일을 하는 시간이 점차 길어지면서 와이엇과 케일럽은 서로 갈등을 풀고 대화를 나누고 웃고 담배를 피우며 어울리기 시작했다. 와이엇이 양팔에 각각 새긴 문신처럼 서로 어울릴 수 없는 것들도 하나로 어우러질 수 있었다.

"이 담뱃갑 보이죠?" 와이엇은 구겨진 담뱃갑 하나를 내밀며, 거기 남은 담배 한 개비를 가리켰다. 세상 어딘가에 존재하는 또 다른 도덕규범에 경의를 표하는 듯했다. "거의 마지막 남은 담배를 케일럽에게 줬어요."

"내가 가진 유일한 이야기는 내가 백인이라는 거예요.
그건 내가 특권을 가지고 있다는 의미죠. 백인 남성으로
태어나는 게 그렇게 큰 특권이라면 현재의 나를 설명할 수
있는 게 나 자신의 개인적 실패 말고 또 뭐가 있겠어요?"

## 8장 나는 가짜 인종주의자

"행진을 이끌고 있는 백인 민족주의자 있잖아요? 그 친구가 왜 켄터키 동부에 왔는지 아세요? 우리가 **가난하고 멍청한 백인** 힐빌리들이라서 무조건 자기 말을 따를 거라고 생각하기 때문이에요. 알겠어요? 난 가난하고 멍청하고 백인이에요, 맞죠? 그러니까 그 친구는 내가 그런 사람이라고 생각하고 오는 거예요. 하지만 난 그런 사람이 아니에요. 난 힐빌리일지는 몰라도 레드넥(인종차별적인 남부 백인을 경멸적으로 부르는 말-옮긴이)은 아니에요. 내 혈통을 내 정체성과 혼동하지 않아요. 내겐 내 생각이 있습니다." 서른네 살의 데이비드 메이너드는 곧 파이크빌로 밀려들 백인 민족주의자들에게 강한 반감을 느끼는 이유를 설명했다.

데이비드는 파란색 스바루의 운전대를 잡고 도로를 주시하고 있었다. 그는 긴 진갈색 머리를 포니테일로 묶고, 둥글고 진지한 얼굴에 구레나룻을 기르고 있었다. 그는 다부진 체격에 괴물 캐릭터가 그려진 티셔츠를 입고 있었다. 뒷자리에서 앞으로 몸을 숙인 금발의 아내 셰이 역시 다부진 체격에 어울리는 괴물 티셔츠를 입고 있었다. 셰이는 장난기 어린 웃음을 흘리며 말했다. "중고차 매장에서 그대로 끌고 온 거예요." 그 말에 데이비드가 익살스럽게 덧붙였다. "덕분에 카뷰레터 엔진에 대해 빠삭하게 알게 됐죠." 벽돌을 차례로 쌓아가듯 두 사람은 대화를 함께 만들어갔다. 나중에 셰이는 유쾌하게 말했다. "어떤 사람들은 우리가 한 사람 같다고 해요."

우리는 이 부부의 연애 시절을 되짚어보고 있었다. 하지만 그것은 금지된 사랑이었다. 데이비드의 집안이 셰이의 집안보다 가난했기 때문이다. 우리가 향하는 곳은 파이크빌에서 북동쪽으로 45킬로미터가량 떨어진 쇼핑몰 안의 작은 영화관이었다. 8년 전 두 사람이 기쁨 속에서 결혼식을 올렸던 장소였다. 그곳은 웨스트버지니아와의 경계를 따라 흐르는 터그강에서 몇 킬로미터 떨어진 고지대 마을에 있었다. 한때 매코이 가문과 햇필드 가문이 반목했던 곳이자 지금은 데이비드 메이너드 같은 젊고 가난한 백인 남성이 약물 중독으로 수없이 쓰러지는 곳이었다.

가는 길에 우리는 그들의 생각보다 오른쪽 또는 왼쪽에 있는 정치 후보들에게 느끼는 호감이 그들의 개인적 삶과 어떤 상관관계가 있는지 이야기를 나누었다.

두 사람은 앨릭스 휴스와 좋은 친구 사이였다. 셰이는 이런저런 저임금 일자리를 전전하며 간신히 생계를 유지하다가 앨릭스와 함께 인터앱트의 교육 프로그램을 수료한 35명의 훈련생 중 한 명이었다. 이제 그녀는 UX(사용자 경험-옮긴이) 디자이너이자 안드로이드 개발자로 높은 수입을 올리고 있었다. 두 사람 모두 어디서든 써먹을 수 있는 기술을 갖게 되면서 떠날 수도 남을 수도 있는 선택권을 가졌다. 앨릭스는 루이빌에서 새로운 기회를 찾고 싶어 했지만 셰이와 데이비드 메이너드 부부는 프레스턴스버그 외곽의 아늑한 트레일러에 남기로 했다. 셰이는 근처 공공 도서관으로 차를 운전해 가서 온라인 작업을 했다.

앨릭스 휴스는 훨씬 더 급한 일들이 있었기 때문에 임박한 백인 민족주의 행진을 무시하려고 애썼다. 그는 점점 이성을 잃어가는 듯한 소중한 친구 해리를 주의 깊게 살피는 한편, 카리브계 혼혈인 의붓아들에게 미국의 인종 현실을 이해시키고 있었다. 반대편 극단에서는 KKK 극단주의자이자 중범죄자인 와이엇 블레어가 어떤 흑인도 아메리칸드림을 누리지 못하기를 바라고 있었다. 한편 데이비드 메이너드는 가난한 흑인과 백인의 삶이 유사하다는 것에 큰 관심을 가졌다[그는 이를 '후드$_{hood}$(도시 빈민가-옮긴이)와 홀러$_{holler}$(산골짜기 빈촌-옮긴이)'라고 표현했다]. 그는 공화당과 민주당 모두 이 유사성을 외면하고 있다고 느꼈다.

데이비드는 이렇게 설명했다. "행진 참가자들이 마을에 오면 우리는 문을 걸어 잠글 것이고 저는 총을 꺼낼 겁니다. 행진 참가자들이 위험한 것도 문제지만 더 나쁜 건 그들이 따르고 있는 사상입니다. 이 행진의 주동자는 도널드 트럼프를 추종하고 있고 트럼프는 미국을 가난한 백인의 나라로 만들려 하고 있어요. 그는 미국 전체가 바로 이곳처럼 보이기를 원하고, 우리가 자신이 생각하는 대로 생각하기를 바라죠. 하지만 저는 그가 생각하는 것처럼 생각하지 않습니다. 저는 이 지역 출신이지만 트럼프가 만들어낸 고정관념에 전혀 들어

맞지 않아요."

## 만약 당신이 백인이고 가난하다면

데이비드에게 가난은 주홍 글씨와 같았다. 가난에는 두 가지 문제가 뒤따랐다. 첫째, 어린 시절 가난하다는 것은 두려움, 결핍, 수치심을 의미했다. 둘째, 가난은 셰이의 부모 눈에는 데이비드가 셰이와 결혼해서는 안 되는 이유가 됐다. 그래서 둘의 연애는 금지됐다. "전 트레일러에 사는 쓰레기잖아요, 맞죠?" 데이비드가 말했다. "삼촌이 우리 트레일러 뒤에서 마약을 팔았어요. 몇 대 건너 트레일러에서는 한 여자가 강도들에게 살해됐고요. 그 여자가 돈을 상속받았다는 헛소문 때문이었어요. 저는 특수반 학생이었어요. 학습 장애가 있었죠. 셰이의 부모님은 저를 싫어했어요. 저를 트레일러 쓰레기라고 불렀죠. 그리고 저와 어울린다는 이유로 자기들 **딸도** 트레일러 쓰레기라고 불렀어요."

"그래요. 우리 엄마, 아빠 그리고 할머니는 내가 데이비드보다는 더 나은 상대를 만날 수 있을 거라고 생각했어요." 셰이가 뒷좌석에서 앞으로 몸을 숙이며 말했다. "하지만 나는 그렇게 생각하지 않았어요. 그래서 몰래 연애를 했죠." 셰이가 키득거렸다.

두 사람 다 셰이의 가족이 '상류층'이라고 생각했다. "셰이의 할머니는 서브웨이 매장을 두 개나 가지고 계셨고 낡은 캐딜락을 몰고 다니셨어요." 데이비드가 설명했다. "제 삼촌이 길을 걸어가고 있었다

해도 셰이 할머니는 캐딜락을 멈추고 삼촌을 태워주지 않으셨을 거 예요."

하지만 셰이의 가족은 이혼을 여러 차례 겪었다. 셰이의 아버지는 두 번 결혼했고 어머니도 세 번 결혼한 뒤 다시 혼자가 됐다. 가난한 데이비드의 가족을 경멸하면서도 셰이의 아버지 역시 경제적으로 어려움을 겪었다. 셰이가 아기였을 때 그녀의 어머니가 집을 나가는 바람에 아버지는 시간당 10달러 50센트도 못 받는 일터에 셰이를 데려가서 돌봐야 했다. 아버지가 탄광 경비원으로 일할 때 셰이는 아버지가 경비 초소 안에 설치한 놀이 울타리 안에서 놀았다. 아버지가 달러 제너럴(미국의 대표적인 할인 소매 업체-옮긴이) 부점장으로 일할 때 셰이는 매장 창고에서 숙제를 하고 아버지에게 홈스쿨링을 받았다. 이렇게 셰이의 아버지는 계속 일을 할 수 있었지만 데이비드의 아버지는 일을 할 수 없었다. 어릴 때 근위축증을 앓고 장애를 갖게 되었기 때문이다.

"이 동네에서는 가난하면 결혼을 탈출구로 선택합니다." 데이비드가 차창 밖으로 가파른 산비탈을 흘끗 보았다. "지금 같이 자는 사람과 결혼하는 거죠. 단 그 사람이 다른 사람과 자기 전까지만요. 그게 언덕 이쪽의 방식이에요. 몇몇 선생님이 사는 언덕 저쪽 부자 동네는 이 정도로 나쁘지 않아요. 그래서 언덕 이쪽에서 셰이나 제 또래 사람들은 벌써 결혼을 세 번씩 하고 배우자별로 아이를 하나씩 두고 있죠." 셰이와 데이비드에게 행복한 결혼 생활은 깊은 자부심의 원천이었다. 안정적이고 행복한 결혼 생활이 너무나 드물기 때문이었다.

스바루는 길모퉁이를 돌아 커다란 붉은 벽돌 건물 앞 주차장으로 들어섰다. 이 건물은 워필드초등학교였다. 두 연인은 이곳 저소득층 유아 교실에서 처음 만났다. 6년 뒤 아홉 살인 셰이가 벤치에서 자주 혼자 벌을 서던 데이비드 곁을 지킨 것도 이곳이었다.

"저기 우리 벤치 아니야?" 셰이가 말했다. "가보자."

데이비드는 마치 아직도 사람들이 자신을 못마땅하게 여기기라도 하는 듯 조심스럽게 말했다. "오래 있으면 안 될 것 같아. 우리가 학교 운동장에서 뭘 하는지 사람들이 의아하게 생각할 거야."

"괜찮아." 셰이가 그를 안심시켰다.

두 사람은 똑같이 괴물 캐릭터가 그려진 티셔츠를 입고 나란히 벤치를 향해 걸어가며 함께했던 추억들을 떠올렸다. "우리가 처음 키스했던 곳 기억해? 워필드중학교 복도에서 우리 둘 다 입에 막대사탕을 물고 있었잖아." 셰이가 데이비드에게 말했다. 셰이가 곁에 없으면 데이비드의 학교생활은 힘들었다. "제가 학교에서 좋았던 점은 집에 있지 않아도 된다는 거였어요. 나중에 저는 학습 장애 진단을 받고 결국 직업훈련 시설로 보내졌어요. 정신 질환자, 약물 중독자, 특수교육 대상 학생들이 모인 곳이었죠. ……저는 주로 제 방에 있었어요." 데이비드는 자신을 "멍청하다"고 표현했지만 분명 아이러니한 상황이 아닐 수 없었다. "'아동낙오방지법 No Child Left Behind(동등한 교육 기회 제공과 학업 성취도 향상을 목표로 2002년 제정된 미국의 교육법-옮긴이)'이 제정된 뒤 학교는 추가 지원금을 받게 됐어요. 그래서 가난한 가정의 많은 아이가 특수교육반에 억지로 배정됐죠. 학교 관계자들은 지원금을 원했으니까요. 그때 학교에서 저한테 그러더군요. '특수반에 오면 박물관에 가서 공룡과 화석, 고고학 같은 것도 볼 수 있어.' 그래서 제가 물었어요. '고생물학 말인가요?'"

셰이의 가족은 그녀에게 거는 기대가 컸지만 그 기대에 데이비드는 포함되지 않았다. "고등학교를 졸업하고 나서 할머니에게 '저 지금 두 가지 일을 하고 있고 마약은 안 해요'라고 말씀드렸어요. 그랬더니 할머니가 '셰이야, 그걸로는 부족해'라고 하시더군요."

나는 창밖으로 펼쳐진 푸른 산들을 바라보며 말했다. "정말 아름답네요." 하지만 데이비드가 내 말을 바로잡았다. "이 길을 따라 내려가면 기대 수명이 20~30년은 줄어들어요." 그는 집들이 조금 더 커 보이는 왼쪽을 가리키며 말했다. "저기 사람들은 뭐 80년 정도 살겠죠? 하지만 산 너머 제가 자란 곳으로 가면 다들 일찍 죽어요. 마약, 알코올, 그리고 거친 삶 때문이죠. 마틴카운티에 만연한 빈곤과 폭력만 아니었다면 이곳은 꽤 살기 좋은 곳이었을 거예요."[1] 한쪽이 셰이가 자란 동네, 반대쪽이 데이비드가 자란 동네였다.

이제 데이비드는 도로를 벗어나 작고 붉은 벽돌 건물 주차장으로 들어섰다. 러블리라는 마을에 있는 루퍼스 M. 리드 공공 도서관이었다. "셰이의 아버지와 할머니, 어머니는 모두 셰이가 도서관에서 공부하기를 원하셨어요. 그분들은 제가 거기 있을 거라고는 생각하지 못하셨던 거죠." 데이비드가 설명했다. "그래서 저희는 거기서 몰래 만났어요." 도서관에 들어서자 데이비드와 셰이는 지난번에는 보지 못했던 새로운 사서에게 정중하게 인사를 건네고 거의 텅 빈 중앙 열람실을 조용히 가로질러 뒷벽에 늘어선 서가로 걸어갔다. "우리는 여기서 서가 사이를 서성댔어요." 셰이가 속삭였다. "그러다가 서가 뒤에 아무도 없는 순간이 오면……." 데이비드가 말을 이어받았다. "살짝 입을 맞췄죠."

우리는 다시 스바루에 올라 한참을 달렸다. 그러다가 데이비드가 달러 제너럴 주차장으로 차를 몰았다. 매장 정문 한쪽에는 플라스틱으로 만든 '사계절용' 크리스마스트리가 끊임없이 화려한 장식을 반짝이며 서 있었다. 그 옆에는 파란색 플라스틱 어린이용 풀장이 비스듬히 놓여 있고 그 옆으로 바비큐 그릴과 접이식 야외 의자가 판매되고 있었다. 여름철 한때의 즐거움을 떠올리게 하는 광경이었다.

매장 안으로 들어서자 셰이는 아버지가 부점장으로 일할 때 숙제를 했던 방을 가리켰다. "데이비드의 부모님이 쇼핑하러 오시면 몰래 그 뒤를 따라다니곤 했어요." 우리는 감자칩과 통조림 수프 코너를 지나 유리로 된 대형 냉장고 앞에 섰다. 매장 전체 길이의 4분의 3에 달하는 대형 냉장고에는 병에 든 탄산음료가 가득 채워져 있었다. 셰이가 추억을 떠올리며 말했다. "데이비드랑 저는 이 유리문 너머로 코카콜라와 다이어트 코크, 스프라이트와 다이어트 스프라이트, 닥터페퍼와 다이어트 닥터페퍼, 마운틴듀와 다이어트 마운틴듀, 환타, 프레스카를 들여다보면서 서로 무엇을 좋아하는지 비교해봤어요." 가끔 두 사람은 셰이의 아버지를 도와 트럭에서 짐을 내리고 진열대를 정리하곤 했다.

우리는 다시 차로 돌아와 두 사람의 어린 시절 집으로 향했다. 서로 5킬로미터 정도 떨어진 두 집 역시 러블리 마을 안에 있었다. 데이비드는 천천히 차를 몰아 멋진 나무다리를 건넌 다음 숲이 우거진 초원으로 들어섰다. 그곳에는 깔끔하고 세련된 집 세 채가 소리를 지르면 들릴 만큼 가까운 거리에 나란히 있었다. 그중 한 채에서 셰이는 아버지와 새어머니와 함께 살았고 바로 옆집에는 할머니가, 그 옆집에는 삼촌과 숙모가 살았다. 셰이의 할머니는 마을 밖의 작은 나무다리를 건너면 나오는 도로에서 셰이의 스쿨버스를 기다리곤 했다. 아마 그때마다 데이비드가 이렇게 외치는 소리를 들었을 것이다. "사랑해, 셰이!"

데이비드의 집으로 향하는 동안 그는 완전히 다른 어린 시절에 대해 들려주었다. 이야기는 어머니가 겪은 고난에서 시작됐다. "우리 외할아버지는 군대에서 트럭을 몰다가 제대 후에 트럭 정비소를 운영하셨고, 우리 외할머니는 타이슨 닭 가공 공장에서 일하셨어요. 하지만 외할머니가 엄마를 외할아버지로부터 보호할 수 있었는지는 모르겠어요. 외할아버지는 난폭한 분이어서 어머니는 그곳에서 벗어나야 했어요. 그래서 엄마는 열두 살에 임신을 하고 열일곱 살이던 아빠와 결혼했어요. 첫아이를 잃고 열네 살에 저를 낳았죠. 두 분 다 너무 어려서 한번은 부모님이 저를 데리러 학교로 왔는데 교장 선생님이 아동보호국에 신고를 했지요. 제 형제자매가 부모인 척한다고 생각한 거죠." 데이비드는 회상했다.

"엄마가 운전면허를 따러 갈 때 저도 따라 갔던 게 기억나요. 아버지는 어렸을 때부터 다리에 장애가 있으셨어요." 데이비드가 덧붙였다. "그래도 여기저기 돌아다니고 심지어 사냥도 하셨어요. ……솔직히 어떻게 그러셨는지 모르겠지만요." 데이비드는 비록 두 분이 결혼은 안 했지만 "아버지가 마흔두 살에 뇌졸중으로 돌아가실 때까지 어디든 손을 꼭 잡고 다녔어요. 서로 덕분에 행복하셨던 거죠"라고 말했다.

차가 마라톤 주유소와 서브웨이 매장을 지나자 데이비드는 속도를 내기 시작했다. "잠깐만!" 셰이가 소리쳤다. "천천히 가. 13번, 저거 아니야?"

데이비드는 굳은 얼굴로 차의 속도를 줄였다. 우리는 덩굴을 뒤집어쓴, 길가의 녹슨 트레일러 한 대를 지나고 있었다. 그의 어린 시절 집이었다.

"완전히 엉망이 됐네. 제가 처음 살았던 트레일러예요." 데이비드가 침울한 목소리로 말했다.

트레일러를 지나치면서 그는 회상했다. "어릴 때 저는 늘 트레일러 안에 있어야 했어요. 가족들이 제가 나쁜 영향을 받지 않기를 바랐거든요. 가까운 친척 한 사람이 우리 트레일러 뒤뜰에서 자주 술에 취해 있거나 빈털터리로 약에 취해 정신을 잃고 있거나 마약을 거래하곤 했거든요. 그 친척은 그래도 아버지를 존경했기 때문에 아버지도 최대한 그를 도우려고 했어요. 다른 중독자들도 돈을 달라고 문을 두드렸지만 우리는 대답하지 않았어요."

근위축증을 앓았던 데이비드의 아버지는 거의 평생 장애 수당에 의존해 살았다. "부모님은 땅을 임대하고 트레일러에 대한 담보 대출도 갚고 계셨어요. 아버지는 돌아가시기 몇 달 전에야 대출을 다 갚으셨죠."

그러다 데이비드는 뒤에 앉은 셰이를 힐끗 돌아보며 말했다. "여기 있으면 기분이 안 좋아요." 차의 속도를 올려 한참을 달리다가 그가 다시 말했다. "저는 항상 두려웠어요."

고등학교를 졸업할 때 데이비드는 성적도 건강도 좋지 않았다. 궤

양과 당뇨에 심장질환 초기 증세까지 나타나고 있었다. 그는 이곳저곳 일자리를 전전했다. 월마트, 이동통신사 콜센터, 서브웨이, 그리고 맥도날드에서도 일했다. "무거운 감자튀김 상자를 냉동실에서 주방으로 옮겨야 했어요." 그러자 셰이가 덧붙였다. "상자를 들고 가다가 데이비드가 의식을 잃고 쓰러졌어요. 두 번째로 쓰러진 뒤 맥도날드에서 해고당했죠. 결국 육체적으로 힘든 일은 할 수 없다는 판정을 받고 장애 수당을 받게 됐어요." 두 사람에게 자녀 계획이 있는지 물었을 때 셰이가 조용히 대답했다. "데이비드의 심장 상태를 생각하면 그가 내 곁에 얼마나 있을지 모르겠어요. 그래서 아이는 갖지 않기로 했어요."

데이비드는 빅샌디커뮤니티 칼리지를 한 학기 다녔지만 자신과 맞지 않는다는 것을 깨달았다. 그는 말했다. "저는 휴대전화로 디지털 아트를 해요. 괴물이랑 슈퍼히어로를 전문으로 그리죠." 그가 페이스북에 올린 섬뜩한 펜화들은 검게 썩은 얼굴에 눈알이 보라색이거나 아예 없는 좀비들이었다. 그는 끔찍하게 감염된 시체들을 생생하게 그려낸 '좀비 영화의 아버지' 조지 로메로 감독을 존경했고 최초의 좀비 묵시록 영화인 〈살아 있는 시체들의 밤Night of the Living Dead〉을 숭배했다. 2021년 데이비드는 애팔래치안 와이어리스 아레나에서 열린 파이크빌 만화와 장난감 박람회에서 자신의 작품을 선보이기 위해 테이블을 마련했다. 그는 인스타그램에도 작품을 올렸다. 고질라, 머리끝부터 폭발하는 붉은 얼굴, 녹아내리는 얼굴, 〈스타워즈〉에서 영감을 받은 우주의 모습, 사이보그 카우보이, 자신의 꼬리를 물고 있는 물고기, 허공에서 자유낙하하는 신비한 실루엣의 연인 등이었다. 대부분 얼굴에 공포와 불안을 담고 있었다.

데이비드는 괴물 그림을 계속 그렸지만 그의 인생에서 가장 큰 일은 셰이를 돕는 것이었다. 그들은 셰이가 두 사람 몫의 일을 하고 있다고 생각했다. 셰이는 보수가 나은 직업을 얻을 목적으로 휴대전화 앱 코딩을 배우기 전까지 모텔 8의 프런트데스크에서 혼자 야간 근무를 했다. 데이비드가 컴퓨터를 앞에 놓고 작업을 하며 셰이의 곁을 지켰다. "한번은 노숙자가 와서 라면에 부을 뜨거운 물을 좀 얻을 수 있냐고 묻더군요. 그러더니 아예 하룻밤 묵을 수 있냐고 했어요." 셰이가 설명했다. "먹고 쉬도록 내버려뒀더니 완전히 자리를 잡고 눕더라고요. 그래서 경찰을 불렀어요. 그런데 알고 보니 그 노숙자는 성범죄 전과자였어요. 경찰이 그를 데려갔죠. 데이비드가 옆에 있으면 좀 더 안심이 돼요." 한편 데이비드는 아침 식사 시간이면 호텔 투숙객들과 스스럼없이 대화를 나눴다. "어떤 사람은 기름기를 줄여주는 그릴 팬을 사면 살이 빠질 거라고 하더군요. 또 어떤 사람은 예수 그리스도를 구세주로 영접하라고 했고요."

## 백인 빈곤층과 흑인 빈곤층

이들은 휴대전화로 정치 뉴스를 봤다. 트위터와 틱톡, 페이스북이 주된 도구였다. 모텔 8에서, 트레일러의 책상에서, 병원 대기실에서 데이비드는 휴대전화를 확인했다. 하지만 집에서는 두 사람 다 대형 모니터로 필립 디프랑코의 채널을 시청했다. 속사포처럼 말을 쏟아내는 X세대 취향의 젊은 유튜버로 문화적으로는 자유주의 성향이었지만 증세에는 반대하는 입장이었다. 디프랑코의 뉴스 보도가 너무 불편한 내용으로 흘러가면 둘은 잠시 쉬어가곤 했다.

"뉴스에서 인종에 대한 이야기는 엄청나게 하지만 빈곤에 대해서는 입도 뻥긋 안 하잖아요." 다음 목적지로 향하는 동안 데이비드가 말했다. 그가 보기에는 어느 정당도 백인과 흑인이 공통으로 안고 있는 빈곤의 고통을 그대로 말하지 않고 있었다.

어린 시절 흑인 친구를 사귄 적이 있는지 그에게 물었다. "우리 초등학교에는 흑인 아이가 몇 명 안 됐어요. 그중 하나가 앨런이었죠. 앨런은 우리 학교 스쿨버스 기사가 위탁 가정에서 입양한 아이였어요. 앨런은 제가 자란 무어스 트레일러 파크가 자신이 살던 디트로이트의 동네랑 비슷하다고 항상 말하곤 했어요. 저는 미시간주 디트로이트에 한 번도 가본 적이 없지만 장담하건대 앨런네 가족이 살았던 동네는 분명 무어스 트레일러 파크와 비슷할 거예요. 백인 쓰레기와 빈민가의 흑인 쓰레기를 보면 별 차이가 없어요." 데이비드는 말했다. "형편없는 일자리라도 있으면 감지덕지고 마약 중독과 마약 거래, 범죄와 감옥, 뿔뿔이 흩어진 가족과 싸움뿐이에요. 제가 아기였을 때 제게도 총을 겨눈 사람이 있었을 정도니까요. 디트로이트처럼 이곳도 경찰이 거칠게 굴어요. 거기 사는 사람들[디트로이트 주민] 중 상당수가 정부 지원을 받죠. 우리도 그래요. 흑인이 정부를 속여서 돈을 타낸다고요? 우리도 마찬가지예요. 레이건이 '복지 여왕'(1976년 공화당 대선 경선에서 레이건이 "여러 개의 위조 신분증으로 복지 혜택을 받아 캐딜락을 몰고 다닌다"고 흑인 혐오를 조장하며 이 표현을 사용했다-옮긴이)을 비판할 때 아이가 많은 흑인 여성들도 거기 해당하는지는 몰랐어요. 우리에게도 복지 여왕이 있어요. 우리 가족도 거기 포함되죠. 제 사촌은 자기 여동생을 입양해야 했어요. 엄마가 계속해서 아이를 낳고 감옥에 들락거렸거든요. 우리 가족 중에도 알코올 중독자, 마약 중독자, 마약상, 살인자가 수두룩합니다. 그들과 관계를 끊었지만요."

데이비드가 물었다. "흑인 코미디언 데이브 셔펠 알죠? 그가 '가난한 흑인의 삶'에 대해 농담을 하잖아요. 이제 막 걸음마를 뗀 아이가 크랙(코카인의 일종-옮긴이)을 달라고 조르는 장면 같은 거요. 마틴카운티에서도 똑같아요. 크랙은 아니지만 진통제를 달라고 하죠." 그는 계속 말했다. "사람들은 저를 무어스 트레일러 파크에 살 만한 사람이라고 생각할 수도 있어요, 그렇죠? 그건 흑인 빈민가에 살 만한 사람이라는 말과 다를 게 없어요. 빈곤층이라는 거죠. 하지만 그렇게 말하면 보수적인 제 이웃들에게는 공산주의자 취급을 당하고 좌파들에게는 인종주의자라고 손가락질받을 거예요."

이런 비교를 하는 사람이 데이비드만은 아니었다. "후드에서 홀러까지"는 2022년 켄터키 연방 상원의원 선거에 출마했다가 공화당의 랜드 폴에게 패배한 민주당 소속 아프리카계 미국인 하원의원 찰스 부커의 선거 캠페인 슬로건이었다.[2] 부커는 어린 동생들을 돌보기 위해 고등학교를 중퇴한 부모님, 그중에서도 자식들을 먹이기 위해 끼니를 걸러야 했던 어머니 이야기를 앞세웠다.[3] 그가 자란 동부 루이빌은 공정한 임금을 주는 일자리, 제대로 된 식품뿐만 아니라 안전한 물조차 부족한 곳이었다.

'후드와 홀러'의 비교를 통해 나는 미국의 435개 연방하원 선거구 중에 백인이 가장 많은 지역과 가장 적은 지역의 차이가 무엇인지 궁금해졌다.[4] 미국에서 백인이 가장 많은 선거구인 켄터키주 제5 연방하원선거구(KY-5)는 데이비드와 셰이를 비롯해 이 책에 등장하는 모든 사람이 태어난 곳으로 비히스패닉계 백인은 94퍼센트에 달하는 반면 외국 태생은 0.7퍼센트에 불과하다. 반면 백인이 가장 적은 선거구인 브롱크스에 위치한 뉴욕주 제15 연방하원선거구(NY-15)는 백인 비율이 2퍼센트에 불과하다.

이 두 인종 집단은 어떤 면에서는 매우 유사하다. 백인이 대부분인 KY-5의 중위 가계소득은 3만 8000달러, 흑인과 히스패닉이 대부분인 NY-15의 중위 가계소득은 3만 4000달러다. 자녀가 있는 빈곤층 가정의 비율은 KY-5가 31퍼센트, NY-15가 35퍼센트다. 학사 학위를 소지한 성인 비율은 백인 중심 시골 지역인 KY-5가 8퍼센트, 흑인과 히스패닉 중심 도시 지역인 NY-15가 12퍼센트였다. 두 선거구 모두 정부 지원에 의존하는 비율이 높다.

하지만 차이점도 있다. 애팔래치아 지역 백인들이 평균 연령이 약간 더 높고(KY-5는 65세 이상 인구가 18퍼센트이고 NY-15는 12퍼센트다), 노동가능인구 가운데 장애 수당을 받는 비율도 더 높다(KY-5는 12.5퍼센트, NY-15는 6퍼센트, 애팔래치아의 경우 광산과 관련된 폐질환과 사고 관련 장애가 많았다).[5] 또 애팔래치아 지역 백인은 푸드 스탬프를 받는 비율이 낮고(KY-5가 전체 가구의 26퍼센트, NY-15는 47퍼센트), 메디케이드에 가입한 비율도 상대적으로 낮다(KY-5가 46퍼센트, NY-15는 57퍼센트). 노동가능인구에 속한 빈곤층 가운데 일을 하고 있거나 일자리를 찾고 있는 사람의 비율은 더 적다. 백인이 주를 이루는 KY-5에서는 20~64세 주민의 57퍼센트가 일을 하거나 구직 중인 반면, 흑인이 주를 이루는 NY-15에서는 그 비율이 69퍼센트에 달했다. 두 지역 모두 미국 전체 평균인 78퍼센트와 차이를 보였다.

미국 전체로 보면 현재 흑인의 26퍼센트가 빈곤층에 속하는 반면 백인의 빈곤층 비율은 9퍼센트에 불과하다.[6] 남북전쟁 이후 한 세기 동안 짐 크로 법과 차별적 관행으로 인해 더 나은 임금을 제공하는 공장과 사무직 일자리가 백인 노동자에게 우선적으로 돌아갔다. 루스벨트 대통령의 뉴딜 정책과 노동조합의 승리로 많은 사람이 더 높은 임금과 더 나은 근로조건을 누리게 됐다. 그러나 사회보장제도는 가사 노동자와 농업 노동자를 제외했는데, 당시 대부분의 흑인 노동자가 여기 해당됐다.[7] 오늘날 흑인 가구의 평균 자산은 백인 가구의 자산 1달러당 12센트에 불과해 부의 격차는 1968년과 다름없이 유지되고 있다.[8]

데이비드는 자신이 알고 있는 흑인 빈곤층과 백인 빈곤층의 유사점을 나열하며 이렇게 단언했다. "후드에 사는 흑인과 홀러에 사는 백인의 유일한 차이점은 **음악**입니다. 우리는 구슬픈 컨트리 음악을 듣고 흑인들은 랩을 듣죠."[9] 이후 나는 다른 사람들과 이야기를 나누면서 데이비드가 후드와 홀러를 비교한 것에 대해 어떻게 생각하는지 물어보았다. 많은 사람이 처음에는 놀란 표정을 지었지만 이내 고개를 끄덕였다.

하지만 한 청년은 밝은 표정으로 이렇게 답했다. "아니죠! **힐빌리 랩**을 못 들어보셨어요? 콜트 포드[흑인과 백인이 함께 파티를 하는 뮤직비디오로 유명하다] 말고도 헤이스탁, 디먼 존스, 자가 보이스, 키드 록,

너클스, 레니 쿠퍼, 미켈 나이트, 미니 신, 모카신 크릭, 문샤인 밴디츠, 더 랙스도 있어요."[10]

그는 이어 말했다. "백인들도 랩을 좋아해요. 하지만 일부는 그걸 좋아한다는 걸 불편해하죠. 한번은 친구가 트럭에서 내리는데, 차창 너머로 힐빌리 랩이 흘러나오더라고요. 그래서 무슨 음악이냐고 물었더니 그 친구가 '아, 그냥 여자 친구가 틀어둔 거야'라고 하더군요. 하지만 여자 친구는 차에 없었어요. 결국 그 친구가 음악을 듣고 있었던 거죠. 후드와 홀러는 음악도 결국 똑같습니다."

웨스트버지니아 출신 백인 래퍼인 미니 신은 이렇게 노래한다. "힘든 시절이지만 우리는 어떻게든 먹고살았어. (…) 아빠, 푸드 스탬프가 뭔가요? 백인 쓰레기는요? 존스 씨는 아내를 두들겨 팼지만 난 너무 무서워서 물어볼 수가 없었어요." 또 다른 힐빌리 래퍼인 콜트 포드는 자신이 누구인지 '부끄러워하지 말라'는 메시지를 담아 달콤한 복수를 노래한다.[11]

> 내 트레일러에는 쓰레기 따윈 없어
> 빈 맥주 캔 하나쯤은 모르겠지만
> 아니, 내 트레일러에는 쓰레기는 없어, 절대
> 널 여기서 쫓아낸 그날 이후로 말이야

음악과 일상생활 모두에서 흑인과 백인 빈곤층 사이에는 많은 유사점이 있었다. "그럼 가난한 백인과 흑인이 힘을 합쳐 더 나은 직업 훈련, 일자리, 의료 혜택을 요구하는 모습을 상상하고 있나요?" 내가 데이비드에게 물었다.

그는 한동안 차창 밖을 바라보다가 천천히 대답했다. "좋은 생각이긴 하지만 그렇게는 안 될 거예요."

## 보이지 않는 존재

"우리는 이야기 속에서 사고합니다. 그런데 사람들이 주로 하는 두 가지 이야기 중에 저 같은 사람은 어디에도 맞지 않아요." 데이비드가 입을 열었다. "첫 번째는 백인 중산층 이야기예요. 성공담을 많이 듣잖아요. 아무것도 없는 상태에서 시작해 무언가를 이루었다는 이야기를요. 그러면 사람들은 말합니다. '축하해요. 당신은 똑똑하고 성실하고 정말 대단한 사람이네요.' 하지만 아무것도 없었다고 말하는 사람들을 가만히 보면 사실 시작할 때부터 무언가 가지고 있었어요. 결국 그가 가진 이야기는 무언가에서 출발해 더 나은 무언가를 이룬 것이죠. 이런 식의 성공 서사는 백인들에게 익숙해요.

그리고 흑인들에게는 또 다른 이야기가 있어요. 사람들은 이렇게 말하죠. '아, 당신은 흑인이군요. 그럼 가난하겠네요. 처음부터 가진 것이 없었고 지금도 마찬가지일 테니. 그리고 그건 당신이 인종차별의 피해자라서 그런 거예요.'

이게 저 같은 사람에게는 문제가 돼요. 만약 내가 무어스 트레일러 파크에 사는 백인 쓰레기라면⋯⋯ 내가 가진 유일한 이야기는 내가 백인이라는 거예요. 그건 내가 특권을 가지고 있다는 의미죠. 그게 내가 가진 무언가이고 그게 나를 앞서가게 해야 마땅합니다. 그런데 만약 그게 나를 앞서가게 하지 못한다면요? 내가 빈털터리인 건 인종차별 때문이 아니에요. 그냥 게으르고 멍청해서죠. 변명의 여지가 없어요. 만약 당신이 백인인데 가난하다면 사람들은 이렇게 생각해요. '도대체 왜 밑바닥에 처박혀 있는 거야?' 제 인생을 보면 저는 아무것도 없는 상태에서 시작해서 여전히 아무것도 없어요. 그런데 나는 백인이니까 인종차별의 희생자가 아니죠. 그러니 대부분의 미국인에게 저는 아무것도 아닌 것보다도 못한 존재예요. 백인 남성으로 태어나는 게 그렇게 큰 특권이라면 현재의 나를 설명할 수 있는 게 나 자신의 개인적 실패 말고 또 뭐가 있겠어요?"

가난한 붉은 주에서 자란 데이비드 메이너드 같은 사람에게 아메리칸드림을 향한 길은 더욱 험난했다. 동시에 그들은 자신에게 더 엄격한 도덕적 기준을 적용하는 경향이 있었다. **내가 실패한다면 그건 아마도 내 잘못이고 수치스러운 일이었다.** 데이비드는 자부심의 역설에 대해 이야기하면서 여기에 새로운 요소를 더하고 있었다. 바로 인종이 이른바 성공 서사에서 어떤 역할을 하는가였다.

내가 만난 다른 사람들은 이 문제를 극복하는 데 몰두하고 있었다. 앨릭스 휴스는 두려움을 떨치지 못하면서도 자부심을 갖고 아메리칸드림을 향한 길을 닦아 자수성가의 자부심을 얻었다. 와이엇 블레어는 애초에 그런 시도조차 하지 않았다. 대신 그는 나쁜 남자의 자부심으로 인정받고 싶어 했다. 데이비드 메이너드는 좀비 아트를 계속하면서 셰이의 일과 삶을 도왔고 이를 통해 진심으로 인정받는다고 느꼈다. 그러나 그는 자부심의 역설을 두려워했다. 끝없는 수치심의 덮이기 때문이었다. 그는 자수성가한 사람으로 인정받을 수는 없었지만, 그렇다고 와이엇처럼 대다수 미국인이 지닌 자수성가에 기반한 자부심을 무시할 수도 없었다.

"TV에서 어떤 흑인이 이렇게 말하는 걸 들었어요. '어떤 백인도 가난하다는 게 어떤 기분인지 모를걸요.' 저는 '그러는 당신은 내 삶을 알아?'라고 생각했죠." 데이비드는 잠시 말을 멈추었다가 다시 입을 열었다. "하지만 흑인이라면 내 옷차림을 보고도 내 가난을 알아차리지 못할 수 있어요. 왜냐하면 나는 타깃 할인 매장에 가서 셔츠 한 장과 바지 한 벌만 사면 얼마든지 중산층처럼 보일 수 있으니까요. 설명할 필요도 없죠. 하지만 흑인은 같은 옷을 입어도 그렇게 쉽게 빠져나갈 수 없어요. 지금 저는 가난을 감춘 채 살아가고 있어요. 그래서 어떤 흑인이 타깃 옷을 입은 저를 보고 '백인이니까 아무 문제 없을 거야'라고 말한다 해도 그럴만하다고 생각해요. 셰이의 어머니는 늘 제가 혼자 힘으로 딛고 일어서야 한다고 하셨어요. 그런데 도대체 어디를 딛고 일어서야 하는 거죠?" 데이비드가 반문했다. 이것이 바로 그에게 계속 좌절감을 주는 잃어버린 조각이었다.

사라진 서사는 자부심의 문제를 불러일으켰다. 데이비드는 셰이의 남편감으로서 수치심을 느꼈다. 루스 멀린스를 바비 삭스 그릴 식당에 들어가지 못하게 했던 인종차별 때문이 아니었다. 어느 정당도 명확하게 언급하지 않는 문제, 즉 사회계층 때문이었다.

앨릭스 휴스가 주류 사회의 자수성가적 자부심을 따르고 와이엇 블레어가 무법자적 자부심을 따랐다면 데이비드 메이너드는 생존자의 자부심을 내세웠다. 그는 배려심이 깊은 데다 결혼도 했고 셰이를 도우며 괴물 그림을 그렸다. 그러나 그의 삶에서 가장 큰 성취는 살아서 무어스 트레일러 파크를 빠져나왔다는 사실이었다. 그러나 생존자의 자부심은 그를 탐탁지 않게 여기는 셰이 가족에게 별다른 인정을 받지 못했고 국가적 자부심 경제를 좌우하는 다른 미국인에게도 인정받지 못했다.

데이비드는 좌파와 우파 정치인 모두에게 자신은 보이지 않는 존재라고 느꼈다. "민주당원이 신경 쓰는 건 인종 정체성, 성별, 그리고 성적 정체성뿐입니다. 그래서 저는 민주당을 지지하지 않아요. 공화당원이 신경 쓰는 건 애국심과 세금뿐이에요. 그중 상당수가 인종주의자이거나 부자이고 사회계층을 인정하지 않으면서 혼자 힘으로 일어서라는 말만 하죠. 그러니 저는 거기에도 맞지 않아요. 게다가 양쪽 정치인 모두 슈퍼리치에게서 돈을 받아요. 저는 모든 정치인이 주황색 죄수복에 버튼을 달고 출근해야 한다고 생각해요. 후원금을 많이 받을수록 버튼은 더 커져야 하죠."

신뢰할 만한 정치적 대변자가 없는 상황에서 데이비드는 자신만의 정체성을 구축하는 일에 관심을 돌렸다. 제니퍼 실바는 《커밍 업 쇼트》에서 젊은 노동계층 부부들이 자신들만의 아메리칸드림을 만들어낸다는 사실을 밝혀냈다.[12] 그들은 아메리칸드림으로 가는 여정을 더 부유해지고 집이나 차를 사는 것으로 설명하지 않는다. 대신 학대에서 벗어나 온전히 회복하는 과정, 즉 감정적 아메리칸드림을 향한 여정으로 묘사한다. 자부심은 회복에 기반할 수도 있는 것이었다.

데이비드 역시 감정적 아메리칸드림 속에서 존엄성을 찾기 위해 고군분투하고 있었다. 온라인에서 사람들은 그의 괴물 그림에 공감하며 클릭을 했고 일부 창작자들은 그런 클릭 수로 자신이 세상에서 차지하는 위치를 가늠했다. 이 예측할 수 없는 평가 방식에 따라 데이비드의 기분은 오르락내리락했다.

한편 데이비드는 시골에 거주하는 백인 빈곤층에 대한 고정관념에 맞서서 심지어 스스로에게까지 자신을 변호하는 감정 노동을 해야 했다. 그는 말했다. "항상 이렇게 말해야 해요. '맞아요, 우리는 가난한 시골 백인이에요. 아니요, 그렇다고 인종주의자는 아닙니다. 맞아요, 나는 지역 사투리를 써요. 아니요, 그래도 미국 대통령 이름 정도는 압니다. 맞아요, 우리 어머니는 어린 나이에 나를 낳았어요. 아니요, 그래도 어머니는 똑똑한 분이에요. 맞아요, 나는 장애 수당을 받아요. 아니요, 그렇다고 가짜 장애인은 아니에요. 맞아요, 나는 산의 반대편에서 자랐어요. 아니요, 그렇다고 당신들이 나를 어떻게 보는지 모르는 건 아니에요.' 정말 진 빠지는 일이죠."

데이비드는 사람들이 자신에게 갖고 있는 고정관념이 불편하지 않다면 얼마나 좋을까 하고 생각했다. 하지만 그는 사회계층에서 벗어날 수도, 자신을 계속 설명해야 하는 부담에서 자유로울 수도 없다고 느꼈다. "정말 진 빠지는 일이죠."

데이비드는 주류 서사에서 배제된 이야기를 하는 것만으로도 상상 속의 '수치심을 강요하는 사람들' 앞에서 무력해져야 했다. "제가 방금 당신에게 한 말을 이 지역 밖에서 그대로 한다면? 사람들은 저를 인종주의자라고 부를 거예요. 저는 인종주의자가 아니지만 그렇게 보일 수도 있어요. 그래서 쇼핑몰 같은 데서 인종주의자인 레드넥처럼 보이는 사람들 틈에 있는 것이 두렵습니다. 사람들은 저를 이번에 파이크빌에서 행진하려는 사람들과 같은 부류로 착각할 거예요. 그래서 화가 납니다."

"저는 두 가지 인종주의 사이에 끼어 있어요." 데이비드가 말을 이었다. "도널드 트럼프가 미국을 가난한 백인의 나라로 만들려고 하잖아요. 진짜 인종주의자들은 스스로를 표현의 자유를 옹호하는 사람이라고 부릅니다. 저도 표현의 자유를 지지해요. 하지만 저를 그런 인종차별적 헛소리들과 하나로 엮지는 말아주세요."

셰이가 거들었다. "우파는 백인이 더 우월하다고 생각하지만 우리는 그렇게 생각하지 않아요."

"하지만 극좌에서도 새로운 형태의 인종차별이 생겨났어요. 사람들은 백인은 인종에 대해 말할 권리가 없고 자신이 무시당한 경험조차 말할 권리가 없다고 하잖아요." 데이비드가 계속해서 말했다. "그래서 저는 지금 이 말을 한 것만으로도 인종주의자로 불릴 거예요. 그게 우리에게 씌워진 고정관념이에요. 트럼프 지지자들이 씌운 게 아니죠. 그들은 원래 인종주의자들이니까요. 이런 고정관념은 진보주의자들이 씌운 겁니다. 그들에게 우리는 '한심하기 짝이 없는 존재들'이에요. 좌파는 유색인종이 더 우월하다고 생각하고 인종 분리를 정당화해요. 페이스북에서 우버가 여성 전용 서비스나 흑인 여성 전용 서비스를 시작할 수도 있다는 글을 봤어요. 그게 인종 분리가 아니면 뭐예요?" 데이비드는 짜증 섞인 목소리로 반문했다.

셰이가 덧붙였다. "그들[극좌]은 관심받고 싶어 해요. 그리고 자신들의 주장에 동의하지 않으면 인종주의자라고 부르죠. 그들은 피부색을 보지 않는 태도가 나쁘다고 해요. 그렇게 하면 개인의 혈통을 지워버리게 된다면서요. 하지만 누군가가 혈통이 다르다고 해서 본질적으로 저와 다른 존재라는 뜻은 아니잖아요."

데이비드는 계속 말했다. "극좌는 사고와 언어의 범죄로 우리 삶을 망칠 거예요. 우리 친구 에밀리는 백인이지만 점점 더 같이 있기가 힘들어요. 인종, 트랜스젠더의 권리, 성소수자 문제만 나오면 너무 쉽게 기분 나빠하거든요."

셰이는 두 사람이 본 페이스북 게시글들을 바탕으로 이렇게 덧붙였다. "누군가가 당신을 인종주의자라고 비난하면 대화 전체가 망가질 수도 있어요. 때로는 입을 다무는 게 최선일 때가 있습니다. 왜냐하면 누군가가 당신을 인종주의자라고 생각하면 그게 페이스북에 올라가고 여론이 당신에게 등을 돌릴 테니까요. 그래서 저는 그런 논란이 생길 만한 상황을 피하는 편이에요. 유색인종에게 불쾌감을 줄까 봐 그들을 피해야 하는 게 너무 싫어요. 어릴 때는 그러지 않았어요. 저는 피부색에 상관없이 누구에게나 친절해야 한다고 배웠어요."

페이스북 게시글을 대하는 태도를 보면 데이비드와 셰이는 두 정당 사이에 끼어 있었다. 빈곤층을 위한 경제적 지원에 대해서는 민주당 쪽에 가까웠지만 인종 문제에서는 확신이 서지 않았다. 2023년 설문조사에서 민주당 지지자의 단 5퍼센트만이 "[과거보다] 백인에 대한 차별이 훨씬 더 심해졌다"고 답한 반면, 공화당 지지자는 49퍼센트가 같은 대답을 했다.[13]

"이 근처 고등학교에서 어떤 학생이 '백인이어도 괜찮아'라는 피켓을 걸었어요." 셰이가 말했다.

"그래서 학교가 폐쇄됐던가?" 데이비드가 물었다.

"아니. 그냥 인종차별적이라며 피켓을 떼어냈지." 셰이가 대답했다. "이제는 백인이어도 괜찮다는 말조차 할 수 없게 된 거죠."

보수와 진보 모두에게 배척당한다고 느낀 데이비드는 스스로를 이렇게 규정했다. "저는 가짜 인종주의자예요."

"그게 뭐죠?" 내가 물었다.

데이비드가 창밖을 바라보며 천천히 대답했다. "제가 자기네 생각에 동조하지 않는다면서 좌파가 저를 그렇게 부르던데요." 조롱 섞인 자기 비하이자 오해에 대한 항변이었다. '가짜'라는 단어는 그를 인종주의자로 몰아붙이면서 불우했던 어린 시절에 대해 입을 다물게 하는 일부 좌파에 대한 응답처럼 들렸다.

내가 '가짜 인종주의'라는 말을 언급했을 때 콜런의 앤드루 스콧 시장은 놀란 듯이 잠시 멈칫했다. "한 번도 들어본 적이 없는 표현이에요." 그가 말했다. "하지만 흥미롭네요. 요즘 인종 문제에 대한 대화가 공기 중의 산소를 모두 빨아들이는 것 같아요." 왜 가난한 백인에게는 산소가 남아 있지 않은 것처럼 보였을까? 데이비드가 사용한 '가짜 인종주의자'라는 수수께끼 같은 용어는 언급되지 않은 더 큰 개념, 즉 자부심을 둘러싼 공적 서사와 개인의 투쟁 간의 연결 고리를 나타내는 듯했다.

## 극장을 빌린 결혼식

마침내 우리는 켄터키주 쪽 터그 강변에 위치한 사우스윌리엄슨의 사우스 사이드 몰에 도착했다. 데이비드와 셰이가 결혼식을 올린 장소였다. 윌리엄슨은 두 지역으로 나뉘어 있었다. 웨스트버지니아주에 속한 지역은 '필리엄슨(약국$_{pill}$과 윌리엄슨$_{williamson}$의 합성어-옮긴이)'이라는 별칭으로 불렸다. 과거 탄광이 있었던 이 마을에 두 개의 약국이 있었고 그 약국들에서 중독성 강한 처방약 옥시콘틴을 3000만 개 이상 조제해 팔면서 붙은 별칭이었다.[14] 그 결과, 웨스트버지니아주는 미국에서 약물 과다복용으로 인한 사망자가 가장 많은 주가 되었고 인접한 켄터키주는 세 번째로 많은 주가 되었다.[15]

하지만 켄터키주 경계 안쪽에 있는 이 쇼핑몰은 데이비드와 셰이의 소중한 추억이 깃든 곳이었다. 10대 시절 셰이는 이 쇼핑몰에 있는 작은 극장을 관리하는 아버지 일을 도왔다. "데이비드가 극장에 없으면 슬쩍 빠져나와 K마트로 가곤 했어요." 셰이가 말했다. "그런 다음 데이비드에게 전화를 걸어 여기 올 수 있는지 물어봤죠." 두 사람은 열세 살, 열네 살, 열다섯 살이 되면서 헤드폰을 끼고 음악을 들으며 이 쇼핑몰 안을 돌아다녔다. "여기 다시 와서 정말 기뻐요! 쇼핑몰이 아직 영업 중인지는 몰랐거든요!"

쇼핑몰 안으로 들어서면서 셰이는 오랜만에 친구를 만난 것처럼 가게들을 보고 기뻐했다. "여긴 원래 여성 의류점이었어요. 그런데 이제는 액세서리 가게가 됐네. 저기 아동복점은 문을 닫았네요. 아이고, 귀고리 가게도 폐점했어요. 그래도 홀마크카드 가게는 그대로 있네요. 보석 가게도. 1달러 할인점이랑 네일숍도 그대로예요." 쇠락해가는 쇼핑몰에서 셰이가 알아본 가게는 4분의 1 정도였다. 나머지는 새로 생겼거나 문을 닫은 상태였다. 앨릭스 휴스 같은 자영업자들이

처한 어려운 환경을 보여주는 듯했다. "아마존에 밀려서 쇼핑몰이 문을 닫는 일은 없었으면 좋겠어요." 셰이가 말했다.

마침내 쇼핑몰의 끝자락에 도착하자 셰이가 소리쳤다. "저기 있다!" 그녀는 작은 극장의 문을 바라보고 있었다. "어릴 때 창고에 쌓인 팝콘 포대들 위에서 낮잠을 자곤 했어요." 그녀는 행복한 웃음을 지었다.

"그때마다 셰이 아버지는 저를 극장 밖에서 몇 시간씩 기다리게 하셨죠." 데이비드가 회상했다.

내가 만난 많은 젊은이처럼 데이비드와 셰이도 교회에 다니지 않았다. 그들은 영화를 좋아했기에 극장에서 결혼식을 올리기로 했다. 셰이는 아버지의 퇴직 이후 새로 부임한 극장 관리인을 찾아갔고 마음이 따뜻한 관리인은 흔쾌히 영화 상영을 한 회 쉬고 결혼식을 올리게 해주었다. 하객들을 위해 식탁보, 탄산음료, 팝콘도 제공했다.

데이비드는 결혼식을 떠올리며 웃었다. "작은 꽃집에서 반짝이는 검은색 정장을 사 입었어요. 어느 집 한쪽에 있는 작은 가게였죠. 저는 완전 게임쇼 진행자 같았어요! 여동생이 제 머리를 포니테일로 묶어줬어요."

"웨딩드레스는 이베이에서 주문했어요." 셰이는 회상했다. "그리고 제 치수를 재서 드레스와 함께 중국에 있는 재단사에게 수선을 맡겼죠. 겨우 시간 맞춰 돌려받았어요." 결혼식 당일 모든 하객이 자리에 앉자 애팔래치아의 로미오와 줄리엣 같은 데이비드와 셰이의 어린 시절과 연인 시절의 모습이 스크린에 펼쳐졌다. 사진들이 하나씩 지나가는 동안 혹시라도 결혼을 못마땅하게 여길 사람들을 위한 노래가 흘러나왔다. 〈내 기쁨을 망치지 마Don't Rain on My Parade〉.

이어진 느린 템포의 노래는 영화 〈프린세스 브라이드〉의 삽입곡 〈동화 속 신부Storybook Bride〉였다. "내 사랑은 마치 동화 같지만 내가 느끼는 감정만큼이나 진짜야……." 하얀 웨딩드레스를 입은 셰이는 신부 들러리들과 함께 데이비드와 데이비드의 들러리들이 기다리는 곳을 향해 천천히 입장했다. 여러 번의 이혼과 재혼을 거친 셰이의 부모님이 탐탁지 않은 눈으로 지켜보는 가운데 두 사람은 서로에게 서약을 하고 입을 맞추며 부부가 됐다.

결혼식이 끝난 뒤 하객들은 팝콘, 피자와 함께 셰이의 할머니가 주문한 케이크를 나눠 먹었다. 남은 케이크는 집으로 가져가 얼려두었다가 1주년 기념일에 먹기로 했다.

데이비드는 자신이 '무언가'를 이룰 능력이 없는 '아무것도 아닌 존재'로 취급받으며 수치심의 먹잇감이 됐다고 느꼈다. 그는 자신 같은 가난한 백인 남성을 위한 자랑스러운 이야기가 없다고 생각했다. 그는 생존자였고 그 사실에 자부심을 느꼈다. 하지만 생존자의 자부심은 자부심의 원천이긴 했지만 너무도 불안정한 감정이었다. 그래서 이를 헐뜯는 사람들로부터 끊임없이 지켜내야 했다. 게다가 가난한 흑인과 가난한 백인이 함께할 방법도 보이지 않았다. 가난한 흑인은 민주당을 지지하고 가난한 백인은 공화당을 지지하는 상황에서 달리 방법이 있을까?

데이비드가 우리를 다시 파이크빌로 데려다주는 동안 역경을 딛고 이뤄낸 결혼식에 대한 기쁨 가득한 기억이 구름 사이로 비치는 햇살처럼 퍼졌다. "서약식 계획을 세워야 하지 않을까?" 데이비드가 셰이에게 말했다.

거의 10년 전의 결혼식을 돌아보던 두 사람에게 마법 같았던 그날을 망친 기억 하나가 떠올랐다. 우연히 들은 셰이의 어머니와 할머니의 불쾌한 대화는 또 다른 수치심의 덫을 예고하는 듯했다. "메이너드 가족 보셨어요? 그들도 제대로 차려입을 줄 아네요."

토미는 밑바닥까지 추락했다. 그 바닥은 수치심이었다.
그러나 여러 인종적 희생양들에게 비난을 전가하는 것은
거부했다. 그는 삶의 실망스러운 사건들을 비난이라는
덮개로 감싸면 잠깐 아픔이 사라지는 것처럼 보일 수
있지만 결국 그건 착각에 불과하다는 것을 깨달았다.

# 9장  밑바닥을 딛고 서다

"행진을 보러 갔냐고요? 아니요. 그때 저는 마흔두 살이었고 두 번째 입학한 대학에서 마지막 학년을 보내고 있었어요. 웨브 총장은 우리[파이크빌대학교] 학생들에게 폭력 사태가 빚어질 수 있으니 집으로 돌아가라고 하셨죠. 그래서 집에 있었어요." 나중에 토미 래틀리프가 내게 들려준 이야기였다. 나는 그의 집에서 대화를 나누고 있었다. 파이크빌에서 동쪽으로 30킬로미터가량 떨어진 존 스크릭의 임대 트레일러였다. 집 안은 깔끔했지만 방 하나는 바닥의 균형이 맞지 않았다. "하지만 젊었을 때라면 어땠을까요? 만약 누군가가 다정한 아버지처럼 다가와서 이 어려움이 누구 때문인지 알려주었다면 그들과 함께 행진할 수도 있었겠죠."

큰 키에 부드럽게 구불거리는 갈색 머리를 넓은 어깨에 늘어뜨린 토미 래틀리프는 점잖으면서도 솔직한 사람이었다. 그는 "완벽하지 않아도 용서받았다"라고 적힌, 자신이 가장 좋아하는 티셔츠를 입고 있었다. 우리는 그의 인생과 교육 그리고 정치적 견해에 관해 여러 차례 대화를 나누었다.

"대학 시절에 말이죠." 토미가 이야기를 시작했다. "한번은 초청 연사가 와서 아메리칸드림에 대해 강연을 했어요. 그는 우리에게 정말 열심히 일하고, 계획을 지키고, 은행 계좌를 개설하기만 하면 된다고 하더군요. 미래 자녀의 교육 자금으로 매달 조금씩 저축해야 한다고요. 그때 저는 취미용품 가게에서 시간당 9달러 50센트를 받고 일하면서 대학 등록금과 양육비 대출을 갚아야 했어요. 마음 한편으로는 그 사람에게 '닥쳐'라고 외치고 싶었죠."

이어 토미는 연사의 말이 자기 귀에 어떻게 들렸는지 설명했다. "아무런 문제도 없다면 저도 아메리칸드림을 이룰 수 있겠죠. 제가 아프지 않고, 집 보일러도 고장 나지 않고, 전기료가 월 400달러씩 나오지 않고, 전처가 마약에 빠지지도 않고, 부모님이 알코올 중독자도 아니고, 정신이 온전치 않은 동생이 저와 함께 살면서 제가 출근할 때마다 냉장고를 거덜 내지도 않는다면 말이에요. 맞아요. 아무런 문제도 없다면 아메리칸드림은 보장된 거나 다름없죠. 하지만 문제는 일어나기 마련이잖아요."

앨릭스 휴스는 '네, 물론이죠' 정신으로 아메리칸드림을 향한 길을 찾았고, 와이엇 블레어는 그 꿈을 백인들만의 것으로 만들려고 했다. 데이비드 메이너드는 계급 때문에 아메리칸드림에서 배제된 채 좌파로부터 인종주의자라고 공격받는 가난한 백인에게 자부심을 심어주고 싶어 했다. 그러나 토미는 또 다른 이유로 아메리칸드림을 향한 길이 가로막혔다고 느꼈다. 그리고 그 이유는 그를 반反인종주의로 이끌었다.

어느 날 토미와 나는 그의 본가가 있는 조용한 계곡 마을을 걸었다. 단풍나무, 박태기나무, 소나무로 둘러싸인 이곳은 한때 그의 조부모, 삼촌, 숙모 그리고 부모님이 함께 모여 살았던 곳이었다. 우리는 현재 아내와 사별하고 혼자 살면서 집을 비우는 일이 잦은 그의 삼촌 로이의 집 앞을 지나쳤다. 삼촌은 토미를 곤경에서 구해주고, 차를 사주고, 돈을 빌려주고, 그를 키워준 분이었다. 로이 삼촌의 아내, 그러니까 토미의 숙모는 바로 옆집인 토미의 집 안에서 술냄새가 풍기고 언성이 높아질 때면 토미가 "가장 의지하는 사람"이었다.

집집마다 돌아보면서 우리는 토미의 친할아버지가 쓰던 헛간을 지나쳤다. 지금은 고인이 된 할아버지는 전직 광부이자 제2차 세계대전 참전용사로 이오지마 전투에서 미군 병사들이 성조기를 꽂는 현장에 함께 있었다. 할아버지는 퍼플 하트 훈장(전투 중 부상을 입거나 전사한 군인에게 수여되는 훈장-옮긴이)을 현관 유리 장식장에 성물처럼 오래도록 자랑스럽게 보관했다. 근처의 또 다른 헛간에는 할아버지가 사용하던 양봉 도구와 할아버지가 만든 나무 지팡이 그리고 놀랍게도 나무 한 조각으로 만든 기다란 나무 사슬이 함께 놓여 있었다.

우리는 오래전부터 토미의 조상들이 안장돼 있는 벌목용 도로 끝자락 언덕의 작은 묘지를 찾았다. 토미의 숙모인 로레타가 가족의 묘비를 닦고 그의 할아버지 묘 앞에 꽂힌 재향군인회 깃발을 바로세우고 있었다. 이 지역에서는 해마다 산 자들이 잠시 일상을 멈추고 죽은 자에게 꽃을 바치는 오랜 전통이 남아 있었다.[1] 은퇴한 간호사인 로레타는 남북전쟁 재연 행사를 즐겼지만(토미가 보기에 그녀는 남부연합의 조상들을 더 좋아하는 것 같았다) 다가오는 파이크빌 백인 민족주의 행진에는 별다른 관심이 없었다. "그 사람들은 왔다 가겠죠. 난 신경 안 써요." 그녀가 말했다.

## 사다리를 내려가고 있다는 깨달음

"처음에는 몰랐어요. 하지만 내가 계층 사다리에 올라와 있다는 걸 차츰 깨닫게 됐죠." 토미는 사색에 잠긴 채 말했다. "처음에는 우리 가족이 중산층이라고 생각했고 그게 자랑스러웠어요. 어린 시절 계층이란 크리스마스에 어떤 선물을 받느냐의 문제였죠. 오해는 하지 마세요. 저는 그 선물들을 기쁘게 생각했으니까. 작은 로봇 장난감이나 액션 피규어 같은 것들이었죠. 하지만 학교 친구들은 제가 받은 것보다 훨씬 잘 만들어진 고급 장난감을 가지고 있었어요. 그래서 적어도 장난감에 관해서는 제가 중간에 못 미친다고 느꼈어요." 그러다가 텍사스에 사는 외가 친척들이 자신의 집을 방문했을 때 토미는 또 다른 사실을 깨달았다. "외가 식구들이 우리 집을 둘러보면서 우리 엄마가 낮은 계층의 상대와 결혼했다고 생각하는 게 보였어요. 우리를 안쓰럽게 여기는 눈치였죠. 사촌이 저에게 '너는 레드넥이 뭐라고 생각하니?' 하고 물었어요. 왜 그런 걸 묻는지 의아했죠. 혹시 **나를** 레드넥이라고 생각했을까요?"

토미의 아버지는 셰이 메이너드의 아버지처럼 탄광에서 경비원으로 일했다. 하지만 토미는 이렇게 설명했다. "아버지는 그 일을 잃은 뒤에 제재소에서 일하게 됐어요. 그러면서 우리는 세금도 제대로 못내는 상황에 몰렸죠. 밀린 세금을 내기 위해 우리는 제 옛집과 할아버지 집이 있던 땅의 절반을 고물상에게 팔았어요. 그는 스트립 클럽도 운영하고 있었죠." 지금은 래틀리프 가족의 땅 경계선을 따라 크고 작은 녹슨 기계들이 놓여 있었다. 그중에서도 바퀴가 없는 낡은 캐딜락이 덩굴에 뒤덮인 모습은 아메리칸드림이 사라져가는 현실을 그린 정물화 같았다.

이제 우리는 흙길을 따라 걷고 있었다. 로이 삼촌과 로레타 숙모의 집 뒤편에 흐르는 개울로 이어지는 길이었다. 소나무, 포플러, 자작나무, 포포나무가 울창한 이곳은 토미가 오래전 '요정 나라'라고 이름 붙였던 숲속 놀이터였다. 그는 지금도 여전히 경건한 마음으로 이곳을 '요정 나라'라고 부른다.

"열네 살인가 열다섯 살 무렵부터 이 숲에서 많은 시간을 보내기 시작했어요." 토미는 마치 소중한 친구들의 얼굴을 바라보듯 나무들을 둘러보았다. "조지[어린 시절 친구]와 저는 괴물, 트롤, 오크 그리고 영화 〈나니아 연대기〉에서 봤던 말하는 동물들과 싸우곤 했죠. 우리는 둥근 나무 껍질을 갑옷처럼 두르고 나뭇가지를 검처럼 휘둘렀어요. 바위 근처의 나무 그루터기가 제 아지트였죠. 개울에서 도롱뇽이나 개구리, 가재를 잡았다가 놓아주기도 했어요. 낚시나 사냥은 하지 않았어요. 모든 걸 있는 그대로 둬야 한다고 생각했거든요. 우리는 벌목용 도로를 끔찍이 싫어했고 죽은 나무들만 사용했어요. 밤에 귀뚜라미와 개구리의 노랫소리에 귀를 기울여보면 개울 한쪽 둑에서 먼저 노래가 시작되고 반대편에서 답가가 들려오는 거예요. 겨울에는 얼어붙은 개울 바닥을 따라 위로 올라갔다가 미끄럼을 타고 끝까지 내려오곤 했죠." 토미의 이야기를 들으면서 나는 문득 웬델 베리의 《제이버 크로Jayber Crow》에 나오는 한 구절이 떠올랐다. "뷸라 숙모는 햇살 속에서 먼지들이 서로 부딪치는 소리를 들을 수 있었다."**2**

"어렸을 때 제 세상은 정말 작았어요. 우리 동네 주변의 엘크혼, 도턴, 벨처, 밀러드, 릭크릭이 전부였으니까요. 가족과 이웃 그리고 이곳들 말고 바깥세상에서 무슨 일이 벌어지는지 전혀 몰랐어요." 토미가 말했다. "엘크혼에는 신호등이 하나밖에 없었지만 도턴에 비하면 도시였어요. 도턴에는 학교랑 피자 가게 하나 말고는 아무것도 없었거든요. 도턴은 험한 곳이었어요. 산골 사람들은 한 달에 한 번 정도만 [쇼핑이나 방문을 하러] 밖으로 나오고 외부인을 달가워하지 않았어요. 제 세상에 있는 사람들은 거의 모두 백인이었어요. 부모님, 두 형제, 가장 친한 친구 조지, 이웃과 학교 친구들, 그리고 가지고 놀던 액션 피규어들까지 전부 다."

고등학교를 마치고 여러 직업을 전전하던 토미는 버지니아주 와이즈에 있는 클린치밸리커뮤니티칼리지에 입학했다.**3** 하지만 그곳에서 그의 세계는 오히려 더 작아졌다. "아버지는 저나 형제들이 말하는 것 자체를 싫어하셨어요. 저녁 식사 중에는 '말하지 마라', 차 안에서도 '말하지 마라', 손님이 와도 '말하지 마라'. 그렇게 자랐죠." 클린치밸리에서도 토미는 큰 강의실의 맨 뒤에 앉았고, 토론 그룹이나 지도 교수도 배정받지 못했고, 교수와 면담하는 것도 두려워했고, 절대 입을 열지 않았다. "저에게 말을 걸어준 유일한 사람은 조용한 중국인 남학생이었어요. 제가 처음 만난 아시아인이었죠. 그 친구도 늘 혼자 앉아 있었고 말이 없었어요." 첫 학기에 토미는 낙제를 했다. 그는 대학이 아니라 자신이 문제라고 생각하며, 더 이상 대학에 다니는 일은 없을 거라고 다짐했다.

토미는 거의 백인뿐이었던 자신의 세상을 돌아보며 단 두 명뿐이었던 흑인 동급생 중 한 명과 친하게 지낸 사실을 떠올렸다. 그리고 이렇게 말했다. "저는 미시[흑인 혼혈인 그녀를 토미는 '콧대 높은 도턴 애'라고 묘사했다]를 졸업 무도회에 초대했어요. 다들 그 애가 모델 같다고 생각했죠." 하지만 그는 이렇게 덧붙였다. "두어 달 사귄 게 전부였어요. 그 애가 질투심 많은 전 남자 친구에게 돌아갔거든요."

흑인 역사에 대해서는 거의 배운 기억이 없었다. "제가 주의를 기울이지 않은 건지 아니면 아예 학교에서 가르쳐주지 않았던 건지 모르겠어요. 하지만 솔직히 대학에 가기 전까지는 흑인들이 어떻게 미국에 오게 됐는지조차 몰랐어요. 〈아미스타드〉[1839년 노예선에서 일어난 반란에 관한 영화]와 〈노예 12년〉[납치되어 노예로 팔렸다가 자유를 찾은 흑인에 관한 영화]을 보고 노예제에 대해 알게 됐고 〈쉰들러 리스트〉를 보고 나서야 홀로코스트에 대해 알게 됐어요."

토미는 텔레비전을 통해서도 흑인의 삶에 대해 배웠다. "한동안 우리 집에는 TV가 없었어요. 아버지가 자기 이름으로 TV를 빌렸다가 요금이 너무 많이 나오면 그다음에는 어머니가 자기 이름으로 다시 빌리곤 했죠. 〈코스비 가족 만세〉[부유한 흑인 가족이 등장하는 시트콤]를 보면서 저 아이들은 나보다 훨씬 나은 환경에서 산다고 생각했어요. 용돈을 받으면서 그냥 저축만 하면 됐으니까요. 그들의 부모는 소리를 지르지도, 술을 마시지도 않았어요. 그들은 멋진 집에서 살았고 아버지는 자녀들의 말을 편하게 받아들였어요."

그런데 어느 날 한 흑인 가족의 삶을 다룬 프로그램에서 토미는 자기 가족과 닮은 모습을 발견했다. "〈굿 타임스Good Times〉의 모든 에피소드를 빠짐없이 봤어요. 너무 좋았어요." 1970년대 방영된 〈굿 타임스〉는 시카고의 흑인 가족이 실직, 자동차 고장, 퇴거 통지 같은 어려움을 겪으며 살아가는 모습을 그린 시트콤이다. "어느 장면에선가……." 토미는 회상했다. "아내인 플로리다가 친구와 이야기를 나누는데 그 친구가 이렇게 말해요. '난 언제가 토요일 아침인지 항상 알 수 있어. 늘 눈에 멍이 든 채로 잠에서 깨거든.' 그건 플로리다 친구의 남편이 금요일에 주급을 받고 밤에 술에 취해 집에 돌아와 아내를 때린다는 의미였어요. 하지만 제가 충격을 받은 건 그 이야기 때문이 아니었어요. 사람들이 그 이야기를 들으며 웃었다는 사실이 충격이었죠. 플로리다의 친구도 웃고 플로리다도 웃었어요. TV에서는 청중의 웃음소리도 들려왔죠. 어린 저는 생각했어요. **왜 다들 웃는 걸까?** 밤이면 저는 형이랑 침대에 기어들어 가곤 했어요. 아래층에서는 술에 취한 아버지가 어머니에게 고함을 지르고 욕설을 퍼붓고, 어머니를 때리고 벽에 밀치는 소리가 들려왔어요. 아버지가 어머니에게 '엄살 부리지 마!'라고 소리치면 어머니는 '그만해요!'라고 소리쳤어요. 무서웠어요. 울고 싶을 만큼."

### 내리막길[4]

토미가 자라면서 부모님의 삶은 갈수록 무너져 내렸다. "제가 고등학생이던 1980년대 아버지는 탄광 경비에서 해고되어 제재소 현장 감독으로 일하게 됐어요. 그런데 제재소가 문을 닫으면서 로이 삼촌의 도로 공사팀에서 최저임금을 받고 불도저로 공공 도로 주변의 풀을 깎는 일을 하셨죠. 그 무렵부터 우리는 세금을 밀리기 시작했어요. 그러다 아버지가 불도저에서 떨어져 허리를 다쳤고 병원에서 암 진단을 받았어요." 돈이 바닥난 상황에 대해 토미는 이렇게 말했다. "차를 세 대에서 한 대로 줄였는데 그것마저도 겨우 굴릴 정도였어요. 결국 푸드 스탬프를 신청했어요. 아버지는 무척 괴로워하셨죠. 저는 스스로에게 물었어요. '우리는 이제 **그런** 계층의 가족이 된 걸까?' 가족 모두 부끄러움을 느꼈어요."

토미의 부모님은 점점 더 술에 빠져들었다. "아버지는 싸구려 버번위스키를 탄산음료와 섞어 마시고 어머니는 보드카를 스프라이트에 타서 마셨어요. 두 분 다 하루 종일 드셨죠. 오후 6시쯤 되면 저는 집을 나가고 싶었어요. 두 분의 싸움이 시작됐거든요. 어머니가 울면 아버지는 화를 내고 고함을 쳤어요. '엄살 부리지 마!'"

토미의 집은 수리되지 않은 채 방치됐고, 결국 그의 부모는 트레일러로 이사했다. 이후 두 사람은 이런저런 문제를 안고 있는 아들들의 집을 전전하다가 차례로 세상을 떠났다.

이처럼 비극적인 몰락 속에서 토미는 수치심도 보았다. "아버지는 스스로에게 느끼는 수치심과 분노가 커질수록 어머니에게 더 화를 내셨던 것 같아요. 그리고 저에게도요." 하지만 이런 감정 변화는 집 안에서만 드러났기 때문에 아버지는 바깥에서는 여전히 '좋은 사람', 심지어 '훌륭한 아버지'로 불렸다. "아버지는 이웃과 친구들 사이에서 인기가 많았고, 제 두 형에게도 다정하셨어요. 하지만 저를 좋아하신 적은 없었죠. 제가 운동을 좋아하지 않는 것도, 낚시를 하지 않는 것도, 남자답지 않은 것도 실망스러워하셨어요. 어떻게 하면 아버지의 인정을 받을 수 있을지 도무지 모르겠더라고요. 아버지는 저에게 편견을 갖고 계신 것 같았어요. 제가 열 살에서 열다섯 살 사이일 때 아버지는 정말 저를 심하게 대하셨고 감정을 실어 저를 때리셨어요. 왜 그렇게 맞아야 하는지 이유조차 몰랐어요."

부모님의 몰락 이후 토미 역시 힘든 시기를 겪었다. 한 여성 지인이 집세를 아끼기 위해 그의 트레일러에서 함께 살 수 있겠냐고 물었다. 두 사람은 관계를 맺었고 그녀는 임신을 했다. 열아홉 살에 결혼한 토미는 잠시나마 만족과 자부심을 느끼는 삶을 상상했다. "12월 어느 한밤중에 자유의지 침례교회에서 세례를 받았어요. 개울에 완전히 몸을 담그는 침례였죠. 한 사람이 제 등을, 또 다른 사람이 제 머리를 받쳐줬어요. 추운 날이어서 결국 몸에 탈이 났죠. 회복한 뒤에 켈로그 비스킷 공장에서 노조 소속으로 일을 하게 됐어요. 우리는 아내의 부모님이 사는 젱킨스 근처로 이사했고 저는 '내 아메리칸드림은 이 정도면 충분해'라고 생각했어요. 그녀가 올바른 여자였다면 그랬을 거예요."

하지만 그녀는 그런 사람이 아니었다. 아내는 아기를 버거워했고 집을 엉망진창으로 방치했다. 그러는 사이 약물 중독자인 토미의 형이 빈방에 들어와 살게 됐다. 토미는 켈로그 공장에서 늦게까지 일하고 퇴근하던 길에 상대 차와 정면충돌하는 교통사고를 당했다. 그는 병가를 마치고 직장에 복귀하려 했지만 해고당했다.

토미는 실직 상태에서 아내와 아이를 부양하고 월세 225달러와 전기요금 100달러를 내야 했다. 토미는 도랑에 버려진 알루미늄 캔을 주워다가 한 자루에 25달러에 팔았다. 처지가 어려운 다른 이웃들도 좋은 캔을 차지하려고 경쟁했다. "사람들이 저를 무시하는 걸 알고 있었어요. 제가 예전에 캔을 주워 파는 사람을 어떻게 쳐다봤는지 아니까요. 하지만 마음 한구석에는 나는 그런 사람이 아니라는 생각이 여전히 있었어요. 돈을 빌리러 로이 삼촌 집에 가서도 몇 시간을 뜸 들이다가 간신히 말을 꺼내곤 했죠. 삼촌은 제가 왜 왔는지 이미 알고 있었고 그게 부끄러웠어요. 제 차가 고장 나거나 번호판이 죽으면 [유효기간이 만료되면] 삼촌 차를 빌리기도 했어요. 일자리를 찾아다녔지만 먼저 약물 검사를 통과해야 했어요. 그런데 저는 한동안 근육 이완제나 발륨, 아티반 같은 진정제에 손을 댔거든요. 그러다 맥주를 마시기 시작했고 갈수록 양이 늘었죠." 토미의 결혼 생활이 파국을 맞은 뒤 술을 입에 대지 않는 다정한 장인 장모가 그의 아들을 양육하게 됐다. 이제 혼자인 토미는 과음이 더 심해졌다. 가끔 마시던 술을 매일 입에 달고 다녔고, 누군가와 마시는 대신 이제는 혼자 마시게 되었다. 혼자, 그것도 아주 많이 마시는 단계로 접어든 것이다.

토미는 술꾼 사이에도 자부심의 서열이 있다는 것을 알게 됐다. "맨 위에는 술을 엄청 마셔도 흐트러지지 않는 사람들이 있어요. 술값도 내면서 분위기를 즐길 줄 아는 사람들이죠. 중간에는 화난 취객들이 있습니다. 정치 얘기는 절대 하면 안 된다는 규칙이 있기 때문에 화난 취객들은 정치 얘기를 막는 사람에게 항상 화를 내죠. 그리고 술꾼 서열의 맨 밑바닥에는 질질 짜는 취객이 있어요. 저도 질질 짜는 술꾼이었죠." 토미는 회상했다.

'요정 나라'를 거닐던 우리는 부러진 나뭇가지들이 모여 있는 곳에 이르렀다. 그곳은 오래전에 토미와 그의 친구 조지가 만들었지만 지금은 사라진 천막집이 있던 자리였다. 어린 시절 작은 승리의 순간이 깃든 그곳에서 토미는 인생에서 가장 힘들었던 순간을 이야기하기 시작했다. "우리는 각자 다른 밑바닥을 경험하죠." 토미가 조용히 회상했다. "제가 바닥을 친 순간은 결혼 생활이 끝났을 때였어요. 교통사고를 당하고, 켈로그에서 잘리고, 기르던 개도 죽었어요. 그러던 중 명절 모임에서 아버지가 하는 말을 우연히 듣게 됐어요. 평생 친아버지라고 믿었던 분이 저를 **의붓아들**이라고 부르시는 거예요. 충격이었어요. 내가 아버지의 진짜 아들, 생물학적 아들이 아니라고? 그래서 나를 그렇게 싫어했구나, 나를 편견 가득한 시선으로 봤구나. 저는 잘못된 피를 타고난 거였고, 그건 제가 어떻게 해도 바꿀 수 없는 거잖아요. 세상이 무너지는 느낌이었어요. 저는 모든 것을 포기했어요. 사방이 온통 어둠뿐이었죠. 저는 실패한 인생이었어요. 그게 제 인생의 밑바닥이었어요. 혼자서 하루에 위스키를 1리터씩 들이켰어요. 맞은편에서 오는 차를 향해 돌진하는 꿈을 꾸곤 했죠. 검진을 받아보니 간경화 초기더군요. 저는 점점 더 죽음을 향해 나아가고 있었어요."

토미가 가장 좋아하는 가수는 서던 힙합과 컨트리 랩을 하는 테네시 출신 백인 래퍼인 젤리 롤이다.[5] 토미는 그의 노래 가사가 자신의 감정을 그대로 담아낸 듯한 느낌을 받았다.

내 친구들은 죄다 루저

우리 모두 마약에 졌지

변명은 필요 없어, 게임은 원래 무자비한 것

진실은 우리가 밑바닥 인생이라는 것

앤 케이스와 앵거스 디턴은 《절망의 죽음과 자본주의의 미래》에서 놀라운 연구 결과를 하나 소개했다. 토미가 자신의 이야기라고 느낀 부분이기도 했다. 미국은 오랫동안 국민의 수명을 연장하는 일에 앞장서왔지만 21세기에 접어들면서 백인이 인생의 절정기인 45~54세에 조기 사망하는 비율이 예기치 않게 증가하고 있다.[6] 주요 원인은 약물 과다복용, 자살, 알코올성 간 질환으로, 1999년부터 2017년까지 60만 명의 목숨을 앗아갔다. 가장 큰 타격을 입은 집단은 대학 교육을 받지 않은 블루칼라 백인 남성이었다.

그들은 영웅적인 전쟁에서 목숨을 잃은 것도, 바다에서 거친 폭풍우와 싸우다가 스러진 것도, 탄광에서 고된 노동을 하다가 죽은 것도 아니었다. 그저 하나둘씩 홀로 수치심 속에서 죽어갔고 지금도 죽어가고 있다. 〈애팔래치안 뉴스 익스프레스〉의 부고란을 보면 젊은 얼굴이 점점 더 많이 눈에 띈다. 때로는 젊은 나이가 적혀 있지만 사망 원인은 거의 항상 생략돼 있다.

토미는 자신이 아는 지역 내의 자살 사례를 여러 건 꼽았다. "초등학교 5학년 때 친구의 남동생이 다른 사람을 쏜 다음에 자기 머리에도 총을 쐈어요. 어떤 남자는 술에 취한 채 나무를 들이받아 죽었고요. 제 친형 스콧도 음주운전을 하다가 도로 밖으로 굴렀어요. 제 생각에는 자살인 것 같아요. 한때는 저도 그 대열에 낄 뻔했어요."

토미는 어떤 계기가 있었으면 자신도 인종주의자가 되었을지 생각해보았다. 그는 크리스티안 피치올리니의 《백인 미국 청년White American Youth》를 읽은 적이 있다.[7] 네오나치에 세뇌된 소년의 자서전이었다. 피치올리니는 열네 살 때 시카고 뒷골목에서 친구와 함께 대마초를 피우고 있었다. 그때 머슬카가 다가오더니 멈추어 섰다. 그리고 한 남자가 내렸다. 친구는 도망쳤다. 남자는 어린 피치올리니 앞에 서서 그가 입에 물고 있던 대마초를 빼앗았다. "공산주의자와 유대인이 원하는 게 **바로** 이런 짓이라는 걸 모르겠니? 널 고분고분하게 만들려고 말이야." 열여섯 살이 됐을 때 그는 마약을 완전히 끊고 목표의식을 갖게 됐다. 그리고 시카고 지역 스킨헤드 그룹의 리더가 됐고 더 폭력적인 백인 우월주의 단체인 해머스킨스와 합병을 했다.

"만약 제가 열네 살 때 뒷골목에서 대마초를 피우고 있는데 한 남자가 제게 관심을 보였다면 어땠을까요?"[8] 토미가 자문하듯 말했다. "그 사람이 위장복 차림에 야구 모자를 거꾸로 쓰고 저를 데려갔다면? 제가 부모님 집에서 나오기 위해 그 사람 집에서 시간을 보내기 시작했다면? 그리고 그때 아버지가 저를 심하게 때리고, 부모님 두 분이 술을 마시고, 그분들이 나를 제대로 알아봐주지도 신경 쓰지도 않는다고 느꼈다면? 그러면 어떤 일이 일어났을까 자문해봤어요. 머슬카를 탄 그 남자가 진심으로 나를 걱정해준다고 느낄 수도 있었을 것 같아요. 그리고 그 남자가 '너희 아버지가 제재소에서 일자리를 잃은 건 이민자들 때문이야. 아니면 유대인이 제재소 문을 닫았기 때문이지'라고 말했다면 어땠을까요? 아마도 저는 '아, 그렇군요……'라고 대답했을지도 몰라요."

토미가 말을 이었다. "아니면 제가 미시[그가 고등학교 졸업 파티에 초대했던 혼혈 여자 친구]와 사귈 때 그 남자가 '미시는 너를 차버리고 다른 남자를 선택했어. 흑인 여자들은 다 그래'라고 말했다면요? 저는 아마 '아, 그렇군요……'라고 말했을 거예요. 또 제가 클린치밸리커뮤니티칼리지에서 낙제하고 집에 돌아갈 수도 없었을 때 그 남자가 '대학은 빨갱이 소굴이 됐어'라고 했다면? 저는 또 '아, 그렇군요'라고 했을지도 몰라요."

토미는 극단주의자가 신규 회원을 끌어들이기 위해 이런 식으로 온갖 상상의 적들을 제시할 수 있다고 생각했다. 수치심을 덜기 위해 비난을 투사할 대상 말이다. 데이비드 메이너드는 아메리칸드림을 이루지 못한 가난한 백인이 수치심을 느끼지 않게 보호해줄 국가적 서사가 없다는 사실에 주목했지만 토미는 또 다른 문제에 초점을 맞추었다. 수치심에 빠진 사람이 '외부'의 적을 비난하라고 부추기는 사람에게 얼마나 쉽게 휘둘리는가 하는 문제였다.

## 짐을 나르는 개미

토미가 재활 센터에 들어갔을 때 친절한 접수 직원이 그의 삶에 대해 질문을 던졌다. "그녀는 제게 부모님이 술을 마시는지, 알코올 중독자인지 물었어요. 저는 두 분 다 그렇다고 대답했죠. 그러자 그녀는 '그건 당신 잘못이 아니에요'라고 말해줬어요. 저는 눈물을 흘렸죠."

해독 치료를 시작하고 사흘째 되던 날 토미는 밖으로 나와 의자에 앉았다. 비참한 기분이 들었다. "고개를 푹 숙이고 두 다리 사이로 바닥을 내려다보았어요. 문득 개미들이 줄지어 가는 모습이 보였어요. 개미들은 저마다 작은 짐을 나르고 있었어요. 빵 부스러기, 나뭇잎 조각, 흙 같은 것들을요. 그러다 눈에 들어온 게 있었어요. 어떤 개미가 자기 몸집만큼 큰 또 다른 개미를 나르고 있는 거예요. 그 죽은 개미는 아무 쓸모가 없었어요. 짐을 나르는 대신 짐이 되어버렸으니까요. 그 순간 이런 생각이 들었어요. '저 죽은 개미를 봐. 저게 바로 나야. 하지만 내가 짐을 나르는 저 개미가 될 수도 있잖아. **저렇게 죽어서 짐이 되어버린 개미가 되고 싶진 않아.**' 그때가 제 인생에서 가장 중요한 순간이었어요. 짐 나르던 개미가 다시 저를 일으켜 세운 거죠."

앞서 언급했듯이 '쓸모 있음'을 뜻하는 라틴어 **프로데**가 영어로 자부심을 뜻하는 **프라이드**pride의 어원이다. 앨릭스 휴스는 가족을 부양하는 쓸모 있는 존재가 되고 싶었다. 토미의 할아버지는 광산과 전선에서 용감하게 일하고 싸운 공을 인정받았다. 도너번 블랙번은 파이크빌을 위험에서 구한 공로를, 앤드루 스콧 시장은 콜런 지역의 아이들에게 책가방을 선물한 공로를 인정받았다. 이들 모두가 짐 나르는 개미였다. 그리고 토미에게도 나름의 짐이 있었다. 바로 다른 사람들이 술과 마약에서 벗어나도록 돕는 것이었다.

토미는 밑바닥까지 추락했다. 그 바닥은 수치심이었다. 그러나 그는 매슈 하임바크가 제시하는 여러 인종적 희생양들에게 비난을 전가하는 것은 거부했다. 그는 삶의 실망스러운 사건들을 비난이라는 덮개로 감싸면 잠깐 아픔이 사라지는 것처럼 보일 수 있지만 결국 그건 착각에 불과하다는 것을 깨달았다. 그는 창의적으로 삶을 복구해

나갈 길을 찾아냈다. 나와 요정 나라를 함께 거닐 무렵 토미는 이미 한 의학 연구원과 재혼하며 행복을 되찾았고, 유파이크에서 우등생 명단에 오를 만큼 우수한 성적으로 졸업하며 학사 학위를 받았다. 또한 그는 사우스게이트 재활 프로그램에서 상담사로 일하며 KKK 단원이었던 와이엇 블레어를 비롯한 중독 회복자들을 돕고 있었다.

토미는 곧 시작될 행진의 지도자를 떠올리며 말했다. "그는 백인 민족주의가 빠른 해결책인 것처럼 팔고 있어요. 자기 자신을 비관하는 사람들이 갑자기 강해지고 성공의 길로 접어든 것처럼 느끼게 해주려는 거죠. 하지만 인종주의를 이용하는 것은 예전의 나 같은 사람에게 술을 한 잔 더 건네는 것이나 다름없어요."[9]

"수치심에서 도망치려고 약물에 손을 댔어요. 그런데 약을 한다는 데서 또다시 수치심이 들었죠. 결국 저는 수치심의 악순환에 갇혀버렸어요. 수치심을 억누르려고 약을 했고, 약을 했다는 사실에 수치심을 느꼈으니까요."

# 10장     중독에서 벗어나기

"그 백인 민족주의자들의 행진 말인가요? 아니요. 당시에는 들어본 적도 없었어요. 설사 들었다 해도 신경 쓰지 않았을 거예요. 저는 노숙자인 데다 헤로인 중독자였으니까요. 이미 세 번이나 과다복용으로 쓰러지고 네 번째를 향해 가고 있었죠."

사려 깊은 성격의 40세 남성 제임스 브라우닝은 파란색 반다나를 이마와 눈썹 위에 단단히 묶고 있었다. 이마 위에는 선글라스가 걸쳐져 있고, 깔끔하게 다듬은 갈색 콧수염이 입가를 감싸고 있었다. 턱 아래에는 흰색이 섞인 뾰족한 수염이 나 있었고 등 뒤로는 길게 기른 갈색 머리가 흘러내려 있었다. 제임스는 마치 소중한 도구들을 하나씩 들어 올렸다가 조심스럽게 내려놓으며 어떤 개념을 만들어내는 것처럼 천천히 그리고 간결하게 말했다. 그는 텅 비다시피 한 노숙자 보호소의 책상에 앉아 있었다. 그가 경비원 겸 잡역부로 일하는 곳이었다. 그를 만난 것은 행진이 있고 몇 년이 지난 뒤였다. 코로나19로 인해 호텔과 상점이 문을 닫고 여행이 멈춰버린 상황이었다. 우리는 줌으로 그 행진이 있기 전 그의 삶에 대해 이야기하고 있었다.

"10대 시절에는 큰 체인 지갑을 들고, 팔찌를 차고, 보라색으로 물들인 머리카락을 뾰족하게 세우고 다녔어요. 이 동네에서는 정말 튀는 차림새였죠." 제임스는 싱긋 웃었다. 그리고 조용한 목소리로 덧붙였다. "지금은 회복 중이에요."

제임스가 네 번째 헤로인 과다복용으로 응급실에 실려 간 직후 테네시대학교 대학원에 재학 중이던 그의 헌신적인 누나 애슐리의 아파트에 전화벨이 울렸다. "그전에도 그런 응급 전화를 세 번이나 받았어요. 그래서 전화벨이 울릴 때마다 '이번에는 제임스가 죽었다는 연락일지도 몰라' 하고 겁이 났죠." 그녀는 나중에 이렇게 말했다.

"어느 날 구급대원이 또 전화를 했어요. '제임스를 발견했을 때 맥박이 없었어요. 하지만 심폐소생술로 살려냈습니다'라고 하더군요. 저는 그냥 울기만 했어요." 애슐리가 회상했다. "저는 숨을 고르고 휴대전화를 꺼냈어요. 그리고 제임스에게 메시지를 보냈어요. '이제는 준비가 됐어, 제임스?' 제임스는 '정말 미안해, 누나. 준비됐어'라고 답을 했어요. 그래서 저는 켄터키 동부 최고의 재활 프로그램을 찾기 시작했고, 결국 사우스게이트 시설[토미 래틀리프가 일하고 와이엇 블레어가 "말버릇을 고친" 시설]에 대해 알게 됐어요. 그곳은 원래 수감자 감형 프로그램을 통해서만 입소할 수 있는 곳이었어요. 하지만 저는 중독자의 회복을 돕는 별도의 지원금을 이용해 남동생의 치료 비용을 댈 수 있었죠." 애슐리가 설명했다. 이렇게 해서 제임스 브라우닝은 토미 래틀리프를 만났고 두 사람은 깊은 유대를 형성했다.

"토미 래틀리프가 제 상담사가 됐어요." 제임스가 말했다. "그는 저를 자기 집 뒷산으로 데려가서 산책을 하곤 했어요. 우리 둘 다 똑같은 70년대 펑크록 밴드를 좋아했어요. 라몬즈[〈차분해지고 싶어 I wanna be sedated〉], 블랙 플래그[〈신경쇠약 Nervous Breakdown〉과 〈나를 고쳐줘 Fix Me〉], 미스피츠[〈스크림 Scream!〉과 〈다이, 다이, 마이 달링 Die, Die, My Darling〉] 같은 밴드들이죠. 사우스게이트 프로그램을 마치고 떠나는 중독자는 상담사에게 선물을 주는 것이 전통입니다. 토미가 제 미스피츠 티셔츠가 마음에 든다고 하기에 그걸 선물로 줬어요. 토미는 자신이 바닥을 쳤을 때 개미 떼를 본 이야기를 해줬어요. 개미들이 작은 짐을 나르고 있었는데 그중 한 마리가 죽은 개미를 옮기고 있었다고요. 저는 그 의미를 이해했어요. 토미 래틀리프는 짐 나르는 개미가 되어 죽은 개미, 아니면 죽은 거나 다름없는 개미인 저를 기꺼이 짊어지고 있었던 거죠. 그는 제 생명의 은인이에요."

## 자부심 경제의 밑바닥에서

내가 알게 된 다른 모든 사람처럼 제임스도 2017년의 행진과 그를 둘러싼 더 큰 정치적 흐름을 자신의 주변 세계와 거기 형성된 자부심이라는 독특한 시각으로 바라보았다. 와이엇 블레어 같은 수감자나 제임스 브라우닝처럼 재활 프로그램에 참여하는 마약 중독자는 지역사회를 대상으로 하는 여론조사에서 배제되기 마련이다. 그러나 국가적 자부심 경제의 밑바닥을 경험한 사람이야말로 우리가 이 체제 너머에 있는 본질, 즉 정치, 인종, 인간의 존엄성에 대해 가장 많이 배울 수 있는 사람인지도 모른다.

제임스는 중독이라는 악몽에서 깨어나 새로운 눈을 갖게 됐다. 그는 과거에서 깨어나 현대사회의 삶을 이전 시대의 눈으로 바라보는 립 밴 윙클(워싱턴 어빙의 단편소설에 등장하는 인물. 숲에서 잠들었다가 20년 뒤에 깨어난다-옮긴이)이 아니었다. 오히려 제임스는 한때 감정을 느끼는 방법을 잃어버렸다가 다시 회복한 사람 같았다. 그리고 그 과정에서 자부심과 수치심을 포함한 감정을 민감하게 인식한다는 것이 무엇인지 날카로운 통찰을 얻었다.

"어디서 자랐어요?" 내가 물었다. "터키크릭이요." 제임스가 대답했다. "주민이 98명밖에 안 되는 작은 홀러예요. 하지만 그곳 주민들은 정말 **좋은** 사람들이에요." 그는 부모님에 대해서도 이렇게 말했다. "정말, 정말 좋은 분들이고 **좋은** 부모님이에요. 두 분은 제 중독과는 아무런 관련이 없고 어떻게든 저를 막으려고 최선을 다하셨죠."

제임스에게 아버지는 자부심을 연상시키는 사람이었다. "제 아버지는 선하고 자부심 넘치고 강인한 분이에요. 아버지는 경제적 지원을 받기 위해 정부에 손을 내밀기보다는 차라리 자기 팔을 잘라낼 분이에요. 다른 남자들도 마찬가지예요. 일하는 걸 자랑스러워하죠. 그리고 지금 당장 자신은 실업 상태라고 해도 자기 아버지가 땀 흘려 일했다는 사실을 자랑스러워합니다. 특히 자기 아버지가 석탄을 캐는 광부였다면 더더욱 그래요. 자신이 가진 기술을 자랑스러워합니다. 타이어가 구멍 났을 때 렌치를 돌려가며 직접 고치지 못한다면, 사냥이나 낚시를 할 줄 모른다면 그건 부끄러운 일이에요. 그리고 미국인이라는 자부심, 애팔래치아에 살고 있다는 자부심도 큽니다.

아버지는 아주 어린 시절 아침에 일어나면 닭과 돼지에게 먹이를 주고 나서 학교까지 걸어가셨어요. 할아버지는 웨스트버지니아주 로건의 스완크릭 광산에서 석탄을 캐는 광부였어요. 삽으로 탄을 캐는 일용직 노동자셨죠. 하지만 아버지가 열두 살 되던 해, 탄광 내부의 벽이 무너지면서 할아버지가 돌아가셨어요.

그래서 우리 아버지는 두 명의 남자 형제 그리고 두 명의 여자 형제와 함께 남편을 잃은 할머니를 도우며 살았어요. 아버지는 닭과 돼지를 먹이는 일 말고도 열다섯 살부터는 오후에 주유소 주유원으로 일했고 그 뒤로는 한 번도 일을 쉬신 적이 없어요. 고장 난 건 거의 다 직접 고쳤고 쉴 틈 없이 일하셨어요. 아버지는 노퍽 앤드 서던 철도에서 기관사로 41년 동안 일하면서 운수노조 지역위원장도 맡으셨다가 얼마 전에 은퇴하셨어요. 아버지는 저와 애슐리 누나를 중산층으로 키우셨어요. 전형적인 시골 스타일의 아메리칸드림이죠."

제임스의 아버지가 가진 자부심의 핵심은 가족 간의 강한 유대와 정부의 도움 없는 자립이었다. "아버지는 제게 사촌들을 형제처럼 여기고 조상을 공경하라고 하셨어요. 브라우닝 가문은 모두 가족 묘지에 안장돼 있고 제 유골도 언젠가는 그곳에 묻히기를 바랍니다. 가족이 세상을 떠나면 우리는 사흘 동안 시신 곁을 지키면서 항상 누군가는 깨어 있어요. 그리고 땅도 직접 팝니다. 브라우닝 가문의 무덤 파는 일을 남에게 맡기지 않는다는 것이 가족의 자부심이죠. 저는 스스로 전통적인 사람이라 생각하지 않고 모든 전통을 좋아하는 것도 아니지만 그 전통만큼은 무척 좋아합니다." 제임스가 말했다.

"크리스마스나 추수감사절에 가족 모임이 있으면 남자들은 항상 남성용 식탁에 먼저 앉습니다. 여자들은 남자들의 음식을 차려낸 다음 보조 식탁에 앉죠. 할머니는 이렇게 해도 남자들보다 열등하다고 느끼지 않는다고 하셨어요. 옛날에는 남자들이 밭에서 힘든 일을 하고 들어오곤 했으니까요. 하지만 애슐리 누나와 전처 카라에게는 참기 힘든 고역이었어요. 누나는 우리 집안에서 처음으로 대학에 간 사람이에요. 그래서 누나가 식탁에 앉으면 '그렇다고 빼기지 마라'라는 분위기가 강했어요. 지금도 가족은 누나의 말투를 유심히 살펴요. '대학 나왔다고 말투가 달라졌네?' 이런 말을 듣기 일쑤죠. 누나는 테네시대학교에서 사회학 박사 과정을 밟고 있어요." 제임스는 자랑스럽게 말했다. "겉보기에는 이곳 여성들이 아래 위치에 있는 것 같지만 문이 닫히면……." 제임스가 싱긋 웃으며 말을 이었다. "애팔래치아는 모계사회예요. 광부들이 죽거나 다치면 여성들이 혼자 대가족을 부양해야 하니까요. 우리 할머니처럼요."

제임스는 또한 자신의 가족이 정부의 감시와 통제에서 벗어난 자족적인 삶을 중시한다고 설명했다. "가족이나 마을에 문제가 생기면, 예를 들어 누군가가 법을 어기거나 아내를 때리거나 도둑질을 하면 경찰을 부르지 않았어요. 우리가 직접 해결했죠." 이런 문화는 제임스를 비롯한 여러 사람에게 개인적 문제를 야기하기도 했다. "제가 자란 문화에서는……." 제임스가 덧붙였다. "흑인과 이민자들은 어딘가 다른 곳에 살았고, 동성애자는 거의 없었고, 여자들 자리가 따로 정해져 있었어요. 우리는 그런 우리 문화를 사랑했어요. 제 생일이면 아버지는 돌리 파튼이나 조니 캐시의 CD를 선물로 주셨죠."

제임스는 열세 살 무렵을 회상했다. "강가에서 맥주 캔을 총으로 쏘며 놀았어요. 저는 헤비메탈을 좋아해서 라몬즈, 블랙 플래그처럼 거칠고 빠르고 강렬한 음악을 들었어요. 나중에는 사우스윌리엄슨에서 멋지게 꾸민 차로 거리를 빙빙 돌면서 음악을 크게 틀고 맥주를 마시고 대마초를 피웠어요. 그게 우리의 즐거움이었죠."

　제임스가 즐겁게 지나친 사우스윌리엄슨의 쇼핑몰은 데이비드와 셰이 메이너드가 결혼식을 올린 곳이자 제임스의 어머니가 여성 의류점에서, 애슐리가 커피숍에서 일하던 곳이었다. 애슐리는 금요일이면 밤늦게까지 그곳에 남아 블루글래스 음악(애팔래치아의 컨트리 음악-옮긴이)을 듣고 애팔래치아 특유의 빠른 단체 탭댄스인 클로깅을 구경하곤 했다. 열세 살이던 제임스의 활동 무대는 존 로젠버그와 버지 박사가 프레스턴스버그에서 차를 몰고 와서 각각 예배를 드린 유대교 회당과 이슬람 사원과 멀지 않았다. 제임스 역시 한 세기 전에 매코이 가문과 햇필드 가문이 치열하게 싸웠던 지역을 떠돌고 있었다. 하지만 제임스가 이곳에서 어린 시절을 보내는 동안 또 다른 침묵의 전쟁이 훨씬 더 파괴적인 모습으로 변해가고 있었다.

## 두 가지 숨겨진 진실

　제임스의 어린 시절을 송두리째 뒤흔든 두 가지 비밀이 있었다. 첫 번째는 제임스가 8~13세일 때 두 명의 성인이 그에게 반복적으로 깊은 수치심을 안겨준 사건이었다. 이를 지역 당국에 알리면 공동체 전체가 공개적으로 수치심을 뒤집어쓸지 모른다는 두려움이 있었다.

그래서 지역 전통에 따라 이런 문제는 개인적으로 해결하거나 아예 숨기는 것이 나은 것으로 여겨졌다. 그러면 수치심을 가족의 테두리 안에 가둬둘 수 있었기 때문이다. 제임스는 그 누구에게도 말하지 않았다. "부모님께 말할 수 없었어요. 아버지에게 말했다면 두 사람은 총에 맞아 죽었을 테고 아버지는 살인죄로 감옥에 갔을 테니까요. 그래서 저는 침묵을 지켰어요. 하지만 그때부터 여기가 제가 있을 곳이 아니라는 느낌이 들기 시작했어요."

두 번째 비밀은 제임스뿐만 아니라 그의 부모님, 애슐리 누나, 몇 년 뒤에 제임스를 소생시킨 구급대원들, 터키크릭의 선량한 주민들, 그리고 백인 블루칼라 중심의 탄광촌이었던 러스트벨트 전체에 1990년대까지도 드러나지 않고 감춰져 있었다. 사실 이 두 번째 비밀은 제약 회사 퍼듀 파마(코네티컷에 본사가 있었다)를 소유한 범죄자인 새클러 일가가 쥐고 있었다. 새클러 일가는 뉴욕 현대미술관, 예일대학교, 하버드대학교 등에 거액을 기부하며 명망 있는 후원자 행세를 했다. 퍼듀 파마의 진짜 목적은 거짓말을 퍼뜨리는 것이었다. 진통제 옥시콘틴이 중독성이 없으며, 따라서 또 다른 진통제인 오피오이드보다 우수하다는 거짓 주장이었다. 이 회사는 켄터키 동부와 웨스트버지니아의 부상당한 광부들과 경제적 어려움을 겪는 그들의 가족을 포함한 취약 계층을 주요 표적으로 삼았다.

1996년부터 퍼듀 파마는 옥시콘틴을 비非중독성 진통제로 홍보하는 대대적인 광고를 시작했다. 먼저 영업 인력부터 늘렸다. 1996년 318명이던 퍼듀 파마의 영업사원은 4년 뒤에 671명으로 늘었다.[1] 특히 켄터키주에는 78명이 배치됐다.[2] 2000년 당시 켄터키주는 인구가 미국 전체의 1퍼센트에 불과했지만 새클러 일가의 공격적 마케팅에 특히 취약한 지역이었다.[3] 무엇보다 부상을 당해 통증 완화가 필요한 광부들의 비율이 유난히 높았기 때문이다.

두 번째로는 퍼듀 파마가 규제에 소극적인 주들을 집중 공략했기 때문이다.[4] 이 붉은 주들의 느슨한 규제는 (일상적으로 '정부의 관료주의 철폐'를 요구해온) 우파 정치인들이 내세우는 자부심의 원천이었다. 이런 주에서는 의약품을 구매할 때마다 영수증을 두 장만 요구했다. 한 장은 약사가 보관하고 또 한 장은 퍼듀 파마로 보내졌다. 규제가 더 엄격한 주, 주로 파란 주에서는 영수증 세 장을 요구했다. 세 번째 영수증은 규제 약물 처방을 감시하는 주 의료 당국에 제출해야 했다.

이 세 번째 영수증의 효과는 놀라웠다. 이후의 연구 결과 옥시콘틴의 유통량은 켄터키, 테네시, 웨스트버지니아처럼 규제가 느슨한 주(의약품 구매 시 영수증을 두 장 요구했다)가 뉴욕, 캘리포니아, 일리노이처럼 규제가 엄격한 주(의약품 구매 시 영수증을 세 장 요구했다)보다 50퍼센트나 더 많았다.[5]

'더 자유로운' 주들에서 퍼듀 파마는 이미 또 다른 마약성 진통제인 오피오이드를 대량 처방하는 의사들과 그 처방에 따라 약을 판매하는 약사들을 집중 공략했다.[6] 퍼듀 파마는 영업사원들을 대상으로 호화로운 휴양지에서 콘퍼런스를 열었고 의료 전문가들에게는 옥시콘틴 로고가 새겨진 낚시 모자, 인형, 음악 CD(〈옥시콘틴과 함께 스윙을 즐겨보세요〉) 같은 판촉물을 뿌렸다. 더 나아가 7~30일 분량의 옥시콘틴을 무료 제공하는 프로모션까지 진행했다.[7] 습관적으로 사용할 경우 헤로인과 유사한 금단 증상을 유발하는(이후 연구에서 밝혀졌다)

약품을 무차별적으로 살포한 것이다.

1996년부터 2001년까지 퍼듀 파마는 5000명 이상의 의사, 약사, 간호사를 초청해 통증 관리 콘퍼런스를 40회 개최하고 그 비용을 전액 부담했다.[8] 결정적으로 퍼듀 파마는 옥시콘틴 판매량을 늘린 영업사원에게 거액의 보너스를 지급했다. 2001년 퍼듀 파마 영업사원의 평균 연봉은 5만 5000달러였지만 연간 보너스는 1만 5000~24만 달러에 달했다. 그해 퍼듀 파마는 영업사원들에게 인센티브 보너스로만 4000만 달러를 지급했다. 또 퍼듀 파마는 전국의 의사와 약사를 대상으로 '처방자 프로필'을 구축하고 '의사 통화 목록'에 9만 4000명의 '처방자 프로필'을 포함시켰다. 각 의사의 우편번호, 주, 카운티 정보와 함께 처방한 약물의 수량이 기록된 프로필이었다.[9] 옥시콘틴을 더 많이 처방하는 의사일수록 퍼듀 파마 영업사원이 더 자주 방문했다. 매출은 폭발적으로 증가했다. 출시 첫해인 1996년 4800만 달러이던 매출은 2000년 11억 달러로 급등했고 2004년 옥시콘틴은 미국 내에서 가장 많이 남용되는 약물이 됐다.

작가 크리스 맥그리얼은 웨스트버지니아 윌리엄슨 지역의 '버려진 유령 상점'들을 따라 약국 드라이브스루 창구 앞에 자동차들이 줄지어 있었다고 썼다.[10] 제임스가 살던 곳에서 멀지 않은 웨스트버지니아주 분카운티에 있는 지역 술집 무스 라운지에서는 한때 손님이 옥시콘틴 반 알로 술값을 계산할 수 있었다.[11] 이른바 '약 공장pill mills'(처방전이 필요한 약을 불법으로 판매하는 곳-옮긴이)이라 불리는 윌리엄슨 웰니스센터, 터그 밸리 약국, 헐리 드럭, 그리고 강 건너 켄터키의 패밀리 약국의 주차장은 차들이 넘쳐났다. 이곳에서 대량으로 팔린 처방약들은 제임스 브라우닝처럼 수치심과 슬픔을 숨긴 채 살아가는 지역 주민들의 손에 들어갔다.

한편 대형 의약품 유통 회사인 아메리소스버겐의 영업 부서에서 작성해온 기밀 파일이 소송을 통해 공개됐다. 약품 영업사원들은 중독률 증가에 기뻐하면서 피해자들을 조롱하는 내용의 이메일을 주고받기도 했다. 한 직원은 TV 시리즈 〈베벌리 힐빌리스〉의 주제곡을 패러디해 플로리다의 피해자들을 조롱했다.

> 제드라는 남자 이야기 들어볼래
> 가난한 산골 사나이였지. 약을 살 돈도 겨우 마련할 만큼
> 그러던 어느 날 TV를 보다 알게 됐지
> 플로리다의 규제가 느슨하다는 걸
> 힐빌리의 헤로인 'OC(옥시콘틴)' 말이야
> 그 길로 제드는 남쪽으로 차를 몰기 시작했어
> 친척들은 말했지, "제드, 너무 많이 먹지는 마"
> 그래도 "햇살 가득한 플로리다가 네가 있어야 할 곳"이라고 했어
> 그래서 그들은 트럭에 짐을 싣고 서둘러 떠났지
> 남쪽으로 말이야
> 통증 클리닉, 현금만 주면 약을 받을 수 있는 곳
> 필빌리(약물에 찌든 힐빌리들을 조롱하는 말-옮긴이)들의 소굴로![12]

1999년부터 2021년까지 미국 전역에서 약물 과다복용으로 100만 명 이상이 목숨을 잃었다.[13] 애팔래치아 지역은 더욱 타격이 컸다.

2021년 미국 전체의 약물 과다복용 사망률은 10만 명당 32명이었지만 켄터키주는 10만 명당 56명에 달했다.[14] 내가 대화를 나눈 사람들이 사는 카운티들도 모두 피해가 심각했다. 와이엇 블레어의 고향인 배스카운티[15]의 경우 2022년 연간 약물 과다복용 사망률이 10만 명당 156명에 달했다.[16] 토미 래틀리프와 제임스 브라우닝 등이 자란 파이크카운티의 사망률도 10만 명당 91명이나 됐다. 희생자의 대부분은 고등학교 교육이 전부인 시골 지역 백인 중년 남성들이었다.[17] 게다가 퍼듀 파마의 영업사원들은 약물에 중독된 엄마에게서 태어나 발달 장애를 얻은 아기들의 숫자는 생각조차 하지 않았을 것이다.[18]

2007년 켄터키 주정부가 퍼듀 파마를 상대로 소송을 제기하면서 비로소 이 회사가 초래한 참혹한 피해 실태가 알려졌다. 이후 미국 전역의 도시와 카운티, 아메리카 원주민 부족, 병원 등에서 퍼듀 파마를 상대로 1600건 이상의 소송을 제기했다.[19] 퍼듀 파마 측 변호인들은 파이크카운티에서는 공정한 재판을 받을 수 없다면서 그 이유로 회사가 의뢰한 연구 결과를 제시했다. 이에 따르면 파이크카운티 주민의 29퍼센트가 자신 또는 가족이 옥시콘틴 과다복용으로 사망한 사람을 개인적으로 알고 있다고 답했다.[20] "제 첫 번째 심리치료사도 옥시콘틴 밀매 혐의로 기소됐어요." 토미 래틀리프가 말했다.

KY-5는 경제적 손실에 이어 약물로 인해 가족과 지역사회에 끔찍한 손실을 입었다. 2016년과 2018년 사이에 켄터키주는 친부모가 아닌 친척과 사는 아동의 비율이 미국에서 가장 높은 9퍼센트를 기록했다.[21] 위탁 가정에 맡겨진 아동도 5퍼센트에 달했다.[22] "물론, 아무 문제도 없다면 아메리칸드림은 보장된 거나 다름없죠." 토미 래틀리프는 대학 시절 한 초청 연사가 들려준 아메리칸드림을 이루는 방법을 다시 한번 떠올렸다. 그러고는 내게 말했다. "하지만 문제는 일어나기 마련입니다."

한 차례 약물 스캔들이 휩쓸고 지나가자 두 건의 또 다른 스캔들이 터져 나왔다. 최근 연구에 따르면 놀랍게도 퍼듀 파마를 상대로 한 줄소송에도 불구하고 경쟁 제약사들은 신뢰성이 의심되는 의사들에게 자사의 오피오이드를 홍보하는 일을 멈추지 않았다. 워싱턴대학교의 데이비드 탄David Tan은 최근 연구에서 "경쟁사들은 퍼듀 파마의 옥시콘틴 판촉으로, 그리고 오피오이드 대유행으로 고통받는 지역사회와의 유착 관계를 끊으려 하지 않는다"고 밝혔다.[23] 켄터키주로부터 소송을 당한 이듬해 퍼듀 파마가 옥시콘틴 판촉을 위해 영업사원들에게 배정한 예산은 94퍼센트 감소했지만 바로 다음 해 경쟁사들이 같은 지역에서 지출한 판촉 예산은 160퍼센트 **증가**했다.

그뿐만 아니라 토미와 제임스는 오피오이드 중독 치료제인 서복손Suboxone의 장기적이고 광범위한 사용에 대해 의구심을 갖기 시작했다. 서복손은 오피오이드 금단 증상을 완화하고 점진적으로 의존도를 줄여주는 약물로 '비非중독성'이라고 광고된다. 그러나 제임스는 말한다. "회복 중인 중독자 상당수가 서복손을 계속 복용하고 싶은 욕구를 느낍니다." 중독에서 회복한 사람들은 이 약을 받으려고 줄을 설 만큼 의존도가 높아지고 결국 약을 끊지 못한다. 그는 계속해서 설명했다. "헤로인이 몸 밖으로 완전히 빠져나가는 데는 7~14일이 걸리지만 서복손은 30일이 걸려요. 미국 보건부는 심지어 중독 환자가 서복손을 매일 복용하는 상태에서 완치 판정을 내리기도 합니다.

정부는 완치됐다고 말하지만 여전히 약을 먹고 있는 거죠." 제임스는 고개를 절레절레 흔들었다. 얼마 뒤 내가 제임스 그리고 토미와 함께 차를 타고 가는데 갑자기 제임스가 차의 속도를 줄이며 "저기 봐요!"라고 소리쳤다. 상가에 있는 작은 병원 앞에 큼직한 간판이 걸려 있었다. "가족 진료, 체중 감량, 서복손 처방."

서복손 제조사인 인디비어Indivior는 퍼듀 파마와 마찬가지로 서복손을 '중독성이 덜하다'고 허위 광고한 혐의로 소송을 당했다.[24] 또한 메사추세츠 주정부는 퍼듀 파마를 상대로 제기한 소송에서 퍼듀 파마가 2014년과 2015년 부프레노르핀과 날록손(서복손의 성분) 같은 중독 치료 약물이라는 '매력적인 시장'에 진출하는 방안을 검토한 사실을 증거로 제시했다.[25] "대형 제약사들이 또다시 일을 꾸미고 있는 거죠." 제임스가 말했다.

안타깝게도 두 개의 비밀, 즉 제임스가 어린 시절 학대당했다는 사실과 새클러 일가가 제임스 같은 희생자들을 표적으로 삼았다는 사실은 서로 충돌했다. 새클러 일가는 수십억 달러를 축적하면서 공공 재원을 고갈시켰다. 이 재원은 위탁 보호, 재활 서비스, 경찰력 강화, 교도소 운영, 치료 프로그램, 약물 규제, 공동묘지 관리 등에 절실히 필요한 돈이었다. 자부심 경제에서 마약 위기는 제임스의 사랑하는 가족과 그가 몸담은 공동체 그리고 이미 어려움을 겪고 있던 지역을 자부심 결핍이라는 고통스러운 늪으로 더욱 깊이 밀어 넣었다.

## 수치심의 악순환

나는 제임스에게 약물이 그의 자부심에 어떤 영향을 미쳤는지 물었다. 그는 중독에서 회복한 덕분에 명확하게 대답할 수 있다고 했다. "어릴 때 저에게 벌어진 일 때문에 수치심을 느꼈어요. 그래서 체인 지갑을 들고 보라색 모호크 머리를 하고 다녔죠. '그래, 수치심을 안겨봐! 비웃고 손가락질해보라고. 실컷 해봐. 난 준비됐으니. 나를 수치스럽게 만들어봐'라고 외치고 다닌 거였어요. 수치심에서 도망치려고 약물에 손을 댔어요. 그런데 약을 한다는 데서 또다시 수치심이 들었죠. 결국 저는 수치심의 악순환에 갇혀버렸어요. 수치심을 억누르려고 약을 했고, 약을 했다는 사실에 수치심을 느꼈으니까요. 저는 어머니를 실망시키고, 결혼 생활을 망치고, 아이들에게 상처를 줬어요. 하지만 토미 래틀리프의 도움으로 제 인생에서 처음으로 수치심에 대한 두려움에서 벗어날 수 있었어요."

제임스는 약물에 빠진 과정을 돌아보면서 약물 사용자들 사이에 존재하는 보이지 않는 위계 구조에서 자신이 갈수록 바닥으로 미끄러져 내려갔다는 사실을 깨달았다. 토미 래틀리프가 술꾼들 사이에서 발견했던 서열과 비슷했다. "이 위계의 최상위에는 약물 복용 습관을 관리하면서 적발되지 않는 사람이 있어요. 처음엔 저도 그랬죠. 저는 약을 하는 게 일종의 모험이라고 생각했어요. 열네 살에 처음 대마초를 피우고 고등학교 때 진통제로 넘어가면서도 '난 그냥 알약만 하는 거야'라고 스스로를 안심시켰어요. 그러다가 남편이자 아버지가 되고 일도 꾸준히 할 수 있게 되면서 저는 약물 습관을 잘 관리하고 있다는 생각에 오히려 자부심을 느꼈어요. 그러다가 이혼한 아버지가 됐죠. 전처가 자기 언니와 가까이 살겠다며 차로 여덟 시간 거리에 있는 곳으로 이사 갔어요. 저는 친구 다섯 명과 함께 마약 소굴로 들어갔고 결국 노숙 생활을 시작했습니다."

제임스가 말을 이었다. "우리는 나름대로 우리 자신과 다른 중독자들을 판단하는 방법을 만들어냈어요. 옥시코돈과 하이드로코돈을 코로 흡입할 때 나는 스스로에게 이렇게 말했어요. '그냥 나는 코로만 하고 있어. 그리고 직장도 있잖아. 난 마약쟁이가 아냐.' 그리고 그게 한동안은 통했어요. 하지만 어느 순간 '돕식dopesick'[아편 제제의 금단 현상을 일컫는 속어]이 왔고, 더 이상 일을 할 수 없게 됐어요. 그러던 어느 날 한 남자가 찾아왔어요. 누가 봐도 헤로인 밀매상이었죠. 그가 말했어요. '이봐, 내가 당신을 좀 편하게 해줄 수 있어.' 하지만 우리는 헤로인을 경멸했기 때문에 저와 친구들은 돈이 없다며 그 남자를 쫓아냈어요. 하지만 몇 주 뒤에 또다시 돕식이 왔고 그 남자도 다시 찾아왔어요. '공짜로 줄게.' 우리는 헤로인을 조금 했고 편안해졌어요. 잠시 동안은요. 그때 전 스스로에게 이렇게 말했어요. '나는 헤로인을 **코로** 하지 **주사로는** 안 하잖아.' 그렇게 4~5년 동안 헤로인을 코로 흡입하면서 '코로 하면 괜찮아. 하지만 주사로 하면 마약쟁이가 되는 거야'라고 스스로를 속였어요. 그러다가 주사를 쓰면 효과가 더 강하다는 걸 알게 됐어요. 저는 바늘을 싫어해서 한 여자에게 주사를 놓아달라고 부탁했어요. 제가 직접 주사를 놓는 건 아니니까 괜찮다고 생각했죠. 하지만 2년 뒤에는 결국 제가 제 손으로 직접 주사를 놓았어요. 마약쟁이가 된 거죠."

제임스는 약물 중독자들의 위계 구조에서 처음에는 최상위에 있었지만 헤로인 중독 12년 만에 결국 밑바닥으로 추락했다. "제 친구 다섯 명 중에……." 제임스는 한동안 말을 잇지 못하다가 다시 입을 열었다. "세 명이 죽었어요. 그중 한 명은 제 아들의 대부가 되어준 가장 친한 친구였어요. 그의 부모님은 사람들에게 아들이 '심장질환'으로 죽었다고 했죠. 회복 과정에서 저는 감정을 느끼는 대신 마약을 했다는 걸 깨달았어요. 그래서 감정을 느끼는 법을 처음부터 다시 배워야 했어요. 마치 네 살짜리 아이가 된 기분이었어요. 한 번은 차를 몰고 가다가 창밖으로 눈부신 석양을 봤어요. 차를 길가에 세우고 그 아름다움에 눈물을 흘렸어요. 그때 저는 제가 느낀 감정을 뭐라고 표현해야 할지 몰랐어요. 나중에 12단계 회복 모임의 멘토가 제게 말하더군요. '제임스, 그건 경외감이에요.'" 자신의 감정에 새롭게 눈뜬 그는 감정에 대해 생각하기 시작했고 많은 대화를 통해 감정에 대한 통찰을 내게 들려주었다.

### 도움을 주는 사람

제임스는 두 가지 자부심을 구분했다. 하나는 직접적인 자부심이다. 자신의 아버지와 박사 학위 취득을 앞둔 애슐리를 보면서, 그리고 중독에서 회복한 뒤에 스스로 타고난 치유자의 재능을 발견하면서 느낀 감정이었다. 그에게 자부심은 다른 사람에게 '쓸모'가 있고 '도움'이 되는 존재가 되는 것에 있었다. 제임스와 애슐리에게는 가족뿐만 아니라 더 넓은 세상의 사람들, 즉 개인적으로 잘 알지 못하는 가난한 사람들, 중독자들, 다른 인종의 사람들을 돕는 것도 중요했다.

제임스는 또한 겸손한 자부심과 오만한 자부심을 구별했다. 자부심의 계층 구조에서 밑바닥을 찍고 다시 올라온 제임스는 이렇게 말했다. "제가 감히 자부심을 느껴도 될까요? 이곳에서는 자부심을 너무 많이 내세우면 안 돼요. 왜냐하면 우리는 오만하게 거드름 피우는 자부심, 다른 사람의 인정을 요구하는 자부심은 좋아하지 않거든요. 우리는 겸손한 자부심을 좋아합니다. 그건 마땅히 가질 자격이 있음에도 결코 요구하지 않는 자부심이에요. 제가 죽으면 사람들이 저에 대해 좋은 말을 해줬으면 좋겠어요." 그는 씨익 웃으며 덧붙였다. "그리고 그게 진심이었으면 좋겠네요."

제임스의 아버지는 그의 할아버지가 그랬던 것처럼 자랑스러운 노조원이었다. 제임스 자신은 노조원이 아니었음에도 아버지에게 물려받은 유산처럼 노조원으로서 자부심을 느꼈다.

광산 노동이 위험한 만큼이나 1921년 미국에서 가장 강력한 노조인 광산 노동자 연합 United Mine Workers 을 조직하는 일에도 많은 위험이 따랐다.[26] "메이트원 전투에 대해 들어보셨나요?" 제임스가 물었다. "메이트원은 웨스트버지니아주 터키크릭에서 남동쪽으로 25킬로미터 떨어진 곳에 있어요. 국립 유적지로 지정돼야 하는 곳이죠. 1920년 스톤 마운틴 석탄 회사의 광부들은 위험한 광산에서 장시간 일하면서도 낮은 임금을 스크립(회사 상점에서만 사용할 수 있는 증서)으로 받았어요. 노동자들과 이들을 내쫓기 위해 회사가 고용한 탐정들이 대치하는 과정에서 10명이 사망했습니다."[27] 제임스가 말했다. 메이트원 사건은 이후 폭력의 악순환을 불러왔고 결국 블레어 마운틴 전투로 이어졌다.[28] 이 전투에서는 친기업 성향의 보안관이 민간 항공기를 빌려 노조 본부를 폭격했고 최소 16명이 목숨을 잃었다.

"레드넥이라는 말의 유래를 아세요?" 나중에 제임스의 누나가 내게 물었다.[29] "석탄 전쟁 당시 노조 소속 노동자와 회사에서 고용한 대체 노동자를 구별하는 방법이 있었어요. 노조를 위해 싸우는 노동자들은 회사 유니폼을 입고 있었고 그 유니폼에는 빨간 스카프가 달려 있었죠. 그리고 백인 노조원은 흑인과 이민자를 형제자매로 여겼어요. 그래서 레드넥이 된다는 건 원래 자랑스러운 일이었어요."

게다가 제임스는 아버지가 철도 노조에서 일한 덕분에 경제적으로 성공하고 아메리칸드림에 발을 걸칠 수 있었다고 생각했다. "아버지는 찢어지게 가난하게 자랐어도 저와 누나는 철도 노조 덕분에 중산층으로 자랄 수 있었어요." 제임스는 덧붙였다. "석탄이 사라지면서 노조도 함께 사라졌어요. 제 손주들은 노동조합이 뭔지나 알까요?"

제임스는 아버지를 비롯해 아버지 또래 지역 남성들과 자신을 비교했을 때 자부심 경제에서 자신이 더 낮은 위치에 있다고 생각했다. "아버지는 가난하게 자랐지만 제 나이쯤엔 새 트럭과 넓은 이동식 주택이 있었어요. 여름이면 우리 가족을 해변에 데려갔고요. 아버지는 우리를 부양하기 위해 노력했죠. 자신을 위해 노력한 게 아니었어요." 제임스는 덧붙였다. "뭐, 약간은 아버지 자신을 위한 것도 있었겠죠. 아버지는 고물차를 구해와 직접 수리하면서 그걸 자기 장난감이라고 부르셨어요."

하지만 제임스의 자부심은 스스로 돈을 벌어 사는 물건에 있지 않았다. "이 지역 남자들은 대개 가족을 먹여 살리는 부양자가 되고 싶어 합니다. 그 점은 높이 평가해요." 제임스가 말했다. "하지만 돈을 제외하면 자신의 일에서 자부심을 느끼는 경우는 별로 없어요. 술집에서 누군가가 '무슨 일 하세요?'라고 물었을 때 '저는 [건축 회사]에서 일해요. 건설 노동자예요'라고 대답하면 상대방은 '아……' 하고 얼버무릴 거예요. 아니면 '저는 [나무를 제거해주는 회사]에서 일해요'라고 대답해도 상대는 '아……'라고 하죠. '가스 회사에서 일해요. 배관공이죠'라고 해도 '아……'라고 할 테고요. 하지만 제가 '저는 중독 회복과 관련된 일을 하고 있어요'라고 하면 상대방은 '아, 좋은 일이네요'라고 할 겁니다. 그러면 저는 그 말을 제 자부심 계좌에 저축해두겠죠." 제임스는 장난스럽게 웃었다. "아마도 제가 하는 중독 회복 일이 이 지역에 정말로 필요하기 때문인 것 같아요."

## 우리는 그들과 얼마나 다른가

2017년 파이크빌로 몰려들 준비를 하던 행진 참가자들은 백인들만의 미국을 원했다. "이민자를 막아라. 흑인을 억눌러라. 그게 그들의 생각이었어요." 제임스는 말했다. "하지만 우리 중 일부는 동부 켄터키에서 이주해온 사람들이에요. 그리고 우리가 이주한 지역에서는 힐빌리들도 환영받지 못했어요. 적어도 예전에는 그랬어요. 흑인들과 같은 신세였던 거죠."

제임스에게는 세 가지 선택지가 있었다. 이곳에 남거나 떠나거나 떠났다가 다시 돌아오거나. "우리는 이곳을 사랑해요. 우리 가족, 공동체, 산, 전통까지요. 하지만 어릴 때부터 저는 이곳에 계속 살 수 있을지 확신이 없었어요. 저는 고래, 상어, 물뱀을 좋아해서 해양생물학자가 되고 싶었어요. 하지만 터키크릭 주변에는 바다가 없잖아요? 남는 것도 힘들지만 떠나기도 힘들어요." 제임스가 설명했다. 대개 친척들은 젊은이들에게 고향에 남을 것을 권했다. "가족이 우리가 돌아오기를 바란다는 것은 항상 알고 있었죠." 애슐리 브라우닝이 말했다. "제가 테네시대학교 대학원에 다니게 됐을 때 숙모가 이렇게 말했어요. '애슐리, 우리는 네가 정말 자랑스러워. 하지만 우리 마을에도 유치원 교사가 필요해. 너 **영영 떠나버리진** 않을 거지?'"

제임스가 말을 이어받았다. "집을 떠났다가 돌아오면 사람들은 다시 '정상적'인 말투를 쓰라고 놀려대요. 제 고등학교 동창들 중에도 이곳을 떠났다가 돌아온 사람이 많아요. 누구는 대학 생활이 안 맞아서, 누구는 직장에서 잘 안 풀려서, 또 누구는 몸을 다쳐서 집으로 돌아왔죠. 저는 아내가 떠난 뒤에 집에서 살려고 돌아왔고요."

켄터키 동부에 남는 사람들과 떠나는 사람들 사이에는 멕시코, 중앙아메리카, 남아메리카의 상황과 흥미로운 유사점이 있다. 켄터키 동부를 비롯한 미국의 시골 지역은 세계 경제에서 가난한 지역들이 맡는 역할을 미국 경제에서 수행해왔다. 즉 미국 국내 경제에서 KY-5는 멕시코와 비슷한 위치에 있는 셈이다.

미국에서 일자리를 얻기 위해 멕시코를 떠나온 사람들은 종종 억양과 옷차림에 대한 질문과 함께 어디서 왔는지 설명하라는 요구를 받는다. 애슐리 브라우닝이 보스턴의 한 서점 직원에게 어디 출신인지를 질문받은 것처럼 말이다("제가 켄터키 동부라고 말하자 점원은 카운터 너머로 몸을 내밀어 제가 맨발이 아닌지 확인하더군요").

한편 멕시코에 남아 있는 사람들은 '떠난 이들'의 부재를 애통해하며 그들을 기다린다. 이와 동시에 가족과 마을의 지인들이 한 지역에서 다른 지역으로 '연쇄 이주'하는 경우도 있다. 멕시코 치아파스의 작은 마을에서 캘리포니아 머데스토로 또는 켄터키주 터키크릭에서 오하이오주 신시내티로 이동하는 식이다. 두 경우 모두 사람들은 어딘가 경제적으로 더 강한 지역에서 '더 나은 삶'을 꿈꾼다.

도널드 트럼프는 멕시코를 떠나려는 사람들을 막는 것에 초점을 맞추고 이들이 "우리나라의 피를 더럽힌다"고 비난했다.[30] 23번 국도를 타고 켄터키 동부를 떠나는 많은 사람이 국경에 장벽을 건설하는 것을 지지하며 트럼프에게 표를 던졌다. 그렇게 남아메리카의 개발도상국에서 이민자가 들어오는 것을 막고 싶었던 것이다.

"참 아이러니하죠. 트럼프는 우리가 멕시코 이민자들을 싫어하도록 부추기고 있어요." 제임스가 말했다. "하지만 켄터키 동부까지 오는 멕시코인은 정말 극소수예요. 설령 멕시코인이 온다고 해도 우리는 이곳을 떠날 준비를 하느라 알아차리지도 못할 거예요. 그런데도 우리가 이 지역을 떠나듯이 자기 나라를 떠나는 사람들을 무시하라는 요구를 받아요. 국경을 막고 싶든 말든 간에 도대체 왜 우리에게 이민자를 무시하거나 증오하라고 요구하는 건가요? 누구든 무시당하면 기분이 좋지 않잖아요."

제임스는 흑인과 애팔래치아 백인에 대한 자신의 생각을 이렇게 정리했다. "이 지역 백인은 대개 보지 못하는 부분이지만 사실 우리에게는 흑인과의 연결 고리가 있어요. 석탄 회사는 우리의 노동력을 착취하고, 우리의 폐를 검게 만들고, 우리 할아버지 같은 사람들을 죽게 하고, 물을 오염시킨 다음 돈을 챙겨 떠났습니다. 우리는 멍청한 힐빌리 취급을 당한 거죠. 노예 취급을 받았다고까지는 말하지 않을게요. 그건 아니니까요. 하지만 우리는 철저히 이용당하고 버려졌어요. 상당수의 흑인 소년이 우리 아버지처럼 아버지 없이 자랐고, 우리 아버지와 삼촌처럼 어릴 때부터 일을 해야 했고, 대학에 가지 못했어요. 그리고 이제 석탄 관련 일자리가 사라지면서 백인 남성인 제 친척들은 흑인들이 남아 있었다면 최하층인 그들에게 돌아갔을 일자리를 거의 대신하게 됐어요." 백인과 흑인 사이의 유사점에 대한 제임스의 생각은 데이비드 메이너드의 견해와 일맥상통했다. "참 아이러니하지 않나요?" 제임스는 생각에 잠긴 채 말했다. "트럼프는 우리에게 이민자와 흑인을 무시하라고 하죠. 사실 이 두 집단은 우리와 공통점이 꽤 많아요. 그런데 우리는 트럼프에게 표를 던지잖아요. 그는 이민자를 '강간범', 흑인 생명 존중 운동가를 '폭력배'라고 불러요."[31]

백인 가운데 '남은 자들'인 제임스의 가족은 흑인을 따뜻하게 맞아 주었다. "우리 부모님은 편견이 있는 분들이 아니에요." 제임스는 신중하게 단어를 골랐다. "아버지는 흑인들과 분리된 환경에서 자라셨지만 저녁 식사 자리에서 흑인을 비하하는 단어가 들린 적은 한 번도 없었어요. 아버지는 철도 회사에서 41년간 일하면서 클라이번 도드슨이라는 흑인 조합원과 무척 친해지셨어요. 아버지는 재능 있는 예술가이기도 했던 클라이번의 작품을 가족 선물로 구매하고, 그를 우리 집에 초대하기도 했어요. 저는 고등학생 시절에 내내 필리핀계 여자 친구와 사귀었지만 아버지는 전혀 문제 삼지 않으셨어요. 또 삼촌 중 한 명은 한국전쟁에 참전했다가 한국인 신부를 데리고 돌아오셨죠. 그래서 제 사촌 중 세 명은 혼혈이에요. 가족 모두 그것을 자연스럽게 받아들입니다. 하지만 제 혼혈 사촌 한 명은 학창 시절 매일 놀림을 당하면서 결국 흑인에 대한 편견을 갖게 되었고 트럼프에게 투표했어요. 학교에서 《톰 아저씨의 오두막》을 읽었어요. 앨릭스 헤일리의 〈뿌리〉 시리즈도 전부 시청했고, 역사 시간에 분리 정책과 민권 운동에 대해 배웠어요."

나는 그에게 차로 세 시간 거리에 있는 코빈에서 1919년 흑인들이 강제 추방된 사건에 대해 들어본 적이 있는지 물었다. "네, 어렴풋이 알고 있어요." 그는 기억을 더듬었다. "터키크릭으로 이사 오기 전에 우리 가족은 윌리엄슨[데이비드와 셰이 메이너드가 결혼한 곳]에서 차를 타고 남쪽으로 11분 가면 나오는 켄터키주 번웰에서 살았어요. 제가 가장 친한 친구인 트레이의 가족은 오래된 커다란 집을 가지고 있었어요. 트레이의 증조할아버지가 창고로 쓰셨던 곳이죠. 제가 열한 살쯤 됐을 때 트레이와 함께 그 안을 뒤지다가 1940~50년대 편지가 담긴 상자를 발견했어요. 편지들에는 언제 어디서 만날지가 적혀 있었어요. 우리는 그 편지들이 뭔가 **좋지 않은** 것임을 알았어요. 알고 보니 트레이의 증조부는 KKK 단원이었어요. 우리는 수십 년 전 바로 그곳 번웰에서 흑인 가족의 집이 불타버렸다는 이야기도 들었어요." 토미 래틀리프처럼 제임스도 한때 활발하게 활동했던 KKK의 위협적인 존재감을 느꼈다. "이 모든 일에 대해 트레이와 이야기를 나눌 수 있으면 참 좋겠네요." 제임스는 잠시 말을 멈추었다. "트레이는 약물 과다복용으로 세상을 떠났거든요."

"어느 날 사촌과 삼촌이 모두 모인 저녁 식사 자리에서……." 애슐리가 말했다. "제가 '백인 특권'이라는 말을 꺼냈더니 식탁에 있던 거의 모든 사람이 발끈했어요. 그들은 **특권**이라는 단어에 화를 낸 거였어요. 그들은 그 말을 모욕으로 받아들였죠." 애슐리는 이어 이렇게 회상했다. "아버지는 비웃음을 터뜨리며 곧바로 저를 집에서 쫓아내셨어요. 그러면서 그러셨죠. '난 열다섯 살에 일을 시작했고, 이후 한 번도 쉰 적이 없어. 열여섯 살이 돼서야 처음 내 **칫솔**을 갖게 됐고.'"

**특권**이라는 단어에는 여유롭게 살면서 거들먹거리고 잘난 체하는 사람, 즉 자부심을 가질 자격이 없는 사람이라는 뜻이 담겨 있는 듯했다. 애슐리의 친척들에게 그런 사람은 공감할 수도, 좋아할 수도 없는 사람이었다. 어쩌면 그들이 불쾌감을 느낀 또 다른 이유는 그 단어가 모든 것을 지워버리는 듯했기 때문일 것이다. 그들이 겪은 고난, 이를 악물고 세월을 견뎌온 인내, 자신의 공을 들먹이지 않는 품위 같은 것들이 죄다 사라지는 느낌이 들었을 수도 있다. 제임스는 말했다. "이 지역뿐만 아니라 여러 곳에서 흑인이 성공하면 백인이 몰락한다고 생각하는 사람이 많아요. 그리고 자신이 사는 지역이 어려운 상황에 처했다면 더는 추락하고 싶지 않겠죠."[32]

정치학자 크리스토퍼 파커가 주장했듯이 극우는 이런 집단을 '지위 위협', 즉 국가적 자부심 경제에서 자부심을 상실할 수 있는 대상으로 본다.[33]

지역사회의 자부심에 가해진 뼈아픈 타격은 '경제적 철수', 즉 광산, 제재소, 타투숍 등의 폐업에서 비롯됐다. 그밖에 노동조합의 소멸, 임금 하락, 주민 감소, 마약 유입도 타격이 됐다. 한편 주류 미디어에서는 여성, 흑인, 이민자, 성소수자의 자부심을 강조하는 목소리가 높아졌다. 어떤 사람에게는 반가운 변화였지만 다른 사람에게는 상실감을 넘어 지워지고 대체된다는 느낌을 더해줄 뿐이었다. "모든 변화가 좋은 변화는 아니죠." 한 남성이 감정을 담아 말했다.

마약의 세계에서 제임스는 인종 간의 숨겨진 연결 고리를 발견했고 이 연결 고리가 자신에게 수치심을 남겼다고 느꼈다. 그는 12년간 헤로인에 중독되었던 경험을 돌아보며 좀 더 개인적인 또 다른 유사점을 발견했다. 이번에는 윌리엄(가명)이라는 남자와 관련된 흑인 마약 조직에 관한 이야기였다. "헤로인을 할 때 저는 돈을 마련해야 했어요. 처음에는 흑인 마약상에게 헤로인을 사다가 다른 사람들에게 되팔았죠. 그러다 마약상이 내가 필요한 양보다 많은 헤로인을 산다는 사실을 눈치채고 이렇게 말했어요. '너는 이제 내 보조 판매상이야. 나를 클리블랜드까지 태워다주면 수수료를 줄게. 내 운반책이 돼달라는 말이야.' 그때 저는 꿈이 이뤄졌다는 생각에 편도 여섯 시간이 걸리는 길을 왕복으로 차를 몰았어요. 그는 저를 믿었고 저는 그의 비밀을 지켜줬죠. 그는 친구였어요. 하지만 제가 돕식 증상으로 고통받으며 약을 끊게 도와달라고 부탁했을 때 그는 도와주지 못했어요. 그는 한 여자가 자신을 밀고할까 두려워했죠. 그러면 10년형을 받게 돼요. 그래서 저를 도와주지 않았어요."

여자라고? 나는 궁금증이 일었다. 나중에 제임스에게 손에 새긴 문신에 대해 물어보다가 그 여자가 누구인지 알게 됐다. 그의 왼쪽 손가락 마디에 'N.T.T.S'라는 네 글자가 새겨져 있었다. "사람들에게는

'절대 시스템을 믿지 마라Never Trust The System'라는 뜻이라고 말해요. 하지만 제가 마약에 빠져 있던 시절 윌리엄을 파이크빌에서 클리블랜드까지 태워주고 돈을 벌 때 여성 중독자를 대여섯 명씩 같이 태우고 다니곤 했어요. 윌리엄이 마약으로 산 여자들이었어요. 만약 경찰이 우리보고 차를 세우라고 하면 여자들은 재빨리 마약을 자신의 질 속에 숨겼어요.[34] 여섯 시간 넘게 그러고 있는 건 좋게 봐도 상당히 위험한 행동이었죠. 제 손가락에 새긴 문신의 의미는 '마약 운반책을 절대 믿지 마라Never Trust The Stuffer'예요. 윌리엄은 그 여자들을 믿지 않았어요. 우리를 밀고할 수도 있었으니까요. 이제는 그 여자들이 어디서 뭘 하고 사는지 전혀 몰라요."

제임스가 마약에 빠졌다가 다시 빠져나온 과정은 대부분 백인이 주류를 이루는 세계에서 일어났다. 흥미롭게도 1970년대와 1980년대에는 실업으로 좌절한 도심 지역의 아프리카계 미국인을 표적으로 매우 유사한 현상이 발생했다. 1980년대 들어 흑인 사회에서는 (자살이 아닌) 약물과 알코올 중독으로 중년층의 사망률이 급증했다.[35] 사회학자 윌리엄 줄리어스 윌슨의 지적처럼 공장 일자리의 해외 이전으로 블루칼라 흑인 남성들의 중산층 진출이 막혀버린 것이 원인이었다. 1990년대 애팔래치아 지역 백인이 광산 폐쇄로 타격을 받은 것과 같은 상황이었다. 두 경우 모두 경제적 손실 뒤에 절망으로 인한 죽음의 물결이 이어졌다. 처음에는 흑인 사망률이 백인 사망률보다 높았지만 2000년 이후에는 흑인 사망률이 하락한 반면 백인 사망률은 상승하기 시작했다. 이런 추세는 2013년 흑인 사망률이 다시 상승하기 전까지 지속됐다.[36]

제임스는 자신의 왼손을 바라보며 말했다. "이 문신을 지우고 싶지는 않아요. 제가 얼마나 나락으로 떨어졌는지, 그리고 얼마나 높이 다시 올라왔는지 상기시켜주니까요." 그다음 그는 자신의 오른손을 가리켰다. "이 손에는 반지가 네 개 있어요. 하나는 에덴동산에 있던 '생명의 나무' 반지, 또 하나는 12단계 모임 반지예요. 그다음은 고등학교 졸업 반지이고 새끼손가락에는 오닉스 반지예요. 오닉스는 치유를 의미하는 검은 보석이죠. 보세요." 제임스는 잠시 말을 멈췄다가 덧붙였다. "저에겐 수치심의 손과 자부심의 손이 있어요."

다른 많은 '군중 속의 얼굴'과 마찬가지로 제임스 브라우닝도 아메리칸드림을 가로막고 있는 자부심의 역설 속에서 성장했다. 즉 아메리칸드림을 이룰 기회는 제한적이지만 실패에 대한 책임은 온전히 개인이 지는 현실에서 자라난 것이다. 그리고 젊은 제임스가 이런 현실을 완전히 인식하기도 전에 제약 회사가 그의 아메리칸드림을 빼앗아갔고 심지어 그의 목숨까지 앗아갈 뻔했다.

한편 가해자들은 수치를 당했지만 처벌은 공평하게 이뤄지지 않았다. 〈애팔래치안 뉴스 익스프레스〉에 따르면 2022년 한 지역 마약상은 자신이 마약을 판매한 파이크빌 주민을 과다복용으로 사망에 이르게 한 혐의로 징역 20년형을 선고받았다.[37] 그러나 이 글을 쓰는 현재까지 퍼듀 파마의 소유주인 새클러 일가는 어느 누구도 감옥에 가지 않았다. 사회계층이 아래로 내려갈수록 처벌은 더 무거워지는 듯했다. 수갑을 차고 죄수복을 입고 교도소에 수감되는 것 자체가 지역 마약상들과 그 가족에게는 더 큰 수치심을 안겨주었다. 즉 사회계층이 낮을수록 더 큰 수치심을 감내해야 하는 것처럼 보였다. 돈의 논리는 자부심을 빼앗는 또 하나의 숨겨진 방식인 듯했다.

## 절벽을 오르며

하지만 제임스는 다시 돌아왔다. 토미 래틀리프의 지도 아래 제임스는 노숙자 보호소로 옮겼다가 경비원으로 취직하고 커뮤니티 칼리지에 등록했다. 이후 그는 한 재활 센터에 채용되어 그곳에서 치유자로 능력을 인정받았다.

"중독에 빠지기 전에는 암벽 등반을 무척 좋아했어요." 제임스 브라우닝은 나와 여러 차례 대화를 나누다가 언젠가 이렇게 말했다. "회복한 뒤에 제 앞에 실제로 살아갈 인생이 있다는 것을 깨닫고 다시 등반을 시작했어요. 제가 잘 아는 절벽이 하나 있는데요. 거기에는 오른손으로 잡고 오른발도 함께 올려야 하는 홀드(손이나 발을 딛는 지점-옮긴이)가 하나 있더라고요. 그 지점에 이를 때마다 좌절했죠. 그 오랜 시간 동안 마약에 중독되어 자신감을 다 잃었으니까요. 하지만 결국 손을 짚은 자리로 발을 옮기는 데 성공했고 거의 정상까지 올라가게 됐어요. 그때 거의 자부심에 가까운 감정을 느꼈죠. 그동안 제가 겪어온 일들을 생각하면 그런 감정을 느끼는 것이 쉽지 않았거든요."

그는 잠시 말을 멈추었다.

"하지만 마침내 정상에 올라서 장엄한 애팔래치아 산맥을 바라보니 어떤 곳은 잘려나가고 어떤 곳은 깊이 파여 있었어요. 저는 그걸 당연하게 여기고 싶지 않았어요. 산들도 우리처럼 힘겨운 시간을 견

더 왔으니까요. 아래를 내려다보니 제 생명의 은인인 토미 래틀리프가 로프를 잡고 있었어요. 저는 제가 땅에 묻어야 했던 친구들을 생각했습니다. 그러다 문득 '회복 등반'이라는 새로운 단체를 만들 수 있겠다는 생각이 들었어요. 중독자들에게 도움이 될 것 같았어요. 하지만 마약이 아닌 다른 것에 중독된 사람도 많습니다. 예를 들어 정치인의 말에 중독된 사람도 있죠. 회복 후에 다시 등반을 했을 때 저 산들을 바라보면서 제가 생명의 일부가 된 듯한 느낌을 받았어요. 제가 거대한 존재처럼 느껴졌고 기분이 좋았어요. 하지만 시간이 지나면서 세상과 다시 연결됐다는 느낌이 들었고 정상에 올랐을 때는 뭔가 색다른 감정을 느꼈어요." 제임스가 말했다. "제가 작아진 기분이 들었어요. 기분이 좋았습니다."

# 3부 격동하는 정치

"이 나라는 백인 남성이 건설했다! 오직 순수 백인 피를 가진 사람만이 국가의 일원이 될 수 있다! 두 번째 분리 독립이다! 다양성은 곧 백인 집단 학살이다!"
1미터 남짓한 철제 자전거 거치대 뒤편에서 맞불 시위대가 소리쳤다. "애팔래치아가 상대해주마, 나치 쓰레기들아! 우리가 박살 내주마! 나치의 면상에 주먹을 날려줄게! 모든 민족, 모든 인종 만세!"

# 11장    자부심과 수치심의 대결

       2017년 4월 30일 파이크빌의 한낮 기온은 섭씨 32도에 달했고, 행진 참가자들은 이미 한 시간이나 늦어지고 있었다. 지역 라디오 방송국들은 하임바크 일행이 야영했던 화이츠버그 외곽에서 파이크빌까지 65킬로미터의 이동 경로를 따라 중무장한 백인 민족주의자들이 차량 35대에 나눠 타고 시 밖에서 파이크빌로 향하는 상황을 보도하고 있었다.

    시청 사무실에서 도너번 블랙번은 이미 대응 계획을 세워둔 상태였다. 먼저 시민들을 위험에서 벗어나게 한 뒤, 거리에서 사람들을 철수시키고 상점 문을 닫게 할 계획이었다. 유파이크 학생들에게는 이미 캠퍼스를 떠날 것을 권고했다. 학생들이 주도했던 맞불 시위는 연기됐다. 행진 참가자들의 캠퍼스 출입이 금지됐고 이에 대한 반발로 파이크빌대학교 총장인 버턴 웨브는 익명의 살해 협박을 받았다. 그는 경찰의 보호를 받으며 비공개 장소로 옮겨갔다. 거기서 메인스트리트의 감시 카메라와 연결된 컴퓨터 모니터로 행진을 지켜볼 참이었다. 마운틴 미션이라는 종교 단체는 모두에게 평화를 호소하는 기도를 보내왔다.[1] 행진에 대비해 무장한 흔적은 대부분 감춰졌다. 폭동 진압 차량과 구급차는 눈에 띄지 않게 시 외곽의 대형 무기고에서 대기 중이었고 파이크빌 경찰과 주경찰, 어류 및 야생동물보호국, 파이크카운티 보안관 사무실, 인근 도시의 경찰과 함께 주방위군까지 대기 상태에 들어갔다.

각양각색인 매슈 하임바크의 지지자와 반대자는 교묘하게도 서로 다른 경로를 통해 마을에 드나들도록 지침을 받았다. 메인스트리트에는 이중 콘크리트 차단벽과 함께 자전거 거치대가 설치됐고 그 뒤로는 이미 소란스럽고 들뜬 군중이 줄지어 있었다. "폭발물 차량을 막으려고 차단벽을 추가했습니다." 블랙번은 설명했다. 방탄조끼를 입고 무전기를 든 그는 FBI와 함께 전술팀 소속으로 옛 보안관 사무실 2층에 자리 잡고 있었다. 그곳에서는 메인스트리트가 내려다보였다. 우리가 만날 근심 많은 시민 한 명은 허리에 권총을 차고 거리에 서 있었다.

한편 매슈 하임바크는 나치식의 긴 장화, 방패, 문신, 선글라스와 함께 총기를 드러내 힘을 과시하며 마을을 충격에 빠뜨릴 준비를 했다. 앞서 말했듯이 2016년 루이빌에서 열린 트럼프의 선거 유세에서 매슈는 흑인 학생인 카시야 은완구마를 밀치며 고함을 쳤다가 체포되어 경범죄로 기소되었다. 그러나 법원이 출석 요구서를 보내기도 전에 켄터키를 떠나 당국의 손길이 닿지 않는 곳으로 숨어버렸다. 그 뒤로 여전히 수배 중이던 그가 다시 켄터키주로 돌아온 것이다.

## 군중 속에서 사라진 얼굴들

하임바크 일행이 마을로 행진하는 모습을 보기 위해 인도에 늘어섰던 시민들 중 상당수가 자리를 떴다. 인종이 통합된 파이크빌고등학교에 입학했지만 바비 삭스 그릴 식당에서는 환영받지 못했던 루스 멀린스는 집의 문을 단단히 걸어 잠그고 텔레비전으로 지역 뉴스를 시청했다. 홀로코스트 생존자인 존 로젠버그는 아내와 함께 집에 머물렀고 그의 반反증오 연설문은 서랍 깊숙이 보관돼 있었다. 프레스턴스버그 외곽의 마스지드애비뉴에 위치한 동부 켄터키 마스지드 알 파루크 이슬람 센터 안에는 사이드 바드루두자 박사의 비서가 앉아 있었다. 보안관은 모스크의 임시 이맘을 맡고 있는 인도 출신 의사 바드루두자 박사에게 모스크를 예의 주시하고 있다며 그를 안심시켰다.

다른 이유로 군중 속에 모습을 드러내지 않은 사람도 있었다. 어려운 환경 속에서도 성공을 위해 애쓰던 앨릭스 휴스는 루이빌의 새 직장에서 바쁜 나날을 보내고 있었다. KKK 문신을 한 와이엇 블레어는 여전히 감옥에 있었다. 연인과 영화관에서 결혼식을 올렸던 데이비드 메이너드는 트레일러의 문을 걸어 잠그고는 총을 끼고 앉았다. 개미 떼를 보고 영감을 얻었던 토미 래틀리프는 기말고사를 앞두고 공부에 몰두하고 있었다. 제임스 브라우닝은 당시 헤로인에 중독된 노숙자 신세였다. 이들이 바로 그날 군중 속에서 볼 수 없었던 얼굴들이었다.

대신 그 자리에 있었던 것은 지역, 주, 전국 그리고 국제 언론들이었다.[2] 〈가디언〉, AP통신, ABC 방송, 〈애팔래치안 뉴스 익스프레스〉,

웨스트버지니아 공영 방송 등이 취재진을 파견했다.

붉은색과 검은색 스카프를 두른 안티파 시위대 200여 명도 초조하게 행진을 기다리고 있었다. 그중 일부는 호루라기, 북, 확성기를 들고 있었다. 그들과 함께한 레드넥 리볼트는 대부분 백인으로 구성된 좌파 성향의 인종차별 반대·총기 소유 찬성 단체였다.[3] 그들은 붉은색 스카프를 두르고 "레드넥은 인종차별에 반대한다"라고 적힌 대형 팻말을 들고 있었다. 맞은편에는 남부연합 회원들이 진을 치고 역시 초조하게 기다리고 있었다. 시간 맞춰 현장에 도착한 사람들은 한참이나 늦어지고 있는 매슈 하임바크 일행을 기다리고 있었다. 행진 참가자들은 물론 반대 시위대도 거의 대부분 외지인들이었고 그중 상당수는 다른 주에서 왔다.

"파시스트는 기차를 제시간에 운행한다면서 당신네 사람들은 지금 어디 있는 거지?"[4] ('파시스트는 기차를 제시간에 운행한다'는 무솔리니의 발언을 비꼰 말이다-옮긴이) 안티파 시위대 한 명이 비아냥거렸다.

"목욕이나 좀 해!" 그러자 남부연합 쪽에서 조롱 섞인 대답이 돌아왔다.

오후 2시 55분경 경찰이 메인스트리트 중앙에 일렬로 늘어서기 시작했다. 경찰관들은 검은색 헬멧 위로 플라스틱 안면 보호대를 젖혀 올리고는 검은 벨트에 총을 차고 회색 셔츠를 입고 있었다(일부는 배가 불룩 튀어나와 보였다). 그들은 다리를 벌리고 허리춤에 양손을 올린 채 무표정한 얼굴로 행진 참가자들과 반대 시위대 사이에 일렬로 늘어섰다. 한 경찰관이 극단주의자 쪽을 바라보면 다음 경찰관은 반대 시위대와 구경꾼 쪽을 바라보며 철옹성 같은 벽을 형성해 **허튼 생각**

말라는 무언의 경고를 보냈다.

오후 3시에 마침내 차량 행렬이 도착했다.[5] 중무장한 극단주의자들이 차에서 내려 전열을 갖추더니 마을 중심부로 행진해 들어갔다. 그들이 등장하자마자 경찰 벽을 사이에 두고 양쪽에서 호루라기 소리, 북소리와 함께 확성기를 통한 구호와 조롱, 맞조롱이 쏟아졌다.

"이 나라는 백인 남성이 건설했다! 오직 순수 백인 피를 가진 사람만이 국가의 일원이 될 수 있다! 두 번째 분리 독립이다!(남북전쟁 당시의 남부연합처럼 연방에서 탈퇴해야 한다는 뜻-옮긴이) 다양성은 곧 백인 집단 학살이다!"

1미터 남짓한 철제 자전거 거치대 뒤편에서 맞불 시위대가 소리쳤다. "애팔래치아가 상대해주마, 나치 쓰레기들아! 우리가 박살 내주마! 나치의 면상에 주먹을 날려줄게! 모든 민족, 모든 인종 만세!"

행진 참가자들이 맞받아쳤다. "배신자 놈들! 백인이 주인이다! 우리가 이 나라를 세웠다! 우리가 다스린다!"

좀 더 온건한 구호가 그나마 분위기를 가라앉혔다. "우리는 다양성을 존중한다. 어디에서든 불의가 있다면 모두에게 불의한 일이다. 당신들을 환영하지 않는다! 주민 누구도 당신들을 원하지 않는다!" 한쪽에는 "피자로 평화를 PIZZA FOR PEACE"이라고 적힌 작은 팻말이 눈에 띄었다.

일부 맞불 시위대는 온건한 메시지가 적힌 티셔츠를 입고 있었다. "우리 마을에 증오는 없다!"라는 문구가 보였다.[6] 인도에는 파란색 분필로 "우리 공동체는 나치에 반대한다"라고 적혀 있었다. 안티파 시위대인 대릴 러몬트 젱킨스는 안경을 쓰고 빨간 셔츠를 입은 덩치 큰 아프리카계 미국인 남성으로 필라델피아에서 파이크빌까지 왔다. 그는 길가에 놓인 접이식 테이블에 노트북 컴퓨터를 올려놓고 조심스럽게 의자에 앉아 다양한 극단주의 행진 참가자들의 이름과 소속을 하나하나 적어 내려갔다. 그는 그들을 '독싱doxxing'('기록과 폭로documenting and exposing'의 줄임말)하고 있었다.[7] 혐오 단체를 감시하는 원 피플스 프로젝트의 설립자인 대릴은 ABC 기자와 인터뷰를 했다. 그는 차분한 목소리로 행진 참가자들이 대중의 관심을 피해 간다면 "머지않아 경찰이 되고…… 정치인이 되고 교사가 될 수도 있습니다. 그때가 되면 우리는 그들을 막을 수 없습니다. 나는 그런 일이 벌어지는 것을 원치 않습니다"라고 말했다.[8]

하얀색 성직자 예복에 자주색 영대를 걸치고, 흰색 니트 모자를 쓰고, 금빛 수염과 콧수염을 기른 파이크빌대학교 교목 롭 뮤직은 결의에 찬 매슈 하임바크와 가까운 거리에서 그와 보조를 맞추며 차분히 걸었다. 뮤직은 앞서 폴 패튼 전 켄터키 주지사에게 하임바크가 이끄는 극단주의자들과 캠퍼스에서 대화하게 해달라고 요청했다가 "절대 안 됩니다!"라는 격렬한 반응을 불러일으켰다. 그럼에도 포기를 모르는 뮤직은 이제 또 다른 접근 방식을 시도하고 있었다.

"이봐요, 매슈! 난 롭이에요……. 안녕하세요……. 만나서 반가워요, 형제님. 며칠 전에 우리 대화 나눴던 것 기억하죠?" 뮤직이 앞을 바라보고 있는 하임바크에게 소리쳤다. 그때 하임바크의 뒤에서 행진하는 사람들로부터 또 다른 외침이 들려왔다. "하일(나치식 구호-옮긴이) 하임바크! 하일 하임바크!" 아마도 이런 영예로운 순간에 온화한 목사의 말에 반응했다가는 자칫 추종자들에게 '물렁해' 보일까 두려웠는지 하임바크는 굳은 표정으로 뮤직 목사를 지나쳤다.

마침내 마이크 앞에서 한 명씩 연설을 시작했다. 네오나치인 매슈 하임바크와 국가 사회주의 운동의 전 리더 제프 쇼프를 비롯한 극우 지도자들이 **잊힌**, **백인**, **우리** 같은 단어를 섞어가며 열변을 토했다.[9] 간간이 안티파 회원 중 한 명이 확성기의 연결선을 슬쩍 뽑아버려서 극단주의자들이 다시 선을 연결하느라 소동이 벌어졌다. 네오나치 사이에서는 짧은 반바지와 상의(배에 새긴 나치 문양 문신이 훤히 드러나는 상의였다)를 입은 매력적인 젊은 여성이 나치 제복을 입은 나이 든 남자의 무릎 위에 앉아 요란하게 애정 표현을 하고 있었다.[10]

## 행진이 끝난 자리

한 시간 반 뒤에 행사는 끝났다. 행진을 마친 사람들은 마을 외곽에 주차해둔 차량으로 돌아갔다. 그러나 하임바크가 자신의 차 문을 열려던 순간 젊은 경찰관이 급히 다가와 그에게 흰색 서류 한 묶음을 건넸다. 형사 소환장이었다.[11] 이제 그는 루이빌 법정에 출두해야 했다. 행사장을 떠난 백인 민족주의자들이 군중이 모여 있던 곳에서 한 블록 떨어진 지점을 지날 때 차창 밖으로 폭음탄 한 개가 던져졌다. 하지만 행진이 그랬던 것처럼 이 폭음탄도 터지지 않았다. 결국 체포된 사람은 단 세 명뿐이었다.

"우리가 잘 대처한 건가?" 모두가 스스로에게 던진 질문이었다. 도너번 블랙번은 방탄조끼를 벗으면서 폭력 사태가 단 한 건도 발생하지 않은 것을 확인하고는 자신의 팀, 지역, 문화에 대한 안도감과 자부심을 감추지 않았다. "저는 바로 이 지역, 그리시크릭에서 자랐어요. 이곳 사람들을 사랑합니다." 그가 말했다. "우리는 주님을 믿고, 겸손과 감사를 표현하고, 수정헌법 1조와 2조를 지키도록 교육받았습니다. 오늘 우리는 절대 동의할 수 없는 생각을 가진 사람들의 표현의 자유를 보호해줬어요. 이곳 주민이라는 게 자랑스럽습니다."

3000~6000명의 시위대가 모일 것이라던 연방 국토안보부의 예측은 크게 빗나갔다. 백인 민족주의자 100여 명이 행진을 벌였고, 이에 맞서 200여 명의 반대 시위대(대부분이 안티파였다)가 모였을 뿐이었다. 지역 주민들의 참여는 거의 없었다. 유파이크의 아프리카계 미국인 학생처장은 나중에 이렇게 말했다. "백인 민족주의자들과 함께 행진한 현지 주민은 단 세 명뿐이었고 그중 한 명은 정신 장애가 있는 사람이었어요." 그럼에도 극단주의자들은 행진이 성공적이었다고 자평했다. 네오나치 단체인 NSM은 홈페이지에 행진 참가자들이 "우리의 정체성을 숨기지 않았다"고 칭찬하면서 행진 과정에서 250명이 새로 회원에 가입했다고 과장된 수치를 내세웠다.

행진은 자부심과 수치심의 대결이었다. 백인 민족주의자들은 문신과 무기, 조롱과 야유를 통해 백인 정체성에 자부심을 부여하려 했고 안티파와 레드넥 리볼트 그리고 특정한 단체에 속하지 않은 참가자들은 그들을 조롱하며 수치심을 안기려 했다.

뮤직 목사는 행진 참가자들의 등장 자체가 파이크빌에 수치를 안겼다고 걱정했다. 한 시청 공무원은 나중에 내게 "왜 그런 행진에 관심을 가지는 겁니까?"라고 추궁하듯 물었다. 관심 자체에 수치심을 안기려는 불순한 의도가 있다고 생각하는 듯했다. 루스 멀린스는 나중에 파이크빌이 "악동들을 내쫓았다"며 자랑스러워했다.

이슬람 센터에 관해서는 여러 이야기가 떠돌았다. 앞서 언급했듯이 살해 위협을 받고 피신했던 유파이크의 웨브 총장은 자신이 들은 이야기를 전해주었다. "두 남자가 탄 트럭이 차창 밖으로 산탄총을 내밀고 다가왔다고 해요. 트럭이 이슬람 센터 앞에 멈추자 이맘[버지 박사]이 걱정스러운 마음에 조심스럽게 다가가 무엇을 원하는지 물었답니다. 그러자 그들은 이렇게 대답했다는군요. '이곳을 지켜주려고 왔어요!'" 렉싱턴에 있는 켄터키대학교 교수인 버지 박사의 사위는 또 다른 이야기를 들었다. 이라크전 참전용사인 고속도로 순찰대원 두 명이 이맘을 찾아왔다는 것이다. 한 명은 이곳 켄터키 출신이었고 다른 한 명은 이라크 출신으로 미군 통역사로 일하다가 미국 시민권을 받은 사람이었다. 두 사람은 절친한 친구이자 이웃 사이였다. 그들은 자신들이 이슬람 센터를 잘 지키고 있다면서 버지 박사를 안심시켰다. 세 번째 이야기는 버지 박사 본인의 증언이었다. "보안관이 찾아와서 경찰 보호를 강화했다고 하더군요."

행진 자체에 대한 평가는 프레스턴스버그의 친절한 자동차 딜러이자 트럼프 지지자가 했던 말로 요약될 수 있었다. 그는 "빈 수레가 요란했다"고 행사를 평가절하했다. 앤드루 스콧 콜린 시장은 미소를 지으며 익살스럽게 말했다. "극단주의자들을 다루는 법은 버클리가 파이크빌에 한 수 배워야겠네요."

이날 늦은 오후 무더운 날씨가 한풀 꺾이고 저녁이 다가올 무렵 매슈 하임바크 일행의 차량 행렬은 축제 분위기 속에서 다시 산속으로

11장 자부심과 수치심의 대결 271

이어진 길을 달렸다. 그들은 아침에 훈련했던 들판으로 돌아가 그곳에서 먹고 마시며 백인 우월주의를 노래했다.

그들은 무엇을 축하하려고 다시 모였던 걸까? NSM 홈페이지에 따르면 그들은 자신들의 정체성을 공개적으로 드러냄으로써 전 세계에서 나치즘에 씌어져 있던 수치심을 제거했다고 생각했다. 그리고 폭력에 대한 관용성이 대중 사이에 새로 생겨나고 있다면서 NSM이 '커밍아웃'을 했다고 주장했다. 이 행진은 말하자면 전국적인 '자부심 주식시장'에서 백인의 가치를 높이기 위한 결연한 행동이었다.

한편 이날 밤에 하임바크 일행이 부른 백인 우월주의 노래 중 한 곡은 역사적으로 미국의 인종 정치와 기묘하게 맞닿아 있었다. 〈당신은 어느 편인가? Which Side Are You On?〉라는 노래로 〈백합을 꺾어라 Lay the Lilly Low〉 또는 〈나는 구원의 땅에 이를 거야 I'm Gonna Land on the Shore〉라는 침례교 영가에서 유래한 것으로 추정된다. 이 노래는 애팔래치아 광산에서 일하기 위해 남부에서 모집된 흑인 소작농에게 널리 알려져 있었다.[12]

이 곡의 멜로디는 이후 1930년대('피의 할런'으로 기억되고 있다)에 살해된 할런카운티 노동조합 설립자의 아내였던 플로렌스 리스가 새로 쓴 가사와 함께 불리게 됐다.[13] 대공황 당시 할런카운티의 광부 네 명 중 한 명 이상이 실직 상태였다. 운 좋게 일자리를 얻은 사람도 하루에 80센트밖에 벌지 못했고 그중 일부는 그나마 한 달에 며칠밖에 일하지 못했다. 식량은 턱없이 부족했다. 리스의 남편은 임금 10퍼센트 삭감에 반대해 파업을 하다가 목숨을 잃었다.[14]

백인, 흑인, 미국 태생, 외국 태생 할 것 없이 노조에 가입한 광부들은 공정한 임금을 위해 함께 싸웠다. 그들은 함께 최루탄을 맞고 함께 두들겨 맞았다. 기업 편에 선 보안관 J. H. 블레어의 명령에 따라 사택에서도 함께 쫓겨났다. 널리 불린 이 노래의 가사는 다음과 같다.

당신은 어느 편인가?
어느 편인가?
할런카운티에는
중립이란 없다네
노조원이 되든지
J. H. 블레어의 하수인이 되든지

이 노래는 1960년대 민권운동 당시 포크 가수 피트 시거가 부르면서 새로운 생명을 얻었다. 2012년에는 포크 가수 애니 디프랑코가 새로운 가사를 추가해 버락 오바마 대통령의 취임으로 희망에 부푼 사람들의 마음을 표현했다.[15]

모든 선한 노동자들이여
올해는 우리의 시간이다
이제 워싱턴에도
우리의 생각을 헤아리는 사람들이 있다
이제 당신은 어느 편인가?
어느 편인가?

11장 자부심과 수치심의 대결

우리는 아직도 노예제의 그늘 속에서 살고 있는가?

아니면 앞으로 나아가고 있는가?

나에게 말해다오

이제 당신은 어느 편인가?

당신은 어느 편인가?

1960년대 이후에는 베트남전 반대, 이라크전 반대, 허리케인 카트리나 대응에 대한 항의 같은 주제도 추가됐다.

우리는 전쟁 종식에 표를 던졌다

새로운 길을 위해

그리고 지금 여기서 멈추지 않을 것이다

목표를 이룰 때까지

이 노래는 자유 시장을 비판하는 데도 활용됐다.

주님도 알고 계신다

자유 시장이 결코 자유롭지 않음을

자유 시장은 지구에 혹독한 대가를 요구하고 있다

그리고 당신과 나 같은 사람들에게도

하임바크와 그를 따르는 백인 민족주의자들도 저녁 늦게까지 술을 마시면서 극우 성향의 작곡가가 개사한 이 노래를 불렀다.[16]

> 사람들은 말하지, 이 나라에
> 백인들을 위한 일자리는 없다고
> 선택은 두 가지뿐, 마약상이 되든지
> 절망 속에서 죽어가든지

남부 찬송가에 켄터키 탄광 노동자들의 파업을 노래하는 가사가 덧씌워지고, 그 위에 다시 1960년대 민권운동을 비롯한 시위에 관한 구절이 겹쳐졌다. 그리고 이제 백인 민족주의에 관한 가사까지 더해지면서 노래는 또 한 겹의 나이테를 두르게 됐다. 축제 분위기에 들뜬 행진 참가자들을 에워싼 산맥에 태곳적부터 켜켜이 쌓인 지층처럼. 각각의 가사는 미국의 역사적 순간들과 함께 자부심에 대한 서로 다른 해석을 담고 있었다.[17]

결국 행진 참가자들은 백인 민족주의를 마을 사람들에게 내세웠지만 마을 사람들은 이를 거부했다. 그러나 매슈 하임바크와 제프 쇼프(파이크빌 행진의 공동 주최자다)는 곧 다른 사람들과 함께 훨씬 더 위험한 행진을 계획하기 시작했다. 이 행진은 국토안보부가 파이크빌에서 벌어질 거라고 예측했던 바로 그 규모에 가까울 것이었다. 3개월 뒤에 파이크빌에서 차를 타고 북동쪽으로 다섯 시간 반을 가면 나오는 버지니아주 샬러츠빌에서는 전국에서 모인 50개 극단주의 단체가 횃불을 들고 우파 연합Unite the Right 행진에 나섰다.

파이크빌은 이들에게 예행연습이었던 셈이다.

매슈가 집중한 것은 인종주의 사상 그 자체였다. "사람들은 내가 옷을 찢으면서 극단주의에 빠진 것을 후회하고 도덕극의 배우가 되기를 원해요." 그는 불만을 토로했다. "그렇게 진보 진영이 기대하는 참회의 서사에 맞춰주기를 바라죠. 하지만 난 그러고 싶지 않아요."

## 12장 전향한 극우 지도자

"늦어서 미안합니다. 제가 시간 하나는 잘 지키는 편인데. 독일 혈통이거든요."

매슈 하임바크가 토미 래틀리프와 나를 만나기 위해 파이크빌의 한 식당으로 들어섰다. "채터누가에서 여섯 시간 반을 운전해 왔어요." 매슈가 설명했다. 그는 이혼 절차를 진행 중이었고 채터누가로 이사한 상태였다. 플로리다 출신에 해군 복무 경력이 있는 전기 기술자 다이앤과 함께 살기 위해서였다. 검은색 옷을 입고 머리카락을 짧게 밀어 올린 매슈는 이제 몸무게가 100킬로그램에 달했다. 파이크빌 메인스트리트에서 백인 민족주의 행진이 벌어진 지 3년이 지난 시점이었다. 이미 그날의 기억은 희미해졌고 수많은 집회 허가 신청서가 새로운 파이크빌 행정 담당관의 책상에 쌓여 있었다. 2018년에는 낡은 자동차들이 경적을 울리며 천천히 마을을 지나갔다. 차 안에는 멜빵바지 차림에 헝클어진 머리 위로 밀짚모자를 눌러쓴 축제 참가자들이 손에 밴조를 든 채 검게 변한 이를 드러내며 활짝 웃고 있었다. 트럭 한 대에는 이동식 감옥이 실려 있었고, 또 다른 트럭에서는 힐빌리 데이즈 축제를 위한 밀주 시음 행사가 열리고 있었다. 마을 사람들은 자신들에게 씌워진 고정관념을 유쾌하게 즐기고 있었다.

그해 후반에는 켄터키 침례교 연합 주최로 '산을 향한 희망'이라는 행사가 열려 500명의 합창단이 파이크빌을 찾았다.[1] 같은 해 파이크빌에서는 첫 LGBTQ 퍼레이드가 열려서 다채로운 깃발들이 거리를 수놓았다.[2] 2020년에는 흑인 생명 존중 시위가 열렸는데, 참가자 대부분은 학생이었고 거의 전원이 백인이었다.[3] 이어서 경찰 폭력 피해자를 기리는 공개 추모 집회에는 일부 경찰관도 참가했다. 그해 말 파이크빌 경찰 형제회 29번 지부의 열성적인 회원인 로저 포드는 '파란 제복 지지Back the Blues' 집회를 조직했다.[4] 한편 파이크빌에서는 매년 두 차례 총기와 칼 전시회가 열린다.[5] 메인스트리트에 있는 애팔래치안 와이어리스 아레나에서 개최되고 입장료는 9달러였다. 단 장전된 총기는 반입이 금지됐다.

같은 3년의 시간이 매슈 하임바크에게는 다르게 흘러갔다. 그가 주도했던 파이크빌 행진 이후 훨씬 더 규모가 큰 우파 행진이 샬러츠빌에서 펼쳐졌고 그 결과 한 명이 사망하고 35명이 부상을 입었다.

매슈의 정치적 행보도 변하고 있었다.[6] 국토안보부가 파이크빌에서 일어날 것으로 예상했던 폭력적 충돌은 3개월 뒤 버지니아주 샬러츠빌에서 일어났다. 이 행진에도 매슈는 공동 기획자로 모습을 드러냈다. 그는 해머스킨스와 블러드 앤 아너라는 스킨헤드 폭력 단체 두 곳을 동원해, 시위에 '힘을 보태는' 한편, '백인 대학살'을 강하게 비난했다. 네오나치 한 명이 항의 시위대 쪽으로 차를 돌진시켜서 맞불 시위 참가자인 헤더 헤이어를 살해한 사건이 벌어진 뒤, PBS 뉴스 기자가 하임바크에게 물었다. "헤더 헤이어의 죽음에 대해 책임감을 느끼십니까?" 하임바크는 이 사건을 "자동차 사고"라고 부르며 이렇게 답했다. "전혀요. 누구든 목숨을 잃는 것은 유감스러운 일이지만 불과 몇 시간 전만 해도 저와 제 동지들을 죽이려 했던 사람 아닙니까. 그런 사람을 위해 눈물을 흘리지는 않을 겁니다."[7]

그로부터 몇 년이 지난 지금 매슈는 이메일에서 자신이 세상을 다르게 보게 됐다고 했다. 하지만 얼마나 다르게 보게 됐을까? 회복 프로그램을 마치고 파이크빌대학교를 졸업한 뒤 사우스게이트 시설에서 상담사로 일하고 있던 토미 래틀리프는 한 인간으로서 극단주의자들이 자신을 어떻게 포섭했을지 상상해보려 했다. 그래서 매슈를 직접 만나 '과거의' 매슈와 '새로운' 매슈를 비교해보고 싶어 했다.

겉보기에 샬러츠빌 사건 이후에도 매슈의 소란스럽고 폭력적인 삶은 여전히 계속되는 듯했다. 매슈는 과거 루이빌에서 열린 트럼프 유세 집회에서 흑인 시위자를 밀친 혐의로 집행유예를 받았었다. "당시 벌금 145달러와 90일의 징역형에 대해 집행유예 2년을 받았어요. 2년간 추가 범죄를 저지르지 않으면 집행이 면제되는 거죠." 매슈는 당시 이렇게 설명했었다. 하지만 2018년 3월 그는 다시 체포됐다.

인디애나주 파올리에 있는 매슈의 트레일러 안팎에서 발생한 기괴하고 난폭한 가정 폭력 사건 때문이었다. 당시 매슈는 아내의 뺨을 움켜쥔 채 그녀를 침대 위로 내던진 것으로 알려졌다(하임바크는 이를 부인한다). 그리고 장인을 바닥에 내동댕이친 다음 목을 팔로 눌러 두 차례나 기절시켰다. 당시 매슈는 장인의 젊은 아내와 불륜 관계를 맺었다가 그 사실이 발각되자 격분해서 폭력을 휘두른 것이었다. 그날 저녁 식사 때 우리가 함께 앉아 있던 테이블 한쪽에서 메뉴를 꼼꼼히 살펴보던 여자가 바로 그 새로운 연인 다이앤이었다(토미와 나는 나중에야 그 사실을 알게 되었다). 매슈와 다이앤은 둘 다 배우자와 헤어진 상태였고 이후 한동안 결혼 생활을 이어갔다.

가정 폭력 혐의로 체포된 뒤 매슈 하임바크는 자신이 창당한 전통주의 노동자당에서 제명됐고 당 자체도 해체됐다. 홍보 담당자로 활동했던 국가 사회주의 운동에서도 제명됐다. 2019년 8월 그는 샬러츠빌 행진을 공동 주도한 혐의로 고소당했다. 판사는 매슈가 재판에 출석하지 않고 법원의 증거 제출 명령도 따르지 않았다며 제재 조치를 내렸다. 매슈의 변호사들은 의뢰인이 변호사 비용을 지불할 능력이 없다는 사실을 알고 소송에서 손을 뗐다. 매슈는 1만 2000달러가 넘는 변호사 비용만 떠안게 됐다. 현재 매슈는 생계에 집중하고 있었다. 그중에서도 가장 중요한 것은 양육비를 내는 일이었다.

"그래서 일자리를 구했어요." 식사 주문이 끝난 뒤 매슈가 말했다. "트럭 휴게소에 스낵과 감자칩을 배달하고 진열하는 일이었어요. 전부 비닐봉지에 담긴 고과당의 정크푸드죠. 그런데 코로나19 때 제가 왜 '필수 노동자'로 분류됐는지 모르겠어요. 어쨌든 저는 급여가 아니라 판매 수당을 받았는데, 판매가 줄면서 일거리가 끊겼어요. 자영업자 신분이라 실업 급여도 신청할 수 없었고, 정말 힘들었죠." 하지만 최근 그는 채터누가에 있는 폭스바겐 공장에서 꽤 급여가 괜찮은 일자리를 찾았다. "페인트에 먼지가 묻었는지 확인하고 광을 낸 다음 테이프로 표시하는 일이에요. 야간 근무 10시간에 시급 14달러로 시작했어요. 주로 젊은 이혼남들이 많이 일하는 곳이죠." 이제 그는 시급 15달러 50센트를 받고 있었다. "아마존에서 야간 근무를 할 때보다 50센트 더 받아요." 또한 그는 "월세 1000달러를 내기 위해 매주 혈장을 팔고 있어요"라고 덧붙였다.

매슈는 샬러츠빌 사건 이후의 상황에 대해 설명했다. "15명의 원고가 저와 제임스 필드[헤더 헤이어를 차로 치어 숨지게 한 20세의 네오나치 동료]를 상대로 1500만 달러의 손해배상소송을 제기했어요. 그들은 평생 제 급여의 절반을 가져갈 수도 있습니다."

## 그는 정말 바뀌었을까

매슈는 2017년 전국을 들썩이게 했던 대규모 '우파 결집' 행진을 공동 주도했고 그 과정에서 사망자가 발생했다. 2018년 아내를 폭행한 매슈는 이제 이혼 절차를 진행 중이었고 한때 자기 정체성의 핵심이었던 정치 단체와 관계를 끊고 있었다.

"파이크빌을 마지막으로 방문한 이후 정말 많은 일이 있었네요. 어떻게 변했나요?" 토미가 조심스레 질문을 던졌다. "예전에는 증오로 가득 차 있었고 다양성에 반대했어요. 이제는 증오로 가득 차 있지만 다양성을 사랑합니다. 저는 여전히 운동에 참여하고 싶어요. 하지만 이번에는 인종을 초월하는 운동이면 좋겠어요. 돌이켜 보면 파이크빌에 갔을 때 차라리 탄광주의 가혹한 착취를 폭로하는 게 더 나았을지도 모르겠네요." 매슈가 천천히 대답했다.

하지만 매슈는 자신에게 여전히 바뀌지 않은 부분이 있다고 했다. "저는 '예전에는 나빴지만 이제는 착해졌어요. 한때는 증오로 가득 차 있었지만 이제는 사랑이 넘칩니다'라고 말하는 사람을 좋아하지 않아요. 저는 애벌레가 나비로 변하듯 그렇게 달라지는 사람이 아닙니다. 하지만 시야가 넓어진 건 사실이에요. 예전에는 술을 너무 많이 마셨어요. 우리 모두 그랬죠. 아마 백인 민족주의자 중 3분의 2가 알코올 중독자일 겁니다. 행사가 열리면 항상 끝은 폭음이었어요. 남자들이 유대감을 형성하는 유일한 방법이 음주인 줄 알았으니까요."

매슈는 또한 미국 정부를 두려워하고 있었다. "솔직히 지금은 우파 활동을 하기가 겁나는 시대예요." 네오나치 활동가인 그는 영국 입국이 금지된 상태였다.[8] "2주 전 그리스에서는 황금새벽당을 범죄 조직으로 규정했어요. 지금 일부 의원들은 면책특권을 소급 박탈당한 뒤, 15년형을 선고받고 투옥되어 있죠. 저는 황금새벽당에 친구들이 있어요. 그런 일이 여기서도 일어날 수 있습니다. 만약 5년 뒤에 제가 헤더 헤이어 살해 사건으로 재판을 받게 된다면 어떡하죠?"

매슈는 자신이 배척당한다고 느꼈다. 그는 이전에 다녔던 작은 지역 교회가 속한 북미 안티오키아 정교회 대교구에서 출교당했다. 그의 큰아들이 그 교회에서 복사(사제의 미사 집전을 돕는 소년-옮긴이)로 봉사하기를 바라왔기에 더욱 뼈아픈 결정이었다.

그리고 과거 동료들의 분노가 쏟아졌다. 매슈는 자신이 처한 딜레마를 이렇게 요약했다. "만약 제가 감옥에 갔는데 백인 민족주의를 버린 사람이라는 꼬리표가 따라붙는다면, 생각만 해도 끔찍하네요! 백인 민족주의자들은 이제 저를 신뢰하지 않아요. 저는 배신자 매슈예요. 진보주의자들도 저를 믿지 않아요. 저는 파시스트 매슈니까요. 흑인들도 저를 믿지 않죠. 저는 인종주의자 매슈거든요. 저는 늘 애팔래치아를 좋아했어요. 제가 이 지역에 잘 맞는 사람이라고 생각했습니다. 그런데 이제 여기서도 이방인 매슈가 돼버렸네요."

매슈는 아버지나 누나와 여전히 소원한 관계였다. 누나는 매슈와 연을 끊기 위해 성까지 바꾼 터였다. 한편 그의 옆에 앉은 새 연인의 여동생은 아프리카계 미국인과 결혼해 두 아이를 낳았다. 그 아이들은 그를 "매슈 이모부"라고 불렀다.

"지금이 제 평생 가장 외로운 순간인 것 같아요." 매슈가 말했다. 그에게 유일하게 손을 내밀어준 어머니마저 불만을 토로했다. "극단주의나 싸움과 관련된 뉴스에 네 이름이 너무 자주 언급되지 않았으면 좋겠다. 이제 나까지 살해 협박을 받고 있어." 그는 다른 손님들을 흘끗 둘러보더니 덧붙였다. "사실 제가 바랄 수 있는 최선은 ……가미카제 조종사처럼 대의를 위해 죽는 거라고 생각한 적도 있어요."

우리 중 누구도 쉽게 입을 열지 못한 채 잠시 침묵이 흘렀다. 이 모든 것을 받아들이기가 쉽지 않았다. 매슈는 변화하려고 노력했지만 과연 무엇이 변했을까? 매슈의 이름, 외모, 평판 등 외적인 부분은 여전히 변함이 없었다. 그렇다면 그의 내면은 어떻게 변했을까?

매슈는 뜻밖의 긍정적인 경험을 이야기했다. "일이 정말 궁했어요. 그래서 유대인 요양 시설에서 시급 12달러짜리 일자리를 구했어요. 야간 근무조 중에 백인은 저 혼자뿐이었죠. 그곳의 노인들은 대부분 도널드 트럼프를 히틀러라고 생각해요. 저는 힘이 세고 시설에서는 환자를 옮기고 목욕시키고 밤에 기저귀를 갈아줄 사람이 필요했어요. 참 슬픈 곳이에요. 소외된 노인들을 모아놓은 수용소 같은 느낌이랄까. 하지만 일 자체는 보람이 있더라고요." 매슈는 자신의 말에 스스로 놀란 듯한 표정으로 말을 이었다. "한 노인은 자녀가 둘이었어요. 그런데 아들은 한 번도 찾아오는 법이 없고 딸은 아버지가 당뇨로 혼수상태에 빠질 때만 옵니다. 그래서 그 노인은 혈당을 높이려고 일부러 사탕을 먹어요. 그래서 병원에 실려 가야 딸이 찾아오니까요. 그 노인이 당뇨 환자용 간식을 먹게 하고 삶이 살 만한 가치가 있다고 느끼게 해주는 일이 매일매일 쉽지는 않았어요."

또 다른 환자는 매슈를 크게 놀라게 했다. "85세 유대인 할머니의 목욕을 도와드린 적이 있어요." 매슈가 회상했다. "심한 치매를 앓고 있어서 저를 자기 조카라고 믿었죠. 제가 씻겨드릴 때가 그분에게는 무척 난처하고도 민감한 순간이에요. 인간의 연약함이랄까. 모습은 하느님이 만들어주신 그대로인데, 배변 실수로 생판 모르는 남자에게 도움을 받는 거잖아요." 이제껏 매슈를 여러 차례 만났지만 그가 유대인이나 흑인의 시각에서 이야기를 하는 것은 처음이었다.[9]

잠시 후 매슈는 새로운 직종에 뛰어들 가능성에 대해서도 이야기했다. 간호 분야였다. "요양원에서 근무를 마치고 집에 돌아오면 오늘 하루 뭔가 좋은 일을 했다는 생각이 들어요. 간호학 학위를 따는 것도 괜찮을 것 같아요. 저는 이미 학사 학위가 있으니까, 온라인으로 커뮤니티 칼리지에서 2년만 더 공부하면 간호학 학위를 따거나 간호조무사가 될 수 있을지 몰라요. 그리고 5일짜리 투약 관리 과정을 이수하면 약을 나눠주는 일을 할 수도 있고요. 그런 다음 요양원이나 병원에서 1년 동안 일하면 학비를 환급받을 수 있어요." 매슈는 학비를 마련할 방법을 떠올리며 덧붙였다. "제 신용은 쓰레기 수준이고 대출 보증을 해줄 가족도 없어요. 펠 그랜트(연방정부가 제공하는 학자금 지원-옮긴이)를 받을 자격도 없고요. 독일이나 스웨덴에서는 정부가 극단주의자의 사회 복귀를 돕기 위해 교육비와 주거비를 지원해준대요. 그런데 미국에는 그런 게 없어요." 그때 그에게 극단주의는 끈적끈적하게 들러붙는 수치심처럼 느껴졌고 미국 사회는 거기서 쉽게 빠져나올 수 있는 출구를 제공해주지 않았다.

매슈는 한때 자신과 같은 길을 걸었던, 그리고 자신이 규합하려고 했던 젊은 극단주의자들을 극단주의에서 빠져나오게 돕는 일자리를 찾아봤다. 한동안 그는 전직 이슬람 극단주의자인 제시 모턴과 함께 〈라이트 어폰 라이트Light upon Light〉라는 유튜브 팟캐스트를 공동 진행했다. 그들은 매슈가 극우의 '고전'이라 부르는 책들을 다뤘다. 하지만 여기서 그는 극단주의를 포기한 '전직' 동료들에 대한 경멸이라는 장애물에 부딪혔다. "저는 전직 스킨헤드들이 너무 싫어요. 그들은 지적인 깊이가 전혀 없어요. 항공 점퍼에 나치 문양을 붙였다고 해서 벨기에 우파 사상을 제대로 공부한 건 아니잖아요."

그러나 매슈가 집중한 것은 인종주의 사상 그 자체였다. 그 사상으로 인해 상처입은 사람들에게는 관심이 없었다. "사람들은 내가 옷을 찢으면서 극단주의에 빠진 것을 후회하고 도덕극의 배우가 되기를 원해요." 그는 불만을 토로했다. "그렇게 진보 진영이 기대하는 참회의 서사에 맞춰주기를 바라죠. 하지만 난 그러고 싶지 않아요."

매슈는 전 백인 민족주의자 크리스티안 피치올리니(베스트셀러 《증오를 깨뜨리다Breaking Hate》의 저자)를 극도로 싫어했다. "크리스티안은 극단주의에 맞서겠다면서 미국 정부로부터 보조금을 수백만 달러나 받았어요. 그래서 제가 물었죠. 나 같은 사람을 위해 뭘 할 수 있냐고요." 매슈가 설명했다. "저는 지금 궁지에 몰려 있고, 더 많은 교육과 더 나은 직업이 필요하니까요. 하지만 피치올리니는 새로운 '전직 극단주의자'들에게 아무런 서비스도 프로그램도 도움도 제공하지 않습니다. 유일하게 제공하는 건 문신 제거뿐이에요. 제 친구 중 한 명이 취직을 하려고 얼굴에 새겨진 나치 문양 문신을 제거하는 레이저 시술을 받았거든요. 끔찍하게 아프고 아무는 데도 시간이 엄청 오래 걸렸어요. 사실 문신이 완전히 사라지지도 않았죠. 제 나치 문양 문신은 가슴에 있어서 제 여자 친구만 볼 수 있어요. 저는 피치올리니에게 이렇게 말했죠. '이봐요, 저는 학교에 가야 하고 일자리도 필요해요, 사회에 다시 적응하는 데 도움이 필요합니다.' 그랬더니 그가 그러더군요. '우리는 그런 일은 안 해요. 문신 제거만 합니다.'"

하지만 토미와 나는 의문이 들었다. 매슈 하임바크는 정말로 얼마나 변했을까? 그는 경제적으로 어려움을 겪고 있었지만 정체성 문제에 있어서도 그럴까? 분명하지 않았다.

"탈극단화 자금은 국토안보부에서 나와요." 매슈가 설명했다. "그들은 우리에게 제시된 기준을 **받아들이**라고 요구합니다. 그런데 저는 국토안보부의 '탈극단화' 기준을 충족하지 못했어요." 내가 그 기준이 무엇인지 궁금해하고 있을 때 매슈가 무심코 "북한의 교화소가 세계의 모범이에요"라고 말했다. 그는 또 중국을 "자유롭고 민주적인 나라"라고 묘사했고 블라디미르 푸틴을 "일을 제대로 해내는 사람"이라고 칭찬했다. 매슈가 가장 증오했던 유대인에 대한 생각은 달라졌을까? 그가 대답했다. "네, 예전에는 모든 유대인이 부자라고 생각했어요. 하지만 이제는 부자가 아닌 사람도 있다는 걸 알게 됐어요." 홀로코스트에 대해서는 어떻게 생각하는지 토미가 물었다. "많은 유대인이 죽었죠." 매슈는 천천히 대답했다. "하지만 가스실에 대해서는 잘 모르겠어요." 마찬가지로 남부의 농장 생활에 대해서도 그는 "긍정적인 면이 많았습니다"라고 대답했다.

이어 디저트를 먹으며 이야기를 나누다가 매슈는 자신의 인종적 정체성에 대해 의구심을 털어놓았다. "사람이 자기 뿌리를 완전히 아는 것은 불가능해요. 저는 머리색이 짙고 금발은 전혀 없어요. 유전자 검사 업체에 타액 샘플을 보냈더니 제 유전자가 독일(아버지 쪽)과 아일랜드(어머니 쪽)에서 왔다고 나왔어요." 두 조상 모두 금발 유전자를 가질 가능성이 낮았기에 매슈는 비로소 안심할 수 있었다.

그때 매슈와 그의 연인 다이앤 사이에 흥미로운 대화가 오갔다. 앞서 언급했듯이 매슈는 인디애나에서 테네시로 이사해 현재 채터누가에서 다이앤과 함께 살고 있었다. "저는 이곳 애팔래치아에 살고 싶어요." 그가 말했다.

하지만 다이앤은 매슈의 반응을 살피며 장난스럽게 말했다. "매슈는 자기가 진정한 애팔래치아 사람이라고 **말해요**. 하지만 그는 메릴랜드주 몽고메리카운티의 주택 단지에서 태어났어요. 우리 둘 중에 **진짜** 애팔래치아 사람은 **나예요**." 매슈는 이 말을 유쾌하게 받아들였다. 파이크빌 행진 당시 '애팔래치아 형제들'을 자랑스럽게 끌어안으려 했던 그가 정작 집에서는 가짜 힐빌리라는 놀림을 받고 있었다.

매슈는 인종에 대한 견해가 달라져 있었다. 흑인은 이제 받아들일 수 있지만 유대인은 잘 모르겠다는 것이었다. 그리고 혼란스러운 민주주의보다 1인 독재가 여전히 더 낫다고 생각했다. 아돌프 히틀러가 차지하고 있던 신전을 블라디미르 푸틴이 이어받은 것 같았다.

## 극단주의의 부상

인종 정의를 위한 운동이 확산하고 있었다.[10] 2020년 6월 6일 열린 "흑인의 생명도 소중하다" 시위에는 550개 지역에서 50만 명이 참여했다. 일일 시위로는 미국 역사상 가장 큰 시위 중 하나로 기록됐다. 미국 내 카운티의 40퍼센트 이상에서 시위가 벌어진 가운데 모든 지역에서 시위 참가자 대부분이 백인이었다. 한 연구에 따르면 조지 플로이드가 살해된 다음 날인 5월 26일부터 8월 22일까지 이어진 7750건의 흑인 생명 존중 시위 중 93퍼센트가 평화적이었다.[11] 그러나 내가 파이크카운티에서 만난 사람들은 7퍼센트의 폭력 시위만을 집중 보도하는 미디어에 귀를 기울이고 있었다.

극우 폭력 단체들도 움직이기 시작했다. 2015년부터 2020년까지 미국 내에서 극단주의자들이 자행한 공격과 저지된 음모가 405건 보고되었다. 이전 10년에 비해 두 배 이상 많은 수치였다.[12] 그중 3분의 2는 백인 우월주의자와 극우 극단주의자들이 저지른 것이었다. 극우 내부에서는 KKK와 NSM 같은 일부 오래된 단체가 쇠퇴한 반면, 프라우드 보이스, 오스 키퍼스, 스리 퍼센터스 같은 새로운 단체들이 부상하고 있었다.[13] 이들은 백인 미국인의 자부심을 보존하고 보호하고 확대하는 운동을 펼치며 점점 더 많은 지지를 받고 있었다.

공화당 내부에도 균열이 생겼다. 도널드 트럼프가 이끄는 'MAGA 포퓰리스트 공화당원'이 미치 매코널과 전 공화당 대통령 후보 밋 롬니 같은 전통적 공화당 인사들과 연계된 '컨트리클럽 공화당원'(일반 대중과 동떨어진 상류층 정치인들을 비꼬는 말-옮긴이)과 갈라지기 시작했다. 후자는 이제 일부 사람들에게 너무 온건한 세력으로 여겨졌다.

특히 우파 진영 내에서 충성의 방향이 엇갈리고 있었다. 파이크카운티로 돌아가보면 하임바크의 메시지는 철저히 외면당했고 파이크빌 행진은 표현의 자유를 보호한 모범적인 사례로 기억되고 있었다. 그러나 3년이 지난 시점에는 내전 가능성까지 거론되고 있었다. 2021년 켄터키주 하원의원인 공화당의 토머스 매시는 연방 탈퇴 가능성을 암시했고,[14] 같은 당의 마저리 테일러 그린 하원의원도 "국가적 이혼"을 촉구해 미국인 23퍼센트 정도의 지지를 이끌어냈다.[15] 조지아주의 린지 그레이엄 상원의원은 도널드 트럼프가 정부의 기밀문서를 부적절하게 보관한 혐의로 기소될 경우 "거리에서 폭동이 일어날 것"이라고 위협했다.[16] 많은 사람이 충격과 경악을 금치 못했다. 미국이라는 국가적 '결혼'이 여전히 굳건하다고 믿었기 때문이다.

현실 자체가 조화와 갈등의 영역으로 분열되는 것처럼 보이기에 이르렀다. 예를 들어 이제 루이빌에 거주하는 앨릭스 휴스는 내게 이렇게 설명했다. "가끔은 도대체 무슨 일이 벌어지고 있는지 제대로 알기가 힘들어요. 페이스북을 보면 가족과 친구가 서로를 비난하고 있어요. 그래서 저는 아내와 함께 그냥 이 모든 일을 잊고 처칠다운스[경마장]에서 베팅을 하며 기분 좀 풀려고 했어요. 하지만 주차장에 차를 대고 내리려는 순간 중무장을 하고 얼굴을 복면으로 가린 흑인들이 여러 대의 대형 밴에서 내리는 모습이 보였어요. 그들은 '무장행동 연합Not Fucking Around Coalition'이라는 (흑인 생명 존중 시위와는 무관한) 단체의 일원이었어요. 주차장 건너편에서는 경찰이 그들을 주시하고 있었어요. 저와 아내는 다시 차에 올라 얼른 떠났죠. 하지만 집에 돌아가는 길에 잠깐 들른 마트에서는 사람들이 '실례합니다, 감사합니다' 하면서 친절하고 예의 바르게 행동했어요. 페이스북에서 벌어지는 싸움, 주차장의 살벌한 대치, 마트에서 만난 평온한 일상, 이 중 대체 어떤 장면이 정상인지 알 수 없었어요."[17]

## 무늬를 반만 지운 표범

저녁 식사를 마칠 즈음 매슈는 마지막으로 두 가지 고민을 털어놓았다. 그중 하나는 그의 성姓인 하임바크에 관한 것이었다. "어머니는 나쁜 뉴스가 실린 신문에 제 이름이 계속 오르내리는 걸 정말 싫어하세요. 이름을 바꿀 수 있다면 좋겠어요."

"바꿀 수 있어요." 토미가 격려하듯 말했다.

"아뇨." 매슈가 대답했다. "그랬다가는 '매슈 하임바크, 개명하다'라고 뉴스가 뜨겠죠."

나중에 이날 대화를 곱씹으며 토미는 중얼거렸다. "매슈가 완전히 바닥을 쳤나 보네요."

저녁 식사 다음 날 매슈가 다시 연락해서 또 다른 고민을 털어놓았다. "간호학 학위를 따기 전에 사우스게이트 재활 프로그램에서 토미와 함께 일해볼까 해요. 이제는 뭔가 좋은 일을 하고 싶어요." 그는 이렇게 메시지를 보내왔다. 나는 매슈의 메시지를 토미에게 전달했고 토미는 신중하게 고민했다. 표범이 무늬를 일부만 바꾸고 일부는 그대로 유지하는 것이 가능한 일일까?

하임바크가 사우스게이트에서 일하게 되면 와이엇 블레어에게 인종차별을 버리라고 설득할까, 아니면 오히려 그 감정을 부추길까? 광부들이 부르던 노래처럼, 당신은 어느 편인가? 토미는 매슈 하임바크가 어느 편인지 그 답을 알 수 없었다. 그래서 그는 끝내 매슈에게 답장을 보내지 않았다.

하지만 매슈는 시급 16달러 50센트를 받는 자동차 공장의 노조 일자리를 구하게 되었다. 그는 기뻤다. 그러나 곧 문제가 생겼다. "안티파가 저를 쫓아다니며 신상을 털어서 해고당하게 했어요. 그들은 내 이름이 초과 근무 신청 명단에 올라 있는 걸 보고 제가 어디서 일하는지 알아냈어요. 결국 회사는 저를 해고했고 저는 노조를 통해 이의를 제기했죠. 이제 저는 더 이상 백인 민족주의자가 아니에요. 안티파는 대체 제가 어떻게 다시 사회에 적응하기를 바라는 걸까요? 노동위원회에 사건이 밀려서 제 사건을 심리하려면 1년은 기다려야 해요. 저는 새로운 일자리를 찾았어요." 병원 접수처에서 일하게 된 것이다.

한편 파이크빌 행진의 기억이 서서히 희미해지는 사이 사람들은 또 다른 누군가에 대한 집단적 기대감으로 들떠가고 있었다.

겉보기에 트럼프는 지지자들에게 자부심을 되찾아주고 있었다. 그는 대다수 미국인이 거짓이라고 여기는 것들을 그들에게 제공했다. 그리고 그 거짓을 한 가지 진실과 결합했다. 잃어버린 자부심이라는 진실이었다.

## 13장 정치를 움직인 감정

트럼프 지지자 여러분, 안녕하세요! 우리의 차량 행렬은 5500대를 넘어섰고 전체 참가자는 약 1만 3000명으로 추산됐습니다. 또한 우리의 차량 행렬을 따라 교차로, 육교, 도로변에 줄지어 선 애국자 동지도 2700명에 달한 것으로 추정됩니다. 이번 행렬에는 켄터키 동부의 30개 카운티 전체가 참여했습니다. 멀리 볼링 그린과 루이빌을 포함한 켄터키의 다른 카운티들에서도 참가자가 왔습니다. 인디애나, 일리노이, 미주리, 오하이오, 테네시, 버지니아, 웨스트버지니아 등 인접 주에서 찾아온 참가자들도 있었습니다. 그뿐만 아니라 앨라배마, 캘리포니아, 조지아, 루이지애나, 메릴랜드, 미시시피, 노스캐롤라이나, 뉴욕, 텍사스 등 다른 여러 주에서도 동참했습니다. (…) 한때 우리의 행렬은 30킬로미터 넘게 이어지기도 했습니다.

이렇게 로저 포드는 2020년 10월 '동부 켄터키 애국자 연합'이라는 단체의 페이스북 페이지에 의기양양한 게시글을 올렸다. 이곳 파이크카운티에서는 한 달 뒤인 2020년 11월, 유권자의 80퍼센트가 도널드 트럼프에게 투표하게 된다.[1] 차량 퍼레이드는 켄터키 동부의 페리카운티, 해저드카운티, 놋카운티를 가로지르며 출발했다.[2] 성조기 물결과 함께 경적이 울려 퍼졌다. 켄터키 서부의 오하이오강에서는 트럼프 지지 보트 퍼레이드에 스카이다이버와 헬리콥터까지 가세했다.[3]

오전 10시, 빨간 MAGA 모자를 쓴 로저 포드는 팔꿈치를 차창 밖으로 내밀고 휴대전화 카메라를 향해 미소 지으며 차량 행렬을 이끌고 출발했다. 차량 행렬은 샘스 핫도그와 켄터키 프라이드치킨 매장 사이에 있는 콜런 주차장을 빠져나와 보행자들을 지나쳤다. 보행자들은 손을 흔들어 차량들을 환영했다. 일부 보행자는 아예 성조기 색인 빨강, 하양, 파랑으로 옷을 맞춰 입고 있었다. "처음에는 차량이 꼬리에 꼬리를 물고 이어지는 바람에 오후 6시가 되어서야 돌아왔어요." 로저 포드는 기쁨에 찬 목소리로 말했다. "도널드 트럼프 같은 사람이 있으면 번개를 유리병 속에 가둔 것처럼 엄청난 힘이 생긴다니까요."

53세의 활력 넘치는 남성인 로저 포드는 흰 셔츠와 바지를 입고 있었다. 듬성듬성 숱이 빠진 금발에 절제된 미소를 띤 그는 기꺼이 자신의 인생관을 설명해주었다. 나와 이야기를 나눌 때 어떤 사람들은 마치 이번이 마지막 기회인 것처럼 거침없이 말을 쏟아냈고 어떤 사람들은 애매모호하게 핵심을 피해가며 말했다. 하지만 로저 포드는 "자, 말씀해드리죠"라며 직설적으로 말했다. 그는 그리시크릭초등학교 페이스북 페이지에 이렇게 자신의 소개 글을 올렸다. "켄터키 태생, 신의 은총으로 남부인, 프리메이슨과 슈라이너(비밀결사 단체와 그 하위조직-옮긴이) 회원." 그는 정치적으로 낙태 반대, 총기 소지 찬성, 경찰 지지, 증세 반대, 공교육 반대, 국경 장벽 지지, 소수자 우대 정책 반대, 정부 규제 반대의 입장이었다. 차를 타고 켄터키의 홀러들을 지나면서 로저는 안전벨트를 착용하지 않았을 때보다 착용했을 때 오히려 부상 확률이 더 높다고 설명했다. 그는 상상력이 풍부한 사업가이자 책을 많이 읽는 지식인, 자기 지역 사회의 문제를 해결하려는 야심가였다. 2010년 그는 공화당 후보로 켄터키주 하원의원 선거에 출마했다가 낙선했지만 그 뒤로도 깊은 관심을 가지고 정치 상황을 지켜보고 있었다.

## 분노의 이면

2019년 무렵 대다수의 미국인은 미국이 점점 더 분열되고 분노로 가득 채워지고 있다고 느꼈다. 여론조사 기관인 바르나가 실시한 설문조사에 따르면 미국인의 70퍼센트가 증오 범죄와 증오 발언이 "지난 5년 사이에 증가했다"는 데 동의했다.[4] 그 이유를 묻는 질문에 응답자의 3분의 2가 "정치인들이 조장하거나 부추겼기 때문"이라며 소셜 미디어와 인터넷이 이를 더욱 증폭시켰다고 답했다. 백인 응답자의 67퍼센트와 흑인 응답자의 80퍼센트가 증오 범죄가 증가했다고 생각했다.

공화당에서 "도둑질을 막아라Stop the Steal"(트럼프 진영에서 부정선거를 주장하며 내세운 구호-옮긴이) 운동이 급속히 확산하면서 당 내부의 결속력은 강해졌지만 분노 또한 커지고 있었다. 분노는 이 운동에 동참하지 않는 공화당원, 민주당, 연방정부를 향했다.

내가 파이크빌에서 알게 된 사람들은 이 운동과 다양한 방식으로 연결돼 있었다. 루스 멀린스와 존 로젠버그, 버지 박사는 우려스러운 마음으로 사태를 지켜보았다. 앨릭스 휴스와 그의 가족은 강경한 공화당 지지자였지만 좀 더 중립적인 태도로 관망하고 있었다. 하지만 앨릭스는 친구 해리가 이 운동에 너무 깊이 빠져드는 것 같아 걱정이었다. 와이엇 블레어는 이 운동을 열렬히 지지했지만 여전히 수감 중이었다. 토미 래틀리프와 제임스 브라우닝은 중독 회복 프로그램의 상담사로 일하면서 한 발 떨어진 곳에서 지켜보고 있었다. 강성 공화당원인 앤드루 스콧은 콜런 시장으로서 '너무 정치적'으로 보이지 않으려 조심했다. 자칫 유권자들의 기분이 상할 수 있었기 때문이다. 스콧은 일부 주민이 왜 화가 났는지 내가 이해할 수 있도록 최선을 다해 도왔다.

나는 이 지역 주민들이 어떻게 이토록 깊은 분노와 증오에 이르게 됐는지 알고 싶었다. 로저 포드 같은 사람은 "인내의 한계"에 도달했다고 울분을 토하는 상황이었다. 무엇이 그들을 이런 지경으로 몰아넣었을까? 내가 만나본 사람들은 전혀 증오에 찬 모습이 아니었다. 그러나 2021년 1월 6일 국회의사당 폭동 이후 상당수의 주민이 외부인을 경계하기 시작했다. FBI가 폭동 참가자들을 추적하고 있었기 때문에 극도로 경계하는 분위기가 지역사회 전반에 감돌았다. 어떤 의미에서 나는 자신을 비롯한 많은 사람이 왜 그토록 분노하는지 설명해줄 만큼 사려 깊은 사람을 찾고 있었다. 운 좋게도 나는 로저 포드를 만났다.

몇 차례 대화를 나눈 뒤, 로저는 자신이 태어나고 자란 홀러 주변을 하루 동안 둘러보는 투어에 나를 초대했다. 어느 이른 아침, 그는 갈수록 좁고 구불구불해지는 산길을 따라 우리를 파이크빌 남쪽으로 데려갔다. 우리는 그리시크릭 의용 소방서, 프리윌 침례교회, 총기 판매점, 이동식 주택 매장, 포드 자동차 지점을 지나 산비탈에 있는 묘지로 향했다. 우리가 지난 곳들은 모두 그가 어린 시절을 보낸 장소들이었다. 동시에 그의 친척들의 집과 그들이 운영하는 작은 가게들이 늘어선 곳이기도 했다. 가는 길에 우리는 작은 식당에 들러 점심을 먹었다. 로저는 친절한 주인을 가리키며 "우리는 친척이에요. 사실 이 근처에 사는 사람들이 전부 친척입니다"라며 웃었다. 내가 자리에 앉아 있는 동안 로저는 카운터에서 그녀와 이야기를 나누며 내게 보여줄 홀러들이 어디인지 말해주었다. 나중에 차로 돌아오는 길에 로저가 말해준 바에 따르면 그러자 그녀가 "아, 거기는 데려가지 말지"라고 했다고 한다. 낯선 사람이 무슨 생각을 할지는 아무도 모르는 법이니까 말이다.

언덕길을 따라 작은 공동묘지로 향하는데 도로가 한 차선으로 좁아졌다. "반대 방향에서 차가 오면 어떻게 되나요?" 내가 물었다. "모든 운전자가 얼마나 후진해야 다른 차가 지나갈 수 있는지 알아요. 후진해야 할 거리가 더 짧은 운전자가 양보하는 거죠. 우리는 이웃사촌이니까요." 로저가 말했다. 잠시 후 그가 덧붙였다. "파이크빌 주민

중에는 깊은 산골 홀러에 사는 사람을 깔보는 이도 있어요. 그리고 루이빌 주민들은 파이크빌을 깔보죠. 워싱턴에서 켄터키 전체를 무시하는 것처럼요."

로저의 조상들이 묻힌 묘지로 가다 보니, 이전에 방문했던 몇몇 묘지에서 본 것처럼 벤치가 놓이고 사방이 트인 쉼터가 눈에 들어왔다. 앉아서 명상을 하거나 어쩌면 노래를 부를 수도 있는 공간이었다. 과거에는 지금보다 더 많은 사람이 이곳을 애도의 장소로 이용했다고 한다.

우리는 마침내 아담한 흰색 목조 교회에 도착했다. 특정 교파에 속하지 않은 무교파 개신교 교회였다. 문은 열려 있었고 내부의 긴 의자들은 텅 비어 있었다. 우리는 앞으로 걸어갔다. 어느 일요일, 목사는 바로 여기서 점점 더 줄어가는 신도들 앞에 서게 될 것이었다(교회 규칙상 목사는 남성이어야 하고 관습상 이성애자여야 한다). 우리는 자리에 앉았다. "혹시 눈치챘어요? 의자 뒤쪽에 찬송가 책을 꽂아두는 곳이 없다는 걸요? 옛날에는 찬송가 책이 없었어요. 신도들이 글을 읽을 줄 몰랐거든요." 로저가 설명했다. "목사님이 노래 가사를 읊으면 신도들이 따라 불렀어요." 예를 보여주기 위해 로저는 〈어메이징 그레이스〉의 첫 소절을 불렀다. "어메이징 그레이스, 그 소리 얼마나 감미로운가." 나도 그를 따라 노래를 불렀다.

가난과 문맹은 역사적으로 이어져온 문제였다. 로저는 이를 깊이 이해하고 있었다. 그러나 나는 그가 명예의 규범을 지키는 수호자이기도 하다는 사실을 깨달았다. 그는 자신이 중요하게 여기는 삶의 방식이 수치를 당하지 않기를 바랐다.

내가 가족에 대해 묻자 로저는 자신에게 이름을 물려준 6대조 할아버지 이야기를 먼저 꺼냈다. 그는 몇 세기 전 독립전쟁에서 공로를 인정받아 토지 보조금을 받았다고 한다. 로저는 자신의 족보를 놀라울 정도로 세세히 알고 있었다("제 증조할머니의 아버지는 켄터키 제45보병 연대 C중대에서 북군으로 싸우셨어요").

다른 사람들과 마찬가지로 로저의 가계 역시 석탄과 관련이 있었다. "할아버지는 그리시크릭에서 그리스도의 교회 목사가 되기 전까지 광부로 일했어요. 아버지는 파이크카운티 보안관이었고 그리시크릭초등학교에서 6~8학년에게 수학과 과학을 가르쳤죠. 그런데 특히 저에게 엄격했어요. 자기 아들만 편애한다는 말을 듣지 않으려고 그러신 거죠." 로저는 웃음기 없는 표정으로 회상했다. 로저의 아버지는 젊은 시절 무덤 파는 일을 했고 삼촌들은 철도 일을 했다. 그중 한 삼촌은 목사, 다른 삼촌은 이발사, 또 다른 삼촌은 지역 대학의 영어 교수가 됐다.

안정적인 중산층 가정에서 태어난 로저 포드는 데이비드 메이너드처럼 '산의 반대편'에서 태어났다는 이유로 열등감을 느낄 필요가 없었다. 또한 토미 래틀리프처럼 술에 취한 부모님이 밤늦게 싸우는 소리를 들으며 자라지도 않았다. 대신 로저는 파이크카운티에 좋은 일자리를 되살리겠다는 희망을 품고 사업가로서 경력을 쌓아가고 있었다.

로저 포드는 내가 "뒤처진 지역의 엘리트"라고 부르는 계층에 속했다. 내가 루이지애나 티파티(공화당의 강경 보수 그룹-옮긴이) 지지자들에 대한 연구에서 발견했듯이 도널드 트럼프에게 가장 열광하는 사람들은 밑바닥 계층(문맹이나 굶주린 사람들)이 아니라 낙후된 지역에서 성공을 꿈꾸거나 이미 성공한 사람들이었다.

## 무질서의 수치

로저는 민주당을 방임이나 무질서와 연관 짓는 경향이 있었다. 오리건주 포틀랜드에서 벌어진 흑인 생명 존중 행진에 등장한 흑인 약탈자들, 남성의 사소한 성적 접근까지 문제 삼는 여성들, 몰려드는 불법 이민자들, 주류 무대를 차지한 트랜스젠더들. 이 모든 것이 사회 질서가 무너지는 끔찍한 징후들인데도 민주당은 이를 바로잡기 위해 거의 아무런 노력도 하지 않는 듯했다.

그러나 어쩌면 그를 가장 불편하게 만든 것은 젠더 유동성(상황과 경험에 따라 성 정체성이나 성별 표현이 유동적이라는 주장-옮긴이)을 방임하거나 심지어 장려하는 분위기였을지도 모른다. 한번은 파이크빌에서 소규모 '게이 프라이드 퍼레이드'가 열렸는데, 행렬이 마지막으로 도착한 곳은 마을 공원이었다. "어린아이들도 있는 그곳에 여장 남자들이 갔어요." 로저가 분개했다. 그는 휴대전화를 꺼내 영상을 하나 보여주었다. 백악관 잔디밭에서 열린 성소수자의 달 기념행사에서 트랜스젠더 여성 활동가 로즈 몬토야가 카메라를 향해 웃으며 상의를 벗고 가슴을 흔드는 모습이었다.[5] 이어 바이든 대통령이 동성애자와 트랜스젠더를 "내가 아는 가장 용감한 사람들"이라고 칭송하는 장면이 나왔다. 폭스 뉴스가 이 영상을 공개하면서 논객들의 맹렬한 비판이 일어났다. 이후 몬토야는 백악관 출입이 금지되고 공개 사과를 했다.

로저에게 트랜스젠더 정체성은 미국인의 1.03퍼센트(2023년 기준)에게만 해당하는 문제가 아니었고 단순히 차이를 인정하는 문제도 아니었다.[6] 이미 너무 많은 혼란을 겪고 있는 지역에서 이 문제는 감당하기 힘든 또 하나의 혼란처럼 보였다. 그가 사랑하는 지역의 상당 부분이 일자리 감소, 사람들의 이주, 결혼 생활의 파탄, 마약 등의 문제에 포위당한 것처럼 느껴졌다. "지금 우리가 겪고 있는 일들만 해도 **충분히** 힘들거든요." 로저가 말했다. "그런데 이제 젠더를 선택하는 걸 유행으로 만든다고요? 도대체 우리는 어디로 가고 있는 거죠? 이 문제의 대부분은 민주당 때문이에요. 교회가 우리를 안정시켜줄 텐데도 민주당은 교회에 힘을 실어주나요?" 로저에게 민주당은 도덕적 해이와 방임, 그리고 그 결과에 대한 책임이 있는 정당이었다. 그 결과란 바로 수치심이었다.

로저는 파이크빌 경찰 형제회 29번 지부의 회원으로 '법과 질서'를 지키는 사람이라는 자부심이 있었다. 그는 파이크빌에서 흑인 생명 존중 행진이 벌어졌을 때 이에 맞서서 '파란 제복 지지' 집회가 열리도록 돕기도 했다.[7] 하지만 어떤 법률은 재검토할 필요가 있다고 그는 생각했다. "아내와 저는 이 지역의 멋진 멕시코 식당을 좋아해요. 거기서 웨이터로 일하는 멕시코 사람과도 친구가 됐죠. 그 식당이나 그의 이름은 말하고 싶지 않아요. 그를 그냥 호세(가명)라고 할게요. 호세는 식당 주인의 동생이에요. 인간적으로도 정말 좋은 사람이고 밤낮으로 일하는 성실한 친구예요. 그는 하루 종일 테이블을 치우고 주말이면 잔디를 깎아요. 이 지역의 대다수 사람보다 열심히 일하죠." 로저는 자기 조상들의 존경스러운 미덕들을 호세에게서 발견하곤 했다. 로저는 오늘날 미국인에게서도 그런 모습을 더 많이 볼 수 있기를 바랐다. "호세는 열네 살 때 돈 한 푼 없이 영어도 못하는 상태에서 불법으로 국경을 넘었어요. 엘패소에서 내슈빌까지 걸으며 간간이 히치하이킹을 해서 형을 찾아갔죠. 그런데 알고 보니 형은 이미 파이크빌로 이사한 뒤였어요. 그래서 다시 이곳까지 히치하이킹으로 왔죠. 이제 그는 일주일에 80시간을 일하면서 세금도 꼬박꼬박 내고 있어요."

로저가 이야기를 이어갔다. "그런데 한번은 호세가 코로나19에 걸렸는데 병원에 갈 엄두를 못 내더라고요. 그래서 제가 말했죠. '체온이 39도 이상 올라가면 나한테 전화해요. 진료를 받을 수 있게 해줄게요.' [그리고 2016년] 트럼프가 당선됐을 때 호세는 제게 '난 이제 떠나야겠네요'라고 말했어요. 저는 이렇게 말해줬죠. '아니, 범죄자들만 떠나면 돼요.' 그런데 호세가 다른 불법 체류자들과 이야기를 나눠보니 범죄자들은 이미 다 떠났다고 하더군요. 그래서 저는 변호사 비용을 대주겠다고 했죠. 이후 호세가 그러더군요. '당신을 위해서라면 사람도 죽일 수 있어요.' 저는 그 말이 나를 가족처럼 여긴다는 뜻이라고 생각해요." 로저가 웃으며 말했다. "저는 호세의 트럭에 붙이라고 트럼프 스티커를 줬어요. 지금 그의 집 앞 잔디밭에는 '2020 트럼프'라고 적힌 큼지막한 나무 간판이 세워져 있어요." 포드는 도널드 트럼프가 이민자를 미국인의 "피"를 더럽히는 "해충"이라고 부른 것과 2024년 재선되면 군대를 동원해 미국 내의 '호세들'을 추방하겠다고 했던 것을 대수롭지 않게 여겼다. "우리는 몇 가지 문제에 대해 의견을 달리할 뿐입니다."

흥미롭게도 로저가 2021년 1월 6일 국회의사당 난입 사건을 접했을 때 가장 먼저 떠올린 것은 법과 질서의 개념이 아니었다. 처음에 그는 안티파가 트럼프 지지자의 명예를 실추시키기 위해 이런 일을 벌였다고 생각했다. 이어서 그는 언론이 사건을 "너무 과장한다"고 느꼈다. 비슷하게 〈애팔래치안 뉴스 익스프레스〉도 사설에서 1월 6일 사건이 카메라를 위해 "연출된 또 하나의 쇼"라고 일축했다.[8] 실제로 우리가 두세 시간 넘게 대화를 나누는 동안에도 그가 먼저 국회의사당 난입 사건을 언급하는 일은 거의 없었다. 2023년 여름 2주 이상 총기, 낙태, 유가 상승, 바이든의 실언, 다리털이 수북한 남성의 여성 화장실 출입, 워크니스 wokeness(사회적 이슈에 대한 민감도를 의미한다. 원래 흑인의 인권과 관련된 정치적 용어였지만 지금은 LGBTQ의 권리 등으로까지 쓰임이 확대되었다-옮긴이)에 대한 비난 등 다양한 이슈에 대해 활발한 토론이 오갔지만 딱 한 번의 예외를 제외하고는 합법적인 선거 결과를 무력으로 뒤집으려던 2021년 1월의 시도에 대해서는 한마디도 듣지 못했다. 내가 그 사건을 언급했을 때 한 사람은 이렇게 말했다. "요즘 민주당에서 들리는 이야기라고는 1월 6일 사건에 관한 청문회뿐이네요." 또 다른 남성은 이렇게 말했다. "그건 홀러 꼭대기에 사는 사람들[부자들] 문제고, 우리는 갈수록 오르는 기름 값에 허리가 휠 지경이에요. 인플레이션부터 잡으라고 해요." 2023년 2주 반 동안 파이크빌에 머물면서 사람들과 대화를 나눴지만 1월 6일의 폭력 사태를 먼저 언급하며 심각한 우려를 표한 사람은 레바논 출신 약사뿐이었다. 그녀는 어린 시절 정치 쿠데타가 벌어지던 베이루트에서 부상당한 아버지가 자신을 차에 태우고 총격전이 벌어지는 거리를 가로질렀던 기억을 떠올렸다.

특정한 외부 요인들이 로저 포드의 세계를 이처럼 극심한 분열로 몰아가는 듯했다. 우파에게는 '민주당이 벌이는' 석탄 전쟁(민주당 정부가 지구온난화를 막기 위해 추진했던 석탄 사용 감축 정책-옮긴이), 장기적으로 지속되는 경제 침체, 성 정체성 혼란을 방치(하고 심지어 조장)하는 '문화적 퇴행'에 대한 경고음이 먼저 울렸다. 여기에 인플레이션이라는 보다 직접적인 문제가 더해졌다. 켄터키주의 일부 주유소에는 바이든의 이미지와 함께 "내가 저지른 일이다!I DID THAT!"라는 문구가 적힌 스티커가 붙었다. 그러나 이 기간에 셰브론, 쉘, 엑손 등 석유 회사들이 기록적인 수익을 올렸다는 사실을 언급하는 사람은 없었다.[9] 한편 좌파 진영은 1월 6일 발생한 전례 없는 폭력 사태에 강한 위기의식을 느끼고 있었다.

지난 수십 년간 점점 심화되어온 부의 양극화는 양대 정당 모두에 의해 정당화됐고 노동조합의 쇠퇴로 더욱 악화됐다. 한때 이 문제는 노동자와 민주당을 이어주는 핵심 연결 고리였다. 제이콥 해커와 폴 피어슨은 《부자들은 왜 우리를 힘들게 하는가?》에서 1970년대 이후 공화당과 민주당 정부 모두 초부유층에 대한 세금 감면, 기업 규제 완화, 노동조합의 쇠퇴로 부자와 나머지 사람 간의 격차를 더욱 벌어지게 했다고 주장한다.[10]

계급 격차의 문제는 내가 나누는 대화 속에서 묘하게 생생한 동시에 잠잠한 양상을 보였다. 2023년 컨트리앤드웨스턴 싱어송라이터인 올리버 앤서니의 절규가 담긴 노래가 빌보드 핫 100 차트에서 1위를 기록했다. 그는 "엉터리 같은 보수"와 "먹을 것 하나 없는" 현실을 한탄하면서 부가 "리치먼드 북쪽에 사는 부자들"의 손에 쥐어진 것이야말로 "수치스럽기 짝이 없는 일"이라고 노래했다. 그러나 내가 만난 트럼프 지지자들 사이에서 계급 불평등은 빈곤과는 달리 정치적 쟁점으로 거의 등장하지 않았다.

한편 카리스마가 부족한 조 바이든은 부자들이 "정당한 몫을 내야 한다"면서 독점 기업을 규제하고 노동조합을 보호하며 상위 1퍼센트에 대한 세금을 인상하는 법안을 통과시켰다. 이런 조치는 많은 사람에게 자신들이 유치하려고 했던 산업이 위축될지 모른다는 두려움을 불러일으켰다.

또한 언론은 양 진영의 유권자들을 각자의 미디어 안에 가두고 분열을 조장하는 행태를 이어갔다. 분열과 갈등을 부추길수록 더 많은 이익을 얻을 수 있었기 때문이다. 폭스 뉴스 같은 일부 우파 방송은 2020년 대선을 "도둑맞았다"는 거짓 보도를 의도적으로 이어갔다. 이런 가운데 2020년 말 도널드 트럼프는 KY-5 주민들과 로저 포드 같은 사람에게 지지를 호소했다.

### 비스킷 속의 머리카락

로저와 이야기를 나누면서 나는 궁금해졌다. 파이크카운티의 차량 퍼레이드에서 그토록 트럼프에게 열광한 이유는 무엇이었을까? 어느 6월 오후 커피를 마시며 그에게 물었다. "도널드 트럼프라는 사람을 어떻게 생각하세요?" 그는 만족스러운 웃음을 지으며 대답했다. "트럼프는 존재감이 큰 사람이에요. 자기가 중요하다고 느끼려면 목소리를 내야 하죠. 그런데 그게 좋은 점이에요. 우리에겐 큰 마이크가 필요하니까요. 많은 사람이 도널드 트럼프를 자기중심적인 나르시스트라고 보는데, 맞아요. 하지만 그가 **우리를 대변해** 출마한다면 그건 우리에게 유리한 일이잖아요." 이기심, 나르시시즘, 복수심, 잔인함 등 많은 사람에게 결격 사유로 보이는 성격적 결함이 로저 포드와 앤드루 스콧 같은 사람에게는 오히려 유용한 자질이었다. 좋은 성품에 대해 애팔래치아의 어린 학생에게 적용되는 기준과 '강한 존재감'으로 그들을 이끌 사람에게 적용되는 기준이 서로 다른 셈이었다. 그는 거리낌 없이 행동하는 인물이었다. 그래서 그가 "우리에게" 유용한 존재라고 사람들은 말했다.

물론 역사적으로 강렬한 존재감을 과시한 인물은 여럿 있었다. 1930년대 미국의 실업자들을 상대로 설교했던 포퓰리스트 성향의 가톨릭 신부 찰스 코플린, 1920년대 말과 1930년대 초 루이지애나 주지사로 재직하며 "모든 냄비에 닭 한 마리씩"을 외쳤지만 정작 자신은 더 많은 것을 챙긴 휴이 롱, 그리고 시어도어 루스벨트 등 수많은 인물이 있었다. 로저에게는 도널드 트럼프도 이들과 같은 반열이었다.

트럼프는 존재감이 강할 뿐만 아니라 성격도 거칠었다. 대화 중에 로저가 지적했듯이 트럼프는 악명 높은 변호사 로이 콘을 고용하기도 했다.[11] 콘은 1950년대 조 매카시 상원의원이 공산주의자 혐의를 씌운 사람들에 대한 조사를 주도했고 자신이 원하는 목표는 무엇이든 무자비하게 관철하는 것으로 악명 높았다. 생애 말년에 그는 사법 방해, 위증, 공갈 협박 등의 혐의로 기소돼 변호사 자격을 박탈당했다. 그러나 포드는 미국의 취약 지역과 미국적 삶의 방식을 지키는 좋은 목적을 위해서라면 트럼프가 로이 콘 같은 사람을 곁에 둬도 나쁘지 않다고 생각하는 것 같았다. 목적이 수단을 정당화하는 것이다.

나는 로저가 다음과 같이 말하는 것을 듣고 깜짝 놀랐다. "하느님은 이 땅의 문제를 바로잡기 위해 도널드 트럼프를 보내셨어요. 트럼프는 믿음직하고, 흔들림 없고, 집요합니다." 로저는 쾌활한 목소리로 덧붙였다. "그야말로 비스킷 속에 들어 있는 머리카락 같은 존재죠. 절대 빠지지 않거든요." 그리고 그는 선언했다. "세상에 도널드 트럼프는 단 **한 명**뿐입니다."

로저는 계속해서 말했다. "주님은 때때로 결함이 있는 전령을 택해 당신의 일을 수행하게 하십니다. 성경을 보면 하느님이 그분의 목적을 위해 선택하신 결함 있는 사람이 많이 나옵니다. 노아는 술에 취해 있었고 아브라함도 마찬가지였어요. 다윗은 이미 결혼한 여자의 남편을 죽이고 그녀와 결혼을 하죠. 그들은 모두 결함이 있었지만 하느님은 그들을 당신의 뜻을 이루는 데 사용하셨어요." 이런 논리에 따르면 트럼프의 모든 도덕적 결함(자기애, 아집, 복수심, 그리고 결코 부끄러움을 느끼지 않는 태도)은 하느님이 사용하는 도구들이었다. 하느님은 뒤처진 애팔래치아 지역의 자부심을 되찾아줄 인간 도구를 찾아낸 것이다.

트럼프를 하느님의 전령으로 보는 로저 포드의 견해에 동의하는 공화당 성향의 성직자들은 이 지역 내에 많았다. 로저 자신은 그리시크릭 그리스도 교회의 평생 신자다. 그의 아버지와 할아버지가 그곳에서 목회를 했고 어린 로저는 일요일마다 교회에서 피아노를 연주했다. 파이크빌대학교의 활기찬 교목이자 종교학 교수인 롭 뮤직은 내게 트럼프를 지지하는 목사들을 소개해주었다. 나는 그가 소개해준 두 명의 복음주의 목사와 대화를 나누었다. 그리고 그 대화를 통해 도널드 트럼프의 지지자들이 트럼프를 하느님과 연결하는 방법이 여럿(그중 일부는 신학적이라기보다는 실용적인 접근에 가까웠다)이라는 사실을 알게 됐다.

어느 날 우리는 파이크빌에서 차를 타고 남동쪽으로 30분 가면 나오는 엘크혼시티의 한 카페로 향했다. 우리는 그곳에서 짙은 테의 안경을 쓰고 체구가 크고 머리가 벗겨진 D. R. 해리슨 목사를 만났다. 그는 접시 위로 몸을 잔뜩 숙이고는 뮤직 목사를 뚫어지게 바라보며 마치 내면의 힘에 이끌리듯 말했다. "제 눈에는 트럼프가 기독교인답게 행동하는 것으로 보이지 않습니다. 하지만 그가 교회를 위해 많은 일을 해온 것은 사실이죠." 해리슨 목사는 현재 엘크혼시티 침례교회에 휴직계를 내고 미국 전역을 돌며 여러 번의 부흥회를 포함한 천막목회를 하고 있었다. 나와 인터뷰할 때는 잠시 집에 돌아온 상태였다. "대다수 기독교인은 낙심하고 괴로워하고 우울해하고 있습니다. 마치 악마가 모든 것을 빼앗아간 것처럼 느끼고 있죠." 해리슨 목사가 말했다. "2020년 선거는 도둑맞았고, 저는 그것을 되찾고 싶습니다. 전부 다요. 그래서 전국을 돌며 부흥회를 통해 이 나라를 되찾아가고 있습니다."

해리슨 목사는 테네시 출신으로 전국에서 명성을 떨치는 복음 전도자 그레그 로크를 보좌하고 있었다. 그는 로크를 "독립 침례교 운동의 교황"이자 트럼프와 가까운 인물이라고 설명했다. 실제로 로크는 1월 6일 워싱턴 D.C.에서 수천 명이 모인 가운데 도널드 트럼프와 함께 연단에 올라 기도를 인도했다. 해리슨 목사는 자신이 로크를 위해 "모든 음악"을 담당한다면서 자신의 트레일러와 생활비는 로크가 지원한다고 했다. "우리는 워싱턴 D.C.에서 수천 명을 대상으로 각성 집회를 열었고 조지아에서는 남성 부흥회를 열었습니다." 해리슨은 말을 이었다. "그리고 400명의 아이들에게 신발을 선물했죠. 우리에겐 조던 신발이 가득한 특별한 트레일러가 있거든요. 조지아에서 열린 남성 부흥회에서는 행사 진행 요원들에게 사람들이 원하는 신발의 색깔과 사이즈를 물어보게 했어요. 농부들에게는 150달러짜리 장화를 나눠줬죠. 때때로 라벨을 떼어낸 다음에 신발을 나눠주기도 합니다. 부모들이 신발을 환불해서 마약을 사는 경우가 있거든요." 2020년 켄터키에 홍수가 났을 때 로크가 "수표를 보냈다"고 해리슨 목사는 말했다.

하지만 어딘가 섬뜩했다. 그레그 로크 역시 '블랙 로브 연대'에 속해 있었다. 2020년 대선을 도둑맞았다고 믿으며 필요할 경우 무력을 써서라도 트럼프를 지키겠다고 결의한 기독교 민족주의 성향의 성직자 단체 말이다.[12] 오클라호마 출신 경찰관의 아들이고 고졸 학력에 과거 블루독 민주당원(보수 성향의 민주당원-옮긴이)이었던 해리슨 목사는 이제 아내와 네 자녀를 데리고 다시 길을 나설 준비를 하고 있었다. 트럼프를 옹호하는 로크를 위해 음악을 연주해야 하기 때문이다. 그의 자녀 중 세 명은 입양아였다(그는 "내가 낙태에 반대한다면 말과 행동이 일치해야죠"라고 덧붙였다).

엘크혼시티의 또 다른 목사인 댄 프레일리는 단순히 교회에 도움이 된다는 이유로 트럼프를 따르는 것이 아니었다. "우리 등 뒤에서 무슨 일이 벌어지고 있고, 트럼프는 그걸 막으려고 합니다." 40대인 프레일리 목사는 조용한 성격에 머리색이 짙었다. 나는 뮤직 목사와 함께 엘크혼시티의 작은 공원에서 그를 만났다. 광부의 아들로 역시 과거 민주당원이었던 프레일리 목사는 육군 특수부대 소속으로 세 차례 해외에 파병되어 잊지 못할 참상을 목격했다. 이제 좀 더 조용한 삶을 살고 있는 프레일리 목사는 자신이 이끄는 그리스도의 교회 신도를 네 명에서 수요일에는 20명, 일요일에는 60명으로 늘린 것에 자부심을 느꼈다.

프레일리 목사는 어디서 뉴스를 접할까? 그는 휴대전화로 브라이트바트(외국인 혐오, 여성 혐오 등을 부추긴다는 비판을 받는 극우 인터넷 언론-옮긴이)를 시청했고 텔레그램으로 딥 스테이트의 악행을 폭로하는 상상 속의 내부자 목소리인 큐어넌$_{Qanon}$(극우 음모론 집단-옮긴이)으로부터 더 많은 "뉴스"를 접했다. 그 역시 2020년 대선을 "도둑맞았다"고 믿었다. 또한 1월 6일 국회의사당 난입 사건의 시위대는 배우들이고, 할리우드가 "중국에 의해 통제되고 있다"고 믿었다. 그는 CIA와 국가안보국(NSA), 심지어 델타포스와 네이비실에도 어둠의 세력이 손길을 뻗치고 있다고 생각했다. 또한 그는 민주당이 "아이들의 피를 마시고 있다"고 믿었고 트럼프를 위대한 폭로자, 모든 것을 아는 자, 따라야 할 사람으로 여겼다. 그러나 큐어넌에 대한 프레일리의 믿음에도 한계는 있었다. "저는 한동안 큐어넌을 충실히 따랐어요." 그가 말했다. "하지만 그들이 도마뱀 인간(큐어넌은 트럼프가 도마뱀 인간으로부터 미국을 구원할 구세주라고 주장했다-옮긴이) 이야기를 할 때부터 의구심이 들었어요. 말도 안 되는 이야기잖아요."

## 우파의 '깊은 이야기'

《자기 땅의 이방인들》에서 나는 우리 모두가 정치적 수사의 이면에 이념적 주장과 진실의 개념을 넘어서는 "깊은 이야기"를 품고 있다고 주장했다. 그것은 "그렇게 느껴지는" 이야기, 즉 감정이 들려주는 이야기다. 이 이야기에는 판단이나 사실이 끼어들 틈이 없다.[13] 대신 세상이 어떻게 느껴지는지를 이야기로 들려줄 뿐이다. 나는 우파에게는 우파의 깊은 이야기, 좌파에게는 좌파의 깊은 이야기가 있다고 믿게 됐다.[14]

우파의 깊은 이야기에서 주인공은 높은 언덕 위에 세워진 아메리칸드림을 향해 참을성 있게 줄 서 있는 한 남성이다. 그의 발은 피곤에 지쳐 있다. 이제 자신의 차례가 올 법도 한데 줄은 움직이지 않는다. 그는 줄의 꽤 앞부분에 있지만 자신의 뒤에 얼마나 많은 사람이, 특히 유색인종이 줄지어 있는지 돌아보지 않는다. 그러다가 그는 자신보다 앞쪽으로 끼어드는 사람들을 목격한다. 새치기꾼들이다. '대체 저 사람들은 누구지?' 그가 보기에 그들은 소수자 우대 정책 덕분에 앞서 나간 고학력 여성과 흑인들이다. 이민자, 난민 그리고 높은 연봉을 받는 공무원도 있다. 그런데 이번에는 민주당 대통령이 새치기꾼들에게 손을 흔드는 모습이 눈에 들어온다. '설마 저 사람들에게 나를 건너뛰라고 부추기는 걸까?' 그는 의심이 든다. 그 순간 남자의 앞쪽에 서 있던 누군가가 갑자기 그에게로 몸을 돌린다. 그리고 지금껏 참을성 있게 기다리던 남자를 비난하기 시작한다. "무식한 데다 성차별주의자, 인종주의자, 동성애 혐오자인 이 촌놈아!" 남자는 더 이상 참을 수 없었다. 인내의 한계에 이른 것이다.

나는 당시 인터뷰하고 있던 루이지애나 주민들에게 이 깊은 이야기를 들려주었다. 많은 사람이 "바로 내 이야기예요"나 "제 마음을 꿰뚫어 보셨네요" 같은 반응을 보였다. 또 다른 사람들은 "줄에서 기다리는 사람들이 세금을 내면 그 돈이 새치기꾼들에게 돌아간다"고 믿고 있었다.

앤드루 스콧 시장은 이 깊은 이야기를 듣고는 마치 앞을 내다보듯이 말했다. "그래요, 우리 애팔래치아의 트럼프 지지자들에게도 딱 들어맞는 이야기네요. 하지만 그게 전부는 아닙니다. 그 이야기에 새로운 장을 추가해야 해요. 이렇게 말이죠. '새치기꾼들 중에 불량배가 한 명 있다. 그는 주변 사람들을 거칠게 밀쳐내고, 자기 친구들을 앞에 끼어들게 하고, 누군가 불평이라도 하면 폭력을 휘두른다. 그는 우리를 괴롭히는 **나쁜** 불량배다. 그때 줄에 서 있던 남자는 또 다른 남자를 본다. 자기애에 가득 차 있고 다소 못된 그도 불량배다. 그는 분명 결점이 있지만 사람들은 그를 용서한다. 왜냐하면 그는 **좋은** 불량배이기 때문이다. 그는 **나쁜** 불량배를 제압할 만큼 강하다. 그는 우리를 보호해주는 **우리의** 불량배다. 그래서 다른 사람들이 그를 비판해도 우리는 그를 편들어준다. 그가 완벽해서가 아니라 그가 우리 불량배이기 때문이다.'"

2022년 말 트럼프 측은 디지털 트레이딩 카드(대체 불가능한 토큰인 NFT)를 개당 99달러에 판매했다.[15] 그중 하나에는 붉은 망토를 두른 초근육질 슈퍼맨의 몸으로 눈에서 레이저를 쏘는 트럼프의 얼굴이 붙어 있었다. 또 다른 카드에서 트럼프는 야구 영웅이었고, 또 다른 카드에서는 카우보이였다. 모두 '좋은 불량배'를 암시하는 이미지들이었다.

내가 좌파 친구들에게 좋은 불량배 이야기를 들려주자 친구들은 어리둥절해했다. **첫 번째** 불량배가 누구라고? 그가 뭘 그렇게 나쁜 짓을 한 거지? 조 바이든의 '더 나은 재건Build Back Better' 법안이 전 국민에게 좋은 일자리를 제공하고 중산층을 재건하는 것 아닌가? 그 법안이 사실상 파란 주보다 붉은 주의 노동자에게 더 도움이 되지 않았나? 도대체 그들은 무슨 말을 하는 거지?

하지만 로저 포드에게 첫 번째 불량배는 강력하고 분명하게 인식됐다. 사실 첫 번째 불량배는 한 명이 아니라 집단이었다. 민주당, CNN, (군대를 제외한) 연방정부, 그리고 '시골 미국'을 무시하는 무례한 '도시 미국'의 수호자들. 그들이 애팔래치아로부터 권력과 자부심을 빼앗아간 장본인들이었다. 로저는 CNN과 MSNBC에 대해서도 비판적으로 말했다. "단 하루도 그들이 도널드 트럼프를 두들겨 패지 않는 날이 없어요." 로저가 보기에 나쁜 불량배가 좋은 불량배를 두들겨 패고 있었다. 애팔래치아에는 '좋은 불량배'가 필요했다. 왜냐하면 로저가 보기에 민주당과 연방정부야말로 더 크고 더 나쁜 존재이기 때문이었다.

## 도둑맞은 선거

나는 궁금했다. 왜 로저 포드를 비롯한 많은 사람이 2020년 대선을 도둑맞았다는 트럼프의 주장을 적극 옹호하게 됐을까? 그런 주장이 사실이 아니라는 강력한 증거들이 계속 쌓이고 있는데도 말이다. 포드는 어떤 사안이든 모든 관점에서 살펴보려고 노력하는 사려 깊은 사람이었다. 그는 자신이 주도한 차량 퍼레이드에서 트럼프에 대한 열렬한 지지를 직접 체감했고 지역 내에도 같은 열정을 가진 사람이 있다는 것을 알고 있었다. 하지만 그는 KY-5가 아무것도 도둑맞지 않아도 지지하는 후보를 당선시키지 못하는 경우가 있다는 사실 역시 알고 있었다. 또한 그는 애팔래치아가 민주당 대통령인 지미 카터(1976년)와 빌 클린턴(1992년과 1996년) 등 자신들이 선택한 후보를 당선시키는 것도 봤고 전국의 많은 공화당 지지자처럼 이런 결과를 이성적으로 받아들였다. 그는 조지 부시와 앨 고어가 맞붙었던 2000년 대선처럼 일부 선거가 논란이 되었던 적이 있기에 선거 결과에 의문을 제기하는 일이 미국에서 처음 있는 현상은 아니라고 지적했다. 하지만 로저도 이번에는 뭔가 새로운 일이 벌어지고 있다는 점에 동의했다.

두 가지 흐름이 동시에 빠르게 진행되고 있는 듯했다. 첫 번째, "도둑맞았다"는 주장이 점점 더 널리 받아들여지고 있었다. 두 번째,

2020년 대선을 실제로 도둑맞지 않았다는 법적 증거들이 계속 쌓여 가고 있었다. 그러나 이처럼 증거가 늘어남에도 선거를 도둑맞았다는 믿음은 확고하게 유지되고 있었다.

2012년부터 도널드 트럼프는 "도둑맞았다"는 말을 직접 하거나 그 의혹을 담은 연설과 성명을 수차례 발표했다.[16] 그는 버락 오바마의 대통령직을 "완전한 사기"라고 선언했다. 트럼프는 자신이 당선된 2016년 대선을 앞두고도 만약 자신이 승리하지 못한다면 그것은 선거를 도둑맞았기 때문일 거라고 주장했다. 이런 주장은 빠르게 퍼져 나갔다.[17] 셰이 메이너드의 가족, 토미 래틀리프의 숙모와 삼촌, 제임스 브라우닝의 삼촌과 사촌 모두 선거를 "도둑맞았다"고 믿게 됐다. 파이크빌이 속한 KY-5의 공화당 소속 하원의원인 할 로저스 역시 선거를 "도둑맞았다"고 믿는다. CNN의 2023년 5월 조사에 따르면 미국인의 33퍼센트, 공화당원의 63퍼센트가 2020년 대선을 "도둑맞았다"고 믿는 것으로 나타났다.[18] 결국 "도둑질을 막아라" 운동이 등장했다.[19] 트럼프의 측근인 로저 스톤은 2016년 대선 전에 이 생각을 퍼뜨렸고 이 믿음은 2020년 대선을 위해 다시 부활했다.

물론 내가 동부 켄터키에서 만난 모든 사람이 로저 포드의 의견에 동의한 것은 아니었다. 내가 그렇게 말하자 로저 포드는 웃었다. 하지만 그는 이내 "2020년 대선은 도둑맞았다"는 자신의 신념으로 되돌아갔다.

또 다른 남성은 공화당이 2020년 대선에서 패한 이유는 "민주당이 젊은 유권자들을 우리보다 더 잘 공략했기 때문"이라고 주장했다. 내가 이 말을 그대로 전했을 때도 로저는 흥미롭게 듣고 웃었다. 하지만 그는 이내 고개를 저으며 말했다. "아뇨, 그 선거는 도둑맞은 게 맞습니다."

트럼프 대통령은 선거를 "도둑맞았다"는 주장을 반복하면서 심지어 자신을 대통령으로 복귀시키기 위해 헌법 조항을 "폐기"할 것을 요구하기까지 했다.[20] 트럼프의 이 발언이 나온 뒤인 2022년 12월 14일 퀴니피액대학교의 여론조사에 다음과 같은 질문이 실렸다.[21] "도널드 트럼프 전 대통령은 자신이 미국의 대통령으로 복귀하기 위해 헌법을 폐기해야 한다고 주장했습니다. 이런 발언을 한 그가 다시 대통령 선거에 출마하지 못하게 자격을 박탈해야 할까요, 아니면 박탈하지 말아야 할까요?" 응답자의 51퍼센트가 출마 자격을 박탈해야 한다고 답했다. 구체적으로는 민주당 지지자의 85퍼센트, 무당파 유권자의 52퍼센트가 자격 박탈에 찬성한 반면, 공화당 지지자의 찬성 비율은 17퍼센트에 불과했다. 로저 포드 역시 이 발언이 트럼프의 출마를 막을 이유가 되지 않는다고 생각했다. 선거를 "도둑맞았다"고 믿었기 때문이다.

그러나 한편으로는 선거를 도둑맞지 않았음을 명확하게 입증하는 법적 증거들이 계속 쌓여가고 있었다. AP통신이 수백만 표를 검토한 결과, 불법 투표 사례는 단 475건뿐이었다. 심지어 트럼프 캠프가 직접 고용한 업체들이 진행한 선거 부정 조사에서도 결론은 같았다.[22] 선거를 도둑맞은 것이 아니었다. 트럼프 정부의 법무장관이었던 윌리엄 바도 선거를 도둑맞지 않았다고 선언했고 마이크 펜스 부통령도 선거를 도둑맞지 않았다고 선언했다. 공화당 상원의원 가운데 가장 영향력 있는 미치 매코널 역시 선거를 도둑맞지 않았다고 선언했다. 트럼프 행정부의 다른 인사들도 선거를 도둑맞지 않았다고 증언했다. 심지어 트럼프 전 대통령의 딸인 이방카 트럼프조차 바 국무장관의 말을 받아들이며 선거를 도둑맞지 않았다고 인정했다.

2020년 대선이 끝나고 몇 주 동안 트럼프 지지자들은 각 주의 선거 관리인을 상대로 총 62건의 소송을 제기했다.[23] 그중 61건이 기각됐고 남은 한 건에서도 선거 결과를 뒤집을 만한 증거는 나오지 않았다. 이 기간에 트럼프가 공화당 소속인 브래드 래펀스퍼거 조지아주 국무장관에게 직접 전화를 걸어 자신에게 유리한 표를 "찾아달라"고 요청한 사실이 알려지면서 논란이 일었다. 하지만 조지아주 역시 선거를 도둑맞지 않았다고 공식 발표했다. 위스콘신과 애리조나에서는 부분 재검표가 실시됐지만 오히려 조 바이든의 득표수가 **증가**하는 결과가 나왔다.[24] 이후 미국 하원은 1월 6일 사건을 조사하기 위한 특별위원회를 구성하고 총 10차례의 공개 청문회를 열었다. 마크 메도스 비서실장을 비롯한 트럼프의 최측근 등 여러 공화당 인사들이 청문회에 출석해 선서를 하고 증언을 했다. 그들 모두 선거를 도둑맞지 않았다고 믿었으며, 트럼프에게도 그렇게 보고했다고 발언하는 모습이 대중에게 공개됐다. 이후 폭스 뉴스의 해설자들조차도 선거 관련 보도를 할 당시 실제로는 선거를 도둑맞았다고 믿지 않았다는 사실을 인정했다.[25]

반박 증거가 쌓여가는데도 "도둑맞았다"고 주장하는 사람의 비율은 그대로 유지되는 듯했다. 그러자 사람들은 그 이유를 궁금해하기 시작했다. 그중에는 내가 인터뷰한 비非MAGA 성향의 파이크빌 주민들도 있었다. 제임스 브라우닝은 이렇게 말했다. "도널드 트럼프는 처음 대통령에 당선되기 전에도 그랬어요. 만약 자신이 승리하지 못하면 그건 선거를 도둑맞았기 때문이라고요[이 주장은 2024년에도 반복됐다]. 만약 어떤 사람이 저더러 체스를 두자고 하면서 게임을 시작하기도 전에 '만약 당신이 이기면 내 승리를 훔친 거야'라고 말한다면 어떻겠어요. 제가 그런 사람이랑 체스를 두겠어요? **말이 돼요?**" 그는 눈썹을 치켜올리며 미소 지었다.

버클리에 있는 내 이웃이나 친구는 '도둑맞은 선거' 이야기가 나올 때마다 하나같이 어리둥절하다는 반응을 보였다. 그들의 머릿속에 가장 먼저 떠오른 것은 미디어였다. 한 남성은 "MAGA 성향의 선거 부정론자들은 우파 미디어가 늘어놓는 거짓 정보에 갇혀 있다"고 했다. 이밖에도 다양한 해석이 나왔다. 선거 부정론자들이 "제대로 된 정보를 접하지 못하는 것일 수도 있다", "증거를 믿지 않는다", "도널드 트럼프의 속임수에 넘어갔다", "광신적 종교 집단 같다"는 것이었다. 그러나 어떤 해석을 내놓든 그들은 대개 이렇게 덧붙였다. "잘 모르겠어요."

선거 전에 콜런 주차장에서 출발한 로저 포드의 차량 퍼레이드에서 경적을 울리고 깃발을 흔들며 열광하던 운전자들의 모습을, 신문에 나오는 바이든 대통령의 무표정한 얼굴과 비교해보는 사람은 아무도 없었다. 왜냐하면 그것은 자신의 존재 자체를 내세워서 지지를 호소하는 카리스마 넘치는 후보와, 자신의 업적에 기반해 이성적인 행정력을 앞세우는 후보를 비교하는 것이었기 때문이다. 그리고 우파 진영에서는 진보 성향이 강한 젊은 층의 투표 독려 운동에 주목하는 사람도 거의 없었다.

## 우리는 천덕꾸러기 의붓아들

그렇다면 로저 포드를 비롯한 많은 사람이 왜 "도둑맞았다"는 입장을 굽히지 않았을까?[26] 어쩌면 로저 포드는 연방정부를 불신하는 성향이 있었기 때문에 자연스럽게 선거를 도둑맞았다고 믿었을 수도 있다. 실제로 그는 연방정부에 대한 불신을 공공연히 드러내왔다. 그에게 연방정부는 '나쁜 불량배'였다. 그런데 연구에 따르면 민주당원들도 거의 비슷한 수준으로 연방정부를 불신한다.[27] 그 불신은 상대 정당이 집권했을 때 높아지고 자신의 정당이 집권했을 때 감소하는 경향이 있다.

그렇다면 실제 상실에 기반해 그럴듯한 **믿음을 만들어내는 문화**가 있는 것일까? 〈뉴욕타임스〉 탐사보도 기자인 마이클 켈러와 데이비드 커크패트릭은 두 종류의 공화당 유권자를 비교하는 매우 의미 있는 연구를 진행했다.[28] 한 종류는 2020년 대선 결과 인증에 반대표를 던진 139명의 공화당 하원의원 선거구에 거주하는 사람들이었다.[29] 이 의원들은 말하자면 '도둑맞았다'에 투표한 셈이었다. 다른 종류는 선거 결과 인증에 표를 던진 64명의 공화당 하원의원 선거구에 사는 사람들이었다. 이 의원들은 '신뢰'에 투표한 것이었다. '도둑맞았다'에 표를 던진 선거구 유권자들은 '신뢰'에 표를 던진 선거구 유권자들보다 연소득이 평균 10퍼센트 낮았다.[30] '도둑맞았다'에 표를 던진 선거구 유권자들은 1인당 대학 학위와 고등학교 졸업장도 더 적었다. 자살, 약물 과다복용, 알코올성 간부전 등 절망으로 인한 사망률 역시 더 높았다. 그들은 복음주의 개신교 신자인 경우가 많았고 거주하는 지역에서 다수 인종의 지위도 위협받고 있었다. 백인이 인종적 소수로 전락한 공화당 선거구 12곳 중 10곳에서 공화당 하원의원들은 "선거를 도둑맞았다"는 쪽에 투표했다.[31] '도둑맞았다'에 표를 던진 선거구 중 상당수는 과거 남부연합에 속했고 흑인 인구가 많았다. 선거를 도둑맞았다고 믿는 공화당원들은 폭스 뉴스를 시청하는 경향이 더 강했다.[32]

흥미롭게도 로저 포드는 이런 특성을 하나도 갖고 있지 않았다. 그는 파이크빌대학교를 졸업한 뒤 미국 군사대학교에서 국가안보학 석사 학위를 받은 지식인이자 세계를 두루 여행한 사업가였다. 그는 "폭스 뉴스를 봅니다. 하지만 저쪽에서 무슨 일이 일어나고 있는지 보려고 MSNBC와 CNN도 보고 BBC도 듣습니다"라고 했다. 앞서 언급했듯이 로저가 사는 파이크카운티에는 아프리카계 미국인이나 이민자의 유입이 전혀 없었다. 오히려 그는 우수한 인재를 채용하고 싶어 하는 소규모 사업가로서 잠재적 인력 유출을 안타까워하며 한 불법 이민자를 은밀히 지원하기도 했다. 그에게 문제는 원치 않는 사람들이 파이크카운티로 들어오는 것이 아니라 환영받아야 할 사람들이 떠나는 것이었다.

로저는 상실감과 억울함을 동시에 느끼는 듯했다. 그는 종종 자신의 지역과 같은 시골 카운티에는 없고 도시 카운티에는 있는 것이 무엇인지 비교해보면서 안타까움을 느꼈다. 에너지 사업가인 그는 와이오밍, 미주리, 웨스트버지니아, 미시시피, 캘리포니아 등지로 출장을 다니면서 시골과 도시, 파란 주와 붉은 주를 지속적으로 비교하고 그 격차에 괴로움을 느꼈다. "다른 지역들은 우리보다 훨씬 먼저 전력망, 표준화된 배관 시설, 고속도로, 인터넷 서비스, 광활한 산업 단지를 갖췄어요. 반면 우리는 **뭐든지** 맨 마지막 순서죠. 마치 나라에서 천덕꾸러기 취급을 받는 의붓자식 같아요."

로저는 시골을 떠난 사람들이 향한 도시들, 즉 렉싱턴, 루이빌, 시카고 그리고 그 너머의 해안 도시들에 괴로운 마음으로 관심을 쏟으면서 특히 이런 도시들이 시골 지역에는 없는 무엇을 가졌는지에 주목했다. 그의 친척과 친구도 파이크빌 태생이지만 로스앤젤레스로 향했던 드와이트 요아캄의 노래처럼 "그 도시의 공장에서 기다리는 일자리로" 가기 위해 23번 국도에 올랐다. 로저는 심각한 목소리로 말했다. "제 형도 렉싱턴으로 떠났고 다시 돌아올 것 같지 않아요. 사촌들도 오하이오의 공장으로 일하러 떠났고요." 요아캄 역시 파이크빌에서 내슈빌로 활동 무대를 옮겨서 가수 활동을 이어갔다.

로저 포드의 고뇌 어린 자부심은 (데이비드 메이너드처럼) 가난을 견뎌낸 경험에서 비롯된 것도, (와이엇 블레어의 희망처럼) 흑인들에게 빈곤을 떠넘김으로써 백인들을 가난에서 보호한 것에서 나온 것도 아니었다. 또한 (토미 래틀리프나 제임스 브라우닝의 경우처럼) 개인적인 중독에서 회복한 경험에서 나온 것도 아니었다. 그의 자부심은 파이크카운티를 사람들이 떠나지 않아도 되는 더 윤택한 곳으로 만들기 위한 싸움에 기반을 두고 있었다. 그는 "도둑맞았다"고 느껴질 만큼 너무나 많은 것을 잃어버리며 위기에 처한 시골 고향을 지키는 수호자의 역할에 깊은 자부심을 느끼는 듯했다.

로저 포드는 2018년 〈애팔래치안 뉴스 익스프레스〉에 실린 "켄터키여 안녕"이라는 제목의 기고문에서 "파이크카운티의 인구는 5만

9000명에서 2040년 4만 8000명으로 급감할 것"이라고 썼다.[33] 주민들은 "두뇌 유출, 청년 유출, 정신적으로 건강한 사람들의 유출을 겪으면서 결국 도움을 필요로 하는 사람들만 남게 되고, 정치적 영향력은 약화되며, 연방정부와 주정부의 지원금을 받을 자격 요건도 맞추지 못하게 될 것"이라고 우려했다.

파이크카운티에서 로저가 목격한 것은 전국적인 추세의 축소판이었다. 1988년부터 2008년 사이에 미국의 2050개 비非도시 카운티 중 절반가량이 인구 감소를 경험했다.[34] 이후 2010년부터 2020년까지 10년 동안 이 카운티들의 노동가능인구는 4.9퍼센트 감소한 반면, 65세 이상 인구는 22퍼센트 증가했다.[35] 로저는 이것이 고통스러운 인재 유출의 증거라고 느꼈다. 어느 순간 그는 지나가는 말로 이렇게 덧붙였다. "아내와 나는 아마 남을 겁니다."

로저 포드는 서로 다른 세 가지 형태의 상실로 자신의 지역을 설명했다. 석탄 관련 일자리의 상실(절대적 상실), 유산·토지·독창성 등 여전히 가지고 있는 것들의 가치 하락(평가절하), 도시 생활의 가치 상승과 대비되는 시골 생활의 가치 하락(상대적 손실)이었다. 로저는 자주 출장을 다니면서 인구가 많고 상황이 좋은 도시들을 부러운 눈으로 바라봤다. 이 도시들이 시골 사람들을 끌어모으면서 고향에 남은 사람들은 점점 더 하찮은 존재로 전락하는 듯했다. 이 모든 상실에 근거 없는 굴욕감이 더해졌다. 로저가 보기에는 도시적이고 자유주의적이고 부유한 어딘가에서 날아든 굴욕감 같았다. 이 모든 요소가 합쳐지면서 다양한 형태의 자부심 상실로 이어졌고, 이는 고통스러운 현실을 통과하면서 특정한 방식으로 인식됐다. 즉 이 지역 사람들은 실패를 자신의 탓으로 돌리는 경향이 강했지만 사실 그들이 사는 주에는 다른 도시들에 비해 경제적 기회가 훨씬 더 적었다. 이것이 바로 자부심의 역설이었다.

다양한 형태의 상실 중 가장 감춰져 있고 어쩌면 가장 고통스러운 것은 평가절하였다. 시골에서 일자리를 구할 때 자신을 "해리의 아들"이라고 소개하면 지역사회의 평판이나 자신의 능력과 인성을 아는 사람들 덕분에 채용될 수 있었다. 그러나 이제 고향에서는 그런 인맥이나 평판이 갈수록 쓸모없어졌고, 도시에서 그는 이름도 학위도 없는 힐빌리일 뿐이었다.

로저는 해안 지역이나 도시 사람들이 자신 같은 시골 사람들을 시대에 뒤처진 존재로 여기는 경우가 많다고 느꼈다. 새롭고 현대적인 것이 좋은 것이고 오래되고 전통적인 것은 나쁜 것이라는 인식이 팽배했다. "하지만 어떤 문화가 잘못된 방향으로 가고 있다면 때로는 시대에 뒤처지는 게 오히려 **좋은** 일 아닌가요?" 그는 마크 트웨인이 했던 말을 떠올리며 이렇게 농담을 던졌다. "'켄터키는 나머지 세상보다 20년이나 뒤처져 있다. 그래서 세상의 종말이 오면 나는 켄터키에 있고 싶다'고 했던가요. 가족 규모나 대학 교육 같은 면에서 보면 우리가 다른 지역 사람들보다 뒤처져 보일 수도 있어요." 로저는 다시 한번 강조했다. "하지만 뒤처졌다는 게 항상 잘못됐다는 의미는 아닙니다."

어쩌면 가장 큰 문제는 과거의 고난과 고통에 대한 기억마저 평가절하될 위험에 처했다는 점이었다. 탄광에서 목숨을 잃은 제임스의 할아버지나 불구가 된 앨릭스의 할아버지 같은 사람에 대한 기억 말이다. 로저의 이런 한탄 속에는 한때 그런 상실을 견뎌냈던 이 지역 사람들의 강인함에 대한 존중마저도 사라질지 모른다는 우려가 깔려 있었다.

## 할리우드 스크린 속에서의 상실

영화에서도 이들은 폄하당하고 있었다. 니컬러스 제이컵스와 대니얼 셰이가 《시골 유권자 The Rural Voter》에서 통찰력 있게 밝혀냈듯이 애팔래치아 같은 지역에 퍼진, 자부심을 도둑맞았다는 생각은 부분적으로 영화에서 유래한 것이 분명하다.[36] 도시와 시골 관객이 함께 보는 영화에서 시골 생활은 긍정적인 모습에서 부정적인 모습으로 변해가고 있었다.

20세기 전반까지만 해도 미국 시골의 이미지는 영웅적 서사의 배경이었다. 예를 들어 호팔롱 캐시디(1930~40년대 서부영화에 정의의 사도로 등장하는 카우보이 영웅-옮긴이)는 마을에 나타난 무법자들로부터 마을 사람들의 목장을 지켜주는 영웅이었다. 또한 미국 시골은 ("말이 길을 알고 썰매를 끈다"는 크리스마스캐럴 가사처럼) "할머니의 집"으로 돌아가는 향수 어린 공간이자 자본주의와 이민으로부터 벗어날 수 있는 목가적인 피난처로 그려졌다. 이처럼 시골은 자부심 넘치는 공간이었다. 제이컵스와 셰이는 제2차 세계대전 이후부터 시골의 이미지가 희화화되고 조롱의 대상이 되었다고 지적한다. TV 시리즈 〈베벌리 힐빌리스〉에서는 남북전쟁 시대에 쓰던 머스킷 총으로 토끼를 잡는 인물이 등장하는 등 시골이 시대에 뒤처진 우스꽝스러운 공간으로 묘사됐다.

이후 시골을 바라보는 문화적 시선은 한층 더 어둡고 음침해졌다. 1974년 개봉한 영화 〈서바이벌 게임〉은 애팔래치아 사람들을 무법적이고, 근친상간을 일삼으며, 폭력적인 존재로 묘사해서 보기 불편할 정도였지만 흥행에 성공했다. 1990년대 들어서는 무시무시한 시골 괴물이 등장했다. 콜비대학교 교수이자 《시골 유권자》의 공동 저자인 대니얼 셰이는 학생들에게 시골이 아닌 곳을 배경으로 하는 공포 영화가 생각나는지 물었다. "누구도 영화 하나를 떠올리지 못했습니다."[37] 그는 말했다. 대신 학생들의 머릿속에 떠오른 것은 〈텍사스 전기톱 학살〉, 〈블레어 위치〉, 그리고 스티븐 킹의 〈쿠조〉 같은 영화들이었다.[38] 2016년에는 시골을 배경으로 제작된 127개의 '리얼리티 쇼'에서 시골 생활에 대한 부정적인 시각이 엿보였다.[39] 〈벌목꾼들Ax Men〉, 〈나의 레드넥 가족My Big Redneck Family〉, 〈밀주업자들Moonshiners〉, 〈허니 부부가 온다Here Comes Honey Boo Boo〉, 〈늪지대 사람들Swamp People〉 등 모든 프로그램이 실제 현실과는 동떨어져 있었다. 영화와 TV에서 자기 지역 사람들이 공정하고 정확하게 묘사되는지 물었다. 도시 거주자는 절반이 그렇다고 답한 반면, 시골 거주자는 채 4분의 1도 되지 않는 사람만이 그렇다고 대답했다.[40] 일부 사람에게는 할리우드가 시골 사람들의 긍정적인 이미지를 '도둑맞게' 만든 것처럼 보일 수도 있었다.

로저는 자신을 중산층이자 백인이라고 느끼는 만큼, 아니 어쩌면 그 이상으로 애팔래치아 사람, 더 넓게는 시골 사람이라고 느꼈다. 이런 점에서 그는 정치학자 캐서린 크레이머가《분노의 정치학The Politics of Resentment》에서 묘사한 위스콘신주의 농부나 소도시 거주자와 매우 유사했다.**41** 크레이머가 위스콘신주 시골 마을의 주유소와 간이식당에서 만난 어른들은 할리우드의 거물, 뉴스 진행자, 교수, 정부 관료가 시골 사람들이 받아야 할 관심과 존중, 인정을 미국의 주요 대도시에 사는 사람들에게 몰아주었다고 불평했다. 크레이머는 위스콘신의 27개 지역 사회에서 39개 그룹과 나눈 대화를 종합한 결과 많은 사람이 공무원을 게으르고, 비효율적이며, 과도한 급여를 받고, '탐욕스러운' 노조의 보호를 받는 존재로 여긴다는 사실을 발견했다.**42** 이들은 또한 도시가 시골의 세금을 빨아들여 자신들만을 위해 쓰고 있다고 느꼈다.

로저 포드는 도시 사람에 비해 시골 사람이 부당하게 인종주의자로 묘사되고 있다고 느꼈다. "CNN 해설자가 공화당원은 전부 인종주의자라고 주장하는 걸 들으면 화가 치밀어 오릅니다! 왜냐하면 이 지역 전체에서 최초의 인종 통합 공동묘지가 우리 마을에 있거든요." 그가 말한 곳은 아프리카계 미국인 130명이 안장된 딜스 공동묘지였다. "우리 학교들도 일찌감치 인종 통합을 이루었고 그 결과도 좋았습니다."**43** 포드는 힘주어 말했다. 그러나 그는 이 자랑스러운 역사를 다른 지역 사람들은 전혀 알지 못한다고 느꼈다. 그리고 사실 파이크빌 관광청 홍보 문구를 제외하면 인종 통합과 관련된 이 지역의 자부심은 완전히 사라진 듯했다.

그럼에도 국가적 차원에서는 백인보다 흑인이 자부심을 인정받고 있다고 로저 포드는 느꼈다. 그는 자신의 페이스북 페이지에 쏟

쓸한 풍자만화를 하나 올렸다. 그 만화는 억만장자 오프라 윈프리("자산 20억 달러, 억압받는 흑인 오프라") 같은 엘리트 흑인과, 찡그린 표정의 불운한 백인 코미디언 에드 오닐("자산 2.32달러, 백인 특권층")을 대조적으로 보여주었다. 그가 페이스북에 올린 상징적인 흑인 영웅들은 말콤 글래드웰이 같은 제목의 책에서 언급한 '아웃라이어'(극소수의 비범한 사람-옮긴이)들이었다.[44] 그러나 로저에게는 이런 대조가 뼈아프게 다가왔다. 그가 올린 게시물은 백인이 흑인보다 우월하다는 의미가 아니었다. 반대로 백인이 경제적으로 흑인만큼 잘살지 못하고 있다는 뜻이었다. 물론 이 '농담'은 사실을 완전히 왜곡하고 있었다. 앞서 언급했듯이 오늘날 가족의 자산을 기준으로 흑인은 훨씬 더 가난하고,[45] 같은 학력을 가진 경우 백인보다 낮은 임금을 받고 있다.[46] 하지만 로저는 의문이 들었다. 컨트리 가수들이나 과거 탄광을 소유했던 부유한 사람들을 제외하면 애팔래치아 백인 남성이 영웅으로 등장하는 이야기는 어디에 있을까?

이에 더해 조롱이 날아들기 시작했다. 2016년 힐러리 클린턴은 트럼프 지지자들을 "한심한 무리"라고 불렀다. 2021년 배우 벳 미들러는 웨스트버지니아주 상원의원인 조 맨친을 맹비난하며 "그는 우리 모두가 자기 고향인 웨스트버지니아처럼 되기를 원한다. 가난하고, 무식하고, 마약에 찌든 상태로"라고 말했다.[47] 페이스북 페이지에는 **힐빌리, 레드넥** 같은 조롱이 넘쳐났고 우파 매체들은 이를 끝없이 확대 재생산하며 이미 분노에 찬 사람들을 더욱 격분시켰다.

## 헝거 게임

"영화 〈헝거 게임〉을 본 적 있어요? 그게 바로 우리예요! 켄터키에는 120개의 시골 카운티가 있어요. 〈헝거 게임〉의 12번 구역과 똑같은 곳들이죠. 시골이고, 가난하고, 착취당해요. 이 주에 있는 10개 도시 카운티의 이익을 위해 희생당하고 있고요. 〈헝거 게임〉은 현실을 그대로 옮겨놓은 작품입니다." 로저는 단언했다.

2008년 개봉한 이 영화는 같은 제목의 베스트셀러 디스토피아 소설을 원작으로 한다. 대재앙 이후 독재 국가 '판엠'이 세워진다. 부유한 도시(캐피톨)를 지배하는 파시스트 지도자들은 가난한 시골 구역(12개 구역)을 대상으로 해마다 섬뜩할 정도로 잔인한 '헝거 게임'을 연다. 화려하게 치장한 고위 관료 에피 트링켓은 굽 높은 하이힐을 신고 비정한 미소를 지으며 각 구역에서 소년과 소녀를 한 명씩 '공물'로 선택한다. 선발된 두 명은 멸시받는 자기 구역의 영광을 위해 다른 구역의 공물들과 목숨 건 싸움을 한다. 마지막에는 한 쌍의 공물만이 살아남는다.

12구역의 억압받는 주민 가운데 어린 소녀가 공물로 선발되자 그녀의 언니 캣니스 에버딘(제니퍼 로렌스 분)이 어린 여동생 대신 자신이 이 끔찍한 임무를 수행하겠다고 영웅적으로 나선다. 경기장의 중앙 무대로 올라간 캣니스의 아래에는 누더기를 걸치고 절망과 두려움에 떠는 12구역 주민들이 서 있었다. 그리고 그들 뒤로는 커다랗고 굵은 글씨로 적힌 표지판이 보였다. "캐피톨 석탄 회사CAPITOL COAL."

관객들은 영웅적인 캣니스 에버딘(석탄 산업 지역에 남은 애팔래치아

주민)을 응원하고, 자부심이 오만으로 변질된 사악한 트링켓을 증오하게 된다. 캣니스는 활과 화살로 사냥한 작은 동물들로 가족을 먹여 살려야 한다. 국가가 금지한 방식으로 몰래 사냥을 하며 법을 어기고 있는 것이다. 이 영웅적인 소녀는 사랑하는 가족을 지키기 위해 무자비하고 비정한 캐피톨에 몰래 저항한다. 〈헝거 게임〉은 남성에게 들려주는 여성의 이야기였다. 로저 포드는 이 영화를 보면서 자신의 지역과 자신에 대해 "진실을 말해준다"고 느꼈다. 그렇다면 선거 결과에 대한 허구적 주장 역시 이와 비슷한 방식으로, 1970년대 이후 세계화와 자동화로 인해 '패배자'가 되어버린 사람들에게 상실의 진실을 전달했던 것일까? 분명 많은 사람에게 불편한 가설이겠지만 나는 그 주장이 '그럴듯한 문화'를 형성해서 많은 사람이 "선거를 도둑맞았다"는 결론에 도달하는 데 영향을 미쳤을 수도 있다고 생각하게 됐다.

로저에게 〈헝거 게임〉과 파이크카운티는 완벽한 조합이었다. 로저는 〈애팔래치안 뉴스 익스프레스〉에 기고한 칼럼에서 '골든 트라이앵글'(렉싱턴, 루이빌, 켄터키 북부) 지역 사람들에 대해 이렇게 썼다. "그들은 높은 자리에 앉아 골든 트라이앵글 밖으로는 한 발짝도 나올 생각을 하지 않는다. 켄터키주의 두 주요 신문사인 〈쿠리어 저널〉과 〈헤럴드 리더〉[한 곳은 루이빌, 다른 한 곳은 렉싱턴에 본사를 두고 있다]의 잘난 논객들이 자신들의 영역을 벗어나서 켄터키 외딴 시골까지 와본 적이 몇 번이나 있을까? 대낮에라도 그들이 우드맨이나 윙고 같은 작은 마을들을 찾을 수 있을까?"[48] 포드는 이어 이렇게 적었다. "그들은 시골 켄터키가 음악, 문학, 예술에 기여한 바를 무시한다." 켄터키의 대도시들이 12구역, 즉 파이크카운티를 모욕하고 있는 것은 아닐까?

그리고 문제는 결국 돈이었다. "그 잘난 사람들[골든 트라이앵글 거주자들]은 높은 자리에 앉아 우리 같은 무식쟁이들을 깔보듯 내려다본다." 그는 이어 이렇게 썼다. "[그들은] 우리 지역에서 석탄 채굴세를 약탈해서 자기들 이익을 위해 썼다. (…) 그 돈은 그들[도시 지역]의 도로와 다리를 건설하고 경기장을 짓는 데 쓰였다." 그러는 동안 파이크카운티 같은 카운티들은 마치 영화 속의 12구역처럼 제대로 된 도로도, 깨끗한 물도, 모든 주민을 위한 인터넷 서비스도 갖추지 못한 상태가 됐다. 석탄세의 배분에 대해 포드는 "[우리는] 1달러당 7.6센트밖에 받지 못한 반면, 50퍼센트는 '일반 기금'으로 들어갔다"고 썼다. 일반 기금은 주 전체에 분배되는 돈이었다.

"이건 더 큰 이야기의 지역판이 아닐까?" 로저는 질문을 던졌다. "정부 기관이 밀집한 지역[에 사는 사람들]은 맨해튼보다도 부유하다."(그는 해당 지역에 거주하는 고소득 기업 로비스트 1만 2000명은 포함시키지 않았다.[49]) 로저가 이 문제에 책임 있는 사람을 한 명 꼽아야 한다면 그는 버락 오바마였을 것이다. 로저는 "2014년 오바마는 탄소 배출을 줄이기 위한 연방 법안을 통과시켰고 그로 인해 이 지역의 석탄 산업이 사망선고를 받았다"고 단언했다.[50]

이 마지막 주장에 대해서는 의견이 갈렸다. 예를 들어 콜런의 시장이자 열렬한 공화당원인 앤드루 스콧은 시골 켄터키가 피해를 입은 것은 맞지만 〈헝거 게임〉과 같은 방식은 아니라고 봤다. 전직 탄광 소유주로 켄터키 주지사를 지낸 폴 패튼은 지역 내 석탄 산업의 쇠퇴

원인에 대해 담담하게 설명했다. "우리는 먼저 가장 좋은 품질의 석탄을 캐냈고 그다음엔 그냥 괜찮은 석탄을 캐냈어요. 그래서 이제는 간신히 쓸 만한 석탄만 남은 거죠."

더 중요한 것은 석탄의 가격이 상대적으로 안정적이었던 반면, 천연가스, 태양광, 풍력 에너지의 가격은 급격히 하락해서 석탄 가격을 밑돌 정도가 됐다는 것이다.[51] 간단히 말해 천연가스와 재생에너지가 석탄보다 저렴해진 것이다. 평균적으로 석탄 발전소를 가동하고 유지하는 데 드는 한계비용은 현재 메가와트시MWh당 36달러인 반면, 태양광 발전의 한계비용은 메가와트시당 약 24달러로 3분의 1 정도 더 저렴하다.[52]

그러나 내가 만난 대부분의 사람은 연방정부와 민주당, 그리고 기후변화의 주요 원인인 석탄을 줄이려는 이들의 열망을 비난했다. 버락 오바마에 이어 힐러리 클린턴도 탄소 배출을 규제하겠다고 선언하면서 민주당이 "석탄과의 전쟁"을 선포한 것이나 다름없다는 인식이 퍼졌다. 특히 2016년 대선 당시 후보였던 힐러리 클린턴은 "우리는 많은 석탄 광부와 석탄 회사를 그만두게 할 것"이라는 말로 논란을 일으켰다.[53] 직업 재훈련을 지원하고 새로운 기업을 육성하겠다는 내용의 연설 뒷부분은 사람들의 기억에서 사라졌다. 2016년 대선에서 누구를 찍었는지 묻자 한 남성은 곧바로 이렇게 답했다. "힐러리의 연설 들었잖아요." 한때 "석탄과의 전쟁"이라고 적혀 있던 트럭 뒷면의 표어는 이제 "트럼프는 석탄을 캔다Trump Digs Coal"로 바뀌기 시작했다.

다른 사람들은 연방정부가 오랫동안 석탄 산업에 직간접적으로 보조금을 지급해왔다고 지적한다. 환경에너지연구소(EESI)에 따르면 미국 정부는 화석연료 보조금으로 매년 200억 달러를 지출하고 있고, 그중 160억 달러는 석유와 천연가스에, 40억 달러는 석탄에 배정된다.[54] 켄터키주 내에서도 파이크카운티는 로저 포드가 말한 '골든 트라이앵글' 카운티들보다 더 많은 연방 지원금을 받았다. 12구역이 곤경에 처한 것은 사실이지만 이를 전부 캐피톨 탓으로 돌릴 수는 없었다.

당시 파이크카운티를 대표하는 유일한 민주당 소속 주 상원의원이었던 앤지 해턴(2022년 공화당에 자리를 내주었다)은 켄터키주 예산의 40퍼센트가 연방정부에서 나온다면서 "우리에게는 그 돈이 필요하기에 연방정부의 지원은 좋은 일"이라고 했다.[55] 파이크카운티의 경우 주민의 약 22퍼센트가 푸드 스탬프로 불리는 SNAP(영양 보충 지원 프로그램) 혜택을 받고 있으며, 거의 절반이 메디케이드에 의존하고 있다.[56] "여기는 고령자와 장애인이 많은 지역입니다." 해런은 말했다. "제 임무는 우리에게 **필요한** 지원을 확보하는 것이죠." 그녀의 관점에서 보면 연방정부는 파이크카운티에서 자원을 빼앗아가는 것이 아니라 반대로 자원을 제공하고 있었다. 실제로 연방정부는 해런이 보기에 전혀 〈헝거 게임〉의 독재 정부 캐피톨 같지 않았다. 석탄업계에 보조금을 지급하고 이 지역의 취약계층에게도 지원을 제공했기 때문이다. 하지만 내가 만난 많은 사람에게 연방정부는 '빼앗는 자'였고 그들 자신은 '만들어내는 자'였다. 그리고 연방정부의 도움을 '얻어내는' 행위는 수치스럽게 여겨졌다.

## 4단계 수치심 제거 의례

하나의 장면이 만들어졌고 그 장면은 지금도 이어지고 있다. 우연처럼 겹친 상실 속에서 수치심은 자부심의 역설 속으로, 마치 문화적 분쇄기에 고기를 집어넣듯 밀어 넣어졌다. 강한 자부심의 문화와 개인주의 윤리가 엄격히 지켜지는 사회에서 **'성공하면 내 공, 실패해도 내 잘못'**이라는 사고방식이 자리 잡으면 그 고통스러운 결과는 수치심일 수밖에 없다. 지역 사회의 몰락은 개인의 수치심으로 전이되고 이는 다른 형태의 수치심까지 끌어들이는 자석이 된다. 수치심은 가장 자주 겪는 사람에게도 때로는 당혹스럽게 느껴진다.

이런 상황에서 강렬한 존재감을 과시하는 '좋은 불량배' 도널드 트럼프가 등장했다. 로저 포드를 비롯한 많은 사람이 그에게서 수치심에 맞선 대표 전사의 모습을 보았다. 트럼프가 대통령 선거에 출마하기 전부터 이미 수치심을 제거하는 의례가 마련되어 있었고, 이는 시간이 지날수록 극단적으로 변해갔다. 2001년 9월 11일 이슬람 극단주의자들이 뉴욕의 쌍둥이 빌딩을 공격했을 때 트럼프는 "뉴저지 저편, 아랍계 인구가 많은 지역에서는 (…) 사람들이 세계무역센터가 무너지는 모습을 보며 환호하고 있다"고 주장했다.[57] 평론가들은 즉각적으로 그의 발언이 거짓이고 모욕적이라고 반박했지만 트럼프는 오히려 평론가들의 희생자 행세를 하며 반격했다. 버락 오바마가 대통령 선거에 출마했을 때 트럼프는 오바마의 미국인 정체성에 의문을 제기하며 선거 자체를 사기라고 비난했다. 2015년 4월에는 볼티모어에서 프레디 그레이가 경찰에 구금되었다가 사망한 사건이 터지면서 대규모 항의 시위가 벌어졌다. 트럼프는 트위터를 통해 "우리의 위대한 아프리카계 미국인 대통령은 볼티모어를 거리낌 없이 파괴하는 폭도들에게 그리 긍정적인 영향을 미치지 못한 모양"이라고 비꼬았다.[58]

의례는 네 개의 순간으로 이루어져 있다. 첫 번째 순간에는 트럼프가 공개적으로 도발적인 발언을 한다. 그의 발언은 정치적 예법을 여지없이 깨뜨린다. 예를 들어 2015년 대선 출마 선언 당시 트럼프는 "멕시코가 자국민을 보내면 (…) 그들은 마약을 가져오고, 범죄를 가져온다. 그들은 강간범이다"라고 선언했다.[59]

두 번째 순간에는 정치 평론가들이 트럼프를 맹비난하며 수치심을 강요한다. "그런 **발언**은 해서는 안 되죠!" 트럼프의 멕시코인 강간범 발언 이후 〈셀러브리티 어프렌티스The Celebrity Apprentice〉와 미스 아메리카 대회, 미스 유니버스 대회 등 트럼프 관련 프로그램을 방영 중이던 NBC는 "도널드 트럼프가 최근 이민자를 비하하는 발언을 했기 때문에" 그와의 계약을 해지한다고 발표했다.[60] 미국 내 최대 스페인어 방송인 유니비전도 해당 미인대회 방송을 중단한다고 발표했다.[61] 빌 더블라지오 뉴욕 시장은 트럼프의 발언이 "역겹고 모욕적"이라면서 뉴욕시가 트럼프와 진행 중인 계약들을 재검토하겠다고 선언했다.[62] 메이시스 백화점은 "우리는 다양성과 포용을 추구한다"면서 트럼프 브랜드의 남성복 판매를 중단한다고 발표했다.[63] 블로거이자 라디오 진행자인 아나 마리아 살라사르는 CNN 인터뷰에서 "분노를 금할 수 없다. 도저히 이해할 수 없는 발언이다. (…) 미국 대통령이 되겠다는 사람이 어떻게 혐오적인 언어를 사용할 수 있나?"라고 말했다.⁶⁴ 트럼프는 공개적으로 수모를 당했다.

세 번째 순간은 시간이 흐를수록 점점 더 중요한 의미를 갖게 됐다. 이 단계에서 트럼프는 자신을 부당하게 수치심을 떠안은 피해자로 내세운다. 저들이 나에게 무슨 짓을 하는지 보라. 나는 선하고, 저들은 악하다. 그리고 이런 일이 당신에게도 일어날 수 있다. 그러니 나와 함께하라. 이것이 세 번째 순간의 메시지다.

네 번째 순간에 도널드 트럼프는 자신에게 수치심을 안긴 사람들에게 이렇게 되받아친다. "NBC가 미국 내 심각한 불법 이민 문제뿐 아니라 우리가 멕시코와 맺고 있는 끔찍하고 불공정한 무역 협정도 이해하지 못할 만큼 나약하고 어리석다면 계약을 위반하고 미스 유니버스와 미스 아메리카 대회의 방영을 중단한 문제는 법정에서 심판을 받을 겁니다."⁶⁵ 트럼프는 미스 아메리카 대회 방송을 취소한 유니비전을 상대로 계약 위반, 명예 훼손, 표현의 자유 침해를 이유로 5억 달러의 소송을 제기했다.⁶⁶ 이 네 번째 순간이 핵심인 이유는 바로 이 순간에 지나친 수치심에 시달려온 사람들이 강한 카타르시스를 느끼기 때문이다. 우리의 불량배가 행동에 나선 것이다.

때때로 트럼프는 자신이 피해자임을 부각하면서 순식간에 첫 번째 순간부터 네 번째 순간까지 '수치에서 비난으로' 곧장 이어지는 일련의 발언들을 쏟아낸다. 데이비드 킨이 《수치심 Shame》에서 지적했듯이 2016년 힐러리 클린턴과의 대선 TV 토론에서 트럼프는 〈액세스 할리우드 Access Hollywood〉의 녹음 파일(그가 여성들을 추행했다고 자랑하는 순간을 담고 있다)에 대해 놀라운 답변을 들려주었다. "네, 저도 무척 당혹스럽습니다. 정말 싫어요. (…) 하지만 그건 라커룸에서 나누는 그렇고 그런 이야기일 뿐입니다. 저는 ISIS(이슬람 극단주의 테러 단체인 '이슬람 국가'-옮긴이)를 박살낼 겁니다."[67] 그런 다음 그는 빌 클린턴이 "여성들에게 너무 학대적"이었고 힐러리 클린턴은 "바로 그 여성들을 악랄하게 공격했다"고 또 한 번 화제를 돌렸다. 여기서 더 나아가 그는 ISIS에 대한 책임이 클린턴 부부와 오바마 대통령에게 있다고 비난하면서[68] 오바마가 ISIS의 "창시자"라고 주장하기까지 했다.[69] 자신의 수치를 힐러리 클린턴과 버락 오바마에게 **전가**한 것이다.

트럼프는 이 네 단계의 의례를 집요하게 활용해왔다. 그 목적이 무엇이든 이 의례는 우파 성향의 지지자들을 결집하는 수단이 됐다. 수치심을 안기는 것, 수치를 당하는 것, 피해자가 되는 것, 그리고 반격하는 것으로 이어지는 이 의례는 단순히 트럼프 지지자들이 지켜보는 쇼가 아니었다. 트럼프는 끊임없이 그 의례에 지지자들을 끌어들였다. 1월 6일 의사당 난입 사건에서 트럼프는 이 4단계 의례를 더욱 거대한 무대에서 연출했다. 1단계는 의사당 난입이었다. 2단계는 대중의 충격과 기소였다. 3단계는 수치심을 안겨준 사람들에 대한 분노였다. 그리고 4단계는 의사당에 난입한 사람들에 대한 옹호였다. 여기에 '그들이 나에게 수치심을 안기면 당신들도 수치를 당하는 것'이라는 결속의 메시지가 더해졌다. 여기에는 '그러니 우리 함께 복수하자'라는 암묵적인 의미가 담겨 있었다.

내가 이 4단계 의례에 대해 말하자 로저 포드는 크게 웃었다. "맞아요, 트럼프는 절대 수치심을 느끼지 **않죠**." 나는 물었다. "트럼프가 때로는 일부러 상대를 도발한다고 생각하나요?" 내 말은 트럼프가 의도적으로 자유주의나 좌파 성향 비평가들을 자극해서(1단계) 그들이 강하게 비판하게 만들고(2단계), 이를 통해 자신이 피해자라고 주장할 수 있게 되면(3단계) 반격에 나선다는 것(4단계)이었다. 역시나 포드는 웃음을 터뜨리며 대답했다. "아, 물론이죠." 같은 질문을 받은 앤드루 스콧 시장 역시 이렇게 답했다. "그럼요. 트럼프는 일부러 진보 성향 언론을 도발해서 우리를 조롱하게 만듭니다. 그러면 좌파는 매번 그 미끼를 물어요. 방송사들은 그걸 보도해서 돈을 벌고요. 방송사 입장에서는 어떤 싸움이든 돈벌이가 되니까요. 그래서 이런 패턴이 반복되는 겁니다."

개인적으로 트럼프에게는 수치스러운 상황과 맞닥뜨리는 것이 무척 심각한 문제인 듯했다. 백악관 출입 기자단 연례 만찬은 대통령과 고위 관료 그리고 그들을 취재하는 기자들이 함께하는 행사로 1914년부터 이어져왔다.[70] 이 행사에서는 다른 사람들과 자기 자신을 조롱하는 농담을 하는 것이 전통이었다. 즉 다른 사람과 자기 자신에게 수치심을 안기는 자리였다. 그러나 도널드 트럼프는 이 만찬에 참석하는 것을 거부하고 행정부 구성원들의 참석도 금지했다. 트럼프에게 수치심은 농담거리가 될 수 없었다. 수치심은 **심각한** 문제였다.

복음주의 지도자들 앞에서 트럼프는 아예 자신이 수치심과 **무관하다**고 선언했다. 예를 들어 아이오와에서 열린 패밀리 리더십 서밋 행사에서 트럼프는 신에게 용서를 구한 적이 있느냐는 질문에 이렇게 답했다. "나는 실수를 저지르지 않았어요. 그런데 왜 회개하거나 용서를 구해야 하죠?"[71] 트럼프에게 수치심은 극도로 심각한 것이고 결코 인정할 수도 없는 것인 듯했다.

도널드 트럼프가 왜 이렇게 수치심에 민감한지, 그의 어린 시절을 바탕으로 추측해볼 수도 있다. 트럼프의 조카인 메리 트럼프는 《너무 과한데 만족을 모르는》에서 트럼프의 아버지가 매우 엄격했다고 썼다.[72] 그녀에 따르면 트럼프는 약점은 무조건 수치스러운 것이라 여겼다. 하지만 그 원인이 무엇이든(여기서 더 깊이 추측하지는 않겠다) 도널드 트럼프가 수치심에서 느끼는 고통은 그가 강력한 지지를 얻어낸 대중이 느끼는 고통과 다르지 않은 것처럼 보였다.

## 도둑맞은 것에 대한 권리

자부심의 역설로 인한 고통을 효과적으로 대변해줄 강력한 국가적 서사나 민주당의 서사가 없는 상황에서 로저 포드 같은 사람들은 결국 특정한 감정적 서사에 설득된 듯하다. 시간이 지나면서 이 서사는 반복적으로 재생산되다가 초점이 바뀌었고 점점 더 극단적으로 변해갔다. 그럼에도 트럼프의 추종자들은 이런 이야기에 귀를 열 준비가 되어 있는 듯했다. 이 서사는 프로테스탄트 윤리의 '책임 있는 주체' 개념을 희석시키고, 초점을 피해자 의식·수치·비난·복수로 옮겼다. 무언가를 잃어버리면 자연스럽게 이런 질문을 하게 된다. 왜 그것이 사라졌을까? 내가 (혹은 우리가) 그것을 잃어버린 것인가? 아니면 도둑맞은 것인가?

많은 미국인이 믿어왔거나 소중히 여겼던 것들이 실제로 **사라졌**다. 이러한 상실은 그럴듯한 감정적 토대를 형성하면서 평소라면 신중했을, 미국의 12구역 주민들은 이 이야기를 사실이라고 느끼게 되었다.

트럼프는 입버릇처럼 피해자 프레임을 되풀이하면서 사람들의 감정을 '상실'에서 '도둑맞은 것'으로 몰아갔다. 시간이 지나면서 이는 지배적 서사로 발전했고, 자석처럼 더 많은 상실을 '도둑맞았다'는 개념으로 끌어들였다.

선거: 도둑맞음

애팔래치아의 땅: 도둑맞음

자부심 넘치는 지역: 도둑맞음

좋은 일자리: 도둑맞음

공동체: 도둑맞음

영웅적인 미국의 이야기: 도둑맞음

인간의 성에 대한 확고한 개념: 도둑맞음

명예로운 지역 문화: 도둑맞음

백인의 권력: 도둑맞음

개인의 투쟁과 성취에 대한 인정: 도둑맞음

사회적 존재감: 도둑맞음

총기 소유 권리: 조심하지 않으면 도둑맞을 수 있음

자부심: 도둑맞음

도둑맞은 자들은 곧 피해자였다. 그리고 도널드 트럼프는 부유하고 유명하며 영향력 있는 인물인데도 많은 사람에게 피해자의 강력한 상징이 됐다. 그가 주장하는 진실을 언론이 의심했기 때문이었다. 그는 또 민주당의 피해자였다. 그리고 훗날 그는 네 건의 기소와

91건의 중범죄 혐의를 통해 주법원과 연방법원의 피해자가 됐다. 트럼프는 피해자를 자처함으로써 자신들 또한 피해자라고 느끼지만 이를 표현할 방법을 찾지 못했던 지지자들에게 손을 내밀었다. 그는 기소당한 뒤 "나는 당신들을 위해 기소됐다"고 주장했다.[73] 이 말에 담긴 감정적 서사는 이렇게 해석될 수 있다. '내가 당신의 수치를 짊어지고 있다. 내가 자부심을 되찾으면 당신도 당신의 자부심을 되찾게 될 것이다.'

"저들은 트럼프를 공격하려고 해요." 한 웨이트리스가 말했다. "저들은 그를 무너뜨리려고 해요." 트럼프는 피해자를 자처함으로써 좌절하고 억압받고 무시당하면서 무언가를 빼앗겼다고 느끼는 많은 사람의 공감을 이끌어냈다. 트럼프는 상실을 경험한 많은 지지자에게 자기 자신을 스스로 희생하는 거의 종교적 존재로 내세우는 듯했다.[74] 트럼프를 통해 사람들은 자신들의 도둑맞은 자부심을 애도할 수 있었다.

한편에서는 지역의 정치 행사가 계속되고 있었다. 2022년 10월 공화당 행사인 마운틴 프리덤 페스트가 공화당 켄터키 주지사 후보인 에릭 디터스가 참석한 가운데 파이크빌의 애팔래치안 와이어리스 아레나에서 열렸다. 음악이 흘러나왔고 입장료는 무료였다. 200명 남짓한 청중은 모두 중년층 이상의 백인이었다. 한 테이블에서는 "사회주의는 최악이다", "믿음이 두려움을 이긴다", "우리 국민은 ……화났다" 같은 문구가 적힌 티셔츠를 판매했다. 또 다른 테이블에서는 "나는 선택의 자유를 지지한다. 하나를 골라라"라는 문구 아래 다양한 종류의 총기 이미지가 그려진 스티커를 팔고 있었다. 또 다른 스티커에는 "제2안에 찬성"이라고 적혀 있었다. 켄터키주 헌법을 개정해서 낙태의 권리를 보호하는 조항을 삭제하는 것에 찬성한다는 의미였다. 트럼프를 지지하는 오토바이 운전자들이 이날 행사의 경비를 맡았다. 행사장 벽에는 "2020년 선거는 도둑맞았다"라고 적힌 현수막이 걸려 있었다.

무슨 일이 있었던 것일까? 경제적으로 보면 시간제 노동자의 임금은 소폭 감소한 상태였다. 제임스 브라우닝이 지적했듯이 석탄 산업은 돌아오지 않았고 자부심마저 떨어진 상태였다.

그런데도 사람들은 여전히 아메리칸드림을 이야기하고 있었다. 그 이야기 속에서 손가락은 항상 모범적인 파란 주의 번영을 가리키고 있었다. 하지만 똑같이 성실하고 영리하고 인내심 강한 블루칼라 노동자들, 자수성가를 꿈꾸지만 점점 더 그 꿈에서 밀려난 붉은 주 노동자들의 이야기는 어디로 갔을까?

그들이 보기에 자부심과 수치심의 이야기 아래에는 비밀이 숨겨진 듯했다. 그 비밀이란 어떠한 보상도 애도도 받지 못한 끔찍한 상실이었다. 자신의 정체성을 기술과 삶의 방식에서 찾았던 남성들은 이것들이 모두 평가절하된 상황에서 슬픔을 억누르며 상실을 애도할 방법조차 찾지 못하고 있었다. 실제로 성공을 최우선으로 하는 미국에서 삶의 터전을 잃은 시골의 블루칼라 남성들이 애도할 문화적 공간이 어디 있었을까?[75] 이 잊힌 지역에서는 좋은 일자리, 새로운 도로, 안정적인 인터넷 접속처럼 KY-5가 물질 경제에서 위상을 높이게 해줄 실질적 지원이 절실했다. 앤서니 플라카벤토 등이 말하는 "농촌 뉴딜"이 필요한 상황이었다. 자부심 경제에서 상실을 회복하기 위한 감정적 뉴딜 또한 필요했다. 이를 위해서는 시골 지역의 이야기를 담아내고 그 상실을 애도할 수 있는 국가적 기억의 공간이 필요했다. 파이크빌 남쪽 언덕의 공동묘지에 있는, 비바람을 피할 수 있는 나무 벤치처럼.

그런 지원과 공간이 부재한 자리에 도널드 트럼프 훨씬 이전부터 존재해온 감정적 공허가 모습을 드러냈다. 많은 사람이 양대 정당 모두로부터 버림받고 자신들의 존엄성과 존재감 상실을 대변해줄 더 큰 서사도 없다고 느끼는 상황에서 '도둑맞았다'는 이야기가 부각되었다.

대다수 미국인에게는 당혹스러운 일이었다. 반대 증거들이 산처럼 쌓여가는 상황에서도 '도둑맞았다'는 이야기는 사라지지 않고 오히려 굳어졌다. 그리고 다른 상실감과 부당한 수치심의 근원들을 끌어당기는 강력한 자석이 됐다. 이는 자부심의 역설에서 벗어나려는 움직임이었다.

겉보기에 트럼프는 지지자들에게 자부심을 되찾아주고 있었다. 그는 대다수 미국인이 거짓이라고 여기는 것들을 그들에게 제공했다. 그리고 그 거짓을 한 가지 진실과 결합했다. 잃어버린 자부심이라는 진실이었다. 그는 지지자들과 강하게 결속했고 심지어 하나가 됐다. 그가 지지자들에게 전한 메시지의 핵심은 다름 아닌 이것이었다. 나를 수치스럽게 하는 자들은 곧 당신을 수치스럽게 하는 자들이다. 끊임없는 반복이라는 트럼프 특유의 연금술을 통해 '도둑맞은' 대상은 점점 더 늘어났다. '잃어버린 것'이 '도둑맞은 것'으로 바뀌면서 수치심도 차츰 비난으로 바뀌었다. 그리고 수치심이 비난으로 바뀔 때마다 슬픔은 분노로, 우울감은 격분으로 변했다. 그리고 그 감정은 전류가 흐르듯 강렬하게 퍼져나갔다.

어쩌면 이것이 '유리병 속에 갇힌 번개'였는지도 모른다.

"많은 사람이 함께 웃으며 트럼프가 부추긴 잔인함을 떠벌릴 때면 마법처럼 트럼프와 그의 지지자들 모두에게서 수치심이 사라진 것 같았다. 누군가를 조롱하고 비웃는 행위, 그리고 이에 동조하는 행위에는 자신이 조롱당하거나 비웃음의 대상이 될 위험에서 즉각적으로 벗어날 수 있는 일종의 탈출구가 존재한다."

## 14장     국회의사당에 울린 총성

"이 동네 사람들은 전부 기름 값이 오르는 것만 쳐다보고 있어요." 2022년 말 앤드루 스콧 시장은 내게 이렇게 말했다. "2016년엔 갤런당 1.70달러였는데, 지금 바이든 정부에서는 3.20달러예요. 진보 언론은 1월 6일 국회의사당 난입 사건에 대해 쉴 새 없이 떠들어대지만 시골 사람들에게 더 중요한 뉴스는 기름 값 상승입니다." 미국 역사상 처음으로 대통령이 평화적인 권력 이양을 방해한 혐의를 받고 있었다. 미국 국회의사당 침탈은 1814년 이후 처음으로 이번에는 외국군이 아닌 미국 시민들이 저지른 일이었다. 이런 사건은 풀뿌리 대중의 지지 없이는 일어날 수 없었다. 그러나 앤드루 주변의 주민들에게 진짜 뉴스는 따로 있었다.

가장 중요한 것은 경제 뉴스였다. 도널드 트럼프의 첫 임기인 2017년 1월부터 2021년 1월까지 파이크카운티의 경제 상황을 돌아보며 나는 궁금해졌다. 트럼프가 이들의 지갑을 채우고 바이든은 비웠을까?

이 질문에 대해 제임스 브라우닝은 이렇게 회상했다. "우리 입장에서는 아무것도 나아지지 않았어요. 석탄 관련 일자리도, 다른 일자리도, 임금도요." 정부 보고서도 같은 이야기를 전하고 있었다. 2015년부터 도널드 트럼프는 "석탄 산업을 되살리겠다"고 공언해왔지만 그의 임기 중에 켄터키주의 석탄 관련 일자리는 2016년 6460개에서 2020년 3911개로 감소했다.[1] 한 평론가는 이렇게 지적했다. "트럼프 정부에서 석탄을 이용한 화력발전이 급격히 감소했다. 단일 대통령 재임 기간 중에 가장 큰 감소였다. 버락 오바마 대통령의 두 차례 임기 중 어느 쪽보다도 큰 감소율이었다."[2] 2021년 대통령에 취임한 조 바이든은 재생에너지를 내세웠지만 역설적이게도 그가 재임하는 동안 미국 내의 석탄 관련 일자리 수는 오히려 증가했다.[3] 러시아의 우크라이나 침공으로 천연가스 가격이 급등한 결과였다.

마찬가지로 트럼프 대통령의 재임 기간 동안 미국의 시간제 노동자는 임금과 복리후생이 소폭 악화되었다. 미국 전체 상황과 비슷하게 KY-5에서는 대다수 노동자(58퍼센트)가 시간제 임금을 받는다.[4] 이 기간에 시간제 노동자의 임금과 복리후생을 합친 총보수는 0.2퍼센트 감소했다.[5] 평균 실질 임금은 2016년에도, 2020년에도 시간당 22달러였다. 그러나 같은 기간 동안 복리후생은 시간당 9.52달러에서 9.41달러로 줄어들었다. 제조업 부문도 마찬가지였다. 제조업 노동자의 총보수는 2016년 시간당 평균 37.96달러에서 2020년 36.31달러로 4퍼센트 감소했다.

물론 주식시장은 성장했다. 다우존스 지수는 오바마 정부에서 40퍼센트, 트럼프 정부에서는 35퍼센트, 바이든 정부에서는 10퍼센트

상승했다.⁶ 주식시장의 성장은 CEO와 주주의 지갑을 두둑하게 해주었지만 그들 중 KY-5에 사는 사람은 많지 않았다.⁷ 다만 물가는 트럼프 집권 기간 동안 1~3퍼센트대로 낮게 유지된 반면, 바이든 정부 들어 급등하며 위기감을 불러일으켰다가 이후 다시 하락했다.⁸

한편 정치 뉴스는 '도둑맞았다'에서 '도둑질'은 정당하다는 상상으로 옮겨가고 있었다. 그리고 대부분의 미국인에게 1월 6일 워싱턴 D.C.에서 벌어진 국회의사당 점거 사태는 엄청난 충격으로 다가왔다. 루이빌에서 태어난 젊은 입법 보좌관 하퍼 화이트는 인터뷰에서 자신의 가족을 통해 이런 변화를 체감하게 된 과정을 설명했다. "저희 가족 중 몇몇은 강경 보수 성향의 켄터키 공화당원입니다. 하지만 저는 [코네티컷주] 민주당 하원의원인 로사 델라로 의원실에서 일하고 있어요. 델라로 의원은 하원 세출위원회 위원장으로, 미국 구조 계획법의 일환인 자녀 세액공제 확대 법안을 공동으로 발의했습니다. 이 법안은 모든 부모에게 이로워서 우파도 환영할 거예요."⁹

하퍼는 1월 6일 당시 자신이 어디에 있었는지 설명했다. "1월 6일 사무실에 앉아 있는데 갑자기 총소리가 들렸어요. 제 **목숨**, 그리고 우리 모두의 목숨이 걱정됐어요. 저는 휴대전화를 들고 옷장 안에 네 시간 동안 숨어 있었어요. 문밖에서 사람들이 외치는 위협적인 말이 들렸어요. 누군지 모르는 사람들이 20~30분마다 전화를 걸어 제가 무사한지 확인했어요. 그들은 의사당 경찰과 상의하고 있었어요. 저는 하원 본회의장에 있는 **로사**와 다른 사람들의 목숨이 위험할까 봐 두려웠습니다. 로사가 제게 전화를 걸어왔고 그녀가 누군가에게 '하퍼를 두고 떠나지는 않을 거야'라고 말하는 소리를 들었어요. 그 말을 평생 잊지 못할 겁니다."

보안 요원들이 결국 하퍼와 로사 델라로를 안전한 곳으로 데려갔다. 사태가 끝난 뒤 몸을 추스르기 위해 루이빌의 집으로 돌아간 하퍼는 보수 성향의 가족들이 1월 6일 사건을 어떻게 인식하고 있는지 알게 됐다. "그분들은 열렬한 트럼프 지지자예요. 하지만 그분들에게 저는 그냥 지미와 도나의 아들이에요. 물론 저를 자랑스러워하시죠. 그분들은 폭스 뉴스를 보세요. 폭스 뉴스가 전하는 현실이 곧 그분들의 현실이에요. 그래서 1월 6일 사태를 그냥 스쳐 지나가는 일, 쉽게 잊을 수 있는 사건으로 여기십니다. 저는 갑자기 전쟁터에 내던져진 기분이었는데 말이죠. 로사나 저나 **죽을** 수도 있었어요. 하지만 그분들은 '1월 6일? 아, 하퍼가 힘든 하루를 보냈지?' 하는 정도로 받아들이셨어요."

이후 영상과 증언을 통해 밝혀진 것처럼 1월 6일 국회의사당 점거 사태는 사상자가 다수 발생한 심각한 사건이었다. 시위대 네 명과 경찰관 다섯 명이 사망했다.[10] 유리창이 깨졌다. 사람들이 구타당하고 끌려 나갔다. 깃대가 무기로 사용됐다. 올가미 달린 교수대가 설치됐다. 시위대가 "마이크 펜스를 죽여라! 낸시(펠로시 하원의장-옮긴이)를 죽여라!"라고 외치는 영상이 공개됐다. 하원 조사위원회는 마이크 펜스 부통령을 보호하던 보안 요원들이 혹시 자신이 죽을 경우에 대비해 가족에게 작별 인사를 하는 전화 통화의 녹음 파일을 공개했다.[11] 국회 경찰의 자료에 따르면 경찰이 경호 책임을 맡고 있는 연방정부 공무원에 대한 위협이 2021년 한 해 동안만 9600건에 달했다.[12] 미국 국민의 72퍼센트는 1월 6일 국회의사당에 난입한 사람들이 "민주주의를 위협했다"고 느꼈다.[13] 이 글을 쓰는 시점까지 170명이 국회의사당 난입과 관련해 유죄 판결을 받았다.

국회의사당에 난입한 사람들 사이에서는 인종차별도 난무했다.[14] 국회경찰 소속 경찰관 두 명과 워싱턴 D.C. 경찰청 소속 경찰관 두 명 등 네 명은 국회의사당 습격 당시 자신들에게 가해진 적대적인 인종차별 행위들을 자세히 증언했다. 아프리카계 미국인인 국회경찰관 해리 던은 폭도들에게 자신이 바이든에게 투표했으며 자신의 표도 집계돼야 한다고 했다. 그러자 "분홍색 MAGA 셔츠를 입은 여성이 '들었어요, 여러분? 이 깜×이가 조 바이든에게 투표했대요!'라고 외쳤어요."라고 기억했다.[15] "그러자 주변에 있던 20명가량이 함께 '우우! 빌어먹을 깜×이야!'라고 외치기 시작했어요." 그는 경찰 제복을 입은 채로 누군가에게 흑인 비하 발언을 들은 것은 그때가 처음이었다고 말했다.

이 모든 상황은 로저 포드에게 난처한 딜레마를 안겨주었다. 국회의사당을 습격한 사람들은 대부분 파이크카운티 같은 시골 출신이 아니었지만 결국 시골 출신 백인들이 습격의 책임을 떠안게 될까 두려웠던 것이다.

### 자랑스러운 애국자에서 위험한 범죄자로

"저는 폭력과 인종차별에 반대합니다." 로저가 말했다. "하지만 카메라에 잡힌 장면이 거기 있던 모든 사람을 대변하는 건 아니었어요." 그가 이끌어온 동부 켄터키 애국자 연합의 회원 중 상당수가 트럼프를 지지하는 차량 퍼레이드에 참여해 경적을 울리고 깃발을 흔들었다. 단체의 페이스북 페이지에 등록된 9000여 명의 회원 중 일부는 트럼프의 연설을 듣기 위해 워싱턴을 방문하기도 했다. 로저는 설명했다. "그들 모두 결백하고 선량하고 애국심이 강하고 품위 있는 사람들입니다. 동부 켄터키 애국자 연합 대표단 중 누구도 국회의사당에 들어가지 않았어요. 그들은 미국을 구하기 위해 워싱턴으로 가서 펜실베이니아애비뉴에 서 있었습니다." 그리고 그는 이렇게 덧붙였다. "저도 그곳에 갈 수 있었더라면 좋았을 텐데요."

사건이 끝난 뒤 사망자와 부상자가 집계되고 깨진 창문과 훼손된 그림 등 피해가 집계되었다. 그러자 자부심 넘치는 많은 애국자가 전국적인 여론의 장에서 공개적인 비난과 충격, 공포와 분노의 세례에 직면하게 되었다.[16]

로저 포드처럼 법과 질서를 중시하는 사람들에게 1월 6일은 도덕적 위기를 안겨주었다. (페이스북 회원 9000여 명을 보유한) 동부 켄터키 애국자 연합 회원들은 도널드 트럼프에 대한 지지를 천명하기 위해 워싱턴으로 차를 몰았고 이는 로저 포드에게 큰 자부심을 안겨주었다. 그들은 국회의사당에 침입하지 않았음에도 '수치심'을 떠안게 됐다. 로저 포드처럼 그들도 국가적 자부심과 수치심이 뒤엉킨 혼란스러운 상황의 한가운데에 서게 된 것이다. 국회의사당 난입 사건 이후 그들은 자신들과 뜻을 같이하는 친구들에게 돌아갔다.[17]

하지만 상황이 엉뚱한 방향으로 흘러가고 말았다. "끔찍합니다." 포드는 말했다. "이제 워싱턴에 갔던 모든 사람이 폭력적이고 인종차별적인 사람이라는 의심을 받고 있어요. 폭력을 행사했다면 당연히 처벌을 받아야죠. 하지만 우리 지역 사람들은 그 일과 아무런 관련이 없습니다." 이후 시카고대학교 정치학자 로버트 페이프Robert Pape가 폭동 당시 체포되거나 기소된 미국인을 대상으로 실시한 연구에 따르면 국회의사당에 침입한 사람들 대부분이 매슈 하임바크나 와이엇 블레어 같은 극단주의자는 아니었다.[18] 1월 6일 워싱턴 D.C.에 온 사람 중 87퍼센트는 프라우드 보이스, 오스 키퍼스, 네오나치 같은 극단주의 단체에 속하지 않았다. 동부 켄터키 애국자 연합의 회원 같은 시골 지역 주민은 도시나 교외 지역 주민보다 폭력을 수용할 가능성이 낮았다.[19]

폭스 뉴스의 해설자들은 과거 방송에서 2020년 대선을 "도둑맞았다"고 공개적으로 선언했었다. 그러나 사실 그 주장이 거짓임을 알고 있었다고 2023년에는 인정했다. 하지만 이 폭로는 로저에게 아무런 영향도 미치지 못했다. 그는 이미 폭스 뉴스를 시청하지 않았기 때문이다. 우파 진영의 많은 사람이 옮겨간 뉴스맥스 역시 "도둑맞은 선거"라는 프레임을 유지하고 있었다.[20] 로저는 선거를 "도둑맞았다"고 하지 않는 "CNN과 〈워싱턴포스트〉, BBC도 계속 확인했다"고 한다. 그럼에도 그는 여전히 2020년 대선을 도둑맞았다고 확신하고 있었다.

로저만 그런 것이 아니었다. 1월 6일 사태가 발생하고 3년이 지난 2023년 CNN이 비영리단체인 사회과학연구위원회(SSRC)와 공동으로 실시한 여론조사에 따르면 공화당원과 공화당 성향의 응답자 중 63퍼센트가 2020년 대선을 "도둑맞았다"고 믿고 있었다.[21] 그중 절반은 증거가 '확실하다'고 생각했고 나머지 절반은 그냥 의심을 하는 수준이었다. 반면 전체 미국인을 기준으로 하면 70퍼센트 이상이 2020년 대선은 공정하게 치러졌고 국회의사당 난입 사건은 민주주의에 대한 위협이라고 생각했다.[22]

## 자부심 추락에 대응하는 방법

이런 공개적인 비판에 대응하는 방식은 세 가지인 듯하고 내가 만난 사람 중 일부는 이 방법들을 동시에 사용하기도 했다. 첫 번째 반응은 철저한 부정이었다. **폭력은 없었다**고 주장하는 것이다. 당시 폭스 뉴스 소속이던 터커 칼슨은 그날의 긴 영상을 편집하면서 폭력적인 장면을 모두 삭제했다. 1월 6일 사태를, 진정한 애국자들이 국회의사당을 점잖게 견학하는 장면처럼 보이게 만들었던 것이다.[23] 이 영상에는 분노를 표출하는 사람도, 창문을 깨는 사람도, 교수대를 세우는 사람도 없었다. 폭력은 전혀 없었다.

두 번째 반응은 **폭력이 발생했지만 우리 같은 사람이 한 짓은 아니라는** 것이었다. '그래, 일부 파손이 있긴 했지만 그건 우리 짓이 아니야. 안티파들의 소행이지.' 로저 역시 처음에는 가짜 시위대가 애국자로 위장해서 MAGA 지지자들에게 수치심을 뒤집어씌우려 한 것이 아닐까 의심했다.

세 번째 반응은 **일부가 폭력을 행사하긴 했지만 심각한 수준은 아니었다**는 것이었다. 하퍼의 조부모는 거친 행동을 한 사람들이 트럼프 지지자는 맞지만 그들이 "심각한 폭력을 행사하지는 않았다"고 주장했다. 프레스턴스버그의 한 자동차 판매상은 1월 6일 사건에 대한 자신의 견해를 이렇게 정리했다. "재물을 파손한 건 잘못이에요. 하지만 그들은 그저 사내답게 행동한 것뿐이에요. 축구장에서 팬들이 펜스를 넘는 것처럼요. 남자들은 원래 그런 거죠." 같은 맥락에서 한 이웃은 존 로젠버그에게 "1월 6일에 사람들은 그냥 스트레스를 푼 거예요"라고 말했다. 좋은 행동은 아니었지만 그렇다고 엄청 나쁜 짓도 아니었고, 부끄러운 일이었지만 그렇다고 **그렇게** 수치스러운 일도 아니었다는 주장이었다.

사건이 발생하고 3년 뒤 나는 로저와 함께 파이크빌의 한 호텔 로비에서 커피를 마시고 있었다. 로저는 올가미 달린 교수대 이야기를 꺼냈다. 펜스 부통령은 선거 결과에 불복하라는 트럼프 지지자들의 요구를 거부했고 교수대는 그를 처형하는 퍼포먼스를 위한 무대장치였다. 당시 시위대는 "마이크 펜스를 죽여라! 마이크 펜스를 죽여라"라고 외치고 있었다. "그 교수대의 올가미가 기억나세요?" 로저가 말했다. "올가미를 매단 교수대가 TV 화면으로 보는 것처럼 그렇게 크진 않았어요. 저기 보이세요?" 그는 창밖으로 보이는 버스 정류장의 승객 대기소를 가리켰다. "교수대 크기가 딱 저 정도밖에 안 됐어요. 그렇게 크지 않았죠." 그에게는 교수대 크기가 작아서 덜 위협적이고 수치심도 덜해 보인 듯했다.

한나 아렌트는 《전체주의의 기원》에서 "유희적 분위기에서 저질러진 범죄 (…) [그리고] 공포와 웃음이 뒤섞인 범죄"에 대해 언급했다.[24] 작가 데이비드 킨은 이런 분석이 국회의사당 난입 당시의 축제 분위기를 설명하기에도 적절하다고 했다. 침입자들이 낸시 펠로시 하원의장의 책상 위에 발을 올리고, "동물 가면을 쓴 채 큰 소리로 웃고," 구타를 하고, 창문을 깨는 와중에 결국 사망자 다섯 명이 발생했다. 폭력이 즐거움과 함께한다면 '심각한' 폭력이 아니고, 심각한 폭력이 아니라면 수치스러운 일도 아니었다. 웃음이 있는데 누가 다칠 수 있단 말인가? 1월 6일의 폭력 사태에 대한 이 세 가지 반응 모두에는 트럼프 지지자들에게 '너무 과한' 것처럼 보였던 수치심에 대한 강한 저항이 깔려 있었다.

하지만 다른 경우에는 또 다른 양상이 전개되고 있었다. 데이비드 킨이 날카롭게 지적했듯이 "많은 사람이 함께 웃으며 (…) [장애인에 대한 조롱처럼] 트럼프가 드러내거나 부추긴 잔인함을 떠벌릴 때면 (…) 마치 마법처럼 트럼프와 그의 지지자들 모두에게서 수치심이 사라진 것 같았다. 누군가를 조롱하고 비웃는 행위, 그리고 이에 동조하며 함께 웃는 행위에는 자신이 조롱당하거나 비웃음의 대상이 될 위험에서 즉각적으로 벗어날 수 있는 일종의 탈출구가 존재한다."[25]

## 애국적 영웅인가 반역적 악당인가

1월 6일의 혼란 이후 FBI는 우체국 같은 공공장소에 수배 전단을 붙였다. 수색 영장도 발부됐다. 페이스북 게시물과 휴대전화 통화 기록도 조사됐다. 일부 침입자들의 얼굴은 국회의사당 내부의 감시 카메라에 포착됐다. 2024년 1월까지 법무부는 1265명을 기소했고, 그중 718명이 유죄를 인정했다.[26] 불과 얼마 전까지만 해도 그들은 '도둑맞은' 선거로부터 민주주의를 구한 영웅적인 애국자였지만 하루아침에 손가락질받는 범죄자가 됐다. 하루아침에 애국자에서 반역자로 추락하며, 자부심 넘치는 사람에서 수치심을 뒤집어쓴 사람이 됐다. 적어도 일부 사람에게는 그렇게 느껴졌다.

기소된 1265명 중 30명은 켄터키 주민이었다.[27] 그들은 고향의 지지자들로부터 동정 어린 반응을 받았다. 기소된 사람들 자체가 오히려 피해자처럼 보이기도 했다. 그중 일부는 충격을 받은 고용주들에 의해 해고됐기 때문이다. 그리고 재판을 기다리는 동안 그들은 감옥에서 지내야 했다. "체포된 사람들이 오랫동안 감옥에 갇혀서 재판을 기다리는 게 안쓰러워요. 선량한 사람들이 범죄자처럼 가혹한 취급을 받고 있잖아요. 이제는 선량한 사람들이 두려워하고 있어요." 포드가 당황스럽고 안타까운 마음으로 말했다. "휴대전화 통화 내역을 추적한다고요? 이건 뭐 경찰국가에 사는 것 같네요."

국회의사당에 침입한 혐의로 기소된 켄터키 주민 30명 중 현재까지 17명이 한 가지 이상의 혐의에 대해 유죄를 인정했다. 법원은 모든 피고인에게 자필 진술서와 (본인 또는 타인이 작성한) 탄원서를 제출하게 했고, 이를 고려해 형량을 결정하기로 했다. 켄터키대학교 3학년에 재학 중인 24세의 그레이슨 코트라이트에 대한 수사 기록에는 그녀가 국회의사당 내부에서 촬영해 소셜 미디어에 올린 셀카 사진이 포함돼 있었다.[28] 코트라이트는 인스타그램에 올린 메시지에서 국회의사당이 훼손되는 장면을 보지 못했다고 주장하며 "훗날 손주들에게 내가 여기 있었다고 말할 날이 기다려져!"라고 들뜬 목소리로 말했다. 그러나 나중에 법정에서 그녀는 처절한 목소리로 말했다. "이 일이 너무나 수치스럽습니다. 고개를 들지도 못하고 이웃과 눈도 마주치지 못합니다."

이와 정반대로 켄터키주 모건필드에 사는 50세의 간호사 로리 빈슨은 탄원서에서 자신이 아파트 13채, 이동식 주택 11채, 주택 네 채, 피자 가게 하나를 소유하고 있다면서 재산을 앞세워 자신을 설명했다. 그녀는 1월 6일 사건에 대해 별로 후회하는 모습을 보이지 않았다.[29] 사건 당일부터 기소되기 전까지 그녀는 "거기 있었다는 것이 자랑스럽습니다"라고 공개적으로 말해왔다. 한 TV 인터뷰에서는 "내일이라도 다시 할 수 있습니다"라고 말하기도 했다.[30] 빈슨은 탄원서에서 자신의 재력을 자세히 설명했을 뿐만 아니라 오랜 결혼 생활, 여섯 명의 자녀, 아홉 명의 손주, 간호학 학위, 자신의 근면 성실함 등 다른 자랑거리도 덧붙였다. 최후 진술에서 그녀는 "돌이켜보면 국회의사당 건물에 들어간 것이 후회스럽습니다"라고 말했다.[31] 그러나 그녀는 곧바로 자신과는 무관한 수치스러운 행동들로 화제를 돌렸다. "저는 다른 사람들에게 그런 행동을 하라고 부추기지 않았습니다. (…) 집으로 돌아와 뉴스를 보기 전까지는 의사당 건물 내부에서 벌어진 일을 자세히 알지 못했어요."

그레이슨 코트라이트와 로리 빈슨은 모두 국회의사당에 침입한 행동에 대해 공식적으로 유감을 표명했지만 두 사람이 느낀 수치심의 정도는 매우 달랐다.[32] 한 사람은 너무 과한 듯했고 한 사람은 너무 약한 듯했다. 한 사람은 고개를 떨궜고 한 사람은 고개를 꼿꼿이 들었다.

유죄를 인정한 다른 피고인들 역시 서로 다른 종류의 자부심에 호소했다. 일부는 '자수성가한 자부심'을 강조했다. 한 사람은 탄원서에 이렇게 썼다. "제가 가장 자랑스럽게 여기는 성취는 우등으로 이수한 준학사 학위 두 개입니다." 또 다른 사람은 이렇게 썼다. "저는 작은 사업체를 운영하면서 집을 장만하고 자동차 두 대, 세미트럭 한 대, 세미트레일러 한 대의 할부금을 다 갚고도 남을 만큼 돈을 벌었습니다." 또 어떤 사람은 간단히 이렇게 썼다. "저는 열심히 일하는 것을 좋아하고 소박한 것들에서 즐거움을 느낍니다." 또 다른 사람은 '생존자의 자부심'을 내세웠다. "짐승의 배 속에 끌려 들어간 듯한 고통을 겪었지만 이제는 당당하게 고개를 들고 살아갑니다." 그는 자신을 갈고닦으며 실수로부터 교훈을 얻었다면서 "지금의 내가 자랑스럽다"고 절절히 호소했다.

한편 도널드 트럼프는 첫 기소에 직면했다. 이후 벌어진 일들은 그가 4단계 의례를 훨씬 더 크고 대담한 형태로 펼치는 계기가 됐다. 그 형태는 도발, 대중의 비난, 피해자 행세, 그리고 분노의 반격이었다. 트럼프는 조지아주 국무장관에게 전화를 걸어 투표 결과를 조작해달라고 요구한 혐의로 기소됐다(녹음된 통화에서 그는 "나는 단지 1만 1780표를 찾고 싶을 뿐입니다"라고 말했다[33]). 기소장에는 실제 유권자들을 대체할 대체 선거인단을 꾸려서 조지아주의 공식 선거 결과를 뒤집으려 공모한 혐의도 포함됐다.

도발 이후에는 비난이 뒤따랐다. 트럼프는 선거 결과를 조작하려 한 혐의로 조지아주 풀턴카운티에서 기소됐다. 이어진 것은 공개적으로 수치를 당하는 순간, 즉 형사 기소였다. 세 번째 단계로 그는 피해자 행세를 했고 네 번째 단계로 반격에 나섰다. 이를 위해 그는 기억에 남을 머그샷을 찍었다.[34] 사진 속의 트럼프는 앞으로 빗어 넘긴 금발 아래로 찡그린 눈썹과 굳게 다문 턱선이 두드러졌다. 그는 분노에 찬 눈빛으로 카메라를 노려보며 자신을 법의 심판대에 세운 법조계를 향해 되레 비난의 화살을 날리는 모습이었다. 이제 '피해자'의 얼굴에 거센 반발심이 드리우며 '복수심에 찬 피해자'의 이미지가 완성됐다. 4단계 의례가 적나라하게 모습을 드러내는 순간이었다.

트럼프의 찌푸린 표정은 수치를 피하는 부적이 됐다.[35] 이날의 머그샷은 곧이어 머그잔, 티셔츠, 포스터에 인쇄되어 판매되었고 트럼프 자신도 직접 설립한 소셜 미디어 트루스 소셜Truth Social에 이를 홍보했다. "이전에 선보였던 **트럼프 디지털 트레이딩 카드**의 엄청난 흥행과 성공에 힘입어 ……머그샷 에디션의 판매를 개시합니다."[36] 그날 트럼프가 착용한 정장과 넥타이의 이미지도 별도로 판매됐다. 다른 NFT와 마찬가지로 이 상품들도 개당 99달러에 거래 수수료와 서비스 요금이 별도로 부과됐다.[37] 이 물건들은 자부심을 상징적으로 회복시켜주는 역할을 했다. 4단계 수치심 제거 의례의 마지막 4단계가 물건의 형태로 나타난 것이다. 그것은 마법처럼 우리를 보호해줄 수도 있었다.


## 한 발짝 물러선 이들

내가 만난 몇몇 사람은 1월 6일 사건에 충격을 받았다. 그들은 하원 청문회에서 나온 증언들을 주의 깊게 들으면서 점점 더 격해지는 발언에 거부감을 느꼈지만 4단계 의례에는 별다른 감흥을 느끼지 못했다. 그래서 그들의 마음은 솔직히 복잡했다. 콜린 시장인 앤드루 스콧이 은퇴한 이웃 남성을 내게 소개해주었다. 은퇴한 철도 노동자이자 밀주 제조 경력도 있는 피터(가명)는 키가 크고 건장했지만 조심스레 자리에 앉아 신중하고 온화하게 말했다.

"2016년과 2020년 대선에서 트럼프에게 투표했어요. 그리고 2024년에도 그럴 거라고 생각했었죠." 피터는 말했다. "그런데 지금은 하나의 위기에서 또 다른 위기로, 또 그다음 위기로 계속 내몰리는 느낌이에요. 마치 구타당한 유권자 증후군에 빠진 것 같아요. 그래서 지금 이렇게 [익명으로] 당신과 이야기하고 있는 겁니다.

예를 들어 어떤 여성이 안정적이고 성실하지만 자기에게 별로 관심을 주지 않는 남자와 결혼했다고 쳐요. 살짝 권태를 느끼는 그녀에게 어느 날 아주 매력적인 남자가 나타납니다. 그는 그녀를 진심으로 이해해주는 것 같고, 지금까지 만난 여자 중에 그녀가 가장 아름답다고 말해줍니다. 그래서 그 여자는 재미는 없지만 안정적인 남편을 떠나 흥미롭고 새로운 남자에게 갑니다. 그리고 모든 게 잘 풀려요. 한동안은요.

그러던 어느 날 그 남자는 술집에 가서 과음을 하고 불법 체류자 몇 명을 때려요. 경찰이 그를 체포해서 흠씬 두들겨 팬 다음 차에 밀어 넣죠. 그가 그녀에게 전화를 걸어 보석금을 내달라고 해요. 그녀는 그가 싸움에 휘말린 것이 화가 나지만 경찰에 두들겨 맞은 것은 안쓰러웠죠. 그래서 보석금을 내줍니다. 풀려난 그는 그녀에게 꽃을 주고,

플로리다로 여행을 가자고 하고, 앞으로 멋진 인생을 약속해요. 그녀는 예전에 그를 사랑했던 감정을 다시 느끼게 됩니다.

하지만 또 같은 일이 벌어지죠. 이번에 그는 교도관과 싸움을 벌이고 교도소를 무너뜨리겠다고 협박합니다. 그녀에게는 자신을 충분히 지원하지 않는다고 불평하죠. 그녀는 이렇게 생각해요. '이 사람이 자초한 일이야.' 하지만 한편으론 이런 생각도 들어요. '이 사람이 이러는 건 다 나를 위해서잖아. 그에게는 내가 필요해.' 그래서 또다시 보석금을 내줍니다. 불쌍한 사람이고 피해자니까요. 그 뒤로 한동안은 괜찮아져요. 그러다 그가 교도소에 불을 질러요. 그녀는 이제 지칠 대로 지쳤어요. 하지만 그가 기댈 수 있는 사람이 또 누가 있겠어요? 그에겐 그녀밖에 없어요. 그녀는 또 그에게 자기가 필요하다고 생각합니다. 그래서 교도소에 불을 지른 걸 대수롭지 않게 넘기고, 또 보석금을 내줘요.

저도 그 여자 같은 기분이에요. 처음에는 '그래, 트럼프는 내 사람이야. 석탄 산업을 지지하고, 낙태에 반대하고, 총기 소유를 지지하고, 세금 인상에 반대하는 데다 귀엽기까지 하잖아?'라고 생각했죠. 하지만 그가 멀쩡한 사람들에게 시비를 걸기에 처음에는 '뭐, 어때. 어차피 내 사람이잖아'라고 넘겼어요. 그러다 1월 6일 사태가 터진 거예요! 그때는 '됐어. 이제는 정말 끝이야'라고 생각했어요. 그런데 민주당 쪽에서 그를 몰아붙이는 게 너무 싫었어요. 그들이 그럴 때마다 저는 다시 그에게 돌아가게 돼요.

미치 매코널도 그럭저럭 괜찮다고 생각했어요. 하지만 트럼프는 그가 자신을 배신했다고 느끼고 등을 돌렸죠. 트럼프가 미치를 미워하는 건 마음에 들지 않지만 그냥 '그래' 하고 넘어갔어요. 트럼프는 또 마이크 펜스 부통령에게도 등을 돌렸죠. 그것도 마음에 들지 않지만 언론이 트럼프를 두들겨 패는 건 더 싫으니까 또 그냥 '그래' 하고 넘어갔어요. 트럼프에게 질릴 때마다 민주당이 그를 몰아세우고, 저는 또 그를 구하러 나서게 돼요. 그런데 이젠 이민자들이 미국의 '피를 더럽힌다'고 하네요? 정말 지긋지긋합니다. 하지만 그가 저를 필요로 하면 저는 또 돌아가겠죠. 괴롭지만 어쩌겠어요. 같이 사는 사람인데요."

트럼프는 기소 이후 법적 비용이 급증하자 공화당 전국위원회에 들어온 후원금의 일부를 개인 변호사 비용으로 썼다. 일부 지지자들은 불만을 드러냈지만 피터는 이렇게 말했다. "마치 배우자나 친구 또는 친척이 감옥에 간 것과 비슷한 상황이에요. 당연히 마음에 들지는 않아요. 하지만 결국 구치소에 가서 영치금 계좌에 돈을 넣어주게 되죠. 지역과 주의 공직자 중에도 저와 같은 처지인 사람이 많을 거예요. 이 지역 공화당 관계자들과 솔직하게 대화를 나눠보면 대부분은 트럼프가 정말 못마땅하다고 말할 겁니다. 하지만 그런 속내를 밖으로 드러내는 순간 선거에서 절대 당선될 수 없다는 것도 잘 알고 있어요. 그들이 두려워하는 건 트럼프가 아니라 유권자들이에요. 그래서 침묵하는 겁니다. 그렇다고 그게 단순한 비겁함이나 출세주의는 아니에요. 구타당한 유권자 증후군에 빠진 진짜 신봉자들에게 밀려나고 싶지는 않은 거죠."

피터의 말을 들으면서 문득 이런 생각이 들었다. 도널드 트럼프의 4단계 의례에는 마지막 다섯 번째 단계가 있는 게 아닐까? 수치심을 주려는 사람들을 맹공격함으로써 도널드 트럼프는 오랫동안 약속해 온 정적들에 대한 '보복'을 실현할 지지 기반을 공고히 다진다. 결국 그가 의도하는 것은 새로 임명될 모든 공직자가 헌법이나 법치가 아닌 트럼프 개인에게 충성하게 하는 것이었다. 나는 피터에게 도널드 트럼프와 조 바이든 중에서 한 명을 선택해야 한다면 누구에게 투표하겠냐고 물었다. 피터는 한참 동안 아무 말도 하지 않았다. 그때 나는 문득 깨달았다. 어쩌면 침묵이 그의 대답일지 모른다는 것을.

2020년 대선에서 사실은 트럼프가 승리했고 자부심을 '도둑맞았다'고 믿는 많은 사람에게 모든 이야기는 풀리지 않은 자부심의 역설과 그로 인한 부당한 수치심을 떨쳐버리고 싶다는 욕망에서 시작됐다. 어떤 사람에게는 부당한 수치심이 가벼운 배경 소음처럼 느껴졌지만 다른 사람에게는 그 수치심이 견딜 수 없을 만큼 강렬해지면서 곧장 비난으로, 그리고 복수의 욕망으로 이어졌다. 유리병에 담긴 번개처럼 위태로운 긴장 상태였다. 그 결과, 감정의 결이 완전히 다른 정책 패키지를 내세운 다른 후보들은 외면당했다. 그들의 메시지는 트럼프의 5단계 의례가 선사하는 감정적 카타르시스에 미치지 못했기 때문이다. 특히 외면당한 것은 감정적으로 지루한 후보이자 현재 백악관의 주인인 인물이다. 그는 미국의 침체된 중산층을 회복시키기 위해 프랭클린 루스벨트 이후 가장 많은 공공 예산을 투입한 대통령이기도 했다.

로저 포드를 비롯한 많은 사람에게 도널드 트럼프는 처음에는 매슈 하임바크와 완전히 달라 보였다. 외모, 말투, 옷차림, 상식인 같은 느낌, 무엇보다도 역사를 대하는 방식과 미국에 집중하는 태도가 달랐다. 물론 트럼프의 말은 거칠었다. 그의 공개 발언을 분석해보면 "죽이다", "파괴하다", "싸우다" 같은 단어들이 이전 다섯 명의 미국 대통령이 사용한 단어들과 극명하게 대조된다.[38] 그러나 로저를 비롯한 많은 사람은 트럼프의 말이 허세 섞인 농담일 뿐이라고 생각했고, 심지어 그런 말이 신선하다고 느끼기까지 했다.

그러나 극우 세력은 트럼프의 발언에 점점 더 고무되기 시작했다. 2023년 ABC가 경찰 보고서와 법원 기록을 검토한 결과, 도널드 트럼프에게 자극을 받아 폭력 범죄를 저질렀다가 체포된 사례가 최소 54건에 달했다. 플로리다에서는 한 남성이 라틴계 주유소 직원을 때리며 "이건 트럼프를 위한 거다"라고 외치기도 했다.[39] 트럼프는 2023년 뉴욕 법원에 기소되기 전날, 자신이 기소될 경우 "죽음과 파괴가 뒤따를 것"이라고 경고했다.[40] 그리고 몇 시간 뒤 맨해튼 지방검사 앨빈 브래그의 우편실에서 흰 가루가 담긴 협박 편지가 발견됐다. 편지에는 "앨빈, 내가 널 죽일 거다"라는 글이 대문자로 쓰여 있었다.[41] 이때 떠오른 의문은 이것이었다. 트럼프는 폭력적인 극우 지지층을 정적들에 맞서는 무기처럼 활용하려던 것일까? MAGA 열성 지지자들을 이용해 공화당 의원들에게 압박을 가했던 것처럼 말이다.

그러나 2023년이 되자 도널드 트럼프는 극단주의자들과 직접 손을 잡기 시작했다. 그는 히틀러를 찬양하고 홀로코스트를 부정하는 유명 래퍼 칸예 웨스트를 마라라고 별장에 초대해 저녁 식사를 함께 했다.[42] 또한 프라우드 보이스, 오스 키퍼스, 스리 퍼센터스 같은 단체에도 손을 내밀었다. 트럼프는 1월 6일 국회의사당 난입 사건으로 유죄 판결을 받은 사람들의 변호 비용을 지원하겠다고 제안하고, 자신이 재선되면 이들을 전원 사면하겠다고 약속했다.[43] 2023년 텍사스주 웨이코에서 열린 유세 집회에서 트럼프는 국회의사당에 난입한 혐의로 수감된 극우 성향 수감자들로 구성된, 이른바 'J6 교도소 합창단'이 감옥에서 아이폰으로 녹음한 국가를 틀어놓고 함께 불렀다. 트럼프는 이 노래를 〈모두를 위한 정의〉라는 이름의 '자선 음반'으로 제작·판매했고 그 수익금은 1월 6일 사건으로 체포된 사람들의 가족을 지원하는 데 쓰게 했다.[44]

무슨 일이 있었던 것일까? 2017년 행진 참가자들은 〈스타워즈〉의 스톰트루퍼처럼 차려입고 사납게 총을 든 모습으로 우파 준군사 조직으로 발전할 가능성을 보여주었다. 그들은 백인 기독교인만의 미국을 요구하며 이를 실현할 수단으로 폭력을 앞세워 미국 문화의 뒷문을 두드렸다. 로저 포드는 팔짱을 끼고 '싫다'는 몸짓을 했다. 파이크빌도 예의 바르게 들어준 뒤 팔짱을 끼고는 "아니오"라고 말했다. 2017년 파이크빌 행진은 실패로 끝났다. 게다가 매슈 하임바크 자신조차 나중에는 인종주의를 버렸고 학비만 있다면 간호학 학위를 따고 싶어 했다.

한편 누군가 다른 사람(거침없는 언사로 감정을 앞세우고 아메리칸드림의 화신인 것처럼 빨간 MAGA 모자를 쓴 인물)이 미국의 앞문을 두드리고 있었다. 그는 평범한 옷차림으로 더 나은 미래를 약속했다. 그런데 그에게는 한 가지 문제가 있었다. 그가 입버릇처럼 반복하는 4단계 의례는 모두가 위험한 자부심의 질주에 동참할 것을 요구한다는 점이었다. 뉴욕 법원의 배심원 12명은 도널드 트럼프를 중범죄자로 기소했다. 트럼프는 이에 맞서 자신이 피해자라고 주장하며 복수를 다짐했다. 트럼프는 수치심을 비난으로 전환하는 데 일조했다. 그리고 이제 공포심을 자극하는 전략을 더해 연설할 때마다 "위기", "침공", "총체적 재앙", "파국" 같은 격한 표현들을 반복하며 자신을 유일한 해답으로 내세웠다. 이런 메시지는 어떤 사람에게는 불편한 감정을 자극하는 한편, 많은 사람에게는 수년간 지속될지도 모를 불안한 유산을 만들어냈다.

한편 법과 질서를 중시하고 법치주의를 신념으로 삼으며 성실하게 일하는 '좋은' 이민자들에 대해 트럼프와 견해를 달리하는 로저 포드는 2024년 내게 이렇게 말했다. "트럼프가 미국 대통령 선거에 다시 출마한다면 저는 그에게 투표할 겁니다."

"대학에 가서는 신학을 전공하고 개신교 목사가 됐지요. 어느 정도 마음의 안정도 찾고 여유도 생겼어요. 그래서 다른 사람이 저를 낮춰본다 해도 이제는 두렵지 않아요. 오히려 그런 시선을 두려워하는 사람에게 손을 내밀게 됐죠. 어떻게 보면 그게 제가 하고 싶은 일, 제 사명 같아요."

## 15장 　공감의 다리

그날 이후 뜨겁게 달아오른 사회적 논쟁 뒤편에는 '도둑맞은' 1월 6일, 인구 이동, 기후변화, 성 정체성, 인종 등에 관한 서로 상반된 견해를 이어주는 '공감의 다리'가 있고 그 다리 위를 은밀히 오가는 발걸음들이 존재한다는 사실을 나는 알게 됐다. 양측의 적대감이 커질수록 서로를 이해하기 위한 대화는 줄어들고, 견해가 다른 사람을 알아가는 일조차 '배신'이나 '굴복'으로 오해받기 십상이다. 하지만 경계를 넘는 사람들이야말로 국가 공동체의 결속을 더욱 굳건히 다지는 주역들이다. 지금 우리에게는 그런 사람이 그 어느 때보다 필요하다.

흥미롭게도 여러 연구 결과 공화당 지지자와 민주당 지지자는 서로 생각하는 것보다 더 많은 견해를 공유하는 것으로 밝혀졌다. 거리에서 만나는 평범한 사람은 당 지도부보다 더 온건한 견해를 갖고 있는 경우가 많다. 동시에 양쪽 진영은 상대 진영을 지나치게 왜곡된 시선으로 바라본다. 한 연구에서 민주당 지지자에게 연소득이 25만 달러 이상인 공화당 지지자의 비율이 얼마나 될지 물었더니 38퍼센트라고 답했다. 실제 수치는 2퍼센트에 불과했다. 공화당 지지자에게는 "경찰은 대부분 나쁜 사람"이라고 믿는 민주당 지지자의 비율이 얼마나 될지 물었더니 50퍼센트라고 답했다. 실제 수치는 15퍼센트였다.[1]

이런 연구 결과는 정치적 분열을 넘어 우리가 서로에게 손을 내미는 것이 도움이 될 수 있음을 암시한다. 하지만 과연 모든 사람이 그러기를 원할까? 흥미롭게도 진보 성향의 민주당 지지자가 보수 성향의 공화당 지지자보다 정치적 견해 차이를 처음 감지했을 때 관계를 단절하는 경향이 더 강했다.[2] 반면 보수주의자들은 개인적 관계가 정치적 견해 차이에 대한 관용에 미치는 영향이 진보주의자들보다 더 큰 것으로 나타났다.[3]

소통이 단절된 교착 상태에서도 거의 주목받지 못하는 지역들에서는 여전히 진영을 넘나드는 움직임이 이어지고 있었다. 내가 파이크 카운티에 머무는 동안 앞으로 나아갈 길을 조용히 보여주는 여러 감동적인 사례들을 발견할 수 있었다.

수많은 분열적 문제 중에서 인종은 핵심 쟁점이었다.[4] 2020년 이후 켄터키를 포함한 최소 35개 주에서 교실이나 주정부 내에서 인종 관련 교육을 제한하는 법안을 통과시키거나 검토했다.[5] 한 켄터키 지역 뉴스 보도에 따르면 입법자들은 "교육자들이 인종 문제에 관한 일부 수업에서 학생들에게 편향된 내용을 주입해 불편함과 수치심을 느끼게 한다"고 우려했다.[6] 켄터키주 하원 법안 14호는 "인종, 성별, 종교와 관련된 특정 개념"(어떤 개념인지 법안에 구체적으로 명시되지는 않았다)이 수업이나 토론에서 다뤄질 경우 켄터키주 법무장관은 "위반이 지속되는 동안 매일 5000달러의 벌금을 부과할 수 있으며 (…) 주 교육위원장에게 해당 벌금을 해당 학군의 예산에서 차감할 것을 요구할 수 있다"는 내용을 골자로 했다.[7] 비록 이 법안은 위원회를 통과하지 못했지만 인종과 수치심에 대한 깊은 불안을 드러냈다. 2022년 켄터키 주의회는 다양성 교육과 미국 역사에 대한 부정적 주장을 금지하고 이를 어길 경우 학교 인가를 취소하는 법안을 검토하기도 했다.[8]

하지만 인종 문제에 대해 양쪽 진영의 견해가 갈리는 지점은 정확히 어디일까? 흥미롭게도 백인과 흑인의 약 4분의 3, 공화당 지지자의 65퍼센트와 민주당 지지자의 85퍼센트는 "미국 인구가 다양한 인종과 민족으로 구성돼 있는 것이 국가에 이롭다"는 주장에 동의하는 것으로 나타났다.[9]

인종 문제에 관한 정당 간의 인식 차이는 특히 자부심의 역설과 직결되는 지점에서 뚜렷하게 드러난다. '피부색에 상관없이 누군가가 아메리칸드림을 이루지 못했다면 그건 계급이나 인종 때문이 아니라 단지 열심히 노력하지 않았기 때문'이라고 믿는 경향은 공화당 지지자가 민주당 지지자보다 훨씬 더 강하다. 열심히 일하는 흑인과 열심히 일하는 백인은 아메리칸드림에 도달할 동등한 기회를 갖는다는 것이 이들의 생각이다. '백인 특권'이라는 개념은 많은 사람에게 '열심히 일한' 대가를 인정받지 못하게 하고, 결국 자부심마저 깎아내리는 것으로 느껴졌다.

그렇다면 노예제와 인종차별이 남긴 영향은 어떻게 받아들여지고 있을까? 2020년 한 설문조사는 미국 전역의 유권자에게 다음 주장에 동의하는지를 물었다. "수세대에 걸친 노예제와 인종차별은 흑인이 하위 계층에서 벗어나기 어려운 환경을 조성했다." 흑인의 75퍼센트와 백인의 절반이 이 주장에 동의한다고 답했다. 그런데 두 정당의 견해 차는 이보다 훨씬 더 컸다. 민주당 지지자의 76퍼센트가 이 문장에 동의한 반면, 공화당 지지자는 28퍼센트만이 동의했다. 시골 출신 백인들로 좁혀보면 민주당 지지자의 59퍼센트, 공화당 지지자의 19퍼센트가 여기 동의했다.[10] 자부심의 역설에 가장 크게 영향을 받은 집단(시골 출신 백인 공화당 지지자)이 이 문제에 대해 가장 덜 공감한 것이다.

나는 궁금해졌다. 이 문제에 대해 공감할 가능성이 가장 낮은 집단 안에서 스스로도 의식하지 못한 사이에 양쪽 진영을 이어주는 가교 역할을 할 사람은 누구일까? 한 사람이 어떻게 다른 사람이 그런 감정을 가지게 됐는지를 이해할 수 있을까? 공감한다는 것은 동의하거나 접점을 찾는 것이 아니다. 물론 공감하면 동의하기도, 접점을 찾기도 쉬워지지만 공감은 그 자체가 목적이다.

그런데 진영 간의 가교 역할을 하는 사람 중에는 자부심 및 수치심과 관련해 두 가지 삶의 경로 가운데 하나를 따르는 이가 있다. 첫 번째는 '자기 힘으로 일어서고 사회에 돌려주며 타인에게 손을 내미는' 삶의 경로다. 이런 삶의 경로를 따르는 사람은 수치심에 대한 두려움을 **극복**했거나 떨쳐냈다고 느끼기 때문에 다른 사람에게 손을 내미는 것이다.

두 번째는 '바닥을 찍고 다시 일어나서 손을 내미는' 삶의 경로다.

이런 삶의 경로를 따르는 사람은 수치심을 넘어서려 하지 않는다. 수치심을 **온전히 겪어내고**, 고통을 감내하며, 더는 수치심을 두려워하지 않게 된 뒤에야 비로소 앞으로 나아간다. 이 두 경로 사이에 있는 사람은 어쩌면 수치심을 완전히 정리하지 못한 탓에 다른 사람과 공감할 수 있는 상태에 이르지 못하고, 그래서 타인에게 손을 내밀 가능성도 상대적으로 낮아 보인다.

## 자기 힘으로 일어서서 사회에 돌려주는 삶

파이크빌대학교 교목인 롭 뮤직은 다리 '위'에 있는 사람들의 삶을 그대로 보여주었다. 마흔 살쯤 되어 보이는 롭은 머리카락이 듬성듬성했지만 안경 너머로 보이는 눈빛에 생기가 넘쳤다. 흰색 성직자 칼라를 단 그는 가지런히 정돈된 사무실 책상 앞에 조용히 앉아 있었다. 사무실 바깥에는 잠깐 이야기를 나누거나 조언을 구하거나 그저 격려의 말을 한마디 듣고 싶어 하는 학생들이 기다리는 경우가 많았다. 롭은 사람과 사람을 이어주는 사람이었다. 그는 약물 중독으로 어려움을 겪는 학생들을 이끌고 지역 감리교회의 12단계 회복 모임에 참석했다. 그들과 함께 매년 니카라과와 코스타리카로 선교 여행을 떠나기도 했다.

어느 날 그는 사무실 책상에 앉아 두 손을 가지런히 모으고는 자신의 인생 이야기를 들려주기 시작했다. 내가 삶에 관해 이야기를 나눈 사람들은 대개 시간이 많다는 듯이 의자에 기대어 느긋하게 말을 꺼낸다. 하지만 롭은 주어진 시간 안에 이야기를 끝내야 하는 사람처럼 빠르게 말을 쏟아냈다.

"저는 오하이오주 반힐의 트레일러 파크(이동식 주택 단지-옮긴이)에서 태어났어요. 가난했고 힘들었고 문제도 많았죠. 아버지의 어머니는 감정 기복이 심했고 담배를 입에 달고 살았어요. 아버지의 아버지는 10남매 중 한 명으로 태어나 위탁 가정을 오가며 자랐고 크리스마스 선물은 구세군에서 받는 게 전부였죠. 아버지의 형제자매들, 그러니까 제 고모와 삼촌들은 대부분 마약에 손을 대고 일없이 빈둥거리며 정부 보조금으로 먹고살아서 사람들에게 무시당했어요. 아버지는 어릴 때부터 자존감을 지키기 위해 매순간 노력해야 했어요. 아버지는 저에게 '절대 누구도 패배자처럼 느끼게 하지 마라'라고 말씀하셨어요."

물론 진영 간의 다리 역할을 하는 사람들은 각자 동기가 있겠지만 롭의 경우에는 아버지에 대한 존경심이 시작이었음을 점점 더 분명히 느끼게 됐다. 롭의 아버지는 어린 시절 온갖 고생을 했지만 어른이 되어서는 냉난방 장치를 수리하는 작은 사업체를 운영하며 결국 자신의 힘으로 성공을 이뤄냈다. 일요일이면 그는 1986년형 포드 선더버드 자동차를 닦고 광을 냈다. 롭은 말했다. "아버지는 매일 깨끗한 새 셔츠와 바지를 입고, 머리를 단정히 빗어 가르마를 타고, 향수도 뿌리셨어요. 항상 제게 '남자는 늘 단정한 옷차림이 기본'이라고 하셨죠." 롭은 아버지가 자수성가해서 아메리칸드림을 이루었음을 보여주는 상징적인 장면을 이렇게 설명했다. "아버지는 어머니를 하와이 여행에 데려가셨어요."

하지만 롭의 아버지가 꿈꿨던 삶은 서서히 무너져 내렸다. 롭은 설명했다. "아버지는 매형과 동업을 하셨어요. 그런데 누나의 결혼이 깨지면서 냉난방 사업도 함께 무너졌어요. 아버지는 빚을 지게 됐고 건강도 나빠져서 결국 장애 급여를 신청하셔야 했어요. 그게 아버지에겐 너무 큰 수치였어요." 롭은 한동안 말없이 숨을 길게 들이쉬고는 조심스럽게 입을 열었다. "아버지는 겨우 예순두 살에 스스로 목숨을 끊으셨어요."

한참 뒤에 롭은 말을 이었다. "그래도 저는 운이 좋았어요. 부모님과 외할머니 덕분에 안정적이고 사랑받는 어린 시절을 보냈고 학교 성적도 아주 좋았으니까요." 롭은 지난 시간을 떠올리며 조용히 말했다. "아버지는 학교 문제라면 문외한처럼 느끼셨는지, 제 숙제를 확인하거나 선생님을 만나러 오신 적이 한 번도 없었어요. 그래도 제가 잘하고 있다는 걸 아시고는 참 좋아하셨죠. 고등학교 3학년 때 저는 학생회장으로 뽑혔어요. 대학에 가서는 신학을 전공하고 개신교 목사가 됐지요. 어느 정도 마음의 안정도 찾고 여유도 생겼어요. 그래서 다른 사람이 저를 낮춰본다 해도 이제는 두렵지 않아요. 오히려 그런 시선을 두려워하는 사람에게 손을 내밀게 됐죠. 어떻게 보면 그게 제가 하고 싶은 일, 제 사명 같아요."

어느 날 롭은 꽃으로 둘러싸인 캠퍼스 언덕 위의 성조기 깃대 옆에 나무로 만든 '평화의 기둥'을 조심스럽게 세웠다. 기둥의 네 면에는 각각 다른 언어가 적혀 있었다. 그 옆에는 작은 성 프란체스코 조각상을 놓고 또 그 옆에는 작은 불상을 놓았다. 롭은 미소를 지으며 말했다. "이곳 애팔래치아 지역에서도 시야를 조금 넓혀볼 수 있지 않을까 싶어서요." 하지만 학교 측이 보기에는 너무 과한 시도였다. 몇 주 뒤 롭은 불상을 치워달라는 정중한 요청을 받았다. "'논란의 여지가 크다'는 설명을 들었어요."

롭은 캠퍼스 내의 흑인 학생뿐만 아니라 흑인 생명 존중 운동 같은 이슈에 대해 이야기하기를 꺼리는 백인 학생에게도 손을 내밀었다. 그는 캠퍼스 내의 흑인 학생이나 백인 학생이나 믿고 찾을 수 있는 사람이었다.

"정말 좋은 학생이 많아요. 하지만 그들의 아버지도 제 아버지와 비슷합니다. 흑인에 대한 정부 지원 이야기만 나오면 학생들의 생각이 딱 막혀버려요. 그리고 이렇게 말해요. '우리도 가난하고 우리도 잊힌 존재잖아요. 정부가 이미 흑인을 돕고 있는데 왜 우리가 흑인을 신경 써야 하죠? 그들은 이제 부족한 게 없지만 우리는 부족한 게 더 많아요.' 그렇다고 제 학생들이 무관심하다는 뜻은 아니에요. 다만 우리가 처한 상황에서는 인종 문제가 너무 멀게 느껴지는 거죠. 그래서 저는 학생들이 흑인의 삶을 조금이라도 이해하고 공감할 수 있게 돕고 싶어요.

하지만 조지 플로이드에게 공감하게 하거나 흑인 생명 존중 운동을 이해하게 하는 일은 생각보다 어려워요. 조지 플로이드는 담배 한 갑을 사기 위해 20달러짜리 위조지폐를 점원에게 건넨 혐의로 경찰에 체포됐어요. 캠퍼스 안의 학생들도 그 사실을 알아요. 미니애폴리스의 경찰관 한 명이 그에게 수갑을 채우고 땅에 눕힌 다음 무릎으로 목을 눌러 숨지게 했다는 것도 알고요. 조지 플로이드가 죽어가는 동안 다른 경찰관이 옆에서 아무런 조치도 하지 않고 지켜봤다는 사실도 알죠."[11]

저는 학생들이 당시 상황을 모든 사람의 입장에서 바라보게 하려고 노력해요. 가게 점원, 해당 경찰관, 행인, 그리고 조지 플로이드의 입장까지요. 점원이 사기당한 건 안타깝다고들 해요. 행인의 입장도 이해할 수 있고요. 학생들 모두 조지 플로이드를 죽게 한 경찰관이 유죄이고 감옥에 가야 한다는 데에는 동의해요. 하지만 이어서 이렇게 말합니다. '플로이드는 과거에 강도짓을 해서 감옥에 갔던 사람이잖아요.' 그 순간 플로이드는 완전히 다른 사람이 돼버립니다. 범죄자가 되는 거죠. 이 지역은 오피오이드 위기로 범죄가 늘었어요. 경찰관들이 학교에 가서 마약을 멀리하라고 경고하고, 마약에 취한 강도나 마약 거래상을 체포하는 일이 흔하죠. 우리 중 많은 사람이 범죄의 피해자이기도 하고요. 이런 맥락 속에서 학생들이 그런 반응을 보이는 겁니다."

롭은 말을 계속했다. "그래도 저는 뭔가 새로운 시도를 해봐야겠다고 생각했어요. 그래서 학생들에게 조지 플로이드를 예수님처럼 십자가에 못 박힌 사람이라고 생각해보라고 했어요. 학생들은 충격을 받은 눈치였어요. '조지 플로이드는 범죄자잖아요.' 그래서 제가 말했죠. '맞아. 범죄는 범죄지. 플로이드는 분명 범죄자였어. 그리고 우리는 범죄를 원하지 않아. 하지만 그 옛날 예수 그리스도를 한번 떠올려보자. 물론 이유는 달랐지만 그 당시 기준으로는 예수님도 범죄자 취급을 받으셨어.'"

## 바닥을 찍고 다시 일어나는 삶

롭 뮤직의 인생이 자기 힘으로 일어서고 사회에 돌려주고 타인에게 손을 내미는 이야기였다면 제임스 브라우닝의 인생은 바닥까지 떨어졌다가 다시 일어나 손을 내미는 이야기였다. 제임스를 처음 만난 지 3년 만에 다시 그와 이야기를 나눴다. 말끔히 다듬은 수염이 얼굴선을 따라 나 있었고 이마를 가리던 반다나는 더 이상 보이지 않았다. 이제 마흔셋인 그는 짧은 머리에 모자를 눌러쓰고 입술 한쪽에는 작은 피어싱을 하고 있었다. 한때 펑크족이었던 시절의 흔적인 듯했다. 구급대원이 그를 병원 응급실에 데려가서 네 번째 헤로인 과다복용으로 멈춘 그의 심장을 다시 뛰게 만든 지도 어느덧 6년이 지났다. 그리고 그가 사우스게이트 시설로 들어가서 "생명의 은인"인 토미 래틀리프를 만난 것도 6년 전의 일이었다.

"저는 감정을 느끼는 대신 마약을 복용했어요. 회복 과정에서 감정 느끼는 법, 그리고 그 감정에 이름을 붙이는 법까지 새로 배워야 했죠. 그 감정들 중 하나가 바로 수치심이었어요." 제임스는 '그저 진통제만 복용하던 사람'에서 '약쟁이'로 전락했던 기억을 잊지 않고 있었다. 회복 중인 그는 이렇게 되돌아봤다. "저는 수치심과 정면으로 마주했어요. 이제는 두렵지 않아요." 요즘 들어 그는 내담자가 호전되는 모습을 보면 자신도 모르게 자부심을 느낀다. 그에게는 아직 낯선 감정이지만 말이다.

사우스게이트 시설에서 회복 프로그램을 마친 뒤 제임스는 노숙자 보호소에서 경비로 일하기 시작했다. 주말에는 배수로 파는 일도 했다. 그러다 근처 중독 회복 센터인 '뉴 비기닝스'에서 일자리를 얻었다. "여기에서 일하는 게 정말 좋아요. 사람들을 돕고 있으니까요." 그는 자신처럼 회복 중인 중독자이자 두 아이의 엄마인 여성과 결혼했고 자신의 두 자녀에 대해서는 양육권을 일부 회복했다. "18년 동안 중독 상태로 살았고 그중 2년은 노숙자 신세였어요. 하지만 이제 약을 완전히 끊은 지 3년 됐습니다." 이제 제임스는 인근 커뮤니티 칼리지에서 수업을 듣고 있고 급여 인상과 함께 뉴 비기닝스의 부소장으로 승진했다.

제임스는 자신이 일하는 센터에서 열린 모임에 나를 초대했다. 모임에 참석한 22명의 남성 중 흑인은 세 명, 백인은 19명이었다. 그들은 널찍하고 편안한 장소에 둘러앉아 커피를 마시면서 자신들이 다른 사람들로부터 오해받고 무시당한 경험에 대해 이야기했다. 모두가 공감하는 주제였다. 그리고 대화 주제는 2020년 대선으로 이어졌다. 이 역시 모두가 공감하는 주제인 듯했다. "저는 트럼프에게 투표했어요." 한 흑인 남성이 거침없이 말하자 방 안 여기저기에서 사람들이 고개를 끄덕였다. 의견이 가장 엇갈린 대화 주제는 중범죄 전과자의 투표권에 관한 것이었다. "난 중범죄 전과가 있지만 투표했어요." 한 남성이 나섰다. 다른 사람들은 어리둥절한 표정으로 그를 바라봤다. "우리는 투표 못 하는 거 아니었어요?" 다른 남성이 되물었다. 중범죄 전과자에게도 투표권을 보장하는 주는 과연 어디였을까? 대화가 이런저런 주제를 오가며 이어지는 동안 제임스는 세상 밖으로 밀려났던 사람들을 다시 사회 안으로 초대하고 있었다. 더할 나위 없이 자연스러운 모습으로.

제임스는 자신이 진행하는 12단계 회복 프로그램을 통해 아프리카계 미국인 중독자들에게 손을 내밀기 시작했다. 루이빌에서 열린 12단계 모임에서 그는 인상적인 만남을 가졌다. "12단계 모임에서는 악수를 하지 않아요. 서로 안아주죠." 그가 설명했다. "그 자리에서 73세의 아프리카계 미국인 여성을 만났어요. 그분이 자신은 백인 남자랑 포옹해본 적이 없다고 하더군요. 그분은 이렇게 말했어요. 백인들도 자신처럼 마약 중독의 고통을 겪긴 했지만 자신처럼 인종차별의 시련은 겪지 않았다고요. 그래서 백인 남자들이 자신이 중독자가 아니었던 시절의 삶을 **제대로** 이해하지 못한다고요. 그 말이 이해됐어요. 애팔래치아에서는 사고로 불구가 되거나 진폐증에 걸리거나 가난에 시달리는 일이 드물지 않았고 회사가 운영하는 상점이 있는 석탄 마을에서 살아야 했어요. 남편이 죽으면 다음 광부가 들어오도록 회사 소유의 집에서 나가야 했습니다." 하지만 제임스는 이렇게 덧붙였다. "그래도 회사 사장이 우리와 우리 가족을 400년 동안 **소유**하지는 않았잖아요. 그건 저도 인정해요." 그는 다시 말을 이었다. "그분은 한 백인 남성이 위탁 가정과 거리에서 겪은 온갖 일에 대해 이야기하는 걸 들었어요. 그분은 자리에서 일어나 그 남자에게 다가가더니 그를 오랫동안 껴안아줬어요. 그 포옹을 하기까지 그분도 먼 길을 돌아오신 셈입니다. 저도 그 모습을 보고 누군가에게 먼저 손을 내밀고 싶다는 마음이 들었어요. 지금은 풀타임으로 일하고 아이들까지 제가 돌보고 있어서 커뮤니티 칼리지는 잠깐 쉬고 있지만 '회복 등반' 모임을 꼭 시작해보고 싶어요. 이곳에서 만난 루이빌 사람 몇 명과 함께요. 정상에 올랐을 때 어떤 모습을 보게 될지 모르는 일이잖아요?"

## 국가적 이야기의 단서들

한때 같은 지역, 같은 마을에서 살았던 롭 뮤직과 제임스 브라우닝의 이야기를 들으면서 나는 이처럼 서로 다른 두 삶의 유형이 공감의 다리 위에서는 잘 보이지 않는 더 큰 국가적 양상을 암시하는 것이 아닐까 생각했다. 공감의 다리 위의 양상은 '노블레스 오블리주', 아래의 양상은 '흔들리는 배에 함께 타고 있다는 연대 의식'이라고 부를 수 있을 것 같다. 2020년 미국 전국선거연구 결과를 보면서 나와 내 연구 조교 커스틴 크러셀은 롭과 제임스가 예외적인 사례가 아닐 수도 있다고 생각하게 됐다.[12] 앞서 언급했듯이 이 조사에서는 백인 6000명을 포함한 유권자 8000여 명에게 다음과 같은 주장에 얼마나 동의하는지 물었다. "수세대에 걸친 노예제와 인종차별은 흑인이 하위 계층에서 벗어나기 어려운 환경을 조성했다." 응답은 매우 다양했지만 그 속에는 공감의 다리에 두 갈래 경로가 형성되기까지 영향을 미치는 듯한 특정 사회 조건들에 대한 단서가 담겨 있었다.

다리 위: 전국의 성인 백인 가운데 가장 부유하고(연간 가구소득 15만 달러 이상) 가장 교육 수준이 높은(학사 학위 이상) 계층이 그렇지 않은 저소득·저학력 백인에 비해 노예제와 인종차별에 관한 설문조사 항목에 동의하는 경향이 훨씬 더 높았다. 가장 부유하고 가장 교육 수준이 높은 계층에서는 3분의 2가 노예제도와 인종차별이 흑인이 하

위 계층을 벗어나는 것을 방해하는 장애물이 됐다고 답했다. 반면 가장 가난하고 가장 교육 수준이 낮은 계층에서는 3분의 1만이 그렇게 답했다. 최상위 계층일수록 수치심이 그런 인식을 방해하지 않았을 가능성이 높았다. 이들은 자신들이 수치심 위에 있다고 느꼈기 때문이다. 사실 다리 위의 엘리트들은 불우한 사람들에게 손을 내미는 자신의 모습에서 자부심을 느끼는지도 모른다. **노블레스 오블리주** 정신으로 말이다.

다리 아래: 공감의 다리에서 사람들을 '아래'로 이끈 것은 지극히 불안정한 삶의 현실과 마주해본 경험인 듯했다. "가까운 미래에 일자리를 잃을까 봐 얼마나 걱정하십니까?"라는 질문을 던져봤다. 조사 결과에 따르면 백인의 경우 자신의 경제적 상황을 더 불안정하게 느낄수록 **흔들리는 배에 함께 타고 있는** 사람으로서 흑인에 대한 공감을 더 많이 표현했다.

정부의 흑인 지원에 관한 질문에 백인 응답자가 보인 반응을 보면 또 다른 실마리를 찾을 수 있다. 이번에는 "연방정부가 흑인의 사회적·경제적 지위 향상을 위해 모든 노력을 기울여야 한다"는 의견에 얼마나 동의하는지 물었다. 백인 전체로 봤을 때 가장 우호적인 반응을 보인 계층은 앞서와 마찬가지로 다리 위에 있는 고소득·고학력자였다(찬성 비율 53퍼센트, 반면 저소득·저학력자는 33퍼센트). 하지만 백인 중에서 가장 높은 동의 비율을 보인 집단은 경제적으로 불안정한 백인, 특히 실직을 두려워하는 백인 빈곤층이었다. 이 집단에서는 66퍼센트가 이 의견에 동의했다. 이는 데이비드 메이너드가 말한 '후드와 홀러'의 연결 고리를 떠올리게 하는 결과였다. 이처럼 인종을 넘어 바닥에서 바닥으로 이어진 연결 고리는 어쩌면 아주 희미하고 불확실할지도 모른다. 하지만 나는 세상의 많은 제임스와 데이비드 메이너드들을 생각하면 그 연결은 분명 존재한다고 믿는다(자세한 내용은 부록 2 참조).

루이빌에서 열린 대규모 12단계 회복 모임 콘퍼런스에 아내와 함께 참석한 제임스는 대형 회의장에서 많은 백인과 흑인 중독 회복자들과 함께했다. "그렇게 큰 모임에는 처음 갔어요. 아마 800명에서 1000명쯤 됐던 것 같고 그중 절반 이상이 흑인이었어요. 개회식이 끝난 뒤에는 여러 개의 모임으로 나뉘어져 토론을 했죠. 사람들이 각자 참여할 모임을 찾아 복도를 걸어갔어요. 그때 우연히 키 큰 중년 흑인 남성과 인사를 나누게 됐어요. 인상이 아주 좋은 분이었죠. 그분이 저한테 어느 모임으로 가는지 묻기에 제가 가려던 모임 이름을 말해주고 헤어졌어요. 그런데 재미있게도 제가 참석한 12~15명 정도 되는 모임의 리더가 바로 그분이었어요. 저는 거기서 유일한 백인이더군요. 그분은 자리에서 일어나 빙 둘러앉은 사람들 가운데로 나갔어요. 그리고 우리 한 사람 한 사람을 향해 고개를 끄덕였죠. 오른손에는 큰 책[알코올 중독자 회복 교재와 비슷한 마약 중독자 회복 교재]을 마치 성경처럼 꼭 쥐고 있었어요." 제임스는 말했다. "그분은 또렷하고 큰 목소리로 우리 모두에게 말했어요. 마치 교회에서 목사님이 설교하는 것처럼요."

그 남성은 이렇게 말문을 열었다. "어릴 적 우리 동네에는 미래를 생각하며 사는 또래들이 별로 없었어요." 둘러앉은 사람들 사이에서 웅성거리는 소리가 났다. "맞아, 그랬지 (…) 그럼 (…)."

제임스는 덧붙였다. "석탄 산업이 사라진 뒤에 터키크릭 주변은 거의 장례식장 같은 분위기였어요. 그분이 무슨 말을 하는 건지 저는 너무 잘 알았죠. 그래서 저도 같이 '저도 그랬어요'라고 말했어요.

'친구들이 마약을 하는 것을 봤는데 멋져 보였어요.' 그가 말을 이었고, 둘러앉은 사람들은 맞장구를 쳤어요. '그래요. (…) 네. (…) 무슨 말인지 알아요.'

저도 제 고등학교 시절이 떠올랐어요. 약을 하는 게 멋져 보였거든요. 그래서 또 '저도요'라고 했어요. 그분이 계속해서 말했어요. '친구들 몇몇이 약으로 망가지는 모습을 봤어요. 하지만 난 스스로에게 말했죠. 그런 일은 내겐 안 생겨. 난 도움 같은 건 필요 없어.'

그 말을 들으면서 저는 제 친구 트레이가 결국 어떻게 됐는지, 그리고 그때 제가 무슨 생각을 했는지 떠올랐어요. 그래서 또 다시 말했죠. '저도요.'

그분은 이렇게 말했어요. '그때는 끊을 수 있을 거라 생각했어요. 그런데 결국 못 끊었어요. 그리고 나니 이제 누구의 도움도 소용없겠다는 생각이 들었어요.'

그래서 저도 생각했어요. '무슨 말인지 알아요.' 그리고 말했어요. '저도요.'

그러고 나서 그분은 우리 모두를 천천히 둘러보더니 이렇게 말했어요. '우리에게 큰 악이 닥쳤습니다. 하지만 저는 그 어둠에서 벗어났어요. 이제 저는 평생 한 번도 만난 적 없는 사람들을 돕기 위해 손을 내밀고 있어요. 그들도 저처럼 지옥에서 돌아온 사람들입니다.'

그 말을 들으며 저는 트레이를 묻던 날을 떠올렸어요. 그리고 그날 모임에 둘러앉은 우리 모두가 함께 회복의 등반을 하고 있다는 생각을 했습니다. 그래서 이렇게 말했어요. '저도요.'"

2016년 도널드 트럼프의 유세 연설을 지켜보고 남자는 이렇게 말했다. "트럼프가 석탄 산업을 되살리겠다고 했을 때 거짓말이라는 걸 알았어요. 하지만 그는 내 진짜 모습을 알아봐주는 것 같았어요."

## 16장  밀려난 사람들

　　　　　　　　완만하게 이어진 파이크카운티의 산들 사이를 따라가던 마지막 길에서 나는 어느 도로로 접어들었다. 그 길은 얇은 층이 겹겹이 쌓인 황갈색의 거대한 사암 절벽 사이로 이어졌다. 잊힌 고대 문명이 조용히 숨 쉬고 있는 듯한 풍경이었다. 그 순간 문득 내가 자부심이라는 개념의 역사 속을 지나가고 있다는 생각이 들었다. 내 여정은 2017년 파이크빌 행진에서 시작됐다. 시위의 주도자, 마을의 수호자들, 잠재적 희생자들, 그리고 '군중 속의 얼굴들' 모두가 '진짜 미국인'의 인종, 종교, 출생이라는 개념에 대해 각자의 방식으로 씨름하고 있었다. 오늘날 미국 사회 전체의 핵심 이슈로 떠오른 문제였다.

　　산비탈 곳곳에는 잘 가꿔진 묘지가 점점이 놓여 있어, 이곳을 찾는 방문객들에게 과거의 비슷한 갈등들을 떠올리게 했다. 어떤 묘지에는 앙숙 관계였던 매코이 가문과 햇필드 가문의 무덤이 나란히 자리하고 있었다. 파이크빌 딜스 공동묘지도 그중 하나였다. 이런 묘지들에는 남북전쟁 당시 북군 편에서 싸웠던 병사들의 유해도 함께 묻혀 있었다. 토미 래틀리프와 내가 그의 옛집 뒤편에 있는 작은 묘지를 찾았을 때 토미의 숙모가 그의 할아버지 묘를 정성껏 닦고 꽃을 놓고 있었다. 토미의 할아버지는 제2차 세계대전 참전용사로 퍼플 하트 훈장을 받은 분이었다. 나는 이런 갈등들을 통해 상실과 상처 입은, 어쩌면 도둑맞았다고 느껴지는 자부심이 어떤 방식으로 작용했는지, 그리고 우리가 그로부터 무엇을 배울 수 있을지를 생각하게 됐다. 몇 년 동안 파이크카운티는 내 학교가 되어주었고 나는 그곳에서 얻은 교훈들을 모아보고 싶었다.

파이크카운티는 한때 햇필드 가문과 매코이 가문이 다투며 살아갔던 곳이었다. 이곳을 여행하다 보니 어느새 과거 두 가문이 오가던 좁은 길을 따라 그 지역을 걷고 있었다. 지금은 그 자리에 고속도로가 들어서서 표지판들이 그 흔적을 대신하고 있었다. 인디언 매장지, 햇필드-매코이 휴게소, 리틀콜강, 버닝 포크, 처치 하우스 홀로, 로스트 트레일 로드 같은 이름들이 눈에 띄었다. 이런 생각이 들었다. 이 지역의 오래된 가문 간의 분쟁이 오늘날 우리가 '잃어버린 길'을 더 지혜롭게 걸어가도록 통찰을 제공해줄까?

햇필드와 매코이 가문의 분쟁은 도둑맞은 돼지 한 마리에서 시작됐다. 그러나 이 분쟁은 결국 미국 역사상 가장 길고 치열한 가문 간의 전쟁으로 끝났다. 1863년부터 1891년까지 두 가문은 말을 타고 강을 건너다니며 상대를 습격하는 피의 공방을 이어갔다. 파이크빌에서 북동쪽으로 50킬로미터가량 떨어진 빅샌디강의 터그포크 지류가 격전지였다. 그 근처에는 훗날 제임스 브라우닝의 어머니와 누나가 일했던 곳이자 데이비드와 셰이 메이너드가 결혼식을 올린 쇼핑몰이 들어섰다. 이 지역은 나중에 제임스 브라우닝의 목숨을 앗아갈 뻔한 비극적인 약물 중독 사태의 진원지가 됐다. 매슈 하임바크와 그가 이끄는 백인 민족주의자들의 행렬이 지나간 옛 파이크빌 법원 건물은 과거 두 가문의 분쟁에서 발생한 살인 사건의 재판이 열렸던 곳이다. 당시 12명 이상이 사망했고 한 명은 사형에 처해졌다. 두 가문의 불화는 지역 내의 총격전에서 국가적 전설로, 그리고 이후에는 싸구려 관광 기념품으로 변해 햇필드와 매코이의 이름이 적힌 술잔, 머그잔, 군번줄 열쇠고리 따위로 팔려나갔다.

햇필드와 매코이 가문의 불화는 오래전에 마침표를 찍었다. 2003년 파이크빌 외곽의 호그 트레일 캐빈에 두 가문의 후손들이 모였다. 잘 정돈된 앞마당에 현관이 딸린 통나무집으로, 역사적 장소임을 알리는 표지판이 세워진 곳이었다. 이곳은 랜돌프 매코이가 플로이드 햇필드를 돼지 절도 혐의로 고소한 장소이고 1888년 최악의 복수극이 벌어졌던 장소이기도 했다. 이날 모임에서 켄터키 주지사 폴 패튼과 웨스트버지니아 주지사 밥 와이즈는 2003년 6월 14일을 햇필드-매코이 화해의 날로 선포했다.[1] 이후 호그 트레일 캐빈은 지역 투표소로 사용되기도 했다.[2] 그리고 2017년 두 가문이 다시 모인 자리에서 레오 햇필드는 매코이와 햇필드 가문이 서로의 차이를 이렇게 해결했다면 "미국이 다시 하나가 되는 길도 반드시 있을 겁니다"라고 힘주어 말했다.[3]

그렇다면 두 가문은 왜 싸우게 됐을까? 대부분의 의견에 따르면 랜돌프 매코이가 자신의 돼지를 훔쳤다며 플로이드 햇필드를 고소하면서 분쟁이 시작됐다. 당시에는 고소한 쪽이나 고소당한 쪽이나 문제는 돼지라고 생각했을 것이다. 하지만 죽음을 부른 그 싸움이 정말로 돼지 한 마리 때문이었을까?

한 가지 짚어볼 만한 질문은 당시 두 가문이 물질 경제와 자부심 경제에서 각각 어떤 위치를 차지하고 있었는가다.[4] 두 가문 모두 토지 소유주였다. 토지가 자부심의 주된 척도였던 시대였기에 그들 모두 지역 엘리트로 대접받았을 것이다. 두 가문 모두 대가족이었기 때문에 먹고살 식량을 재배할 땅이 필요했다. 하지만 재산권을 둘러싼 법적 분쟁으로 인해 한쪽(햇필드 가문)은 점차 번성한 반면, 다른 쪽(매코이 가문)은 그에 미치지 못했다.

돼지를 도둑맞았다고 분노한 쪽은 매코이 가문이었다. 그들은 앞서 햇필드 가문과 벌인 토지 관련 소송에서 패했고 그 결과 아들들에게 나눠줄 땅이 부족해졌다. 반면 햇필드 가문은 땅에서 목재를 베어 수익을 올렸고 그 덕분에 좀 더 여유로워진 아들들과 그 가족들을 그 땅에 정착시킬 수 있었다. 매코이 사람들 중 일부는 햇필드 가문의 땅에서 품을 팔아야 했던 것으로 보인다.[5] 실제로 돼지 재판에서 랜돌프 매코이에게 반대표를 던진 셀커크 매코이는 두 아들과 함께 앤스 햇필드가 이끄는 35~40명 규모의 목재 작업반에서 일해야 했다. 역사학자 앨티나 월러는 이렇게 썼다. "데블 앤스[햇필드]는 (…) 동업자들과 일꾼들에게 경제적 보상과 사회적 지위를 제공했지만 당시 터그밸리의 농부들은 대부분 이를 잃어가고 있었다. (…) 원한과 공격성, 폭력이 생기기에 딱 좋은 상황이었다."[6] 두 가문 간 긴장을 증폭시킨 인물은 매코이 가문과 사촌인 페리 클라인이었다. 그 시절의 클라인은 마치 유리병에 갇힌 번개와 같은 존재였는지도 모른다. 긴장이 고조되자 켄터키와 웨스트버지니아 양측 주지사는 주방위군을 소집하기에 이르렀다.

정말로 햇필드 가문의 누군가가 매코이 가문의 돼지를 훔쳤을까? 우리는 알지 못한다. 하지만 실제로 훔쳤는지 아닌지와는 별개로 '도둑맞았다'는 감정, 어쩌면 다른 형태의 상실을 상징하는 그 감정은 그 자체로 생명력을 얻었다. 토지가 곧 지위의 척도였고 개인의 자부심이 곧 가문의 자부심이기도 했던 시대에 애써 쌓아올린 자부심이 사라지고 그 상실이 깊은 슬픔이 되어, 도둑맞은 것처럼 느껴졌을지도 모른다.

## 지역에서 국가로, 국가에서 세계로

토미 래틀리프와 로저 포드의 묘지에는 피비린내 나는 남북전쟁에 참전했던 조상들도 잠들어 있었다. 남북전쟁은 150년도 더 전에 끝났지만 전쟁을 기념하는 행사들은 저마다 서로 다른 이야기를 들려준다. 2023년에 승리한 북부(23건)보다 패배한 남부(35건)에서 더 많은 남북전쟁 재연 행사가 열렸다.[7] 에이브러햄 링컨을 제외하면 재연 행사에 가장 많이 등장하는 인물도 로버트 리 장군과 제퍼슨 데이비스 남부연합 대통령 같은 남부 출신들이다. 기념비 역시 승리한 북군보다 패배한 남군을 기리는 것이 더 많았다.[8] 2000년대 이후만 해도 남부연합 관련 기념비가 45개 넘게 새로 세워졌다.

켄터키는 북군 편에서 싸웠음에도 북군보다 남부연합을 기리는 기념비가 훨씬 더 많이 세워졌다.[9] 그중에는 제퍼슨 데이비스를 기리는 100미터 높이의 거대한 오벨리스크도 있다.[10] 아이러니하게도 그는 전후 패배한 남부에 "모든 원한을 내려놓자"고 호소했던 인물이었다.

우리는 보통 전쟁에서 이긴 쪽이 더 많이 승리를 기념할 것이라고 생각한다. 패한 쪽이 상실을 기념할 것이라고는 쉽게 상상하지 못하는 것이다. 하지만 볼프강 쉬벨부쉬는 《패배의 문화》에서 남북전쟁이 끝나고 15년이 지난 시점의 남부는 "19세기의 제3세계와 같은 처지에 놓여 (…) 그 어느 때보다 북부의 통제를 강하게 받고 북부에 의존하게 됐다"고 지적했다.[11] 승리의 기쁨보다 더 강력한 것은 패배의 굴욕이 남긴 상처, 회복을 향한 갈망, 그리고 잃어버린 자부심이 드리운 불안감인 듯했다.[12]

묘지에는 제2차 세계대전 중 전사한 이들도 묻혀 있었다. 지금까지 벌어진 세계적 분쟁 가운데 가장 참혹했던 이 전쟁에서도 '도둑맞은' 자부심은 커다란 그림자를 드리우고 있었다. 1918년 11월 독일이 연합군에 항복하며 제1차 세계대전이 끝났을 때 많은 독일인이 큰 충격과 수치심에 휩싸였다. 불과 몇 달 전까지만 해도 독일군은 파리 문턱까지 진격했고 광활한 러시아 영토를 점령하고 있었다. 연합군이 진격하고 있었음에도 독일 신문들은 승리를 예견하는 장밋빛 전망을 내놓았다. 독일 제국의 황제는 독일군의 진격을 축하하기 위해 휴일을 선포하기도 했다. 그래서 베르사유 조약이 체결됐을 때 많은 독일인이 힘겹게 거머쥔 승리를 급작스럽고 터무니없게 '도둑맞았다'고 느꼈다. 그 손실은 막대했다. 180만 명이 사망했고 부상자는 더 많았다. 극심한 인플레이션으로 독일 화폐는 사실상 휴지 조각이 됐다. 평가절하된 마르크 지폐를 수레에 가득 실어 나르는 사람들의 모습이 사진으로 남아 있다. 많은 독일인이 땅에 떨어진 자부심을 수레에 실어 끌고 다니는 기분이었을 것이다.

베르사유 조약은 전쟁에 대한 전적인 책임을 인정하도록 독일에 강요하고, 군대의 무장 해제와 식민지 포기, 막대한 배상금 지급을 요구했다. 이로 인해 독일인들은 정치 성향을 막론하고 수치심과 분노를 느꼈다. 그리고 바로 그 수치심을 틈타 강력한 인물이 권력을 잡게 됐다.[13] 그는 배신자, 유대인, 집시, 동성애자, 공산주의자 등 '진정한' 독일 혈통이 아니라고 여겨지는 모든 사람에게 책임을 전가했다.

데이비드 킨은 《수치심》에서 독일, 수단, 시에라리온, 이라크의 역사에 깊숙이 자리한 수치심의 역할을 조명한다.[14] 물론 갈등의 이면에는 자원 부족, 민족 간의 경쟁, 경제적 쇠퇴 같은 여러 요인이 복합적으로 작용하지만 킨은 그 밑바닥에는 언제나 수치심, 그 수치심에 대한 저항, 그리고 복수에 대한 열망이 있다고 주장한다.[15]

모든 상실이 자부심의 상실은 아니다. 모든 전쟁이 자부심의 파탄에서 비롯된 것도 아니다. 굴욕을 되갚으려는 욕망이 있어도 그 욕망을 분노로 조직해낼 지도자가 없는 경우도 있다. 지금의 지도자들 역시 왔다가 사라질 존재일 뿐이다. 하지만 전쟁으로 생을 마감하고 이 묘지에 잠든 사람들은 잃어버린 자부심을 외면하면 미래에 어떤 일이 벌어질 수 있는지를 우리에게 말해준다.

## 분열된 미국

현재 우리가 겪는 갈등은 어느 한 가문이나 지역 또는 국가 간의 싸움이 아니다. 오히려 개발도상국과 선진국 간의 갈등 구도를 미국 내에서 보여주는 국내판이라 할 수 있다. 미국 내부에서 켄터키주 파이크카운티 같은 시골 지역은 '선진국'인 도시 지역의 주변부로 밀려나면서 일종의 '개발도상국' 같은 위치에 놓이게 됐다. 수백만 명의 시골 빈민이 도시로 이주한 가운데 켄터키, 테네시 같은 상남부 지역의 주민들도 중서부나 북부의 공업 지대로 옮겨갔다. 그리고 그 자리에 남은 사람들은 자신들이 어떤 모습으로 비춰지는지를 똑똑히 경험하고 있다.

잊힌 미국 지역에도 이제 회복의 바람이 불고 있는 것일까? 이 글을 쓰는 2024년 현재 경제 지표는 상승세를 보이고 있다. 미국의 국내총생산(GDP)과 고용률, 개인 소득이 모두 증가하는 가운데 특히 붉은 주들의 상승세가 두드러진다.[16] 2023년 켄터키 주지사는 270억 달러가 넘는 신규 투자 유치를 발표하면서[17] 이를 통해 주 내에 4만 8000개의 일자리가 생겨날 것이라고 밝혔다.[18] 대부분은 평균 이상의 임금을 제공하는 일자리일 것이다. 하지만 이런 희소식이 파이크카운티에까지 가닿았을까? 확실하지 않았다. '산업 단지'라고 적힌 대형 입간판 뒤에는 희망이 걸려 있는 듯했다. 약 1200만 제곱미터 규모의 부지 끝자락에 두 개의 기업이 입주해 있었다. 하나는 알루미늄으로 트럭 연료탱크를 만드는 업체였고 다른 하나는 사무용 건물에 입주한 콘크리트 회사였다. 하지만 그 외 대부분의 부지는 텅 빈

채로 주인을 기다리고 있었다. 햄프턴인 호텔 프런트데스크 직원이 창밖을 가리키며 말했다. "파워볼 복권에 당첨되면 저 산 위에 자동차 공장을 지을 거예요." 그녀는 가족과 함께 파이크빌을 떠나 클리블랜드로 이주했지만 남편이 그곳 공장에서 일하다가 부상을 입었다. 이후 가족은 파이크빌로 돌아와 그녀의 부모님과 살림을 합쳤다. 이제 그녀는 남편이 있는 파이크빌로 공장 일자리도 따라와주기를 바라고 있었다.[19]

하지만 파이크카운티에도 좋은 소식이 있었다. 이 지역에서 가장 많은 신규 일자리를 만들어내는 곳은 파이크빌의료센터와 인근 대학이었다.[20] KY-5의 일자리는 대부분 서비스업·판매·사무직에 집중돼 있었고 건설업과 광업은 전체의 7퍼센트에 불과했다. 파이크카운티에 최근 새로 들어선 위스키 증류소는 폐광을 개조해 켄터키 버번을 숙성시킬 계획을 세우고 있었다.[21] 내가 만난 파이크빌의 한 식당 종업원은 중국에서 수요가 많은 야생 인삼을 채취하고 있었다.[22] 또 다른 사업가는 버려진 탄광 갱도에서 버섯을 재배했다.[23] 켄터키 최대 규모의 태양광 발전소도 마틴카운티 러블리에 있는 데이비드 메이너드의 옛집에서 5킬로미터가량 떨어진 곳에 세워지고 있었다. 발전소는 전직 광부들을 고용해 옛 탄광 부지에 건설되고 있었다.[24] KY-5 주민의 약 4분의 1은 여전히 빈곤 상태였지만 2020년부터 2021년 사이에 중위 가구소득은 3만 6000달러에서 3만 8000달러로 7.6퍼센트 증가했다.[25] 그리고 버지니아의 한 농부는 활동가들과 손잡고는 공공투자를 통해 농촌 공동체를 활성화하고 이들에게 더 많은 발언권을 부여함으로써 미국의 분열을 치유할 방안을 담은 '농촌 뉴딜'을 계획

하고 있었다.²⁶

그러나 KY-5 주민들과 대화를 나누면서 나는 시골 지역에 새로 배정된 연방 예산에 대해서는 거의 듣지 못했다. 대신 주로 들려온 얘기는 기름 값 인상, 여자 화장실에 들어가는 트랜스젠더, '도둑맞은' 선거에 대한 보복, 기억력이 흐려진 민주당 대통령, 그리고 무엇보다 하루 8000명씩 국경을 넘고 있다는 이민자 문제였다. 국경 강화를 위한 예산을 공화당이 거부했다는 이야기도 거의 들을 수 없었다.²⁷ 이 나라는 막다른 골목에 다다른 듯했다. 2024년 대선을 11개월 앞둔 시점에 미국인의 절반은 폭력 사태가 벌어질 거라고 예상하고 있었다.²⁸

내가 트럼프 지지자들과 이야기를 나눌 때 "파시즘"이라는 단어가 등장한 적은 거의 없었다. 하지만 2024년 초 "파시즘, 트럼프, 2024"로 구글 검색을 해보니 1000만 건이 넘는 결과가 나왔다. 그중 상당수는 트럼프의 발언에 대한 반응들이었다. 몇몇 평론가는 이제 트럼프의 말을 액면 그대로 받아들여야 한다고 조언했다.²⁹ 그렇다면 그는 무슨 말을 했을까? 그는 러시아의 독재자 블라디미르 푸틴에게 무비판적인 찬사를 보내왔다. 그는 또 나토 회원국들이 방위비를 더 부담하지 않으면 러시아가 "뭐든 하고 싶은 대로 해도 상관없다"고 말하기도 했다.³⁰ 그는 대통령 재임 시에 군 최고 지휘관이었던 인사(마크 밀리 전 합참의장-옮긴이)를 처형해야 한다고 주장하는가 하면 자신을 기소한 주 판사와 검찰총장의 체포를 요구하기도 했다. 불법 이민자들을 "짐승"이라고 부르며 "우리나라의 피를 더럽히고 있다"고 했고, "우리의 종교"를 받아들이지 않으면 돌려보내야 한다고도 했다.³¹

그는 자신의 반대 세력을 "뿌리 뽑아야 한다"고 했고 다시 집권하면 폭동진압법을 발동해 정치 시위에 군대를 투입하겠다고 말했다. 그의 변호인단은 "그가 백악관에 복귀하면 네이비실 특수부대에 정적들을 암살하라고 명령해도 형사 처벌을 피할 수 있다"고 주장하기도 했다.[32] 러시아 대통령 블라디미르 푸틴의 정치적 라이벌 알렉세이 나발니가 시베리아 감옥에서 마흔일곱 살의 나이로 갑자기 사망했을 때 전 세계는 독재자가 정적을 제거한 것으로 보았다. 하지만 트럼프는 이 사건을 언급하면서 푸틴의 이름은 입에 올리지 않았다.

전문가들은 만약 파시즘이 미국 사회의 주류로 들어오게 된다면 그것은 매슈 하임바크가 파이크빌 행진 당시 입었던 것 같은 나치 문양이 새겨진 제복의 모습으로 나타나지는 않을 것이라고 말한다. 파시즘은 극단주의라는 주변부를 통해 '뒷문'으로만 들어오지는 않을 것이다. 파시즘은 투표함을 통해 앞문으로 들어올 것이다.[33] 그러려면 몇 가지 조건이 무르익어야 한다. 연방정부에 대한 대중의 신뢰 저하, 활발한 시민 저항, 국외 파시스트 세력과의 연대, 그리고 '큰 존재감'을 지닌 인물에 의해 동원된 해소되지 않은 불만이 바로 그 조건들이다.

지금 이 인물들이 건재한 현실에서, 그리고 앞으로 다른 인물이 등장하더라도 그런 일이 벌어지지 않게 하려면 어떻게 해야 할까? 단기적으로는 차분하고 신중한 숙고의 태도가 필요하고, 장기적으로는 자부심의 역설이 만들어낸 기울어진 짐을 내려놓는 일이 필요하다. 아메리칸드림을 새롭게 정의하고 모두가 그 꿈에 다가갈 수 있게 해야 우리는 이 두 가지 숙제를 모두 해결할 수 있다. 보통 사람들이 떠올리는 아메리칸드림에서는 자녀 세대가 부모 세대보다 더 많이 벌고, 더 많이 소유하고, 더 많이 일해야 한다. 하지만 어쩌면 '더 많이'가 꼭 더 좋은 것은 아닐지도 모른다. 그 대신 우리가 목표로 삼을 수 있는 것은 안정적 생활 여건, 튼튼한 공동체, 그리고 연약한 지구를 보살피는 노력이다. 우리는 부의 극단적 격차를 줄이고, 중산층을 재건하고, 민주주의를 지키는 안전장치들을 더 단단히 세울 수 있다. 그리고 아메리칸드림이라는 목표에 모두 평등하게 접근하게 함으로써 수치심이 가장 깊게 파고드는 취약 지점을 줄일 수 있다.

또한 수치심이 공격성으로 터져 나오기 전에 나타나는 4단계 수치심 제거 의례를 주의 깊게 살펴야 한다. 정치적 입장이 어떻든 간에 이런 방어 심리는 더 깊은 문제를 드러내는 증상임을 이해하고 함께 힘을 모아 문제를 고쳐나가야 한다.

## 산기슭 아래로

해결책을 고민하는 동안 나는 토미 래틀리프와 제임스 브라우닝에게 켄터키의 저명한 작가이자 철학자인 웬델 베리를 함께 방문하자고 제안했다. 베리는 아내 타니아와 함께 파이크빌에서 북서쪽으로 세 시간 반 거리에 있는 레인즈 랜딩 농장에서 살고 있었다. 농장은 베리가 태어난 곳에서 멀지 않았다. 토미와 제임스처럼 베리도 떠나지 않고 남은 사람이었다. 그는 농부이자 작가로 호숫가 오두막의 책상에 앉아 연필로 책을 써왔다. 52권의 저서 중에서도 특히 영향력 있는 책은 1977년 출간된 《소농, 문명의 뿌리》다.[34] 시대에 뒤처진 사람, 선구자, 현대인의 삶을 비판적으로 성찰하는 사상가라는 평가를 동시에 받는 그는 자부심이라는 주제에 대해 근본적인 질문을 던진다.

키가 크고, 머리가 벗겨지고, 몸은 마른 편이지만 여든두 살의 나이에도 여전히 활기 넘치는 베리는 우리를 부엌 식탁에 둘러앉게 했다. 그는 마치 천천히 밭을 갈듯이 자신의 생각을 정리하며 말을 이어갔다. "우리는 인간과 자연 사이의 연결이 끊긴 그 너머에 살고 있습니다." 베리가 말했다. "아이러니하죠." 토미가 대답했다. "저희처럼 자연과 가까이 사는 사람들이 정작 자연을 별로 소중하게 여기지 않아요. 우리 집 뒤편의 개울을 보면 맥주병, 탄산음료 캔, 일회용 컵, 비닐봉지가 둥둥 떠다닙니다. 마치 사람들이 아무렇게나 내버린 것처럼 말이에요. 기업들 역시 물건을 더 많이 팔기 위해 버리기 쉽게 만들죠. 우리는 몸은 시골에 살지만 사고방식은 도시적이고 산업적인 틀 안에 갇혀 있어요."

도시 사람들은 자신들이 먹는 음식이 어디서 오는지도 모른다고 베리가 상기시켰다. 그러자 대다수 미국인은 자신들이 쓰는 에너지가 어디서 오는지 모른다고 로저 포드가 불평하듯 말했다. 둘 다 그 출처는 땅이다.[35]

파이크빌로 돌아가는 차 안에서 토미와 제임스 그리고 나는 아메리칸드림과 그 꿈을 이룰 수 있다는 희망 간의 끊어진 연결에 대해 이야기를 이어갔다. 미국 기업 CEO의 연봉과 중위 임금 노동자의 연봉 격차(현재 399대 1까지 벌어졌다), 지구 평균 기온의 상승과 이를 낮추려는 노력 간의 괴리, 정부와 시민 사이의 간극, 좌와 우의 분열, 자부심을 지닌 이들과 수치심에 짓눌린 이들 사이의 거리. 이 모든 단절이 끊어진 연결 위에 겹겹이 쌓여 있었다.

"이 석탄 지역에선 어떤 산은 정상과 산기슭 사이의 연결마저도 끊어져 있어요." 제임스가 말했다. 실제로 우리는 집으로 돌아오는 길에 산꼭대기가 잘려나간 300개 이상의 켄터키 산들 중 일부를 지나쳤다. 산꼭대기를 폭파하고 나면 불도저들이 엄청난 양의 흙과 바위를 산비탈 아래로 밀어버린다.[36] 이 작업에는 노동력이 별로 필요하지 않다. 반면 수질을 오염시키고, 식물과 동물 서식지를 파괴하고, 계곡을 홍수에 취약해지게 하고, 그 결과 돌무더기만 남은 넓은 땅이 거대한 공동묘지처럼 변해간다. 이런 개발에 항의하기 위해 웬델 베리는 활동가들과 함께 켄터키 주지사 사무실에서 시위를 벌이기도 했다. 석탄 업계 관계자들은 산 정상을 '개발'하는 것이라고 점잖게 표현하지만 내가 여기서 만난 거의 모든 사람이 잘려나간 산을 가리키며 슬픈 표정으로 고개를 저었다.

산 정상에서 잘라낸 뒤에 중장비들이 산비탈 아래로 밀어버리는 흙을 부르는 용어가 있다. '흙덮이 overburden'다. 이 관점에서 가치가 있는 것은 산속에 있는 석탄이다. 그 석탄을 위해 모든 생명, 즉 한때 빗물을 머금고 식물을 길러내고 동물들을 먹여 살리던 비옥한 땅이 버려지는 것이다.

미국의 많은 노동자가 자신을 인간 흙덮이처럼 느끼게 됐다. 자연이 그러하듯 이 노동자들 역시 경제라는 기계에 의해 삶의 생태계가 무너진 채 그 상처를 안고 살아간다. 실제로 미국 곳곳의 많은 노동자가 삶의 목적과 자부심을 짓밟힌 채 산에서 밀려난 듯한 느낌을 함께 나누고 있다.

제임스는 중독 회복 센터인 뉴 비기닝스에서 자신이 흙덩이가 되었다고 느끼는 한 남자의 이야기를 들려주었다. 그는 석탄 광부로 일하다가 작업 중에 사고를 당했다. 그는 통증을 덜기 위해 옥시콘틴을 복용했고 결국 약에 의존하게 됐다. 그는 직장을 잃었고, 결혼 생활도 깨졌으며, 아이들의 양육권도 빼앗겼다. 그러다 최근에야 비로소 회복의 길로 들어서게 됐다. 그는 2016년 도널드 트럼프의 유세 연설을 지켜보고 제임스에게 이렇게 말했다. "트럼프가 석탄 산업을 되살리겠다고 했을 때 거짓말이라는 걸 알았어요. 하지만 그는 내 진짜 모습을 알아봐주는 것 같았어요."

'내 진짜 모습을 알아봐준다.' 갈수록 심해지는 분열을 치유하기 위한 첫 번째 과제는 흙덩이처럼 보이지 않는 존재가 되어버린 사람들의 얼굴을 제대로 알아봐주는 것일지도 모른다. 그런 사람들은 생각보다 많다. 도시 빈민가의 흑인들, 소농들, 러스트벨트 지역의 저임금 노동자들, 자동화에 취약한 트럭 운전사들, 머지않아 AI로 대체될 소매업과 서비스업 종사자들, 저임금에 시달리는 교사와 보육 교사들, 노숙자 보호소의 돌봄 인력들, 그리고 노숙자들까지. 모든 미국인에게 주어진 과제는 이미 발생한 상처를 치유하고, 새롭게 그려낸 아메리칸드림에 누구나 다가갈 수 있게 문을 넓히는 것이다.

그러나 두 번째 과제는 미국 민주주의 자체에 번개가 내리칠지 모른다는 심각한 위기감을 안고 이에 대비하는 것이다. 인간 흙덩이가 된 사람들의 고통이 정치 지도자에게 포착되면 무서운 목적에 이용

될 수도 있고 결국 더 많은 사람이 상처받게 된다. 그런 지도자들은 정직한 투표, 공정한 선거, 그리고 특정 지도자가 아닌 공직에 충실한 공무원에게까지 치명적 위험을 가할 수 있다. 미국이 지닌 가장 소중한 자원들이 위협받는 것이다.

우리 주변에는 막다른 골목에서 빠져나올 길을 보여주는 길잡이들이 있다. 토미 래틀리프는 자신의 아버지가 느꼈던 것처럼 한때 스스로를 쓸모없고 망가진 인간 흙덩이라고 생각했다. 그는 한 강연에서 은행 계좌를 개설하고 미래의 자녀 교육비를 저축하면 멀게만 느껴지는 아메리칸드림에 도달할 수 있다는 연사의 말에 절망하고 분노했다. 토미는 정면으로 자부심의 역설을 마주했고 그 수치심을 내면으로 돌렸다. 그러다 회복 교육을 받고 야외 벤치에 앉아 보잘것없이 줄지어 가는 개미들을 지켜보다가 짐 나르는 개미 한 마리를 발견했다. 짐 나르는 개미는 본능에 따라 움직이는 일꾼이자 조력자일 뿐이었다. 그럼에도 고도로 진화한 존재이면서도 부당한 수치심에 시달리는 자신과 같은 인간이 겪는 오늘날의 딜레마를 그대로 보여주는 듯했다.

자신의 시련을 이겨낸 뒤 토미는 회복 중인 중독자들을 돕는 일에 전념하고 있다. '짐 나르는 개미'를 보면서 자신이 얻은 깨달음을 그들과 나누기 시작한 것이다. 그는 수치심 속에서 움츠러들거나 분노 속에서 책임을 타인에게 떠넘기지 않고 꾸준하게 그리고 신중하게 나아가는 법을 그들에게 조언했다. 얼마 지나지 않아 그는 '최고의 상담사'로 뽑혔고 프로그램 수료자들이 주는 선물도 가장 많이 받게 됐다. "토요일마다 수감자들을 차에 태우고 시설 밖으로 나가 '요정 나라'에 다녀오곤 했어요." 그가 말했다. 요정 나라는 그의 옛집 뒤편에 있는 숲이다. 어린 시절 그는 술 취한 부모님의 부부 싸움을 피해 친구와 함께 요정 나라에 가서 개울을 뒤지고 개구리들의 합창 소리에 귀를 기울였다. "수감자들도 여길 정말 좋아해요. 나무들 사이를 거닐며 좋은 대화를 나눕니다. 어떻게 이런 상황에까지 이르렀는지 이야기를 주고받죠. 요즘은 그 친구들과 함께 동네 아이들을 위한 나무집을 지어볼까 생각 중이에요. 다들 좋아할 거예요. 손재주들이 정말 좋거든요. 힐빌리 촌놈이 뭔들 못 만들겠어요."

나가는 글 **파이크빌을 떠나며**

2023년 말 동부 켄터키의 정치 지형은 분열돼 보였다. 민주당 소속의 앤디 베시어가 켄터키 주지사 재선에 성공했지만 켄터키주는 2016년과 2020년 대통령 선거에서 도널드 트럼프에게 60퍼센트에 달하는 지지를 보냈고 주의회도 공화당이 장악하고 있었다. 베시어는 파이크카운티에서는 우위를 점하지 못했지만 85개의 시골 카운티 중 17곳에서 승리했다.[1] 1919년 아프리카계 미국인 철도 노동자들이 강제 추방당한 '일몰 마을'이었던 인근 코빈에서는 이제 '일출 계획Sunup Initiative'(인종 화합과 포용을 위한 지역 운동-옮긴이)이 시작됐다.[2] 이 계획에 참여 중인 한 관계자는 "해야 할 일이 많지만 열심히 노력 중"이라고 했다. 한편 켄터키 중부의 한 카운티에서는 학교 도서관에서 《안네의 일기》 만화책을 포함해 100권의 책이 금서로 지정됐다.[3]

매슈 하임바크:

가족을 부양하기 위해 코크 재단(보수적 정치 활동과 공화당을 지원하는 억만장자 형제가 설립한 재단-옮긴이)의 지원을 받는 '번영을 위한 미국인들' 소속으로 일하고 있다. 인디애나주 렉싱턴 교외에서 시간당 23달러를 받고 공화당 유권자들을 상대로 가정 방문 선거운동을 하고 있었다. '번영을 위한 미국인들'은 2024년 대통령 후보로 공화당의 니키 헤일리를 지지했다. "그들은 우리를 교육하거나 관리하지 않아요. 공화당이 뒤에서 조종하는 가짜 풀뿌리 운동이죠." 그는 말했다. "그들은 '리브레 계획'을 세우고 월마트 주차장에서 실직자들을 데려다가 스페인계가 사는 동네에 전단을 돌리게 합니다."[4] 민주당 선거운동원들은 이들보다 시간당 2달러를 덜 받았다.

"은퇴자나 전업주부, 40대 재택근무자가 사는 집을 찾아다닙니다." 매슈는 설명했다. "그들 중 상당수가 지역 기독교 라디오를 들어요. 공립학교를 악마라고 생각해서 아이들을 홈스쿨링하고요. 종말론을 믿는 사람도 정말 많고 그중 일부는 프레퍼들이에요. 이런 동네에서 선거운동을 하다 보면 오히려 내가 온건파처럼 느껴집니다. 이곳의 은퇴자들을 보면 파이크빌에서 나와 같이 행진했던 사람들이 생각납니다."

매슈는 가족을 러시아로 이주시킬 계획이다. "러시아를 무척 좋아하고 푸틴도 좋아해서 이민 방법을 알아봤어요." 그는 설명했다. "모스크바의 한 사립학교에서 영어 교사로 일해달라는 제안을 받았어요. 연봉은 2만 달러이고 내 과거는 전혀 상관없다고 하더군요. 아이들[매슈가 법적 양육권을 가진 두 아들]의 러시아어 수업 비용도 두 달간 지원해주고 사립학교 비용도 내준대요. 러시아 재벌 집 아이들처럼 살게 될 겁니다."

한편 또 다른 대화에서 매슈는 이렇게 말했다. "최근 아버지 생각을 많이 했어요. 아버지는 입양됐어요. 그리고 열 살에 아버지를 잃고 외롭게 자랐지요. 나는 역사를 통해 아버지를 이해해보려 했던 것 같아요." 내가 매슈에게 물었다. "치료를 받을 생각은 안 해봤나요?" 그는 대답했다. "네, 한번 시도는 해봤지만 내가 그들보다 똑똑하다는 게 문제였어요."

### 앨릭스 휴스:

앨릭스의 도미니카공화국 출신 아내 마거릿은 가족의 "산더미 같은 빚"을 덜기 위해 루이빌의 자동차 공장에서 저녁 6시부터 새벽 4시까지 야간 근무를 하고 오전 시간에 밀린 잠을 보충하곤 했다. "한동안은 제가 엄마 노릇을 했죠. 빨래도 하고 아이들의 원격 수업도 도와주고." 앨릭스는 대수롭지 않게 말했다.

이제 새 직장에서 연봉 15만 달러를 벌게 되면서 빚은 다 갚았다. 하지만 더 많은 돈을 벌고 싶다는 욕망은 사라지지 않았다. "우리 집이 경마장 근처인데, 동네에서 총소리를 들었어요. 좀 더 안전한 지역에 집을 사고 싶어요. 그러려면 돈이 더 필요할 겁니다." 그는 어린 시절부터 가장 친했던 친구 해리를 여전히 걱정했다. 해리는 이제 나라가 내전으로 치닫고 있다고 우려하고 있었다.

### 와이엇 블레어:

사우스게이트 재활 프로그램을 마친 열성 KKK 지지자 와이엇은 감형되어 출소했지만 1년도 지나지 않아 또 다른 경미한 혐의로 재

수감됐다.

**데이비드와 셰이 메이너드:**

셰이의 아버지는 이제 요양원에 들어갔다. 데이비드와 셰이는 프레스턴스버그의 트레일러에서 나와 데이비드의 어머니와 새아버지 집에서 13분 거리에 있는 아늑한 집으로 이사했다. 친절한 새아버지는 트럭을 몰고 와서 이사를 도왔다. 데이비드에 대해 셰이는 자랑스럽게 말했다. "틱톡에서 데이비드가 그린 괴물 그림의 조회수가 점점 더 올라가고 있어요."

**토미와 멜라니 래틀리프:**

2022년 7월 토미와 멜라니는 지역을 덮친 큰 홍수로 뒷마당이 10미터나 인근 개울에 휩쓸려가는 피해를 입었다. 벌목과 광산 채굴 그리고 '흙덮이' 작업으로 약해진 지반이 2022년 폭우와 이어진 폭풍들로 더욱 취약해지면서 다리와 도로가 쓸려나가고 보험에 가입하지 않은 산비탈의 트레일러와 주택이 유실됐다. 멜라니 래틀리프의 페이스북 페이지에는 〈렉싱턴 헤럴드 리더〉에 실린 한 만평에 대한 불만이 줄을 이었다. 독자들은 이 만평이 가뜩이나 비극적인 재난 상황에 몰린 힐빌리들을 비하했다고 느꼈다. 만평에는 홍수로 거의 물에 잠긴 집의 지붕 위에 개와 함께 고립된 가족이 그려져 있었다. 모자를 쓴 남자는 도움을 청하려는 듯이 무릎을 꿇은 채 두 팔을 벌리고 있었고, 머리카락이 헝클어진 아내와 아기가 그 옆에 웅크리고 있었다. 만평의 제목은 다음과 같았다. "비가 오면 ······가난한 사람에게는 더 억수같이 쏟아진다." 멜라니와 그녀의 페이스북 친구들에게는 자부심마저 씻겨 내려가는 느낌이었다.

로저 포드:

2022년 트럼프를 지지하는 차량 퍼레이드를 조직했던 석탄 산업 지지자 로저는 피곤한 목소리로 내게 말했다. "저는 기후변화 부정론자는 아닙니다. 하지만 돈을 벌고, 미국을 에너지 자립 국가로 만들고, 석탄을 다른 연료와 섞어서라도 계속 쓰게 하기 위해 재생에너지 사업에 뛰어들었어요." 스타트업 유레카 에너지 코퍼레이션의 CEO인 그는 친환경 에너지를 기획하고 있었다. 그는 또한 전국 대마 재배자 협동조합도 설립했다. "우리 조합에는 안정적인 판로가 필요한 대마 재배 농가 60곳이 가입해 있습니다. 우리는 도시에서 발생하는 바이오매스와 산림 부산물에 대마를 혼합해서 메탄이 풍부한 슬러지를 만들고 여기서 천연가스를 추출합니다. 이 가스를 정제해 델타항공에 항공 연료로 판매할 계획이에요. 또 태양광 발전소를 건설하기 위해 (오바마 대통령 당시 도입된) 연방정부 허가도 신청했습니다. 복구된 폐광 부지에 20메가와트 규모의 발전소를 지을 겁니다. 태양광 패널 주변에 자라는 잡초는 염소를 풀어서 해결할 계획이고요. 연말에는 할랄을 지키는 무슬림들에게 염소 고기를 팔려고 해요. 무슬림들에게 염소 고기는 우리로 치면 베이컨과 소시지 같은 것이거든요. 염소는 공짜 노동력이나 마찬가지죠."

2024년 초까지 그는 유럽 7개국을 방문해 합작 투자에 관심이 있는 기업들을 물색했고 우크라이나의 기업 두 곳과 양해각서를 체결했다. 그는 헝가리도 방문했다. 그는 헝가리가 추진하는 이른바 '비자유주의적 민주주의'(민주주의의 기본 원칙 일부를 제한하는 체제-옮긴이) 정책을 존경한다고 말했다.

제임스 브라우닝:

마지막으로 이야기를 나눴을 때 제임스는 이렇게 말했다. "웬델 베리를 방문한 뒤 뒷마당에 채소밭을 만들어서 회복 중인 중독자들이 스스로 먹을 것을 키우게 하면 어떨까 생각했어요. 식물을 돌보는 게 그들에게 도움이 될 거예요." 약물 중독으로 암울했던 시기에 제임스는 이혼을 했다. 아내는 아이들을 데리고 언니가 사는 곳 근처로 떠나버렸다. 회복 후 제임스는 동료 중독 상담사와 다시 행복한 가정을 이루었고 잘 가꾸어진 푸른 잔디밭과 화단이 펼쳐진 매력적인 주택단지의 복층 주택으로 아이들과 함께 이사했다. 제임스는 자신이 받은 축복에 감사하고 있었다. "4년 전 오늘 저는 약에 취해 있었고, 집도 없었고, 너무나 외로웠어요. 오늘로 약을 끊은 지 4년이 됐네요. 12단계 회복 프로그램 중 8단계까지 왔습니다. 메건과 저는 얼마 전 결혼 2주년을 기념했고 '회복 등반'이라는 아이디어도 구상 중입니다." 제임스의 얼굴에 미소가 피어올랐다. "믿기 힘든 일이지만 오늘 아침에 상사가 저를 사무실로 부르더군요. 그러더니 그동안 제가 일을 잘했다고 말해줬어요. 제가 도움도 많이 되고 좋은 아이디어도 많이 냈다고요. 그러고는……." 제임스는 잠시 말을 멈추고 감정을 추슬렀다. "저에게 뉴 비기닝스 프로그램의 책임자 자리를 제안했습니다."

# 후기

재집권에 성공한 도널드 트럼프는 관세 전쟁을 선포하고 캐나다를 미국의 51번째 주로 편입해야 한다고 주장하면서 그린란드를 부동산 취급하고, 비시민권자를 추방하고, 정부 웹사이트에서 "과학적 근거"라는 용어를 삭제하고, 이제 자신이 수장이 된 '딥 스테이트'에서 10만 명이 넘는 공무원을 해고했다. 정부효율부(DOGE)를 이끄는 일론 머스크는 연방 예산을 7000억 달러 이상 삭감하고, 날씨를 관측하거나[1] 질병 확산을 추적하거나[2] 고령자의 사회보장 연금을 관리하는 인력을 해고하고(이로 인해 수많은 민원 전화가 처리되지 못하는 상황이 벌어졌다), 사회보장·메디케이드·푸드 스탬프의 삭감을 시사했다.[3]

KY-5의 유권자들은 한때 프랭클린 루스벨트 대통령의 뉴딜 정책을 열렬히 지지했고 빌 클린턴에게 표를 주었지만 2016년과 2020년, 2024년 세 차례 대선에서는 모두 80퍼센트 넘게 도널드 트럼프를 지지했다.[4] 그러나 2024년 선거 결과를 또 다른 관점에서 들여다보면 등록 유권자의 약 45퍼센트가 아예 투표를 하지 않았고, 10퍼센트는 카멀라 해리스나 기타 후보를 찍었고, 나머지 45퍼센트가 트럼프에게 표를 던졌다.[5] 그렇다면 이 책에 등장하는 사람들은 트럼프가 쏟아낸 일련의 조치들에 어떻게 반응하고 있을까?

이들이 처한 상황은 대단히 역설적이다. 켄터키주는 예산의 38퍼센트를 연방정부에 의존하고 있고, 미국에서 두 번째로 가난한 KY-5의 연방 지원 의존도는 그보다 훨씬 더 높다. 하지만 트럼프에게 표를 던짐으로써 그들은 수많은 사람이 의지해온 연방 지원을 삭감하는 인물을 지지한 셈이 되었다.

현재 중독 회복 상담사로 일하고 있는 제임스 브라우닝(10장 참조)에게 지역 주민들이 트럼프의 조치에 어떻게 반응하고 있는지 물었다.[6] "여기 사람들은 트럼프를 믿고 있어요." 그가 말했다. "낭비를 줄이는 건 좋은 생각 같다고 하고, 트럼프가 자신들의 삶을 나아지게 해줄 거라고 생각하죠." 하지만 동부 켄터키를 담당하는 한 PBS 라디오 앵커는 이렇게 말했다. "사람들이 혼란스러워해요. '뭐? 캐나다가 우리 적이라고? 러시아가 친구고? 우리가 25퍼센트 관세를 매기는 바람에 캐나다는 켄터키 버번 위스키를 아예 매장 진열대에서 내려버린다잖아. 또 우리는 중국산 부품이 들어간 자동차를 사는데 이제 관세 때문에 차값이 오르지 않을까?' 다들 혼란스럽긴 하지만 일단은 대통령을 믿어보자는 분위기예요."[7]

로저 포드는 트럼프에 대해 누구보다 확신에 찬 입장을 보였다. 그는 파이크빌에 본사를 둔 스타트업 유레카 에너지 코퍼레이션의 대표로, 13장에서 소개한 것처럼 공적인 사안에 적극적으로 목소리를 내왔다. 자신을 켄터키 태생, 신의 은총을 입은 남부인, 프리메이슨과 슈라이너 회원으로 소개하며 낙태 반대, 총기 소지 찬성, 증세 반대, 공교육 반대, 국경 장벽 지지, 소수자 우대 정책 반대, 정부 규제 반대를 주장해왔다.[8] 최근 줌 통화에서 그는 이렇게 말했다. "저는 도널드 트럼프에게 A를 주고 싶어요. 국제개발처(USAID) 기금(미국이 다른 나라를 돕기 위해 사용하는 예산)을 삭감한 건 정말 잘한 일이에요. BBC에도 우리 세금이 들어가는 줄은 몰랐습니다. 이제 그쪽 뉴스는 믿지 않을 거예요."

"'기후변화'라는 용어와 이에 관한 과학적 근거들을 정부 웹사이트에서 전부 삭제한 건 불편하지 않았나요?" 내 질문에 로저는 "아뇨. 전혀 신경 쓰이지 않아요"라고 답했다(나는 그가 기후변화의 증거들을 받아들이는 줄 착각했었다). 캐나다를 51번째 주로 만들자는 트럼프의 발언에 대해서는 이렇게 말했다. "트럼프는 사실 유럽연합(EU) 같은 북미연합을 구상하는 거예요. 모두 정당한 권한 안에서 이뤄지는 일이죠."[9] 다만 트럼프가 우크라이나에 대한 지지를 철회한 것에 대해서는 강하게 아쉬움을 드러냈다. "우크라이나를 지원해야 합니다. 이 문제에 대해서는 공화당원들 사이에서도 견해가 갈리고 있어요." 그는 덧붙였다. 트럼프가 "조국을 구하는 사람은 어떤 법도 위반하지 않는다"라고 말한 것이 불편하지 않았는지 묻자 로저는 언짢은 기색을 보이더니 짧게 대답했다. "트럼프는 지금 우리에게 필요한 일을 하고 있는 겁니다."

2017년 당시 포드는 파이크빌 중심가의 보도에 서서 팔짱을 낀 채 백인 민족주의자들이 도심을 가로질러 행진하는 모습을 회의적인 눈빛으로 지켜봤다. 그는 백인 민족주의에 단호히 반대하면서도 그들이 행진을 벌일 권리는 옹호하는 입장이었다. 당시 행진을 이끈 네오나치 매슈 하임바크는 몇 달 뒤 버지니아주 샬러츠빌에서 훨씬 더 폭력적인 집회를 공동 주도했고 이로 인해 손해배상 소송을 당했다. 하임바크는 2016년 루이빌의 트럼프 선거 유세장에서 트럼프의 지시에 따라 한 흑인 시위자를 끌어낸 혐의로 체포되기도 했다(4장과 11장 참조). 이 일로 짧게 수감 생활을 하고는 트럼프에 대해 마음이 돌아섰다.

하지만 2025년 2월 줌 인터뷰에서 하임바크는 환한 얼굴로 이렇게 외쳤다. "우리가 이겼어요!" '우리'는 과거 함께 행진했던 동료들과 도널드 트럼프를 가리키는 말이었다. 샬러츠빌 사건 이후 정치 활동에서 물러난 매슈는 재혼을 하고 주택을 구입했다. 현재 그는 셋째 아이의 탄생을 기다리고 있었고 지역 러시아 정교회에서 주차장 포장을 추진하는 위원회를 이끌고 있었다. 매슈는 비록 자신은 정치 활동에서 손을 뗐지만 트럼프를 통해 자신이 이루고자 했던 목표들이 실현되고 있다고 느꼈다. 트럼프가 자신을 비롯한 행진 참여자들이 요구했던 일들을 모두 실행하고 있다는 것이다. "오늘 인디애나폴리스의 이발소에서 머리를 잘라준 여자가 예전에 파이크빌에서 나와 함께 행진했던 동지들과 똑같은 말을 하더군요. 10년 전에는 사람들이 나를 미쳤다고 했지만 지금은 아니에요. 여기 인디애나폴리스에서는 범죄율이 높아지면서 사람들이 이민자가 사라지기를 원하고 있어요. 더는 극우라는 게 따로 없어요. 그냥 평범한 동네 이발소에서도 그런 말이 나오니까요." 매슈가 말했다.

동부 켄터키에서는 이제 민주당 지지자들은 물론 무당파 유권자들마저도 자신들이 확실히 소수라고 느끼고 있다. 일부는 트럼프를 지지하는 직장 동료나 이웃의 발언을 예의 바른 외부 관찰자의 입장에서 전해주었다. "트럼프의 행동을 우려하는 목소리는 전혀 듣지 못했어요." 파이크빌대학교 교목이자 교수인 롭 뮤직(13장 참조)은 이렇게 말했다. "트럼프가 젤렌스키를 몰아세웠을 때도, 국제개발처 직원을 수천 명이나 해고했을 때도, 이민세관단속국(ICE)이 윌리엄슨의 멕시코 식당을 급습해서 주인을 강제 추방했을 때도 아무런 반응이 없었습니다. 대부분의 사람은 트럼프가 비대한 정부 예산에서 군살을 도려내고 있다며 긍정적으로 보더군요." 제임스 브라우닝도 같은 맥락의 이야기를 이어갔다. "무슨 일을 하는지 들어보지도 못한 사람들을 자른다고요? 괜찮아요. 그래서 세금을 절약한다고요? 나쁠 게 없죠. 하지만 메디케이드, 메디케어, EBT(전자 급식 바우처)는 트럼프가 건드리지 않을 거라는 게 이곳 사람들의 공통된 생각입니다. 다들 걱정하지 않아요. '트럼프를 찍은 게 실수였나?'라고 말하는 사람은 단 한 명도 못 봤습니다."

하지만 내가 만난 사람들 가운데 일부는 정부 지원, 특히 푸드 스탬프 축소를 걱정하고 있었다. 8장에서 소개한 셰이 메이너드는 인터앱트에서 프로그래머로 일하다 갑자기 해고됐고 이후 8개월 동안 다른 일자리를 찾지 못했다. 그 무렵 정부효율부의 예산 삭감 소식을 듣고 처음엔 머스크가 단지 부정 수급이나 남용을 적발하려는 줄로만 알았다고 한다. "부시 정부 때 한 업체가 망치 하나에 1만 달러를 받아냈던 일 기억하세요? 이번에도 그런 걸 찾아내는 줄 알았어요."

하지만 그녀는 곧 이렇게 덧붙였다. "사람들에게는 정말 식료품이 절실해요." (주민 여덟 명 중 한 명이 SNAP(영양 보충 지원 프로그램)에 의존하고 있는 동부 켄터키의 경우에는 특히 더 그렇다. 이들 중 52퍼센트는 전일제, 21퍼센트는 시간제로 일하고 있다.[10]) "제가 직장을 잃고 다른 일자리를 구하지 못한 8개월 동안 남편의 장애 수당 말고는 아무런 수입이 없었어요. 구직을 하다 보면 사기 취업 공고에 속기 쉬워요. 가짜 고용주가 금융 정보를 요구하기도 하죠. 그래서 우리는 아예 은행 계좌를 새로 만들어야 했어요. 푸드 스탬프 자격을 얻자마자 최대한 빨리 신청을 했죠. 데이비드와 저는 먹을 걸 못 구하게 될까 봐 정말 두려웠어요. 친구들에게 손을 벌릴 수도 없었어요. 그들도 경제적으로 힘들었거든요. 저는 주택 대출 상환은 물론 인터넷·전기·전화 요금도 내지 못하게 됐고 결국은 식비도 감당하지 못하게 됐죠."

내가 알게 된 사람 중에서 버니 샌더스를 언급한 이는 단 한 명, 셰이의 남편 데이비드뿐이었다(9장 참조). 그는 전체 미국인의 37퍼센트처럼 민주당 지지와 무당파 사이를 오가는 사람이었다. 현재 틱톡 아티스트로 활동 중인 그는 내게 이렇게 말했다. "난 평생 정치적으로는 거의 무당파였어요. 그러다 버니 샌더스가 민주당 경선에 출마했을 때 민주당원이 됐죠. 하지만 그 뒤로는 민주당원인 게 너무 싫었어요. 민주당이나 공화당이나 도무지 차이를 모르겠더라고요. 이제 다시 무당파로 돌아가려고요. 그게 버니가 선택한 길이기도 하잖아요. 버니는 자신이 민주사회주의자라고 말하는데, 사람들은 '사회주의자'라는 단어를 싫어해요. 하지만 그게 바로 내 정체성 아닌가 싶어요!" 그는 눈썹을 치켜올리며 말했다. "지금 보면 한쪽에 트럼프가,

반대쪽에 버니 샌더스가 서 있고 나머지는 전부 들러리에 불과해요. 저는 버니가 진실을 말한다고 생각해요."[11] 2016년 켄터키주 민주당 경선에서 버니 샌더스는 (힐러리 클린턴과 거의 동률인) 46퍼센트를 득표했다. 하지만 2024년 이 지역에서 내가 만난 사람들 중에 샌더스가 AOC(알렉산드리아 오카시오코르테스)와 손잡고 10개 경합 주를 돌며 벌인 '재벌 타도 투어'에 관심을 보이는 이는 거의 없었다.[12]

나는 트럼프의 관세 전쟁으로 물가가 급등하는 동시에 복지 혜택이 줄어들면 어떻게 될 것 같은지 제임스 브라우닝에게 물었다(KY-5 주민의 44퍼센트는 메디케이드에 의존하고 있고, 이 지역 아동의 74퍼센트는 푸드 스탬프를 받고 있다).[13] "그런 식으로 양쪽에서 압박이 들어오면 결국에는 이곳 사람들도 이렇게 말할 수 있죠. '잠깐만. 내가 트럼프를 찍긴 했지만 물가 오르라고, 복지 줄이라고 표를 준 건 아니잖아?'라고요."[14]

그는 이어 이렇게 말했다. "복지 혜택이 줄고 물가는 오르고 대량해고까지 일어난다면 그다음 역사의 향방은 민주당 지지자들이 어떻게 반응하느냐에 따라 달라질 수도 있어요. 비아냥조로 모든 걸 트럼프 지지자들 잘못으로 돌리면 거센 역풍이 불 수도 있습니다. 만약 좌파가 '당신네 트럼프 지지자들이 자초한 일이잖아, 하하', '우리가 뭐랬냐?', '누굴 탓하겠어?', '당해도 싸지 뭐' 이런 식으로 꾸짖기 시작하면 이 지역 사람들은 상처를 주는 우파보다 비아냥대는 좌파 쪽에 더 분노할 겁니다. 그리고 트럼프는 제 갈 길을 가겠죠."

예산 삭감이나 관세 인상, 영토 문제 같은 현실적인 사안들을 넘어 롭 뮤직은 더 근본적인 문화적 변화를 감지했다. "얼마 전 아주 큰 홍수가 났어요. 차들이 고립되고 나무가 쓰러지고 차고에는 진흙이 들이쳤죠. 그때 우리는 팔을 걷어붙이고 이웃을 도왔어요. 안전한 곳으로 대피시키고 음식과 슬픔을 나눴죠. 우리는 서로 좋은 이웃이에요. 바로 옆집뿐 아니라 그 옆집, 그리고 그 너머 사람에게도 좋은 이웃이 돼야 한다고 생각하죠. 하지만 그런 선의도 변할까 걱정이에요. 트럼프가 캐나다를 차지해야 한다고 말한 뒤에 어느 날 가게에 갔다가 한 남자가 다른 남자에게 이렇게 말하는 걸 들었어요. '그래서 캐나다가 우리한테 뭘 해줬는데?'"

그사이 예상치 못한 일련의 계기를 통해 이 책에 등장했던 사람들 대부분이 서로 조금씩 더 가까워지게 됐다. 책 출간 이후 나는 그 내용을 바탕으로 후속 기사를 썼고 그 과정에서 뉴 프레스 출판사가 셰이 메이너드(당시 일시적으로 실직 상태였다)에게 사진 촬영을 의뢰했다. 향후 출간될 이 책의 영문 페이퍼백 판에 여기 등장한 사람들의 사진을 싣기 위해서였다. 사진 촬영을 계기로 책에 등장한 몇몇 사람이 서로를 새롭게 알게 됐다.[15] 그러던 어느 날 로저 포드가 내게 이메일을 보내왔다. "책에 나오는 사람들이 한데 모여 맛있는 식사 한 끼를 나누면 어떨까요? 내년 가을쯤에요. 장소는 제가 괜찮은 곳을 알아볼게요." 그래서 그렇게 하기로 했다.

2025년 3월 29일

## 감사의 글

감사드릴 분이 정말 많다. 먼저 켄터키주 제5 연방하원선거구의 모든 주민께 감사드린다. 좋은 결과가 나올 것이라고 믿으며 자신의 시간과 삶, 관점을 너그럽게 공유해주셔서 진심으로 감사드린다. 특히 롭 뮤직 목사님께 감사드린다. 목사님은 자신의 이야기를 들려주었을 뿐만 아니라 많은 사람과의 만남을 주선해주었다. 또 올리버 앤서니의 곡 〈리치먼드 너머에서 온 부자 Rich Man from Beyond Richmond〉가 빌보드 차트 1위에 올랐을 때 이메일로 알려주었다. 켄터키 동부 지역의 역사와 문화를 빠르게 이해할 수 있도록 도움을 준 앤드루 스콧 시장에게도 감사드린다. 당시 파이크빌대학교 소속이던 사회학자 토머스 래틀리프(9장에서 소개한 토미 래틀리프와는 다른 인물이다)의 안내로 프레스턴스버그 외곽에 있는 그의 조부모의 농장으로 가는 길에 매로본, 록하우스, 룩아웃, 푸어보텀 지역을 일찌감치 둘러볼 수 있었다. 또 로저 포드 덕분에 산비탈에 있는 작은 묘지들과 브러시크릭에 있는 오래된 침례교회를 방문할 수 있었다. 켄터키주 포트로열에 있는 농장에서 토미 래틀리프, 제임스 브라우닝과 나를 따뜻하게 맞아준 웬델 베리에게도 감사를 표한다.

2020년 코로나19로 여행이 위험해지고 숙박 시설들이 문을 닫았을 때 나는 줌을 통해 사람들과 연락을 유지했다. 토미 래틀리프는 현지에서 나의 '눈과 귀' 역할을 해주며 공화당 주지사 후보 집회, 켄터키 엔터프라이즈 산업 단지의 입주 현황, 딜스 공동묘지에 위치한 햇필드 가문과 매코이 가문의 무덤 위치 등 다양한 정보를 확인해주었다.

버클리에서 지역 경제 관련 초기 연구를 도와준 타일러 리즈, 1월 6일 사건에 연루된 켄터키 출신 피고인들의 법정 진술을 날카롭게 분석하고 이후에도 수치심과 비난, 일자리와 소득, 복지 문제를 시대와 지역을 넘나들며 연구해준 나탈리 파스퀴넬리에게도 감사드린다.

이 책을 연구하고 집필하는 동안 늘 통찰력과 신중함, 인내심, 유머 감각으로 도움을 준 커스틴 크러셀에게 깊은 감사를 드린다. 특히 시골 지역의 '교도소 개리맨더링', 퍼듀 파마의 옥시콘틴 판매 전략, 규제를 꺼리는 주들에 대한 분석이 큰 도움이 됐다. 또한 커스틴은 미국 전국선거연구와 하버드대학교의 '협력적 의회선거연구'가 실시한 수십 건의 설문조사를 훌륭하게 분석해서 이 책 15장에 소개하고 '공감의 다리(부록 2 참조)'에 대한 아이디어를 구체화해주었다.

책의 초고를 완성한 뒤 감사하게도 나는 뛰어난 친구들의 조언을 구할 수 있었다. 엘리자베스와 척 판즈워스는 다소 산만했던 초안을 따뜻하면서도 따끔하게 검토해주었다. 이후의 원고들을 살펴봐준 앨리슨 퓨의 통찰력 있는 조언에도 감사드린다. 언제나 꼼꼼하게 원고를 검토해준 앤 스위들러에게도 항상 감사드린다. 문화의 신비를 탐구하는 아침 식사 모임에서 수년간 나눈 긴 대화들은 너무나도 많은 깨달음을 줘서 나는 종종 펜과 종이를 챙겨 가곤 했다. 자신이 직접 알고 있는 지역에 관한 내 관점을 세밀하게 조정해주고, 폭넓은 토론과 지원으로 큰 도움을 준 톰 라커에게 감사드린다. 그리고 마지막 순간까지 여러 번 원고를 읽고 또 읽으며 원고의 구조적 문제점과 미묘한 뉘앙스 차이를 탁월하게 지적해주고 초조한 최종 수정 과정까지 함께해준 디어드리 잉글리시에게 깊이 감사드린다.

실증 연구와 관련해 친구이자 자문역이 되어준 클로드 피셔와 마이크 하우트에게도 감사드린다. 시골과 도시의 분열을 치유하고 '농촌 뉴딜'을 실현하기 위한 아이디어를 공유해준 '농촌-도시 가교 계획'의 앤서니 플라카벤토, 에리카 에텔슨과 동료 회원들에게도 고마움을 전한다. 정치와 애도의 관계에 대해 함께 대화한 친구이자 심리치료사인 한스 슈탈슈미트에게도 감사드린다.

뉴 프레스 출판사에서 나는 환상적인 팀과 함께하는 축복을 누렸다. 언제나 지치지 않고 든든하게 곁을 지켜준 지아 곤잘러스와 제이 굽타, 그리고 수전 위가, 캐서린 포터, 대니얼 채신, 윌리엄 포크스, 테이트 슈나이더의 도움에 감사드린다. 홍보를 담당한 데릭 와커와 에밀리 라벨에게도 특별히 고마움을 표한다.《자기 땅의 이방인들》부터 이번《도둑맞은 자부심》에 이르기까지 전문적 식견과 인간적 시각, 따뜻한 인간미의 마법 같은 조합으로 나를 이끌어준 뉴 프레스의 편집장이자 발행인 엘렌 애들러에게 진심 어린 감사의 마음을 전한다. 또한 조앤 콜에게도 감사드리며 이 책을 그녀에게 바친다. 그녀는 크고 작은 모든 일에 놀라워할 줄 아는 능력을 가진 사람이다.

무엇보다 매일 이 책과 함께 숨 쉬고 살면서 여러 차례 원고를 검토해준 남편에게 깊이 감사드린다. 그는 놀랍도록 현란하게 빨간 펜을 움직여 페이지마다 길게 화살표를 그리고, 과감히 문단을 옮기고, 큼지막한 물음표를 남겨주었다. 내가 '이제는 완성됐다'고 생각한 순간에도 원고를 다시 돌아보게 만든 그의 신랄한 교정이야말로 최고의 사랑의 선물이었다.

| 부록 1 | **연구 개요** |
|---|---|

　　　　　　　　　이 책은 뜻밖의 전화 한 통에서 시작됐다. 전화는 이 책의 출발점이 된 세 단계의 탐색적 연구 중 첫 단계로 가는 문을 열어주었다. 전화한 사람은 캘리포니아 제17 연방하원선거구(CA-17)의 연방 하원의원 로 카나였다. 그는 민주당 소속이면서도 '정파를 초월해' 켄터키주 제5 연방하원선거구(KY-5)의 공화당 소속 하원의원인 할 로저스와 대화를 나눈 인물이었다. 한 지역구는 도시였고 다른 지역구는 시골이었다.[1] 한 지역구는 상대적으로 부유했고 다른 지역구는 가난했다. 2021년 기준 CA-17의 중위 가구소득은 15만 7049달러였던 반면, KY-5의 중위 가구소득은 3만 7910달러에 불과했다.[2] 카나의 지역구에는 양질의 일자리가 넘쳐났지만 로저스의 지역구에는 거의 없었다. 카나의 아이디어는 실직한 켄터키 광부들에게 소프트웨어 코딩 교육을 시켜서 '켄터키 시골의 실리콘밸리'를 만들자는 것이었다. 내가 흥미를 느꼈을까? 물론이었다.

　　그래서 나는 켄터키주 루이빌로 날아가 인터앱트의 코딩 교육 과정을 수료한 사람들을 인터뷰했다. 특히 재택근무를 하고 있는 켄터키 동부 출신 수료생들과 집중적으로 대화를 나눴다. 우리는 프레스턴스버그의 빌리 레이즈, 힌드만의 프로스티 프리즈 같은 저렴한 식당에서 만났다. 한 청년이 말한 대로("휴이빌 같은 작은 마을은 구글 지도에도 안 나올 거예요") 구글 지도에도 안 나오는 고속도로 휴게소 겸 주유소에서도 만났다. 2018년에 나는 이 프로그램에 대해 〈뉴욕타임스〉에 기고했고, 프로그램을 수료한 이후 성공적으로 자리를 잡은 두 사람이 이 책에 등장하게 됐다.[3]

전국적으로 지역, 인구 집단, 정당 간의 분열이 커지는 가운데 나는 미국에서 가장 백인 비율이 높고 두 번째로 가난한 선거구, 민주당 지지에서 공화당 지지로 빠르게 돌아선 지역의 주민들이 핵심이라는 사실을 깨달았다. 그래서 이 지역의 중심 도시 중 하나인 파이크빌과 인근 파이크카운티 주민들을 대상으로 탐색적 연구를 시작하기로 마음먹었다.

주민들과 이야기를 나누면서 나는 세 가지 악재가 동시에 겹친 '완벽한 폭풍'이 마을을 덮칠 듯한 인상을 받았다. (일자리의 주된 원천이던) 석탄 산업이 쇠퇴했고, 마약 위기가 심각하게 대두되었으며, 백인 민족주의자의 행진이 곧 마을에 닥칠 예정이었다. 나는 행진과 정치 전반에 대한 지역 주민의 생각을 알고 싶었다.

그래서 사회학자들이 말하는 '의도적 표본'을 수집하기 시작했다. 표본은 파이크카운티를 중심으로 켄터키 동부의 KY-5에서 추출했다. 여론조사 연구는 보통 (전형적이라고 판단되는 많은 사람을 대상으로 짧은 인터뷰를 진행하는) 무작위 표본 방식을 택하지만 나는 하나의 도시에서 사회적 지위로는 상류층과 하류층, 정치적으로는 좌우 양쪽에 속한 다양한 사람들을 만났다. 그리고 그들의 '자부심 역사'를 탐색하고 그들을 깊이 이해하려고 노력했다.

'상류층'에 해당하는 인물로는 전 켄터키 주지사, 파이크빌 시장과 부시장, 콜런 시장, 공화당과 민주당 소속 주 하원의원, 지역 대학 총장 등을 인터뷰했다. '하류층'을 대표하는 인물로는 중범죄 전과자들과 약물 중독에서 회복 중인 사람들을 만났다. 그밖에도 경찰관, 사회복지사, 상담사, 교사, 학생, 판사, 사업가, 목사, 수감자, 교도관, 전기 기사, 배관공, 도로 공사 인부, 잔디 깎는 사람 등을 인터뷰했다. 또한 호텔 프런트 직원, 남편과 함께 인삼을 채취해 중국에 파는 식당 종업원, 2023년 여름 거리 축제에서 친절하게도 맥주를 사준 은퇴한 사업가 일행과 긴 대화를 나누기도 했다. 이 책에 등장하는 모든 주요 인물들과는 보통 여섯 번 이상 만나 매번 몇 시간씩 이야기를 나눴다.

각 인터뷰에서는 그 사람의 가족과 친척 그리고 친구들에 대해서도 물었다. 한 사람을 중심으로 그의 인간관계를 전반적으로 이해하기 위해서였다. 코로나19로 인해 2020년부터 2023년까지 파이크빌을 방문할 수 없을 때는 줌으로 여러 차례 인터뷰를 진행했다. 이후 다시 파이크빌로 돌아가 몇 주 동안 주요 인물들을 다시 만났다. 총 6년에 걸쳐 나는 켄터키 주민 80명을 인터뷰했다. 그중 65명은 켄터키 동부의 KY-5에 거주하는 사람들이었다.

나는 지역 신문인 〈애팔래치안 뉴스 익스프레스〉와 〈쿠리어 저널〉을 구독하며 시의회 회의, 체포 기사, 부고 등을 확인했다. 애팔래치아 역사에 관한 책을 읽고, 켄터키 음악 중에서도 특히 파이크빌 출신인 드와이트 요아캄의 노래를 많이 듣고, 힐빌리를 대상으로 하거나 힐빌리가 만든 유머에도 관심을 기울였다. 애팔래치아와 그 바깥 세계를 자부심과 수치심이라는 렌즈를 통해 살펴보고자 했다.

현장 답사도 여러 차례 다녔다. 한 번은 페인츠빌 출신으로 당시 파이크빌대학교에 재직 중이던 사회학자이자 범죄학자 토머스 래틀리프 교수와 함께했다. 나는 그를 버클리우익연구센터로 초청해 강연을 부탁했다. 이후 내가 다시 파이크빌을 찾았을 때 그는 친절하게도 나를 KKK 지부의 은신처로 데려가 특별한 현장 학습을 시켜주었다.

코로나19로 여행이 안전하지 않았을 때는 토미 래틀리프에게 파이크카운티에서 내 '눈과 귀'가 되어줄 수 있는지, 그리고 내 연구 보조원으로 활동해줄 수 있는지 물었다. 그는 딜스 공동묘지의 구조, 시내 중심가의 모습, 주지사 선거 유세장의 상황을 내게 알려주었다.

나는 이 책에 등장하는 토미 래틀리프와 제임스 브라우닝과 함께 켄터키 서부로 가서 켄터키 출신 철학자 웬델 베리를 만나기도 했다. 앤드루 스콧 시장은 산을 발파로 날려버리는 공사가 유용하다는 사실을 확인시켜주겠다며 친절하게도 직접 차를 몰아 현장에 데려가주었고, 석탄을 실은 화차의 사진을 찍을 수 있게 해주었다(바이든 대통령 임기 중인 2023년 석탄 생산량은 증가했다). 그는 내게 큼지막한 석탄 덩어리를 선물로 주었다. 로저 포드는 자신의 조상들이 처음 정착했고 아직도 친척들이 살고 있는 골짜기 마을의 개방형 교회와 묘지들을 보여주기 위해 하루 종일 나와 함께해주었다. 나는 작은 침례교회에서 예배에 참석했다. 화이츠버그 인근 마을에서는 매우 혁신적인 비영리단체인 애플숍의 책임자이자 다큐멘터리 제작자, 소설가 그리고 "골짜기 마을에 증오는 없다"라는 문구가 새겨진 티셔츠의 디자이너이기도 한 예술가도 인터뷰했다.

  2017년 백인 민족주의자들의 행진이 있기 전에 몇몇 지역 주민과 이야기를 시작했지만 대부분의 인터뷰는 행진 이후에 진행했다.

  세 번째 연구 단계에서는 UC버클리에서 사회학 박사 과정을 밟던 내 연구 조교 커스틴 크러셀과 함께 이 책에서 이야기한 공감의 다리 위와 아래가 전국적 조사에서도 발견되는지를 탐구했다. 자세한 내용은 부록 2에 실었다.

| 부록 2 | 공감의 다리를 건너며 |

롭 뮤직과 제임스 브라우닝은 한 마을, 한 지역, 한 나라에 살고 있다. 그들은 훈련된 중재자도, 인종이나 정치적 화합을 추구하는 단체의 일원도 아니었고, 어떤 거창한 협약에 서명한 적도 없었다. 그들은 내가 이 책을 쓰면서 만난 평범한 사람들이었음에도 그들의 삶에서 흔치 않은 공감 능력이 엿보였다. 마치 공감의 다리를 두 발로 건너는 듯한 모습이었다. 과연 그들의 개인적 여정은 다른 미국인에게도 적용될 수 있는 보편적 흐름을 보여주는 것일까? UC버클리에서 사회학 박사 과정을 밟고 있던 커스틴 크루셀과 나는 그 가능성을 탐색하기 위해 조사를 시작했다.

2020년 미국 전국선거연구 자료에서 우리는 자신을 '비히스패닉계 백인'이라고 밝힌 5963명의 응답자에 주목했다. 커스틴은 백인의 어떤 상황이 흑인에 대한 공감을 암시하는 답변과 상관관계가 있는지 파악하기 위해 대규모 교차분석표를 만들었다.

우리는 먼저 다음 항목에 대한 응답을 분석했다.[1] "수세대에 걸친 노예제와 인종차별은 흑인이 하위 계층에서 벗어나기 어려운 환경을 조성했다." 선택 가능한 응답은 "매우 동의한다", "어느 정도 동의한다", "동의도 반대도 하지 않는다", "어느 정도 반대한다", "매우 반대한다"였다. 우리는 "매우"와 "어느 정도"라는 표현이 들어간 응답을 하나로 묶어 동의/비동의의 두 범주로 단순화했다. 그리고 "동의"한다는 응답은 그 개인이 역사에 대해 이해하고 있음을 나타내는 동시에 그 역사로 인해 영향을 받은 사람들에게 공감을 표현한 것으로 해석했다. 우리는 궁금했다. 이렇게 공감을 표현한 사람들은 누구일까? 또 그들의 공감은 어떤 사회적 조건 속에서 형성된 것일까?

백인에서 흑인으로 이어지는 공감의 다리에는 상층부와 하층부가 존재하는 것 같았다. '상층부'에는 흑인에 대한 공감을 가장 많이 표현한 집단(68퍼센트), 즉 연간 가구소득이 15만 달러 이상이고 학사 학위 이상의 학력을 지닌 고소득·고학력 백인들이 위치해 있었다. 반면 공감을 가장 적게 나타낸 집단은 소득은 높지만 고졸 이하의 학력을 가진 고소득·저학력 백인들로, 공감률은 26퍼센트에 그쳤다.

공감의 다리에서 '하층부'에 서게 만드는 요인은 불안정한 삶인 듯했다. 백인 응답자들에게 "가까운 미래에 일자리를 잃을까 봐 얼마나 걱정하십니까?"라는 질문이 주어졌다. 시골과 도시 응답자를 합쳐서 가장 불안감을 느끼는 백인의 62퍼센트, 가장 안정감을 느끼는 백인의 46퍼센트가 흑인에게 공감한다는 항목에 동의했다. 특히 도시 백인들 간에 격차가 두드러졌다. 가장 불안감을 느끼는 도시 백인의 76퍼센트가 가난한 흑인에 대한 공감을 표한 반면, 가장 안정감을 느끼는 도시 백인은 58퍼센트만이 공감을 표해 18퍼센트포인트의 차이를 보였다. 반면 시골 백인들 사이에서는 불안정성이 공감에 미치는 영향이 상대적으로 덜한 것으로 나타났다. 가장 불안감을 느끼는 시골 백인의 38퍼센트, 가장 안정감을 느끼는 시골 백인의 29퍼센트가 공감을 표현해 9퍼센트포인트의 차이에 그쳤다.

　정부의 흑인 지원에 관한 질문은 개인적 삶의 궤적과 정치적 관점 사이의 연관성을 더욱 뚜렷하게 보여주었다. 질문은 다음과 같았다. "어떤 사람은 연방정부가 흑인의 사회적·경제적 지위 향상을 위해 모든 노력을 기울여야 한다고 생각한다. 이 사람을 척도의 한쪽 끝인 1점의 자리에 두자. 반면 어떤 사람은 흑인도 스스로 노력해야 하므로 정부가 흑인을 돕기 위해 특별히 노력할 필요는 없다고 생각한다. 이 사람을 척도의 반대편 끝인 7점의 자리에 두자. 물론 어떤 사람은 그 사이 어딘가에 해당하는 의견을 가지고 있을 것이다." 이 항목은 흑인의 요구나 역사에 대해서는 전혀 언급하지 않고 단지 정부 지원에 대한 응답자의 욕구와 암묵적인 믿음을 시험했다. 즉 개개인의 필요를 어떻게 인식하고 있는지 그리고 그 필요를 정부가 책임져야 한다고 느끼는지를 동시에 물은 것이었다.

　정부가 흑인을 지원해야 한다는 입장에 가장 많이 동의한 집단은 교육 수준이 높고 경제적으로 여유가 있는 다리 '위'의 백인들이었다. 가장 부유한 집단은 가장 가난한 집단보다 10퍼센트포인트 높게 정부 지원에 찬성했다(48퍼센트 대 38퍼센트). 가장 교육 수준이 높은 집단은 가장 교육 수준이 낮은 집단보다 24퍼센트포인트 높게 정부 지원에 찬성했다(51퍼센트 대 27퍼센트). 물론 고학력에 고소득자라고 해서 반드시 '자기 힘으로 일어선' 사람은 아니고 각자 출발선이 다르기 때문에 성공의 크기도 다르다. 그럼에도 세상에는 더 많은 롭 뮤직들이 있을지도 모른다.

우리는 공감의 다리 '아래'에서도 일부 단서를 발견했다. "가까운 미래에 일자리를 잃을까 봐 얼마나 걱정하십니까?"라는 질문에 "매우 걱정한다"라고 답한 백인들, 즉 가장 불안감을 느끼는 백인들이 흑인을 돕는 일에 가장 우호적인 태도를 보였다. 가구소득이 3만 달러 이하로 가장 가난하면서 실직에 대한 불안을 가장 크게 느끼는 백인들의 65퍼센트가 흑인에 대한 정부 지원에 찬성했다. 반면 불안감을 느끼지 않는 고소득층 백인들은 그 비율이 45퍼센트에 그쳤다. 앞서 언급했듯이 경제적으로 어려운 시기에는 인종 간의 공감이 줄어들고, 경제 상황이 좋아지면 공감이 늘어난다는 사실이 연구 결과 밝혀진 바 있다. 이에 더해 우리는 어떤 근본적인 삶의 논리들을 발견할 수 있었다. 다리 상층부의 **노블레스 오블리주**, 그리고 하층부의 '**흔들리는 배에 함께 타고 있다는 연대 의식**'이다. 이번 연구에 사용된 지표들은 정교하지 않고 연구 결과도 제한적이다. 하지만 우리는 삶의 조건이 공감에 어떤 영향을 미치는지 더 많은 학자가 더 깊이 탐구해보기를 희망한다.

# 미주

## 1장

1. Eric M. Johnson and Justin Madden, "Clash at California Capitol Leaves at Least 10 Injured," Reuters, June 26, 2016.
2. KY-5는 미국 내에서 백인 비율이 가장 높은 연방하원선거구다. 2022년 기준 미국 전체 인구 중 비히스패닉계 백인은 59퍼센트였던 반면, (이 책의 주요 무대인) KY-5 내 파이크카운티의 경우 그 비율은 97퍼센트에 달했다. 미국 전체 인구 중 아프리카계 미국인은 14퍼센트였지만 파이크카운티에서는 1퍼센트도 되지 않았다. U.S. Census Bureau QuickFacts, "Pike County, Kentucky," www.census.gov/quickfacts/fact/table/pikecountykentucky,US/PST045222, accessed March 1, 2023.
3. U.S. Census Bureau, American Community Survey (ACS), 1-Year Geographic Comparison Tables, 2021, www.census.gov/acs/www/data/data-tables-and-tools/geographic-comparison-tables/. 빈곤 가구 비율에 따른 연방하원선거구 순위는 Table GCT1701을 보라. 비히스패닉계 백인 비율에 따른 순위는 Table GCT0209를 보라.
4. Benjamin Woodard, "How the Shooting at the UW Protest of Milo Yiannopoulos Unfolded," *Seattle Times*, January 23, 2017.
5. CBS News, "Minnesota Man Who Shot 5 Black Lives Matter Protestors Found Guilty," February 3, 2017.
6. Lucian K. Truscott IV, "Slow Motion Civil War," *Salon*, November 17, 2018.
7. Emily Deruy, Thomas Peele, and David Debolt, "Milo Yiannopoulos' 15 Minutes in Berkeley Cost University $800,000," *Mercury News*, September 24, 2017.

8  Southern Poverty Law Center, Hate Map, www.splcenter.org/hate-map?year=2000. 다음도 보라. Peter Martinez, "Hate Groups Hit New High, Up 30 Percent in Last 4 years," Southern Poverty Law Center Says," CBS News, February 20, 2019.

9  Southern Poverty Law Center, Hate Map: Kentucky, www.splcenter.org/hate-map?year=20178state=KY.

10  Jonathan Bullington, "How a College Student, a Felon and 90K Followers Turned Kentucky into a Gun Sanctuary," *Courier Journal*, February 14, 2020.

11  기퍼즈 총기폭력방지법률센터는 정책별, 주별 총기 관련 법률을 추적해 분석한다. 이 센터는 켄터키주의 총기 안전 관련 법제를 F 등급으로 평가했다. 현재 켄터키주에는 만 21세 이상으로 총기 소지가 허용된 사람을 규제하는 법률이 없다. 또한 공격용 총기나 대용량 탄창에 대한 규제도 존재하지 않는다. 다음을 보라. "Kentucky Gun Laws," updated January 5, 2023, www.giffords.org/lawcenter/gun-laws/states/kentucky/. 총기 구매와 소지에 관한 연방과 주 차원의 요건을 개괄적으로 살펴보려면 다음을 보라. "Firearm Prohibitions in Kentucky," Giffords Law Center, updated January 5, 2023, www.giffords.org/lawcenter/state-laws/firearm-prohibitions-in-kentucky/.

12  Giffords Law Center to Prevent Gun Violence, "Stand Your Ground in Kentucky," updated January 5, 2023, www.giffords.org/lawcenter/state-laws/stand-your-ground-in-kentucky/.

13  "Kentucky Gun Deaths: 2019," Educational Fund to Stop Gun Violence, www.efsgv.org/state/kentucky/.

14  Pew Research Center, "The Partisan Divide on Political Values Grows Even Wider," October 5, 2017, 1.

15  "Political Subjectivity in a Risk Society: A Comparative Ethnography of Left-and Right-Wing Doomsday Preppers," dissertation prospectus, Department of Sociology, UC Berkeley, January 4, 2023. 예를 들어 다음을 보라. Michael F. Mills, "Obamageddon: Fear, the Right, and the Rise of 'Doomsday' Prepping in Obama's America," *Journal of American Studies* 55, no. 2 (2019): 1-30, and Nellie Bowles, "I Used to Make Fun of Silicon Valley Preppers. Then I Became One," *New York Times*, April 24, 2020. 프레퍼들의 정치 성향에 대한 자료는 없지만 이들이 붉은 주나 파란 주 중 어느 한쪽에 더 많이 분포해 있다고 보기는 어렵다. Dr. Chris Ellis's research in John Ramey, "New Statistics on Modern Prepper Demographics from FEMA and Cornell," *The Prepared*, August 4, 2021, www.theprepared.com/blog/new-statistics-on-modern-prepper-demographics-from-fema-and-cornell-university/.

16  Jon Greenberg, "Most Republicans Still Falsely Believe Trump's Stolen Election Claims,"

Politifact, June 14, 2022.

**17** Domenico Montanaro, "Most Republicans Would Vote for Trump Even If He's Convicted of a Crime, Poll Finds," NPR, April 25, 2023. Ruth Igielnik and Maggie Haberman, "More Republicans Say Trump Committed Crimes. But They Still Support Him," *New York Times*, August 1, 2023.

**18** 옛 남부연합 주들과 그레이터 애팔래치아Greater Appalachia 지역을 합치면 도널드 트럼프에게 투표한 유권자의 약 40퍼센트가 이 지역에 속해 있는 것으로 나타난다. 켄터키, 테네시, 웨스트버지니아, 텍사스, 사우스캐롤라이나, 미시시피, 플로리다, 앨라배마, 조지아, 루이지애나, 버지니아, 아칸소, 노스캐롤라이나 등 13개 주에 걸친 그레이터 애팔래치아와 옛 남부연합 지역 내의 트럼프 지지자 비율은 연방선거위원회Federal Election Commission의 데이터를 바탕으로 산출됐다. "Federal Elections 2020: Election Results for the US President, the US Senate and the US House of Representatives," October 2022, 25-38, www.fec.gov/resources/cms-content/documents/federalelections2020.pdf.

**19** Colin Woodard, *American Nations: A History of the Eleven Rival Regional Cultures of North America* (New York: Penguin Books, 2011), chap. 9.

**20** Paul Kane, "New Report Outlines Deep Political Polarization's Slow and Steady March," *Washington Post*, April, 8, 2023. Cook Political Report, "The Cook Partisan Voting Index," www.cookpolitical.com/cook-pvi.

**21** Kane, "New Report."

**22** 1996년 켄터키주 전체와 그 동부 지역인 KY-5는 모두 클린턴에게 투표했다. 주 전체 기준으로는 클린턴이 46퍼센트, 돌이 45퍼센트를 얻었다. 하지만 1996년과 2000년 대선에서 KY-5의 투표 결과를 직접 비교하는 것은 간단하지 않다. 인구조사에 따라 선거구를 구성하는 카운티가 달라지기 때문이다. 1996년 당시 KY-5는 38개 카운티로 구성됐고 2020년에는 30개 카운티로 구성됐다. 그래서 커스틴 크러셀은 1996년 켄터키주 선거관리위원회에서 각 카운티의 선거 결과를 다운로드한 뒤, ICPSR 데이터베이스를 활용해 시점에 따라 달라진 카운티와 선거구를 연결해 분석했다. 현재 KY-5를 구성하는 30개 카운티의 1996년 투표 결과만 놓고 보면 클린턴 47퍼센트, 돌 43퍼센트였다. 카운티 기준으로 보든 선거구 기준으로 보든 결론은 같다. 당시에는 민주당 지지 지역이었지만 지금은 공화당 지지 지역으로 바뀌었다. Andreas Ferrara, Patrick A. Testa, and Liyang Zhou, "New Area-and Population-Based Geographic Crosswalks for U.S. Counties and Congressional Districts, 1790-2020," Inter-University Consortium for Political and Social Research, October 19, 2022, https://doi.org/10.3886/E150101V4.

23 Emma Roller and National Journal, "This Congressional District Ranks Dead Last for Well-Being." *The Atlantic*, March 25, 2014. https://www.theatlantic.com/politics/archive/2014/03/this-congressional-district-ranks-dead-last-for-well-being/455913/.

24 U.S. Census Counts. https://datausa.io/profilegeo/congressional-district-5-ky.

25 코로나19 시기 정책 변화로 인해 메디케이드 가입자가 급증했다. 2023년 8월 기준 파이크카운티 주민의 46.6퍼센트가 메디케이드에 가입한 상태다. "Monthly Medicaid Counts by County," Department for Medicaid Services, Kentucky Cabinet for Health and Family Services, https://www.chfs.ky.gov/agencies/dms/dafm/Pages/statistics.aspx. 켄터키주는 연방정부 예산에 대한 의존도 역시 높은 편이다. 팬데믹 이전인 2019 회계연도에는 주정부 세입의 39.8퍼센트가 연방 자금에서 나왔다. Rebecca Thiess, Justin Theal, and Brakeyshia Samms, "2019 Federal Share of State Revenue Remains Stable," Pew Trusts, December 22, 2021. 2021 회계연도에는 팬데믹 구호 자금의 영향으로 이 비율이 46.2퍼센트까지 상승했다. Rebecca Thiess, Justin Theal, and Kate Watkins, "Pandemic Aid Lifts Federal Share of State Budgets to New Highs," Pew Trusts, August 28, 2023.

26 CNN Politics, "Exit Polls," 2020, www.cnn.com/election/2020/exit-polls/president/national-results/46.

27 Helena Norberg-Hodge, *Ancient Futures*, 3rd ed. (White River Junction, VT: Chelsea Green, 2016). Anne Case and Angus Deaton, *Diseases of Despair and the Future of Capitalism* (Princeton, NJ: Princeton University Press, 2020).

28 Robert Samuels, "Americans in Search of a Better Life Are Moving from Blue States to Red States-but It Could Backfire Big Time," *Forbes*, May 25, 2023. Rachael Kleinfeld, "Polarization, Democracy, and Political Violence in the US: What the Research Says," Working Paper, Carnegie Endowment for International Peace, September 5, 2023, 29, www.carnegieendowment.org/2023/09/05/polarization-democracy-and-political-violence-in-united-states-what-research-says-pub-90457. 2008년 경기 침체 이후 회복 과정을 살펴볼 때 나는 도시와 시골 지역의 차이를 미국 내 붉은 주들과 파란 주들을 구분하는 간접 지표로 삼았다.

29 Katherine J. Cramer, *The Politics of Resentment: Rural Consciousness in Wisconsin and the Rise of Scott Walker* (Chicago: University of Chicago Press, 2016).

30 미국은 최소한 19세기부터 오랜 기간 동안 '편집증적 경향'을 보여왔다. 역사학자 리처드 호프스태터는 그 예로 19세기의 '무지당Know Nothing Party'과 1960년대의 존 버치 협회를 들었다. Richard Hofstadter, "The Paranoid Style in American Politics," *Harper's*

*Magazine*, November 1964, 77-86. 오늘날 이러한 편집증적 성향은 큐어넌 운동의 부상에서 뚜렷하게 드러난다. 이들은 "미국 정부와 언론, 금융계가 전 세계적인 아동 성매매 조직을 운영하는 사탄 숭배 소아성애자 집단에 의해 통제되고 있다"고 믿는다. PRRI, "The Persistence of QAnon in the Post-Trump Era: An Analysis of Who Believes the Conspiracies," February 24, 2022.

31  Pew Research Center, "Public Trust in Government: 1958-2022," June 6, 2022, www.pewresearch.org/politics/2022/06/06/public-trust-in-government-1958-2022/. 퓨리서치센터는 여러 출처의 데이터를 취합해 분석했으며, 그중 1977년 수치는 미국 전국선거연구 자료를 인용한 것이다.

32  Pew Research Center, "Public Trust in Government." 8 Central to Ronald Reagan's message Nicholas F. Jacobs and Daniel M. Shae, *The Rural Voter: The Politics of Place and the Disuniting of America* (New York: Columbia University Press, 2023), 98.

33  Pew Research Center, "Americans' Views of Government: Decades of Distrust, Enduring Support for Its Role," June 6, 2022, www.pewresearch.org/politics/2022/06/06/americans-views-of-government-decades-of-distrust-enduring-support-tor-its-role/.

34  Lee Drutman, Larry Diamond, and Joe Goldman, "Follow the Leader: Exploring American Support for Democracy and Authoritarianism," Democracy Fund Voter Study Group, March 2018, www.voterstudygroup.org/publication/follow-the-leader. 다른 조사에서는 "미국이 민주주의보다 강력한 지도자를 갖는 것이 더 중요하다"는 주장에 19퍼센트의 미국인이 "강하게 동의"하거나 "매우 강하게 동의"한다고 답했다. 23퍼센트는 "어느 정도 동의한다"고 응답했다. Gary Winetemute, Sonia Robinson, Andrew Crawford, Julia P. Schleimer, Amy Barnhorst, Vicka Chaplin, Daniel Tancredi, Elizabeth A. Tomsich, and Veronica A. Pear, "Views of American Democracy and Society and Support for Political Violence: First Report from a Nationwide Population-Representative Study," UC Davis Violence Prevention Research Program, July 2022, 26, www.medrxiv.org/content/10.1101/2022.07.15.22277693v1.full.pdf.

35  Drutman, Diamond, and Goldman, "Follow the Leader," 18.

36  전체 응답자 가운데 24퍼센트라는 수치는 다음에서 인용한 것이다. Drutman, Diamond, and Goldman, "Follow the Leader," 12. 우파(27퍼센트)와 좌파(14퍼센트)의 수치는 2017년 퓨리서치센터의 조사 결과로, 전체 수치를 22퍼센트로 제시하고 있다. 이 조사에 따르면 중도층 역시 20퍼센트 수준이다. 따라서 우파와 좌파의 평균 수치가 24퍼센트가 될 수는 없다. Richard Wike, Katie Simmons, Bruce Stokes, and Janell Fetterolf, "Globally, Broad Support for Representative and Direct Democracy," Pew Research Center, October 16, 2017, 10, 27.

37   "Trump Says Maybe U.S. Will Have President for Life Someday," *PBS NewsHour*, March 4, 2018, https://www.pbs.org/newshour/politics/trump-says-maybe-u-s-will-have-a-president-for-life-someday. Eva Illouz and Avital Sicron, *The Emotional Life of Populism: How Fear, Disgust, Resentment, and Love Undermine Democracy* (Hoboken, NJ: Polity Press, 2023). 이 책은 제도나 그 기반이 되는 원칙들보다 지도자의 개인적 성향이 더 중요하다고 본다. 포퓰리즘은 또한 국적, 종교, 인종을 기준으로 자부심과 배제를 조장한다.

38   Cas Mudde, "The Far-Right Threat in the United States: A European Perspective," *Annals of the American Academy of Political and Social Science* (January 2022): 101-115. Cas Mudde, *The Far Right Today* (Cambridge: Polity, 2019); Michael Mann, *Fascists* (Cambridge: Cambridge University Press, 2004); Dylan Riley, *The Civic Foundations of Fascism in Europe* (Baltimore: Johns Hopkins University, 2010); Dylan Riley, "Enigmas of Fascism," *New Left Review* 30 (November 1, 2024).

39   Max Scheler, *Ressentiment* (Milwaukee, WI: Marquette University Press, 1994). 인터넷 상에서든 국회의사당 복도에서든 공적인 예절이 모욕과 비하, 복수심 섞인 발언으로 대체되는 상황에서 감정이 병적인 수준으로 극단까지 치달을 수 있음을 이해하는 것이 도움이 된다. 이런 감정에는 억눌린 시기심이 포함될 수 있으며, 이는 단순히 시기하는 대상(문화적 우위, 부, 자유 등)을 갖고자 하는 욕망뿐 아니라 그것을 가진 다른 이들로부터 그 대상 자체를 빼앗고 싶어 하는 욕망까지도 포함한다.

40   Mark Jurkowitz and Amy Mitchell, "A Sore Subject: Almost Half of Americans Have Stopped Talking Politics with Someone," Pew Research Center, February 5, 2020.

41   Martha Elson, "Our History: LBJ Visits E. Kentucky in 1964," *Courier Journal*, April 17, 2015. Pam Fessler, "Kentucky County That Gave War on Poverty a Face Still Struggles," *Morning Edition*, NPR, January 8, 2014.

42   전단이 궁금하면 다음을 보라. "Counter Rally Planned to Oppose White Nationalists Canceled for 'Safety Reasons,'" WKYT, April 28, 2017, https://www.wkyt.com/content/news/Counter-rally-planned-to-oppose-white-nationalists-canceled-for-safety-reasons-420700463.html.

## 2장

1   Matt Ruther, Tom Sawyer, and Sarah Ehresman, "Projections of Population and Households: State of Kentucky, Kentucky Counties, and Area Development Districts 2015-2040," Kentucky State Data Center, University of Louisville, 2016, http://ksdc.

louisville.edu//wp-content/uploads/2016/10/projection-report-v16.pdf.

2   코로나19로 인해 내가 파이크카운티를 방문하기 어려워졌을 때 토미 래틀리프가 내 연구 보조원 역할을 맡아주었고, 이번 여정에도 그 역할로 동행했다. 내 연구 개요에 대해서는 부록 1 참고.

3   "These Ex-Coal Miners Learned How to Code with the Help of a Tech Company in Rural Kentucky," YouTube, posted by Business Insider, November 3, 2022, https://youtu.be/mSj_zNhS514?si=30hoKKnLh9NKidbG.

4   "Coal to Coding Entrepreneur Rusty Justice on Going from Coal Miner to Tech Worker," YouTube, posted by Kentucky to the World, August 7, 2021, https://youtu.be/eA0973oULZO?si=3IFHh5YuwjRBI57M.

5   American National Election Studies, ANES 2020 Time Series Study Full Release [dataset and documentation], July 19, 2021, www.electionstudies.org.

6   David Hackett Fischer, *Albion's Seed: Four British Folkways in America* (New York: Oxford University Press, 1989), 621.

7   Arjun Jayadev and Robert Johnson Arjun Jayadev and Robert Johnson, "Tides and Prejudice: Racial Attitudes During Downturns in the United States 1979-2014," *Review of Black Political Economy* 44, no. 3-4 (2017): 379-392.

8   Kleinfeld, "Polarization, Democracy and Political Violence in the United States," 29, 30. 저자는 다음과 같이 지적한다. "경제적 결핍에 대한 두려움이 인종차별을 심화시킨 다는 생각은 여러 실험 결과를 통해 입증되고 있다. 실험실 환경에서 경제적 결핍을 떠올리도록 유도된 백인 미국인들은 자원을 흑인 미국인에게 덜 배분하는 경향을 보였다. 이 문제는 '상대적 박탈감' 개념과도 관련이 있을 수 있다. 즉 개인이 자신이 기대했거나 마땅히 누려야 한다고 여겼던 성공을 이루지 못했다고 느낄 때 현재 상황보다 더 나은 대우를 받아야 마땅하다고 여기며, 그 책임이 다른 누군가에게 있다고 느낄 수 있다. 이런 불만은 보통 갈등을 선동하는 인물이나 정치 지도자에 의해 구체화되고 이용되며, 그런 인물이나 움직임이 등장하기 전까지는 구조적 불평등 그 자체만으로는 사람들을 극단주의로 이끌지 않는다." Amy R. Krosch and David M. Amodio, "Economic Scarcity Alters the Perception of Race," *PNAS* 111, no. 25 (June 9, 2014): 9079-9084; Amy R. Krosch, Tom R. Tyler, and David M. Amodio, "Race and Recession: Effects of Economic Scarcity on Racial Discrimination," *Journal of Personal Social Psychology* 113, no. 6 (December 2017): 892-909; Christopher Vito, Amanda Admire, and Elizabeth Hughes, "Masculinity, Aggrieved Entitlement, and Violence: Considering the Isla Vista Mass Shooting," *International Journal for Masculinity Studies* 13, no. 2 (2018): 86-102.

9    WPA 사업으로 지어진 파이크빌 법원 청사에 대한 설명은 다음을 보라. "National Register of Historic Places Inventory-Nomination Form for Multiple Resources of Pikeville, Huffman Avenue Historic District," August 8, 1984, National Park Register of Historic Places Digital Archive on NPGallery, National Register ID 84001927, https://npgallery.nps.gov/NRHP/AssetDetail?assetID=17aceal8-d844-45d5-afe3-8b4068e6d010.

10   "Pikeville Cut-Through Project," Pikeville-Pike County Visitor's Center, www.tourpikecounty.com/things-to-see-do/outdoor_adventure/pikeville-cut-through-project/.

11   "Pikeville Cut-Through," Historical Marker Database, updated January 4, 2023, www.hmdb.org/m.asp?m=212047.

12   Andrea Limke, "This Tiny Kentucky Town Literally Moved a Mountain in One of the Largest Engineering Feats in the World," Only in Your State, July 13, 2023, www.onlyinyourstate.com/kentucky/pikeville-cut-through-ky/.

13   그 프로젝트는 관광 브로셔를 참고하라. Pikeville-Pike County Visitors Center, "Pikeville Cut-Through Project," https://tourpikecounty.com/things-to-see-do/outdoor_adventure/pikeville-cut-through-project/.

14   켄터키 문화유산위원회의 조사에 따르면 "WPA 사업의 일환으로 흑인 켄터키 주민들을 위한 학교가 해저드, 파이크빌, 맨체스터, 할런, 런던에 다섯 곳 건설됐다." Rachel Kennedy and Cynthia Johnson, "The New Deal Builds: A Historic Context of the New Deal in East Kentucky, 1933-1943," Kentucky Heritage Council, State Historic Preservation Office, 2005, https://heritage.ky.gov/Documents/NewDealBuilds.pdf.

15   패튼은 1800년 이후 두 차례 주지사에 당선된 단 네 명의 인물 가운데 하나다. 1992년 임기 제한 관련 주법이 개정되어 연임의 가능성이 크게 높아진 결과였다.

16   U.S. News & World Report, "Best States: Education," https://www.usnews.com/news/best-states/rankings/education, accessed December 20, 2023.

# 3장

1    Thomas Scheff, "Shame and Conformity: The Deference/Emotion System." 셰프는 자부심의 경험을 타인과의 애착, 수치심의 경험을 타인과의 분리와 연결 지어 설명한다. 또한 수치심에는 여러 유형이 있다고 본다. 분화된 수치심과 분화되지 않은 수치심, 명시적 수치심과 잠재된 수치심, 회피된 수치심과 직면된 수치심 등이다. Helen Block Lewis, "Shame and Guilt in Neurosis," 1971.

2   부, 권력, 지위를 누릴 자격이 있는지 의문을 제기할 때 그 밑바탕에는 시기심이나 특권 의식이 깔려 있을 수도 있다. 이런 감정들에 대해서도 유사한 분석을 해볼 수 있다.

3   David Keen, *Shame: The Politics and Power of an Emotion* (Princeton, NJ: Princeton University Press, 2023). 데이비드 킨은 수치심(과 자부심)에 정치학적이고 세계 비교학적인 시각으로 접근하는 반면, 나는 자부심(과 수치심)을 심리사회적 관점에서 바라본다. 킨은 전 세계에서 벌어지는 정치적 투쟁과 집단학살에 주목하는 반면, 나는 민족지학자로서 한 지역 공동체의 정치적 충성심이 어떻게 변화해왔는지에 초점을 맞춘다. 그리고 이러한 변화는 미국의 다른 지역들, 더 나아가 세계 곳곳에서도 발견된다고 본다. 우리는 자부심이라는 개념을 서로 매우 다르게(내 생각엔 상호 보완적인 방식으로) 발전시켜왔다.

수치심과 자부심의 중요성에 주목해온 학자들은 많다. 특히 다음을 보라. Thomas Scheff, *Bloody Revenge: Emotions, Nationalism and War* (Boulder, CO: Westview, 1994). Thomas Scheff, "Shame in Self and Society," *Symbolic Interaction* 26 (2: 239-62). Suzanne Retzinger. "Shame, Anger, and Conflict: Case Study of Emotional Violence," *Journal of Family Violence* 6, 1: 37-59.

다음도 보라. Jeffery Stuewig et al. (2011). 이들은 '수치심에 취약한' 사람일수록 부정적인 경험을 자기 안의 결함 때문이라고 여기며, 동시에 타인에게 책임을 전가하는 경향도 가장 높다는 사실을 밝혀냈다. 심리치료 영역을 탐구한 헬렌 루이스(1971)는 수치심이 얼마나 자주 등장하며, 얼마나 자주 감춰지고, 또 얼마나 자주 '감정의 덫'에 갇히는지를 지적한다. 루이스는 수치심에 대한 두 가지 반응을 구분한다. 하나는 위축과 우울(내가 "내면화한다"고 표현한 반응), 다른 하나는 분노와 공격성(내가 "수치심을 바깥으로 돌려 타인을 비난한다"고 표현한 반응)이다.

토머스 셰프(T2000; 2014)는 유럽 역사에 기반해 수치심, 비난, 폭력 사이의 연관성을 주장하며, 자신이 "순환적 수치심의 소용돌이"라고 부르는 과정을 통해 수치심이 어떻게 '악순환'으로 이어지는지를 탐구한다. 그는 수치심이 충분히 은밀하고 크면(p.110), 해결되지 않은 채 스스로를 강화 증폭한다고 본다. 데이비드 킨 역시 "집단적으로 수치심을 경험한 사람들은 출구를 찾아주는 세력에 쉽게 휘말릴 수 있다"(Keen, pp. 9-10)고 주장한다. 자부심과 수치심에 대해 탐구한 다른 사상가들은 참고문헌을 보기 바란다.

4   "Pride: The Word That Went from Vice to Strength," *Wordplay* (blog), www.merriam-webster.com/words-at-play/pride-meaning-word-history.

5   Harper Douglas, "Etymology of Proud," Online Etymology Dictionary, last modified December 27, 2020, www.etymonline.com/word/proud.

6   메리엄-웹스터 사전은 수치심을 "죄책감, 결점, 부적절함을 자각하면서 느끼는 고통스러운 감정"이자 "굴욕적인 불명예나 오명을 뒤집어쓴 상태"로 정의한다.

7   *The Managed Heart: The Commercialization of Human Feeling* (Berkeley, CA: University of California Press, 1983).

8   Barbara Kingsolver, *Demon Copperhead* (New York: HarperCollins, 2022).

9   Courtney Campbell, "Television's 'Rural Purge' is the Reason So Many Classic '60s Sitcoms Were Canceled," Wide Open Country, July 1, 2021, www.wideopencountry.com/rural-purge/.

10  Mark Muro and Jacob Whiton, "America Has Two Economies-and They're Diverging Fast," *The Avenue* (blog), Brookings Institution, September 19, 2019.

11  Muro and Whiton, "America Has Two Economies-and They're Diverging Fast."

12  Daniel Wood and Geoff Brumfiel, "Pro-Trump Counties Continue to Suffer Far Higher COVID Death Tolls," NPR, May 19, 2022.

13  Carol Graham and Sergio Pinto, "Unequal Hopes and Lives in the USA: Optimism, Race, Place, and Premature Mortality," *Journal of Population Economics* 32 (2019): 665-733. Joe Neel, "Is There Hope for the American Dream? What Americans Think About Income Inequality," NPR, January 9, 2020. Carol Graham, "Why Are Black Poor Americans More Optimistic than White Ones?," Brookings Institution, January 30, 2018; Robert Kuttner, *Everything for Sale: The Virtues and Limits of Markets* (New York: Knopf, 1997).

14  "Widening Gap in Death Rates Between Democrat and Republican in the US," *British Medical Journal*, June 7, 2022, www.bmj.com/company/newsroom/study-finds-widening-gap-in-death-rates-between-us-areas-that-vote-for-democratic-rather-than-republican-party/.

15  Max Weber, *The Protestant Ethic and the Spirit of Capitalism*, trans. Talcott Parsons (New York: Charles Scribner's Sons, 1958). 이런 사회적 통념이야말로 마이클 샌델이 말한 바와 같이 경제를 움직이는 "로켓 연료"가 됐다. Michael J. Sandel, *The Tyranny of Merit: What's Become of the Common Good?* (New York: Farrar, Straus and Giroux, 2020), 47, 60.

16  Frank J. Lysy, "Why Wages Have Stagnated While GDP Has Grown: The Proximate Factors," *An Economic Sense* (blog), February 13, 2015, www.aneconomicsense.org/2015/02/13/why-wages-have-stagnated-while-gdp-has-grown-the-proximate-factors/.

17  Amina Dunn, "Partisans Are Divided over the Fairness of the US Economy-and Why

People Are Rich or Poor," Pew Research Center, October 4, 2018.
18  조사 결과는 다음에서 볼 수 있다. Neel, "Is There Hope for the American Dream?"
19  Samantha Smith, "Why People Are Rich and Poor: Republicans and Democrats Have Very Different Views," Pew Research Center, May 2, 2017.
20  Kuttner, *Everything for Sale*.
21  J. W. Randolph, "Impacts of Coal 101: Mountaintop Removal = Job Removal," *Front Porch* (blog), Appalachian Voices, January 21, 2011, www.appvoices.org/2011/01/21/impacts-of-coal-101-mountaintop-removal-job-removal/.
22  Lisa Abbot, "Many Affected as Revelation Energy files for Chapter 11 bankruptcy," Kentuckians for the Commonwealth, July 9, 2019, https://archive.kftc.org/blog/many-affected-revelation-energy-files-chapter-11-bankruptcy.
23  Dan Radmacher, "Blackjewel's Catastrophic Bankruptcy and the Collapse of the Mine Cleanup System," Appalachian Voices, March 3, 2022, www.appvoices.org/2022/03/03/bankruptcy-mine-cleanup-collapse/.
24  U.S. Energy Intormation Administration, "Coal Explained: Where Our Coal Comes From," last updated October 19, 2022, https://www.eia.gov/energyexplained/coal/where-our-coal-comes-from.php.
25  Michael E. Long, "Wrestlin' for a Livin' with King Coal," *National Geographic*, June 1983, 795.
26  Greg Bone, "Kentucky Coal Facts, 17th Edition," Energy and Environment Cabinet, Kentucky Department for Energy Development and Independence, 2017, 12.
27  Long, "Wrestlin' for a Livin' with King Coal," 807.
28  Harry M. Caudill, *Night Comes to the Cumberlands: A Biography of a Depressed Area* (Boston: Little, Brown, 1962), 110.
29  "Christmas in Appalachia (1964)-Revisiting the CBS Special Report by Charles Kuralt with Updates," YouTube, posted by Real Appalachia, December 14, 2020, www.youtube.com/watch?v=4ECdhjJTHRc.
30  Harry Stevens, "America Needs Clean Electricity. These States Show How to Do It," *Washington Post*, April 12, 2023, citing data from the U.S. Energy Information Agency.
31  Max Fraser, *Hillbilly Highway: The Transappalachian Migration and the Making of a White Working Class* (Princeton, NJ: Princeton University Press, 2023), 42.
32  1927년부터 2016년까지 켄터키주 전체의 석탄 산업 고용 통계는 다음을 보라. Bone, "Kentucky Coal Facts, 17th Edition," 117. 2000년부터 현재까지의 고용 통계는 다음을 보라. Quarterly Coal Dashboard, Kentucky Energy and Environment Cabinet,

https://eec.ky.gov/Energy/News-Publications/Pages/quarterly-coal-dashboard.aspx.

33  Lainey Newman and Theda Skocpol, *Rust Belt Union Blues* (New York: Columbia University Press, 2023).
34  Ken Ward Jr., Alex Mierjeski, and Scott Pham, "In the Game of Musical Mines, Environmental Damage Takes a Back Seat," ProPublica, April 26, 2023.
35  Liz Judge, "Mountain Hero Gets Help from Author Wendell Berry," Earthjustice, June 25, 2012, https://earthjustice.org/article/mountain-hero-gets-help-from-author-wendell-berry. Silas House and Jason Howard, *Something's Rising: Appalachians Fighting Mountaintop Removal* (Lexington: University Press of Kentucky, 2009). 또한 애팔래치아 지역의 여러 단체들이 산 정상부를 폭파하고 석탄을 채굴하는 것에 맞서기 위해 결성한 연합체인 '애팔레치아 동맹The Alliance For Appalachia'도 참고하라. https://theallianceforappalachia.org/where-we-work/.
36  John Prine, "Paradise," MP3 audio, track 5 on *John Prine*, 1971.
37  Dwight Yoakam, "Readin', Rightin', Rt. 23," MP3 audio, track 5 on *Hillbilly Deluxe*, 1987.
38  Fraser, *Hillbilly Highway*, 115.
39  Fraser, *Hillbilly Highway*, 3.
40  Fraser, *Hillbilly Highway*, 4-6, 110.
41  Fraser, *Hillbilly Highway*, 81-82. 프레이저에 따르면, 1920년대 굿이어 러버를 비롯한 여러 고무 회사들은 지역의 경제 상황을 고려하지 않고 애팔래치아 지역에서 노동자를 모집했으며, 당시 지역 신문은 이것이 "잉여 노동력을 확보하기 위한 방법"이 아닌지 의문을 제기하기도 했다.
42  Aila Slisco, "Is Kentucky Republican Thomas Massie Making a Case for Secession?," *Newsweek*, December 17, 2021. Brendan Cole, "Marjorie Taylor Greene Asks If US Should Be Divided Between GOP and Democrats," *Newsweek*, October 12, 2021, and Colby Hall, "Marjorie Taylor Greene Gets Sean Hannity on Board for National Divorce-Then Warns of Looming Civil War," MSN, February 22, 2023.

## 4장

1  Lois Beckett, "Is There a Neo-Nazi Storm Brewing in Trump Country?," *The Guardian*, June 4, 2017.
2  Southern Poverty Law Center, "National Socialist Movement," Extremist Files Database, www.splcenter.org/fighting-hate/extremist-files/group/national-socialist-movement.

3   Daniel L. Byman, "Assessing the Right-Wing Terror Threat in the United States a Year After the January 6 Insurrection," Brookings Institution, January 5, 2022.
4   Michael Finnegan and Noah Bierman, "Trump's Endorsement of Violence Reaches New Level: He May Pay Legal Fees for Assault Suspect," *Los Angeles Times*, March 13, 2016.
5   WLKY, "Protestor Pushed at 2016 Trump Rally," CNN, April 4, 2017, www.cnn.com/videos/politics/2017/04/02/protester-pushed-trump-rally-louisville-kashiya-nwanguma-sot.wlky.
6   지방법원은 '폭동 선동'을 제외한 트럼프에 대한 모든 혐의를 기각했다. 그러나 제6 순회 항소법원은 트럼프가 "저놈들을 끌어내!"라고 말한 뒤 곧바로 "다치게 하진 마!"라고 덧붙였다는 이유로 이 혐의마저 기각했다. 항소심 판결에 대해서는 다음을 보라. *Nwanguma v. Trump*, No. 17-6290 (6th Cir. 2018), www.law.justia.com/cases/federal/appellate-courts/ca6/17-6290/17-6290-2018-09-11.html.
7   Adam Hochschild, "Another Great Yesterday," review of Shadowlands: Fear and Freedom at the Oregon Standoff-A Western Tale of America in Crisis, by Anthony McCann, *New York Review of Books*, December 19, 2019. 그러나 각국의 보수 진영이 내세우는 '전통'은 서로 크게 다를 수 있다. 네덜란드의 정치인 헤이르트 빌더르스는 동성애자에 대한 존중과 복지제도를 '전통'으로 내세우며 지지한다. Jan Willem Duyvendak and Josip Kesic, *The Return of the Native: Can Liberalism Safeguard Us Against Nativism?* (New York: Oxford University Press, 2022).
8   Ryan Wilson, "Detroit Lions Disavow Use of Their Logo During Violent Rally in Charlottesville," CBS Sports, August 16, 2017.
9   Vegas Tenold, *Everything You Love Will Burn: Inside the Rebirth of White Nationalism in America* (New York: Nation Books, 2018).
10  톱니바퀴 문양은 일부 네오나치 집단이 활용하는 상징으로, 이는 나치 독일 노동조직의 상징을 의도적으로 차용한 것이다. FARE Network, *Guide to Discriminatory Practices in European Football*, Version 6, June 2021, https://farenet.org/uploads/files/2021_Fare_guide_to_discriminatory_practices_UEFA_.pdf.
11  인구조사 자료에 따르면 2017년 행진 당시 풀스빌의 비히스패닉계 백인 인구는 전체의 78퍼센트였고, 2021년에는 80퍼센트였다. 히스패닉계 백인을 포함할 경우 백인 인구 비율은 2017년 88.5퍼센트, 2021년 90퍼센트였다. Data USA, "Poolesville, MD," https://datausa.io/profile/geo/poolesville-md demographics.
12  이 순위는 2010년 미국 인구조사국의 중위 가구소득 자료를 기준으로 했다. 2020년 인구조사에서는 몽고메리카운티가 미국에서 가장 부유한 20개 카운티 안에 들었다.
13  Michael Kimmel, *Healing from Hate: How Young Men Get Into-and Out of-Violent*

*Extremism* (Oakland: University of California Press, 2018), 20.

14    George L. Mosse, *Nationalism and Sexuality: Respectability and Abnormal Sexuality in Modern Europe* (New York: Howard Fertig, 1985), 124.

15    Adam Hochschild, "The Proud Boys and the Long-Lived Anxieties of American Men," review of *We Are Proud Boys: How a Right-Wing Street Gang Ushered in a New Era of American Extremism*, by Andy Campbell, *New York Times*, September 18, 2022.

16    Southern Poverty Law Center, "Heimbach," Extremist Files Database, www.splcenter.org/fighting-hate/extremist-files/individual/matthew-heimbach. 하임바크가 '경계' 순찰을 도는 장면은 다음을 보라. "White Student Union (Documentary)," YouTube, posted by Vice, June 4, 2013, www.youtube.com/watch?v=GJ_MHp8iqtQ.

17    Tenold, *Everything You Love Will Burn*.

## 5장

1    명판의 문구는 다음을 보라. Christopher Beebout, "Effie Waller Smith," ExploreKYHistory, www.explorekyhistory.ky.gov/items/show/880. "Smith, Effie Waller," Notable Kentucky African Americans Database, last modified July 17, 2017, https://nkaa.uky.edu/nkaa/items/show/1033.

2    "The Dils Cemetery," Historical Marker Database, updated March 6, 2020, https://www.hmdb.org/m.asp?m=146196.

3    William David Deskins, *Ginseng, Coal Dust, Moving Mountains: A History of Pike County, Kentucky* (Paintsville, KY: East Kentucky Press, 2018), 241.

4    Jerry Cline, "Hatfield-McCoy Feud: The Truth About Perry Cline's Involvement in the Feud," Cline Family Association, 2013, www.clinefamilyassociation.com/hatfield_mccoy_feud.

5    "African American Schools in Pike County, KY," Notable Kentucky African Americans Database, last modified January 16, 2023, https://nkaa.uky.edu/nkaa/items/show/2794.

6    Ron D. Eller, *Miners, Millhands, and Mountaineers: Industrialization of the Appalachian South, 1880-1930* (Knoxville: University of Tennessee Press, 1982).

7    Coal Camp Documentary Project, Appalachian Center, University of Kentucky, https://appalachianprojects.as.uky.edu/coal-camps.

8    Kentucky Coal and Energy Education Project, "Pike County, Kentucky Coal Camps," www.coaleducation.org/coalhistory/coaltowns/coalcamps/pike_county.htm.

9    William H. Turner, *The Harlan Renaissance: Stories of Black Life in Appalachian Coal Towns*

(Morgantown: West Virginia University Press, 2021), 6.

10 Turner, *The Harlan Renaissance*, 6, 168. Harry M. Caudill, *Night Comes to the Cumberlands: A Biography of a Depressed Area* (Boston: Little, Brown, 1962), 103.
11 Caudill, *Night Comes to the Cumberlands*, 106.
12 Caudill, *Night Comes to the Cumberlands*, 106.
13 Caudill, *Night Comes to the Cumberlands*, 105, 109.
14 Caudill, *Night Comes to the Cumberlands*, 110.
15 "African American Schools in Pike County, KY," Notable Kentucky African Americans Database.
16 개인적 대화. Porter Square Books, "Paul Farmer with Ophelia Dahl: Fevers, Feuds and Diamonds," Facebook, at 12:30-13:00, www.facebook.com/Porter-Square-Books-112608362085830/videos/530717931197122/?refsrc=deprecated&_rdr.
17 "Civil Rights Act (1964)," Milestone Documents, National Archives, www.archives.gov/milestone-documents/civil-rights-act.
18 Campbell Gibson and Kay Jung, "Historical Census Statistics on Population Totals by Race, 1790-1990, and by Hispanic Origin, 1970-1990, for the United States, Regions, Divisions, States," Working Paper No. 56, Population Division, U.S. Census Bureau, September 13, 2002, https://www.census.gov/library/working-papers/2002/demo/POP-twps0056.html.
19 "Pike County (KY) Enslaved, Free Blacks, and Free Mulattoes, 1850-1870," Notable Kentucky African Americans Database, last updated January 10, 2023, https://nkaa.uky.edu/nkaa/items/show/2528.
20 Karida Brown, *Gone Home: Race and Roots Through Appalachia* (Chapel Hill: University of North Carolina Press, 2018), 2.
21 Turner, *The Harlan Renaissance*, 165.
22 Turner, *The Harlan Renaissance*, 103.
23 Turner, *The Harlan Renaissance*, 7.
24 Turner, *The Harlan Renaissance*, 70.
25 United States Census Bureau Quick-Facts, "Harlan County, Kentucky," www.census.gov/quickfacts/fact/table/harlancountykentucky/PST045222, accessed December 5, 2023.
26 제임스 로언은 '일몰 조례'로 아프리카계 미국인이 남부에서 북부로 이동한 '대이동' 이후 다시 북부 도시 외곽과 농촌 지역에서 대도시의 게토화된 지역으로 밀려나는 '대후퇴'가 일어났다고 주장한다. 로언의 추정에 따르면 미국 전역에는 약 1만 개

의 일몰 도시와 카운티가 있었다. 이런 일이 "아득한 옛날, 먼 곳의 일"만은 아닌 것이다. 흑인 여행자를 위한 전국 여행 안내서에는 피해 가야 할 마을에 대한 조언이 포함돼 있었다. James Loewen, *Sundown Towns: A Hidden Dimension of American Racism* (New York: Simon & Schuster, 2006).

27 L&N 철도는 인구 약 2800명인 코빈 마을의 경제 동력이었다. 이 철도는 켄터키 탄광에서 채굴된 석탄을 전용 화차에 실어 남쪽으로는 녹스빌과 애틀랜타, 북쪽으로는 신시내티까지 운송했고, 1919년에는 철도 차량 기지를 건설하기 위해 흑인 노동자 200~400명을 마을로 불러들였다. 제1차 세계대전에서 돌아온 백인 남성이 일자리를 찾아 나섰을 때 그 자리에는 이미 흑인 노동자들이 있었다. 당시 많은 백인이 그 일자리를 '자신들의 몫'이라고 여겼다. 폭도들이 결집한 직접적인 계기에 대해서는 여러 설명이 있지만 당시 흑인 철도 노동자들에게 몇 건의 절도 사건과 백인 남성 폭행 사건의 책임이 씌워졌다. 무장한 백인 남성 125명이 흑인이 사는 집의 문을 두드리고, 유리창을 깨고, 흑인들을 총으로 위협하여 기차역까지 몰아내는 테러를 자행했을 때 많은 마을 주민이 이를 지지했다. 그러나 일부 백인은 흑인 이웃을 집 안으로 들이거나 폭도로부터 지키기 위해 나서기도 했다. Elliot Jaspin, *Buried in the Bitter Waters: The Hidden History of Racial Cleansing in America* (New York: Basic Books, 2007), 169-179. Kristy Owens Griggs, "The Removal of Blacks from Corbin in 1919: Memory, Perspective, and the Legacy of Racism," *Register of the Kentucky Historical Society* 100, n. 3 (Summer 2002): 293-310; *Trouble Behind: A Film About History and Forgetting*, directed by Robby Henson (1990, Cicada Films).

28 "Pikeville Cut-Through Project," Pikeville-Pike County Visitor's Center, www.tourpikecounty.com/things-to-see-do/outdoor_adventure/pikeville-cut-through-project/. 다음도 보라. "Pikeville Cut-Through," Historical Marker Database, updated January 4, 2023, www.hmdb.org/m.asp?m=212047.

29 Will Wright, "How This Jewish Attorney Escaped the Holocaust and Changed Eastern Kentucky Forever," *Lexington Herald-Leader*, April 23, 2019.

30 Kevin Williams, "The Muslims of Appalachia: Kentucky Coal Country Embracing the Faithful," Al Jazeera America, February 21, 2016.

31 Reuters, "Donald Trump: I Was '100% Right' About Muslims Cheering 9/11 Attacks," *The Guardian*, November 29, 2015.

32 Williams, "The Muslims of Appalachia."

33 David Hackett Fischer, *Albion's Seed: Four British Folkways in America* (New York: Oxford University Press, 1989), 650.

34 Isabel Wilkerson, *Caste: The Origins of Our Discontents* (New York: Random House,

2020).

## 6장

1 Harry M. Caudill, *Night Comes to the Cumberlands: A Biography of a Depressed Area* (Boston: Little, Brown, 1962), 116-117.
2 Caudill, *Night Comes to the Cumberlands*, 119.
3 "PMC Expands Black Lung Screening Services," Pikeville Medical Center, June 22, 2018, www.pikevillehospital.org/pmc-expands-black-lung-screening-services/.
4 Adam Smith, *The Wealth of Nations: Books I-III* (London: Penguin Books, 1999 (1776)).
5 U.S. Census Bureau, American Community Survey (ACS), 5-Year Estimates, 2017-2021.
6 Kim Parker, Juliana Menasce Horowitz, Anna Brown, et al., "Demographic and Economic Trends in Urban, Suburban and Rural Communities," Pew Research Center, May 22, 2018.
7 "How Has the Population Changed in Kentucky?," USA Facts, https://usafacts.org/data/topics/people-society/population-and-demographics/our-changing-population/state/kentucky.
8 James N. Gregory, "The Southern Diaspora and the Urban Dispossessed: Demonstrating the Census Public Use Microdata Samples," *Journal of American History* 82, no. 1 (June 1995): 112.
9 Arlie Russell Hochschild, "The Black and White Southerners Who Changed the North," review of *Hillbilly Highway: The Transappalachian Migration and the Making of a White Working Class* by Max Fraser and *Black Folk: The Roots of the Black Working Class* by Blair L. M. Kelley, *New York Times*, September 27, 2023. Fraser, *Hillbilly Highway*, 5-6.
10 Max Fraser, *Hillbilly Highway: The Transappalachian Migration and the Making of a White Working Class* (Princeton, NJ: Princeton University Press, 2023), 68.
11 Bureau of Labor Statistics, "Table 7, Survival of Private Sector Establishments by Opening Year," www.bls.gov/bdm/us_age_naics_00_table7.txt.
12 World Economic Forum, "Global Social Mobility Index 2020: Why Economies Benefit from Fixing Inequality," January 2020, 7, www.weforum.org/publications/global-social-mobility-index-2020-why-economies-benefit-from-fixing-inequality.
13 Amina Dunn, "Partisans Are Divided over the Fairness of the US Economy-and Why People Are Rich or Poor," Pew Research Center, October 4, 2018.

14 Dunn, "Partisans Are Divided over the Fairness of the US Economy."
15 City of Prestonsburg, "Vacant Foreclosed Property Registration," www.prestonsburgcity. org/wp-content/docs/CE_VacantForeclosedPropertyRegistration.pdf.

## 7장

1 사우스게이트는 프로그램과 수감자들의 신원을 보호하기 위한 가명이다.
2 (와이엇 블레어가 선고를 받은 해인) 2011년 파이크카운티에서는 백인 남성 197명, 백인 여성 27명, 흑인 남성 네 명, 흑인 여성 한 명이 수감되었다. 주립 교도소 수감자가 저지른 범죄 중 35퍼센트는 폭력과 관련된 범죄로, 와이엇도 폭력 혐의로 수감되었다. Steven L. Beshear, J. Michael Brown, and La-Donna Thompson, "2011 Annual Report, Commonwealth of Kentucky, Department of Corrections, www.corrections. ky.gov/About/researchandstats/Pages/default.aspx.
3 Evan Osnos, "Donald Trump and the Ku Klux Klan: A History," *New Yorker*, February 29, 2016.
4 다음을 보라. Emily Widra and Tiana Herring, "States of Incarceration: The Global Context 2021," Prison Policy Initiative, September 2021, www.prisonpolicy.org/global/2021.html. 켄터키주의 수감자 수에 관한 정보는 다음을 보라. Prison Policy Initiative, "Kentucky Profile,'" www.prisonpolicy.org/profiles/KY.html.
5 MRT는 1980년대에 수감자들을 위한 인지행동 치료 프로그램으로 개발돼 상표 등록되었다. '인식Conation'이라는 용어는 의식적인 결정을 내리는 과정을 의미한다. www.moral-reconation-therapy.com.
6 National Institute on Drug Abuse, "Criminal Justice DrugFacts," last updated June 2020, www.drugabuse.gov/publications/drugfacts/criminal-justice.
7 Jacob Kang-Brown and Ram Subramanian, "Out of Sight: The Growth of Jails in Rural America," Vera Institute of Justice, June 2017, www.vera.org/publications/out-of-sight-growth-of-jails-rural-america. Michelle Alexander, *The New Jim Crow: Mass Incarceration in the Age of Colorblindness*, revised ed. (New York: The New Press, 2012).
8 Kang-Brown and Subramanian, "Out of Sight," 8. 2013년 기준 수감자 분포는 다음과 같았다. 대도시 중심 지역에 27퍼센트, 도시 외곽 지역에 20퍼센트, 중소 도시 지역에 33퍼센트, 시골 지역에 20퍼센트가 수감되어 있었다. 에디빌에 수감된 와이엇은 마지막 경우에 해당한다.
9 Vera Institute of Justice, "Incarceration Trends," last updated February 14, 2023, www.trends.vera.org/. 2019년 뉴욕시의 다섯 개 자치구 전체에서 지역 내에 수감된 인구는

주민 10만 명당 162명에 불과했다. 하지만 같은 해 시골 지역인 파이크카운티에서는 주민 10만 명당 1117명이 수감돼 있었다.

10  Hansi Lo Wang, "Most Prisoners Can't Vote, But They're Still Counted in Voting Districts," NPR, September 26, 2021.
11  Kang-Brown and Subramanian, "Out of Sight."
12  Will Wright, "Kentucky Coal Communities Are Bracing for Financial Crisis," *The Messenger*, April 10, 2020, www.the-messenger.com/article_al04a5b7-29d4-5101-a21a-69130435e4dd.html.
13  석탄 수익 감소가 켄터키의 교정 산업 성장에 영향을 미친 사례는 다음을 보라. Jack Norton and Judah Schept, "Keeping the Lights On: Incarcerating the Blue-grass State," Vera Institute of Justice, March 4, 2019, www.vera.org/in-our-backyards-stories/keeping-the-lights-on.
14  Kang-Brown and Subramanian, "Out of Sight," 7.
15  Norton and Schept, "Keeping the Lights On."
16  Chris Kenning, "Why Can't Kentucky Reduce Its Sky-High Prison Populations? Look to Lawmakers, Report Says," *Courier Journal*, December 29, 2021.
17  Keith Humphreys and Ekow N. Yankah, "Prisons Are Getting Whiter. That's One Way Mass Incarceration Might End," *Washington Post*, February 26, 2021, citing Zhen Zeng, "Jail Inmates in 2018," Bureau of Justice Statistics, U.S. Department of Justice, March 2020, www.bjs.ojp.gov/content/pub/pdf/ji18.pdf.
18  켄터키주 교도소에서 독방 수용 기간을 제한하는 주 법률은 없다. 현재 교정국 정책에 따르면 위반 행위 한 건당 하루 최대 22시간 동안 수감자를 '징벌적 분리 수용'할 수 있으며, 이러한 처분은 연속적으로 이어질 수 있다. "Policies and Procedures, Chapter 15.2: Rule Violations and Penalties," Kentucky Department of Corrections, August 12, 2016, https://corrections.ky.gov/About/cpp/Documents/15/CPP%2015.2%20-%20Effective%201-6-17.pdf. 그러나 2021년 켄터키주는 임신 중이거나 '출산 직후'인 여성에 대해 '제한적 수용'(독방 수감)을 금지하는 법을 제정했다. 이 법은 또한 제한적 수용 현황을 매년 주의회에 보고하도록 규정하고 있다. 아동·청소년에 대한 독방 수용을 제한하는 법안도 하원에 발의됐지만 아직 위원회를 통과하지는 못했다. Judith Resnik, Jenny E. Carroll, Skylar Albertson, et al., "Legislative Regulation of Isolation in Prison: 2018-2021," SSRN, August 20, 2021.
19  1925년 행진에 대한 설명은 다음을 보라. Terence McArdle, "The Day 30,000 White Supremacists in KKK Robes Marched in the Nation's Capital," *Washington Post*, August 11, 2018.

20  현재 활동 중인 KKK 지부의 지도는 다음을 보라. Southern Poverty Law Center, "Ku Klux Klan," last updated 2021, www.splcenter.org/fighting-hate/extremist-files/ideology/ku-klux-klan. 다음도 보라. Vegas Tenold, *Everything You Love Will Burn: Inside the Rebirth of White Nationalism in America* (New York: Nation Books, 2018), 73.

21  Anti-Defamation League, Hate Symbols Database, "Blood Drop Cross," www.adl.org/resources/hate-symbol/blood-drop-cross, accessed May 28, 2023.

22  이러한 주장들이 와이엇에게 아무리 중요하다고 해도 그 진위 여부를 우리가 알 수는 없다. 그럼에도 백인들이 왜 아메리카 원주민 혈통을 주장하는지에 대한 학계의 연구는 점점 늘고 있다. 이에 대한 입문 자료는 다음을 보라. Cecily Hilleary, "Going 'Native': Why Are Americans Hijacking Cherokee Identity?," Voice of America, July 23, 2018. Jessie Daniels, "Why White Americans Love to Claim Native Ancestry," *Huffington Post*, October 16, 2018, and Gregory D. Smithers, "Why Do So Many Americans Think They Have Cherokee Blood?," *Slate*, October 1, 2015.

23  켄터키를 비롯한 몇몇 주의 주 교도소와 연방 교도소를 무대로 활동하는 아리안 서클 조직원들에 대한 최근 연방 기소 사례를 참고하라. *United States v. Farkas*, et al., No. 7:20-CR-17-REW (E. D. Ky. September 3, 2020), https://www.justice.gov/opa/press-release/file/1327486/download.

# 8장

1  2020년 마틴카운티 주민의 18퍼센트가 빈곤 상태에 있었다. 마틴카운티와 파이크카운티의 사회경제적 통계를 비교해보려면 다음을 보라. Data USA, www.datausa.io/profile/geo/pike-county-ky?compare=martin-county-ky.

2  "후드에서 홀러까지"는 부커가 설립한 단체의 이름이기도 하다. 이 단체는 "폭넓은 연대를 구축하고, 인종과 계급의 장벽을 허물며, 사람 중심의 운동에 힘을 불어넣어 켄터키를 변화시키는 것"을 목표로 하고 있다. www.hoodtotheholler.org/.

3  Nicole Ziege, "State Rep. Charles Booker Visits Pikeville, Discusses Candidacy," *Appalachian News-Express*, February 18, 2020.

4  U.S. Census Bureau, American Community Survey, 1-Year Geographic Comparison Tables, 2021, www.census.gov/acs/www/data/data-tables-and-tools/geographic-comparison-tables/. 비히스패닉계 백인 주민 비율의 순위는 다음을 보라. GCT0209; 흑인은 다음을 보라. GCT0202; 이민자는 다음을 보라. GCT0501.

5  U.S. Census Bureau, American Community Survey, 1-Year Estimates, 2021. 노동가능인구 가운데 장애 수당을 받은 비율은 '시설에 수용되지 않은' 19세에서 64세 사

이의 일반 인구를 기준으로 산출한 백분율이다. Social Security Agency, "OASDI Beneficiaries by State and Zip Code, 2021," https://www.ssa.gov/policy/docs/statcomps/oasdi_zip/.

6   John Creamer, Emily A. Shrider, Kalee Burns, and Frances Chen, "Poverty in the United States: 2021," Report No. P60-277, United States Census Bureau, September 2022, www.census.gov/library/publications/2022/demo/p60-277.html.

7   Blair L. M. Kelley, *Black Folk: The Roots of the Black Working Class* (New York: Liveright, 2023).

8   Heather Long and Andrew Van Dam, "The Black-White Economic Divide Is as Wide as It Was in 1968," *Washington Post*, June 4, 2020.

9   맥스 프레이저에 따르면 컨트리 음악의 가사는 역사적으로 상실과 이주를 이야기해왔으며, "한때 미국 컨트리 음악은 해방의 음악으로 불릴 만큼 급진적인 잠재력"을 지니고 있었다. Max Fraser, *Hillbilly Highway: The Transappalachian Migration and the Making of a White Working Class* (Princeton, NJ: Princeton University Press, 2023), 15.

10  David Peisner, "Rhymes from the Backwoods: The Rise of Country Rap," *Rolling Stone*, January 24, 2018. 다음 에세이도 보라. Tressie McMillan Cottom, "Reading Hick-Hop: The Shotgun Marriage of Hip-Hop and Country Music," available at https://tressiemc.com/wp-content/uploads/2015/06/cottom-reading-hick-hop.pdf.

11  Colt Ford, "No Trash in My Trailer," MP3 audio, track 3 on *Ride Through the Country*, 2008.

12  Jennifer Silva, *Coming Up Short: Working-Class Adulthood in an Age of Uncertainty* (New York: Oxford University Press, 2013).

13  Stella Rouse, "Poll Reveals White Americans See an Increase in Discrimination Against Other White People and Less Against Other Racial Groups," *The Conversation*, July 1, 2022.

14  Chris McGreal, "Why Were Millions of Opioid Pills Sent to a West Virginia Town of 3,000?," *The Guardian*, October 2, 2019.

15  "Drug Overdose Mortality by State," National Center for Health Statistics, Centers for Disease Control and Prevention, 2021, www.cdc.gov/nchs/pressroom/sosmap/drug_poisoning_mortality/drug_poisoning.htm.

## 9장

1   Alan Jabbour and Kaen Singer Jabbour, *Decoration Day in the Mountains: Traditions*

of Cemetery Decoration in the Southern Appalachians (Chapel Hill: University of North Carolina Press, 2010).

2 Wendell Berry, *Jayber Crow* (Berkeley, C: Counterpoint Press, 2000).
3 1998년 클린치밸리칼리지는 버지니아대학교 와이즈칼리지로 이름이 바뀌었다.
4 사회계층의 연쇄 하락cascading은 브랜다이스대학교의 사회학자 캐런 핸슨이 제안한 개념이다. 연쇄 하락은 "위기와 상실을 겪으면서 추가적인 하락으로 이어질 수 있는 상황"을 뜻한다. 경제적 몰락을 겪은 이들의 생애사를 포함한 핸슨의 "연쇄 하락 인생 프로젝트"에 대해서는 다음을 보라. www.brandeis.edu/cascading-lives/index.html.
5 Jelly Roll, "The Bottom," MP3 audio, track 1 on *A Beautiful Disaster*, 2020.
6 Anne Case and Angus Deaton, *Deaths of Despair and the Future of Capitalism* (Princeton, NJ: Princeton University Press, 2020), 32.
7 Christian Picciolini, *White American Youth: My Descent into America's Most Violent Hate Movement—And How I Got Out* (New York: Hachette Books, 2017).
8 Meghan Holohan, "White Supremacists Recruit Teens by Making Them Feel Someone Cares," *Today*, August 21, 2017.
9 실제로 백인 우월주의에서 벗어나려는 이들은 그 과정 자체를 "중독과의 싸움"처럼 느끼는 경향이 있다는 연구 결과도 있다. Pete Simi, Kathleen Blee, Matthew DeMichele, and Steven Windisch, "Addicted to Hate: Identity Residual Among Former White Supremacists," *American Sociological Review* 82, no. 6 (2017): 1167-1187.

# 10장

1 Art Van Zee, "The Promotion and Marketing of OxyContin: Commercial Triumph, Public Health Tragedy," *American Journal of Public Health* 99, no. 2 (February 2009): 222.
2 Shraddha Chakradhar and Casey Ross, "The History of OxyContin, Told Through Unsealed Purdue Documents," *STAT*, December 3, 2019, citing documents from Kentucky's lawsuit against Purdue.
3 켄터키주 변호사인 미첼 데넘의 발언은 다음을 보라. Patrick Radden Keefe, "The Family That Built an Empire of Pain," *New Yorker*, October 23, 2017. Beth Macy, "America's Other Epidemic," *The Atlantic*, May 2020, and Ron Formisano, "Addiction's Profit Stream Broad, Deep," *Lexington Herald-Leader*, November 19, 2017.
4 Van Zee, "The Promotion and Marketing of OxyContin."
5 Abby Alpert, William N. Evans, Ethan M. J. Lieber, and David Powell, "Origins of the

Opioid Crisis and Its Enduring Impacts," *Quarterly Journal of Economics* 137, no. 2 (May 2022): 1139-1179.

6   Van Zee, "The Promotion and Marketing of OxyContin."
7   Van Zee, "The Promotion and Marketing of OxyContin," 222.
8   Van Zee, "The Promotion and Marketing of OxyContin," 222.
9   Van Zee, "The Promotion and Marketing of OxyContin," 221.
10  Chris McGreal, "Why Were Millions of Opioid Pills Sent to a West Virginia Town of 3,000?," *The Guardian*, October 2, 2019. Chris McGreal, *American Overdose: The Opioid Tragedy in Three Acts* (New York: Public Affairs, 2018).
11  Vegas Tenold, *Everything You Love Will Burn: Inside the Rebirth of White Nationalism in America* (New York: Nation Books, 2018), 164.
12  Chris McGreal, "Big Pharma Executives Mocked 'Pillbillies' in Emails, West Virginia Opioid Trial Hears," *The Guardian*, May 16, 2021. Lucas Manfield and Lauren Peace, "As Opioid Epidemic Raged, Drug Company Executives Made Fun of West Virginians," *Mountain State Spotlight*, May 13, 2201. 맥그릴은 "대형 제약사 임원들" 기사에서 켄터키주 규제 강화를 위한 법안을 추진할 당시 아메리소스버겐 임원 캐시 마컴이 "저 촌놈들이 글 읽는 법을 배운 모양이지"라는 내용의 이메일을 보냈다고 보도했다.
13  관련 데이터는 다음을 보라. Figure 1 in Holly Hedegaard, Arialdi M. Miniño, and Margaret Warner, "Drug Overdose Deaths in the United States, 1999-2019," Data Brief No. 394, National Center for Health Statistics, Centers for Disease Control and Prevention, December 2020, www.cdc.gov/nchs/products/databriets/db394.htm.
14  "Drug Overdose Deaths Remained High in 2021," Centers for Disease Control and Prevention, August 2023, www.cdc.gov/drugoverdose/deaths/index.html.
15  "Drug Overdose and Related Comorbidity County Profiles," Kentucky Injury Prevention and Research Center, University of Kentucky, https://kiprc.uky.edu/programs/overdose-data-action/county-profiles.
16  켄터키주의 약물 과다복용 사망률에 관해서는 다음을 보라. "Drug Overdose Mortality by State," National Center for Health Statistics, Centers for Disease Control and Prevention, www.cdc.gov/nchs/pressroom/sosmap/drug_poisoning_mortality/drug_poisoning.htm.
17  Shannon M. Monnat, "Trends in US Working-Age Non-Hispanic White Mortality: Rural-Urban and Within-Rural Differences," *Population Research and Policy Review* 39 (September 2020): 805-834. Thomas B. Edsall, "There Are Two Americas Now: One

with a BA and One Without," *New York Times*, October 5, 2022.

18  Al Cross, "Kentucky Has Very High Rate of Addicted Mothers; Rose by Double-Digit Percentages Early in Decade, Seemed to Level Off in 2015-16," *Kentucky Health News*, September 3, 2018. Egil Nygaard, Kari Slinning, Vibeke Moe, and Kristine B. Walhovd, "Behavior and Attention Problems in Eight-Year-Old Children with Prenatal Opiate and Poly-Substance Exposure: A Longitudinal Study," *PLoS One* 11, no. 6: e0158054.

19  Danny Hakim, Roni Caryn Rabin, and William K. Rashbaum, "Lawsuits Lay Bare Sackler Family's Role in Opioid Crisis," *New York Times*, April 1, 2019.

20  Radden Keefe, "The Family That Built an Empire of Pain."

21  "Children in Kinship Care in United States, 2020-2022," Kids Count Data Center, Annie E. Casey Foundation, https://datacenter.aecf.org/data/tables/10455-children-in-kinship-care?loc=1&loct=2ranking/2/any/true/2479/any/20161.

22  "Children Ages Birth to 17 Entering Foster Care in United States, 2021," Kids Count Data Center, Annie E. Casey Foundation, https://datacenter.aecf.org/data/tables/6268-children-ages-birth-to-17-entering-foster-care?loc=1&loct=2detailed/2/2-53/true/2048/any/15620.

23  Strategic Management Society, "New Study Shows Drug Manufacturers Actually Increased Opioid Marketing After Kentucky's Purdue Pharma Lawsuit," Medical Xpress, August 3, 2023, www.medicalxpress.com/news/2023-08-drug-opioid-kentucky-purdue-pharma.html. 다음도 보라. Lauren Kirschman, "Prescription Opioid Companies Increased Marketing After Purdue Pharma Lawsuit, UW Study Shows," UW News, October 9, 2023, www.washington.edu/news/2023/10/09/prescription-opioid-companies-increased-marketing-after-purdue-pharma-lawsuit-uw-study-shows/.

24  서복손은 미국에서 의학적 효능은 있으나 중간 수준의 중독 위험이 있는 약물로 분류되는 연방 규제 약물 목록 3등급에 속한다. 옥시콘틴을 홍보할 때 퍼듀 파마가 사용한 기만적 마케팅 방식과 유사하게 서복손 제조사들도 이 약물을 '중독성이 덜하다'고 홍보하며 전국적으로 불법 처방을 유도한 혐의로 사법 당국의 조사를 받아왔다. 제조사 중 하나인 레킷벤키저 그룹의 경우 미국 정부가 제기한 마케팅 관행 관련 연방 수사를 종결하는 조건으로 역대 최대 규모인 14억 달러의 합의금을 지불하기로 했다. Soo Youn, "Suboxone Maker Reckitt Benckiser to Pay $1.4 billion in Largest Opioid Settlement in US History," ABC News, July 12, 2019.

25  Alanna Durkin and Geoff Mulvhill, "Purdue Pharma Family Sought to Profit Off Opioid Crisis, Filing Alleges," *PBS NewsHour*, February 1, 2019.

26  William David Deskins, *Ginseng, Coal Dust, Moving Mountains: A History of Pike County,*

*Kentucky* (Paintsville, KY: East Kentucky Press, 2018), 252.

27　Lorraine Boissoneault, "The Coal Mining Massacre America Forgot," *Smithsonian Magazine*, April 25, 2017.

28　Rachel Donaldson, "West Virginia Mine Wars," National Park Service, https://www.nps.gov/articles/series.htm?id=C8B39227-C269-2EE9-F318CA6374FA310F.

29　레드넥이라는 단어의 기원을 다르게 설명하는 사람도 있다. 이 표현은 1890년대부터 미국에서 빈곤한 시골 지역 사람들, 특히 포퓰리스트적 개혁을 요구하던 농민들을 비하하는 말로 사용되었다는 증거도 있다. Patrick Huber and Kathleen Drowne, "Redneck: A New Discovery," *American Speech* 76, no. 4 (2001): 434-436. 여러 가설에 따르면, '레드'는 분노로 얼굴이 붉어진 모습이나 영양 결핍성 피부 질환인 펠라그라 pellagra에서 유래했을 수도 있지만 가장 가능성 높은 설명은 햇볕 아래에서 목을 드러낸 채 노동한 데서 비롯됐다는 것이다. 또 1894년 남아프리카에서 보어인들이 자신들처럼 챙 넓은 모자를 쓰지 않는 이들을 조롱하기 위해 이 표현을 썼다는 기록도 있다. Harper Douglas, "Etymology of Redneck," Online Etymology Dictionary, www.etymonline.com/word/redneck.

30　Kate Sullivan, "Trump's Anti-Immigrant Comments Draw Rebuke," CNN, October 6, 2023.

31　멕시코 이주민에 대해 트럼프가 이 폄하 발언을 하는 연설 영상은 다음을 보라. "'Drug Dealers, Criminals, Rapists': What Trump Thinks of Mexicans," BBC, August 31, 2016. 트럼프는 이런 견해를 공개 연설뿐 아니라 국경순찰대 관계자들과의 비공개 회의에서도 자주 드러냈다. "비공식적으로 대통령은 국경 장벽을 물로 채운 해자로 두르고 뱀이나 악어를 풀자는 말을 자주 했고 이에 참모들이 실제 소요 비용을 알아보기도 했다. 그는 장벽에 전기를 흐르게 하고, 사람의 살을 뚫을 수 있는 쇠못이 박힌 구조물을 꼭대기에 설치하기를 원했다. 또 이민자들이 돌을 던질 경우 군인들이 사격을 하게 하자고 공개적으로 제안했다가 참모진이 불법이라고 지적하자 한 발 물러섰다." Michael D. Shear and Julie Hirschfeld Davis, "Shoot Migrants' Legs, Build Alligator Moat: Behind Trump's Ideas for Border," *New York Times*, October 1, 2019.

32　Christopher Sebastian Parker, "Status Threat: Moving the Right Further to the Right?," *Daedalus* 150, no. 20 (Spring 2021): 56-75.

33　Parker, "Status Threat."

34　"The Dangers of Hiding Drugs in Body Cavities," Recovery First Treatment Center, December 20, 2022, www.recoveryfirst.org/blog/treatment/the-dangers-of-hiding-drugs-in-body-cavities/.

35　William Julius Wilson, *The Truly Disadvantaged: The Inner City, the Underclass, and Public*

Policy, 2nd ed. (Chicago: University of Chicago Press, 2012 [1987]). Wilson, *When Work Disappears: The World of the New Urban Poor* (New York: Vintage Books, 1997).
36 Anne Case and Angus Deaton, *Diseases of Despair and the Future of Capitalism* (Princeton, NJ: Princeton University Press, 2020), 5-6.
37 "Staff Report," *Appalachian News Express*, October 11-12, 2022.

# 11장

1 마운틴 미션은 "PrayersForPikeville"이라는 해시태그를 사용했다. Blake Montgomery, "The Far Right and Left Confronted Each Other in a Small Kentucky Town but It Remained Mostly Peaceful," BuzzFeed News, April 29, 2017.
2 Dave Mistich, "'Surrender Under Protest': Another Take on Pikeville, Kentucky's White Supremacist Rally and Counter Protest," 100 Days in Appalachia, May 8, 2017.
3 Cecilia Saixue Watt, "Redneck Revolt: The Armed Left wing Group That Wants to Stamp Out Fascism," *The Guardian*, July 11, 2017.
4 Lois Beckett, "Neo-Nazis and Anti-Fascist Protesters Leave Kentucky After Standoff," *The Guardian*, April 30, 2017.
5 집회 현장을 담은 사진 보도는 다음을 보라. Pat Jarrett, "A Neo-Nazi Gathering in Kentucky-in Pictures," *The Guardian*, June 4, 2017. Bill Estep, "Hardly Peaceful, but No Violence as White Nationalists, Protesters Yell in Pikeville," *Lexington Herald-Leader*, April 29, 2017.
6 티셔츠는 화이츠버그를 기반으로 활동하는 예술가 레이시 헤일이 디자인했다. www.lacyhale.com.
7 "White Nationalists, Counterprotesters Prepare for Kentucky Rally: Part 3," YouTube, posted by ABC News, August 19, 2017, www.youtube.com/watch?v=7DUfaorghFU.
8 Estep, "Hardly Peaceful, but No Violence."
9 남부빈곤법률센터는 주요 혐오 단체 지도자들의 프로필을 관리하고 있다. 하임바크와 쇼프에 관한 더 자세한 정보는 다음을 보라. SPLC's Extremist Files, https://www.splcenter.org/fighting-hate/extremist-files/individual.
10 Jarrett, "A Neo-Nazi Gathering in Kentucky."
11 Canadian Press, "Man Charged with Harassment over Removal of Trump Protesters," Battlefords Now, May 1, 2017, www.battlefordsnow.com/2017/05/01/man-charged-with-harassment-over-removal-of-trump-protesters/.
12 민권운동가 패니 루 헤이머는 이 찬송가를 자신만의 방식으로 부르며, 어머니가 미

시시피에서 소작농으로 일하던 시절 밭에서 이 노래를 불렀다고 회상했다. Fannie Lou Hamer, "I'm Gonna Land on the Shore," YouTube, posted by Fannie Lou Hamer-Topic, July 8, 2015, www.youtube.com/watch?v=TP2I_BYo8VY.

13 플로렌스 리스는 〈당신은 어느 편인가?〉의 멜로디가 두 개의 서로 다른 찬송가에서 비롯되었다고 밝혔다. 1996년 한 인터뷰에서는 그중 하나가 〈백합을 꺾어라〉였다고 기억했다. 이 찬송가는 음원이나 악보 등 기록이 남아 있지 않다. 민속음악 장르에서는 흔한 일이다. Guy Carawan and Candie Carawan, *Voices from the Mountains: The People of Appalachia—Their Faces, Their Words, Their Songs* (Athens, GA: Brown Thrasher Books, 1996). 그보다 앞선 1978년 인터뷰에서 그녀는 그 찬송가의 제목은 기억하지 못했지만 가사 중에 "나는 저 언덕에 닿으리라 / 나는 저 언덕에 닿으리라 / 나는 저 언덕에 닿아 영원히 구원받으리라"라는 구절이 포함되어 있었다고 말했다. Florence Reece, "Lay the Lily Low," Digital Library of Appalachia, Appalachian College Association, 1978, audiocassette ww08406.mp3.

14 John C. Hennen, "Introduction to the New Edition," *Harlan Miners Speak: Report on Terrorism in the Kentucky Coal Fields Prepared by Members of the National Committee for the Defense of Political Prisoners* (Lexington: University Press of Kentucky, 2008).

15 Ani DiFranco, "Which Side Are You On?," MP3 audio, track 3 on *Which Side Are You On?*, 2012.

16 Paddy Tarleton, "Which Side Are You On," MP3 audio, track 2 on *Diversity Is Our Strength*, 2016. 다음도 보라. Brendan Joel Kelley, "The Alt-Right's New Soundtrack of Hate," Southern Poverty Law Center, October 9, 2017.

17 음악이 사회운동에서 지니는 감정적 중요성에 대해 이 아이디어를 제안해준 커스틴 크러셀에게 감사드린다.

## 12장

1 Roger Alford, "Hundreds of Singers Sign Up for 'Hope for the Mountains' Choir," *Kentucky Today*, October 17, 2018.

2 Chris Kenning, "'Things Have Changed': Why More Kentucky Towns Are Embracing LGBTQ Pride Parades," *Courier Journal*, June 13, 2019. 파이크빌에서 열린 게이 프라이드 행사 관련 웹사이트는 다음과 같다. www.pikeville-pride.square.site/.

3 Emily Bennett, "Many Gather in Pikeville to Rally for 'Public Grief,'" *Mountain News WYMT*, June 1, 2020.

4 Cory Sanning, "Back the Blues Rally Aims to Spread Awareness for Law Enforcement,"

WKYT, September 5, 2020.

5  Gun Show Trader, "Pikeville Gun & Knife Show," www.gunshowtrader.com/gun-shows/pikeville-gun-show/.
6  Michael Edison Hayden, Hannah Gais, Cassie Miller, Megan Squire, and Jason Wilson, "'Unite the Right' 5 Years Later: Where Are They Now?," Southern Poverty Law Center, August 11, 2022.
7  Laura Santhanam, "How White Nationalist Leader Matt Heimbach Defends Violence at Saturday's Rally in Charlottesville," PBS NewsHour, August 15, 2017.
8  Rose Falvey, "White Nationalist Matthew Heimbach Banned from the United Kingdom," Southern Poverty Law Center, November 4, 2015.
9  한 가지 예외는 한때 인종 분리에 동의했던 흑인 무슬림에 대한 언급이었다.
10 Larry Buchanan, Quoctrung Bui, and Jugal K. Patel, "Black Lives Matter May Be the Largest Movement in US History," New York Times, July 3, 2020.
11 Sanya Mansoor, "93% of Black Lives Matter Protests Have Been Peaceful, New Report Finds," Time, September 5, 2020.
12 Dan Glaun, "A Timeline of Domestic Extremism in the US, from Charlottesville to January 6," PBS, April 21, 2021.
13 한편 제프 쇼프는 극단적 폭력을 현실에서 허구로, 다시 현실로 전환시키는 기이한 연쇄 사건의 단초가 되는 행동에 나섰다. 그는 파이크빌과 샬러츠빌에서 매슈 하임바크와 나란히 당당히 서 있었지만 이제는 아홉 명의 피해자를 대표로 제기된 2500만 달러 규모의 소송에 피고로 이름을 올리게 된다. 그가 폭력 사태를 계획했고 그것이 피해자들의 부상으로 이어졌다며 제기된 소송이었다. 쇼프는 자신의 집을 포함한 모든 것을 잃을까 두려워하며 소송에서 벗어나고자 했다. 그는 도움을 청하기 위해 캘리포니아 출신의 흑인 침례교 목사이자 민권운동가를 자처한 제임스 하트 스턴에게 연락했다. 캘리포니아주 와츠에서 태어난 스턴은 안수받은 목사이자 중재자로 이후 횡령 혐의로 미시시피 감옥에 수감되기도 했다. 스턴은 그곳에서 악명 높은 백인 인종주의자이자 KKK의 전직 '그랜드 위저드' 에드거 레이 킬런과 같은 감방을 쓰게 된다. 킬런은 1964년 미시시피에서 민권운동가 세 명을 살해한 혐의로 복역 중이었다. 많은 사람의 놀라움을 자아내며, 스턴과 킬런은 감옥에서 전혀 어울릴 것 같지 않은 우정을 쌓았다. 킬런은 죽음을 앞두고 자신의 토지와 개인 자산에 대한 위임장을 흑인 동료 수감자인 스턴에게 넘겼다. 킬런이 사망하고 스턴이 출소한 뒤, 스턴은 이 위임장을 이용해 킬런이 이끌던 KKK 지부를 공식적으로 해산시켰다. 경제적으로 궁지에 몰린 쇼프 역시 스턴을 찾아갔고, NSM의 대표직을 제임스 스턴에게 공식 이전하는 서류를 미시간주 면허·규제국에 제출했다. 이렇게 해서 스턴은 다시 한

번 극우 단체를 '뒤집어'놓았다. NSM의 새로운 대표가 된 스턴은 법정 진술을 '무죄'에서 '유죄'로 바꾸고 홈페이지에 있던 모든 반유대적 문구를 삭제한 뒤, 아우슈비츠 가스실의 존재를 여전히 부정하던 하임바크와 달리 스티븐 스필버그의 반나치 영화 〈쉰들러 리스트〉의 링크를 홈페이지에 게시했다. 훗날 〈워싱턴포스트〉와의 인터뷰에서 스턴은 스스로를 "인종의 속삭임을 알아듣는 자$_{\text{race whisperer}}$"라고 자랑스럽게 표현했다. 한편 쇼프는 결국 샬러츠빌 사건과 관련되어 금전적 책임에서 벗어나지 못했다는 사실을 알게 됐고, 스턴에게 속았다고 주장했다. 쇼프가 반인종주의자인 스턴에게 도움을 청한 일은 마치 스파이크 리 감독의 영화 〈블랙클랜스맨〉 속 흑인 주인공의 역할을 현실에서 반복한 듯한 모습이었다. 이 영화는 바로 하임바크와 쇼프가 한때 자랑스럽게 선두에 섰던 샬러츠빌 행진의 실제 장면으로 마무리된다. 47세가 된 제프 쇼프는 마침내 자신의 인종주의를 진심으로 철회하고, '전향한 극우주의자'로 새로운 삶을 시작했다. 그는 공개적으로 인종주의를 비난하고 있다. 이에 대해 하임바크는 이렇게 불평했다. "좌파들이 제프를 이용하고 있어요. 그는 지금 사이먼 비젠탈 센터(유대인 보호 및 반유대주의 감시 국제 단체-옮긴이)에 영혼을 팔고 돈을 벌고 있는 겁니다." Katie Mettler, "The 'Race Whisperer,'" *Washington Post*, October 30, 2019.

14 Aila Slisco, "Is Kentucky Republican Thomas Massie Making a Case for Secession?," *Newsweek*, December 17, 2021. 연방 하원의원인 마저리 테일러 그린은 국가적 이혼을 주장하며 내전 발생 가능성을 경고한 바 있다. Hall, "Marjorie Taylor Green Gets Sean Hannity On Board for National Divorce." 그리고 2023년 3월 〈이코노미스트〉의 의뢰로 여론조사 기관 유고브$_{\text{YouGov}}$가 미국 성인 1500명을 대상으로 실시한 여론조사에 따르면 전체 응답자의 23퍼센트가 "우리에겐 국가적 이혼이 필요하다. 붉은 주와 파란 주로 갈라서야 한다"는 주장에 "전적으로 동의"하거나 "어느 정도 동의"한다고 답했다. https://docs.cdn.yougov.com/li6zpqns9b/econtoplines.pdf.

15 Colby Hall, "Marjorie Taylor Green Gets Sean Hannity On Board for National Divorce-Then Warns of Looming Civil War," MSN, February 22, 2023.

16 Kim Bellware, "There Will Be 'Riots in the Street' If Trump Is Prosecuted, Graham Says," *Washington Post*, August 29, 2022.

17 이날 벌어진 사건들에 대한 설명은 다음을 보라. Emily Shugerman and Gerry Seavo James, "Three Injured as Rival Armed Militias Converge on Louisville," *Daily Beast*, February 15, 2021. NFAC에 대한 설명은 다음을 보라. "Not Fucking Around Coalition," Wikipedia, last modified August 22, 2023.

## 13장

1  Commonwealth of Kentucky, State Board of Elections, "Official 2016 General Election Results," 2016, https://electky.gov/results/2010-2019/Documents/2016%20General%20Election%20Results.pdf.
2  Tommy Pool and Dakota Makres, "Eastern Kentuckians Participate in a President Trump Caravan," WYMT, November 1, 2020, www.wymt.com/2020/11/01/eastern-kentuckians-participate-in-a-president-trump-caravan/.
3  Lucas Aulbach, "Hundreds of Boats Hit Kentucky Lake on Saturday for Pro-Trump Parade," *Courier Journal*, September 6, 2020.
4  Barna, "U.S. Adults Believe Hate Speech Has Increased-Mainly Online," July 16, 2019, www.barna.com/research/hate-speech-increased/.
5  Houston Keene, "Republicans Hammer Biden After Trans Activists Go Topless at White House event: 'Very Disgraceful,'" Fox News, June 13, 2023.
6  "What Percentage of the US Population Is Transgender?," USA Facts, August 3, 2023, https://usafacts.org/articles/what-percentage-of-the-us-population-is-transgender/.
7  Cory Sanning, "Back the Blues Rally Aims to Spread Awareness for Law Enforcement," WKYT, September 5, 2020.
8  J. K. Coleman, "Opinion," *Appalachian News-Express*, January 12-14, 2021.
9  John Cassidy, "As Gas Prices Reach New Highs, Oil Companies Are Profiteering," *New Yorker*, May 11, 2022.
10  Jacob Hacker and Paul Pierson, *Winner-Take-All Politics: How Washington Made the Rich Richer-and Turned Its Back on the Middle Class* (New York: Simon & Schuster, 2010).
11  Michael Kruse, "The Final Lesson Donald Trump Never Learned from Roy Cohn," *Politico*, September 19, 2019, https://www.politico.com/magazine/story/2019/09/19/roy-cohn-donald-trump-documentary-228144/.
12  David Gilbert, "Meet the 'Black Robe Regiment' of Extremist Pastors Spreading Christian Nationalism," *Vice*, November 8, 2022. Jonathan Den Hartog, "What the Black Robe Regiment Misses About Revolutionary Pastors," *Christianity Today*, January 20, 2021.
13  더 정확히 말하자면 깊은 이야기는 'X는 틀리고 Y는 옳다'는 식의 주장에서 벗어나, '이 이야기는 진실을 담고 있으며, 그 자체로 줄을 선 사람과 새치기한 사람 중 누가 더 자격이 있는지를 보여준다'는 주장으로 초점을 옮긴다.
14  Arlie Russell Hochschild, *Strangers in Their Own Land: Anger and Mourning on the American Right* (New York: The New Press, 2016), 135-151.

15  Michael C. Bender and Maggie Haberman, "Trump Sells a New Image as the Hero of $99 Trading Cards," *New York Times*, December 15, 2022.

16  Terrance Smith and Jessie DiMartino, "Trump Has Longstanding History of Calling Elections 'Rigged' If He Doesn't Like the Results," ABC News, November 11, 2020.

17  FiveThirtyEight, "60 Percent of Americans Will Have an Election Denier on the Ballot This Fall," November 8, 2022, https//www.projects.fivethirtyeight.com/republicans-trump-election-traud/.

18  Philip Bump, "Six in 10 Republicans Still Think 2020 Was Illegitimate," *Washington Post*, May 24, 2023.

19  Charles Homans, "How 'Stop the Steal' Captured the American Right," *New York Times Magazine*, July 28, 2022.

20  Kristen Holmes, "Trump Calls for Termination of the Constitution in Truth Social Post," CNN, December 4, 2022.

21  Tim Malloy and Doug Schwartz, "Lowest Opinion of Trump Among Voters in Seven Years, Quinnipiac University National Poll Finds: Biden Approval Rating Climbs," Quinnipiac University poll, December 14, 2022, https://poll.qu.edu/poll-release?releaseid=3863.

22  Steven Livingston, "An Exploration of Cognitive Science and Sociological Approaches to the Crisis of Democracy," Scripts Working Paper No. 31, Freie Universitat Berlin, Edwin-Redslob-Strabe 29, 14195, Berlin, Germany, p. 3.

23  Will Cummings, Joey Garrison, and Jim Sergent, "By the Numbers: President Donald Trump's Failed Efforts to Overturn the Election," *USA Today*, January 6, 2021.

24  Brockton Booker, "Arizona and Wisconsin Certify Election Results, Affirming Biden Victories," NPR, November 30, 2020.

25  Jared Gans, "Trump Won't Commit to Accepting 2024 Election Results," *The Hill*, May 10, 2024

26  그는 자신의 페이스북에 '미국을 위한 장성들'이라는 단체가 올린 공개 서한을 공유했다. 이 단체는 선거의 정당성에 의문을 제기하고 "사회주의, 마르크스주의, 진보주의"에 맞서 싸워야 한다고 주장하는 124명의 퇴역 장군과 제독들로 구성돼 있다. 대부분 20여 년 전에 퇴역했고 4성 장군은 한 명도 없었지만 군대의 열렬한 지지자였던 포드는 이 글을 올리며 자신의 신념을 재확인했다. 이는 대다수 공화당 지지자들과 적지 않은 미국인들이 공유하는 견해였다.

27  Pew Research Center, "Public Trust in Government: 1958-2022," June 6, 2022, www.pewresearch.org/politics/2022/06/06/public-trust-in-government-1958-2022/.

28    Michael H. Keller and David D. Kirkpatrick, "Their America Is Vanishing. Like Trump, They Insist They Were Cheated," *New York Times*, October 23, 2022.
29    의회는 2020년 대선 결과에 대한 공화당 측의 이의 제기에 대해 두 건의 별도 표결을 진행했다. 하나는 펜실베이니아주의 개표 결과, 다른 하나는 애리조나주의 개표 결과에 대한 것이었다. 하원에서는 총 139명의 의원이 한쪽 또는 양쪽의 이의 제기에 찬성했고 64명은 두 건 모두 기각했다. 의원별 투표 내역은 다음을 보라. Harry Stevens, Daniela Santamariña, Kate Rabinowitz, Kevin Uhrmacher, and John Muyskens, "How Members of Congress Voted on Counting the Electoral College Vote," *Washington Post*, January 7, 2020.
30    Keller and Kirkpatrick, "Their America Is Vanishing." 다음도 보라. Charles Homans, "How 'Stop the Steal' Captured the American Right."
31    켈러와 커크패트릭에 따르면 선거를 '도둑맞았다'고 믿는 하원의원이 대표하는 139개 선거구에서는 지난 30년 동안 백인 주민의 비율이 다른 공화당 당선 선거구에 비해 약 35퍼센트 더 감소한 것으로 나타났다.
32    Philip Bump, "Republicans Who Watch Fox News Are More Likely to Believe False Theories About Jan. 6," *Washington Post*, January 3, 2022.
33    Roger Ford, "Farewell, Kentucky," *Appalachian News-Express*, January 9, 2018.
34    David McGranahan, John Cromartie, and Tim Wojan, "The Two Faces of Rural Population Loss Through Outmigration," Economic Research Service, U.S. Department of Agriculture, December 1, 2010, www.ers.usda.gov/amber-waves/2010/december/the-two-faces-of-rural-population-loss-through-outmigration/.
35    James C. Davis, Anil Rupasingha, John Cromartie, and Austin Sanders, "Rural America at a Glance: 2022 Edition," Economic Research Service, U.S. Department of Agriculture, Bulletin No. 246, November 2022, https://www.ers.usda.gov/webdocs/publications/105155/eib-246.pdf?v=1662.
36    Nicholas F. Jacobs and Daniel M. Shea, *The Rural Voter: The Politics of Place and the Disuniting of America* (New York: Columbia University Press, 2023), 272-273.
37    "The Rise and Implications of the Rural Voter with Dan Shea," YouTube, posted by Rural Urban Bridge Initiative, March 2, 2023, www.youtube.com/watch?v=P3emblr8zml.
38    Jacobs and Shea, *The Rural Voter*, 274-275.
39    Jacobs and Shea, *The Rural Voter*, 275-276. 이후 시골을 대표하는 이미지는 캐나다 농촌을 배경으로 한 〈쉬츠 크리크Schitt's Creek〉처럼 생뚱맞고 사랑스러운 드라마로 옮겨갔다.
40    Jacobs and Shea, *The Rural Voter*, 282.

**41** Katherine J. Cramer, *The Politics of Resentment: Rural Consciousness in Wisconsin and the Rise of Scott Walker* (Chicago: University of Chicago, 2016).

**42** Cramer, *The Politics of Resentment*.

**43** 1956년부터 1965년까지 파이크빌의 학교 통합 과정에 대해서는 다음을 보라. Mark Sohn, "The Black Struggle for Education and Learning," *Appalachian Heritage* 15, no. 4 (1987): 35-42.

**44** Malcolm Gladwell, *Outliers: The Story of Success* (New York: Little, Brown, 2008).

**45** Heather Long and Andrew Van Dam, "The Black-White Economic Divide Is as Wide as It Was in 1968," *Washington Post*, June 4, 2020.

**46** Eduardo Porter, "Black Workers Stopped Making Progress on Pay. Is It Racism?," *New York Times*, June 28, 2021.

**47** Lisa Respers France, "Bette Midler Apologizes to West Virginia Residents for 'Poor, Illiterate, Strung Out' Tweet," CNN, December 22, 2021.

**48** Roger Ford, "Tale of Two States," *Appalachian News-Express*, July 18, 2017.

**49** 포드는 자신이 상상하는 워싱턴 D.C.에 사는 부유한 정부 공무원들을 지칭한 것이었다. 그러나 워싱턴 D.C.에 등록된 1만 2000명의 로비스트가 모두 해당 지역에 거주하는 것은 아니다. Tala Hadavi, "Lobbying in Q1 Topped a Record $938 Million, but Lobbyists Say Their Profession Is Misunderstood," CNBC, October 5, 2020.

**50** Suzanne Goldenberg, "Obama Unveils Historic Rules to Reduce Coal Pollution by 30%," *The Guardian*, June 2, 2014.

**51** 천연가스와 재생에너지의 가격 경쟁으로 인해 전국 석탄 화력발전소의 약 4분의 1이 2030년까지 폐쇄될 예정이다. M. Tyson Brown, "Nearly a Quarter of the Operating U.S. Coal-Fired Fleet to Retire by 2029," U.S. Energy Information Agency, November 7, 2022, https://www.eia.gov/todayinenergy/detail.php?id=54559.

**52** Oliver Milman, "US Renewable Energy Farms Outstrip 99% of Coal Plants Economically-Study," *The Guardian*, January 30, 2023. 추가 연구에 따르면 현재 남아 있는 석탄 화력발전 용량의 절반이 2030년까지 폐쇄될 예정이다. Seth Feaster, "U.S. on Track to Close Half of Coal Capacity by 2026," Institute for Energy Economics and Financial Analysis, April 1, 2023, www.ieeta.org/resources/us-track-close-half-coal-capacity-2026.

**53** Scott Horsley, "Fact Check: Hillary Clinton and Coal Jobs," NPR, May 3, 2016.

**54** Environmental and Energy Study Institute, "Fossil Fuel Subsidies: A Closer Look at Tax Breaks and Societal Costs," July 29, 2019, www.eesi.org/papers/view/fact-sheet-fossil-fuel-subsidies-a-closer-look-at-tax-breaks-and-societal-costs.

55 코로나19 팬데믹 이전인 2019 회계연도에 켄터키주는 주 예산 수입의 39.8퍼센트를 연방정부 지원금에 의존했다. Rebecca Thiess, Justin Theal, and Brakeyshia Samms, "2019 Federal Share of State Revenue Remains Stable," Pew Trusts, December 22, 2021. 2021 회계연도에는 이 비율이 46.2퍼센트까지 상승했으며, 이는 부분적으로 연방정부의 팬데믹 지원금에 따른 결과였다. Rebecca Thiess, Justin Theal, and Kate Watkins, "Pandemic Aid Lifts Federal Share of State Budgets to New Highs," Pew Trusts, August 28, 2023.

56 2023년 5월 현재 파이크카운티 주민의 20.6퍼센트가 SNAP 프로그램의 수혜를 받고 있었다. 이는 1만 1591명 또는 5847가구에 해당한다. Jessica Klein, "Tracking SNAP in Kentucky," Kentucky Center for Economic Policy, June 23, 2023, https://kypolicy.org/tracking-snap-in-kentucky/. 메디케이드의 경우 코로나19 당시 정책 변화로 인해 가입자가 급증해 2023년 8월 현재 파이크카운티 주민의 46.6퍼센트가 메디케이드에 가입해 있었다. "Monthly Medicaid Counts by County," Department for Medicaid Services, Kentucky Cabinet for Health and Family Services, https://www.chfs.ky.gov/agencies/dms/dafm/Pages/statistics.aspx?View=2023%20Reports%20by%20County&Title=Table%20Viewer%20Webpart.

57 Glenn Kessler, "Trump's Outrageous Claim That 'Thousands' of New Jersey Muslims Celebrated the 9/11 Attacks," *Washington Post*, November 22, 2015.

58 Sheryl Gay Stolberg, "Baltimore to Trump: You Lost Your Authority to Criticize," *New York Times*, July 29, 2019.

59 Alexander Burns, "Choice Words from Donald Trump, Presidential Candidate," *New York Times*, June 16, 2015.

60 Nathan Layne, "Macy's Cuts Ties with Trump, New York City Reviews Contracts," Reuters, July 1, 2015.

61 Layne, "Macy's Cuts Ties with Trump."

62 Layne, "Macy's Cuts Ties with Trump."

63 Layne, "Macy's Cuts Ties with Trump."

64 이후 션 해니티는 살라사르의 반응을 "급진 좌파 선전 매체"가 트럼프를 가차 없이 조롱하는 전형적인 사례라고 묘사했다. Sean Hannity, "Trump's Warning on Illegal Immigrants Proves Grimly Prophetic," Fox News, March 22, 2017.

65 Adam B. Lerner, "Sean Hannity: Trump's Remarks Not 'Racially Tinged,'" *Politico*, June 30, 2015.

66 Nick Gass, "Macy's Dumps Trump," *Politico*, July 1, 2015. 다음도 보라. Joseph Ax, "Trump Sues Univision for $500 Million over Miss USA Cancellation," Reuters, June 30,

2015.

**67** David Keen, *Shame: The Politics and Power of an Emotion* (Princeton, NJ: Princeton University Press, 2023, p. 111).

**68** Keen, *Shame: The Politics and Power of an Emotion*, 2023, p. 111.

**69** Sabrina Siddiqui, "Donald Trump calls Obama the 'founder of Isis,'" *The Guardian*, August 11, 2016.

**70** Tom Kludt, "Trump to Snub White House Correspondents' Dinner for Third Year in a Row," CNN, April 5, 2019.

**71** Ray Nothstine, "Trump: 'Why Do I Have to Repent or Ask for Forgiveness it I Am Not Making Mistakes?,'" *Christian Post*, July 2015. 해당 장면 영상은 다음을 보라. C-SPAN, "Presidential Candidate Donald Trump at the Family Leadership Summit," July 18, 2015, www.c-span.org/video/?327045-5/presidential-candidate-donald-trump-family-leadership-summit.

**72** Mary L. Trump, *Too Much and Never Enough: How My Family Created the World's Most Dangerous Man* (New York: Simon & Schuster, 2022).

**73** 도널드 트럼프의 연설은 다음을 보라. YouTube, https://www.youtube.com/watch?v=f9NNBQaHD91, July 17, 2023.

**74** "Donald Trump, 'The Apprentice,' and Secular Rapture," *The Boston Globe*, September 6, 2017.

**75** Geoffrey Gorer, *Death, Grief, and Mourning* (Garden City, NY: Doubleday-Anchor, 1967).

# 14장

**1** 2000년부터 현재까지의 석탄 산업 고용 통계는 다음을 보라. "Quarterly Coal Dashboard," Kentucky Energy and Environment Cabinet, https://eec.ky.gov/Energy/News-Publications/Pages/quarterly-coal-dashboard.aspx.

**2** Eric Lipton, "'The Coal Industry Is Back,' Trump Proclaimed. It Wasn't," *New York Times*, October 18, 2020.

**3** 1985년부터 2023년 사이 석탄 산업의 고용 변화를 보여주는 도표는 다음을 보라. U.S. Bureau of Labor Statistics, "All Employees, Coal Mining [CES1021210001]," retrieved from FRED, Federal Reserve Bank of St. Louis, September 5, 2023, https://fred.stlouisfed.org/series/CES1021210001. Will Wade, "US Coal Use Is Rebounding Under Biden Like It Never Did with Trump," Bloomberg, October 12, 2021.

4   John Caplan, "America's Hourly Workers," *Forbes*, March 12, 2021.

5   David Salkever, "Real Pay Data Show Trump's 'Blue Collar Boom' Is More of a Bust for US Workers, in 3 Charts," *The Conversation*, February 7, 2020. 2016~20년 다른 임금 통계에는 복리후생이 포함되지 않았다. BBC News, "US 2020 Election: The Economy Under Trump in Six Charts," November 3, 2020.

6   뿐만 아니라 일정 기간 동안 생산된 재화와 서비스의 가치를 의미하는 국내총생산(GDP) 증가율도 바이든 정부(18퍼센트)가 트럼프 정부(7퍼센트)보다 더 높았다. Facts First, "Presidential Comparison: Biden vs Trump," last updated December 20, 2023, https://www.factsarefirst.com/comparison/joe-biden/donald-trump.

7   Catherine Thorbecke, "A Look at Trump's Economic Legacy," ABC News, January 20, 2021.

8   U.S. Bureau of Labor Statistics, "12-Month Percentage Change, Consumer Price Index, By Region and Division, All Items," October 2023, https://www.bls.gov/charts/consumer-price-index/consumer-price-index-by-region.htm.

9   U.S. Representative Rosa DeLauro, "DeLauro, DelBene, Torres Reintroduce Legislation to Expand and Improve Child Tax Credit," press release, June 7, 2023, https://delauro.house.gov/media-center/press-releases/delauro-delbene-torres-reintroduce-legislation-expand-and-improve-child.

10  Chris Cameron, "These Are the People Who Died in Connection with the Capitol Riot," *New York Times*, January 5, 2022.

11  Marin Pengelly, "Pence Secret Service Detail Feared for Their Lives During Capitol Riot," *The Guardian*, July 21, 2022.

12  Zachary Cohen and Whitney Wild, "Frustrated Lawmakers Want Protection for Their Families as Threats Increase," CNN, October 28, 2022.

13  Hannah Hartig, "In Their Own Words: How Americans Reacted to the Rioting at the US Capitol," Pew Research Center, January 15, 2021.

14  Nick Niedzwiadek, "Capitol Police Officer Says Jan. 6 Rioters Used N-Word Against Him, Others," *Politico*, July 27, 2021.

15  Aaron Morrison, "Racism of Rioters Takes Center Stage on Jan. 6 Hearing," Associated Press, July 28, 2021.

16  John Gramlich, "A Look Back at Americans' Reactions to the Jan. 6 Riot at the U.S. Capitol," Pew Research Center, January 4, 2022.

17  David Keen, *Shame: The Power and Politics of Emotion* (Princeton, NJ: University of Princeton Press, 2023, p. 125).

18  Pape, "Deep, Divisive, Disturbing and Continuing." 다음도 보라. Lois Beckett, "Most Alleged Capitol Rioters Unconnected to Extremist Groups, Analysis Finds," *The Guardian*, March 4, 2021.
19  Tyler Austin Harper, "An Utterly Misleading Book About Rural America," *The Atlantic*, April 4, 2024.
20  Jeremy Barr, "Why These Fox News Loyalists Have Changed the Channel to Newsmax," *Washington Post*, December 27, 2020.
21  Alison Durkee, "Republicans Increasingly Realize There's No Evidence of Election Fraud— But Most Still Think 2020 Election Was Stolen Anyway, Poll Finds," *Forbes*, March 14, 2023.
22  Brittany Shepherd, "Majority of Americans Think Jan. 6 Attack Threatened Democracy: POLL," ABC News, January 2, 2022.
23  Sarana Hale Spencer, Robert Farley, and D'Angelo Gore, "Explaining the Missing Context of Tucker Carlson's Jan. 6 Presentation," FactCheck.org, March 10, 2023.
24  Hannah Arendt, *The Origins of Totalitarianism* (New York: Harvest/Harcourts, 1951), 190. 다음에 인용되었다. David Keen, *Shame: The Politics and Power of an Emotion*, 125.
25  Keen, *Shame: The Power and Politics of Emotion*, 125.
26  U.S. Department of Justice, "Three Years Since the Jan. 6 Attack on the Capitol," press release, January 5, 2024, https://www.justice.gov/usao-dc/36-months-jan-6-attack-capitol-0.
27  내 연구 조교인 나탈리 파스퀴넬리는 렉시스넥시스LexisNexis, 웨스트로Westlaw, 블룸버그를 포함해 여러 데이터베이스와 함께 PACER(미 연방법원 전자기록 열람 시스템) 및 코트 리스너Court Listener(법원 문서 공개 플랫폼)를 활용해 켄터키주 피고인 전원의 사건 기록(탄원서와 자필 진술서)을 찾아냈다. 1월 6일 관련 연방 형사사건 전체를 검색할 수 있는 데이터베이스는 다음을 보라. NPR, "The Jan. 6 Attack: The Cases Behind the Biggest Criminal Investigation in U.S. History," last updated February 16, 2024, https://www.npr.org/2021/02/09/965472049/the-capitol-siege-the-arrested-and-their-stories.
28  Samantha Hawkins, "Prison for University of Kentucky Student Who Stormed the Capitol," Courthouse News Service, December 17, 2021.
29  Billy Kobin, "Kentucky Nurse, Air Force Veteran Sentenced for Their Roles in Jan. 6 Riot at US Capitol," *Courier-Journal*, October 22, 2021.
30  Dan Cancian, "Lori Vinson, Nurse Who Entered Capitol During Riot, Says She 'Would Do It Again,'" *Newsweek*, January 17, 2021.

31  Kobin, "Kentucky Nurse."
32  빈슨은 징역형 대신 5년간의 보호관찰과 함께 벌금 5000달러와 배상금 500달러, 120시간의 사회봉사 명령을 선고받았다. Kobin, "Kentucky Nurse."
33  "'I Need 11,000 Votes,' Trump Told Ga. Election Official | Jan. 6 hearings," YouTube, posted by *PBS NewsHour*, June 21, 2022, www.youtube.com/watch?v=AbFc917KXA0.
34  "Trump Leaves Atlanta After Surrendering at Fulton County Jail," FOX 5 Atlanta, August 24, 203.
35  Tara Suter, "Trump Unveils Digital Trading Cards 'MugShot Edition,'" *The Hill*, December 12, 2023.
36  Collect Trump Cards, "Frequently Asked Questions," https://collecttrumpcards.com/faqs.
37  Collect Trump Cards, "Frequently Asked Questions," https://collecttrumpcards.com/faqs.
38  Patrick Healy and Maggie Haberman, "95,000 Words, Many of Them Ominous, From Donald Trump's Tongue," *New York Times*, December 5, 2015.
39  Mike Levine, "'No Blame'? ABC News Finds 54 Cases Invoking 'Trump' in Connection with Violence, Threats, Alleged Assaults," ABC News, May 30, 2020.
40  Maggie Haberman, Jonah E. Bromwich, and William K. Rashbaum, "Trump, Escalating Attacks, Raises Specter of Violence If He Is Charged," *New York Times*, April 4, 2023.
41  David French, "The Rule of Law Now Depends on Republicans," *New York Times*, March 31, 2023. 그 가루는 이후 해로운 물질이 아닌 것으로 밝혀졌다. 브래그 검사는 이에 대해 "우리 사무실을 위협하거나 뉴욕의 법치주의를 훼손하려는 시도는 좌시하지 않겠다"고 응수했다. 이후 트럼프는 맨해튼 최초의 흑인 지방 검사인 브래그를 "짐 승"이라고 부르며, 야구 방망이를 들고 있는 자신의 사진을 브래그의 얼굴 사진 옆에 나란히 배치한 이미지를 자신의 트루스 소셜 계정에 게시했다.
42  Maggie Haberman and Alan Feuer, "Trump's Latest Dinner Guest: Nick Fuentes, White Supremacist," *New York Times*, November 25, 2022. 다음도 보라. Jason Wilson, "Kanye's Antisemitic Hate Speech Platformed by Enablers in Tech, Media, and Politics," Southern Poverty Law Center, December 7, 2022.
43  Bevan Hurley, "Trump Says He Is Financially Supporting Some Jan 6 Suspects and Plans to Pardon Them if Re-elected," Yahoo News, September 1, 2022.
44  Marisa Dellatto, "Trump Hits No. 1 with 'Justice for All' Song Made with Jan. 6 Arrestees," *Forbes*, March 21, 2023.

# 15장

1. Arlie Hochschild, "The Republicans Are Disconnected from Reality? It's Even Worse About Liberals," *The Guardian*, July 21, 2019. 상대 정당에 대한 잘못된 인식은 다음에서 자료를 볼 수 있다. Douglas J. Ahler and Gaurav Sood, "The Parties in Our Heads: Misperceptions About Party Composition and Their Consequences," *Journal of Politics* 80, no. 3 (2018): 964-981, and Daniel Yudkin, Stephen Hawkins, and Tim Dixon, "The Perception Gap: How False Impressions are Pulling Americans Apart," More in Common, June 2019.
2. Mark Jurkowitz and Amy Mitchell, "A Sore Subject: Almost Half of Americans Have Stopped Talking Politics with Someone," Pew Research Center, February 5, 2020.
3. Christopher Garneau, "The Limits of Tolerance in Polarized Times" (paper presented at Building Bridges 2.0: Liberty, Justice & Equality Conference, University of Science & Arts of Oklahoma, Chickasha, Oklahoma, October 23, 2023). 다음도 보라. Christopher R. H. Garneau and Philip Schwadel, "Examining the Influence of Political Affiliation and Orientation on Political Tolerance," *Socius* 8: 1-17.
4. 예를 들어 다음을 보라. Marsha Blackburn, "Why Is Critical Race Theory Dangerous for Our Kids?", July 12, 2021, www.blackburn.senate.gov/2021/7/why-is-critical-race-theory-dangerous-for-our-kids.
5. Kiara Alfonseca, "Map: Where Anti-Critical Race Theory Efforts Have Reached," ABC News, March 24, 2022.
6. Alfonseca, "Map."
7. "An Act Relating to Public Education and Declaring an Emergency," H.B. 14, Kentucky General Assembly, 2022 Regular Session (2021), https://apps.legislature.ky.gov/record/22rs/hbl4.html.
8. Peter Greene, "Teacher Anti-CRT Bills Coast to Coast: A State-by-State Guide," *Forbes*, February 16, 2022.
9. Juliana Menasce Horowitz, Pew Research Center, "Americans See Advantages and Challenges in Country's Growing Racial and Ethnic Diversity," May 8, 2019. 다음도 보라. Kim Parker, Juliana Menasce Horowitz, Anna Brown, Richard Fry, D'Vera Cohn, and Ruth Igielnik, "What Unites and Divides Urban, Suburban, and Rural Communities," May 22, 2018.
10. 도시 거주 백인들이 시골 거주 백인들보다 훨씬 더 공감하는 경향을 보였으며(동의 비율 62퍼센트 대 33퍼센트), 여성이 남성보다 다소 더 공감하는 것으로 나타

났다(동의 비율 51퍼센트 대 49퍼센트). American National Election Studies, *ANES 2020 Time Series Study Full Release* [dataset and documentation], July 19, 2021, www.electionstudies.org.

11  Evan Hill, Ainara Tietenthäler, Christiaan Triebert, et al., "How George Floyd Was Killed in Police Custody," *New York Times*, May 31, 2020.

12  American National Election Studies, *ANES 2020 Time Series Study Full Release* (dataset and documentation), July 19, 2021, www.electionstudies.org.

## 16장

1  Rome Neal, "Official End of Legendary Feud," CBS News, June 13, 2003.
2  Buddy Forbes, "Hatfield & McCoy cabin opens doors to politics for first time in 140 years," *WYMT*, November 8, 2022.
3  The GroundTruth Project, "An Appalachian Trail: Finding the Real McCoy," October 11, 2017, https://thegroundtruthproject.org/crossing-the-divide-kentucky/.
4  케네스 베스트의 글에 실린 두 가문 간 분쟁의 사회적·경제적 맥락에 대한 역사학자 앨티나 L. 월러의 논평을 참고하라. "Hatfield-McCoy Feud Carries Lessons for Today," *UConn Today*, University of Connecticut, September 10, 2019. 다음도 보라. Altina L. Waller, "Hatfield-McCoy: Economic Motives Fueled Fed That Tarred Region's Image," *Lexington Herald-Leader*, July 30, 2012.
5  Altina L. Waller, "The Hatfield-McCoy Feud," University of North Carolina Press (blog), June 11, 2012. 다음도 보라. Altina L. Waller, *Feud: Hatfields, McCoys, and Social Change in Appalachia, 1860-1900* (Chapel Hill: University of North Carolina Press, 1988). 다음도 보라. Nadia Suleman, "The Causes of the Hatfield and McCoy Feud Ran Deeper Than You May Think," *Time Magazine*, September 10, 2019. 술레먼은 이렇게 적었다. "매코이 가문의 아들들 대부분은 남의 집 일을 하며 생계를 이어가고 있었다. 그들은 자기 집을 가질 수 없었고, 고용주가 제공하는 숙소에서 살아야 했다. 좌절감이 클 수밖에 없는 상황이었다."
6  Altina L. Waller, "The Hatfield-McCoy Feud."
7  LivingHistoryArchive, "Civil War Reenactment Events 2023-the Complete List," https://www.livinghistoryarchive.com/article/civil-war-events-in-america.
8  Southern Poverty Law Center, *Whose Heritage? Public Symbols of the Confederacy*, 3rd edition, 2022, www.splcenter.org/sites/detault/files/whose-heritage-report-third-edition.pdf.

9  Wikipedia, "List of American Civil War monuments in Kentucky," last edited March 8, 2022.

10  Historical Marker Database, "Memorialization of Jefferson Davis," www.hmdb.org/m.asp?m=81014.

11  Wolfgang Schivelbusch, *The Culture of Defeat: On National Trauma, Mourning, and Recovery*, trans. Jefferson Chase (New York: Metropolitan Books, 2004), 84.

12  Thomas Laqueur, "Lost Cause," review of *The Culture of Defeat: On National Trauma, Mourning, and Recovery*, by Wolfgang Schivelbusch, *The Nation*, November 24, 2003.

13  Thomas Scheff, Reginald G. Daniel, and Joseph Sterphone, "Shame and a Theory of War and Violence," *Aggression and Violent Behavior* 39, 109-115.

14  Keen, *Shame: The Politics and Power of an Emotion* (Princeton, NJ: Princeton University, 2023).

15  역사적으로 권위주의 지도자에 대한 대중적 지지는 좌우 모두에서 위험한 수준까지 증가해왔다. 내가 이 글을 쓰는 2023년 현재 전 세계적으로 이런 정권은 주로 우파 진영에서 등장하고 있다. 프랑스의 마린 르펜이 이끄는 국민전선, 그리스의 일리아스 카시디아리스가 주도한 황금새벽당(매슈 하임바크가 교류했던 정당이기도 하다), 브라질의 자이르 보우소나루가 소속된 보수 성향의 사회자유당, 인도의 나렌드라 모디가 이끄는 인도국민당 등이 대표적이다. 세계 곳곳에서 우파 정치 이념은 종종 상실과 굴욕 그리고 그 상실로 인해 '도둑맞았다'는 이야기 구조를 중심으로 전개된다. 하지만 역사에는 그 반대 사례들도 있다. 러시아의 볼셰비키나 중국의 마오주의(마오쩌둥 사상)가 그렇다. 이러한 사례들에서 우리는 자부심에 대한 강력한 호소를 발견할 수 있다. 이는 우파에서는 갈망해온 과거의 회복을 통해, 좌파에서는 그동안 충분한 자부심을 갖지 못했던 집단에게 자부심을 확장하는 방식으로 나타난다. 국가에 대한 자부심을 강조하는 호소는 우파와 좌파 모두에게서 나타나고 있다.

16  실제로 미국 경기부양법(1조 9000억 달러), 인프라 투자 및 일자리법(1조 달러), 반도체법(530억 달러), 인플레이션 감축법(4300억 달러), 초당적 인프라법(3500억 달러) 등 수많은 연방 지원책이 파란 주보다 붉은 주의 소득 증가에 더 큰 도움을 주고 있었다. Ben Winck, "Biden's economic scorecard touts fragile advantage," Reuters, November 9, 2023. U.S. Department of the Treasury, "New U.S. Department of the Treasury Analysis: Two Years In, Bipartisan Infrastructure Law Is Spurring Historic Surge in Infrastructure Investments, Especially in States with the Greatest Need," Press release, November 15, 2023, https://home.treasury.gov/news/press-releases/1909.

17  WSON, "Gov. Beshear: $27.5 Billion in Investments Announced to Support Job Growth, Economic Development Across Kentucky," October 5, 2023, https://wsonradio.

com/2023/10/05/gov-beshear-27-5-billion-in-investments-announced-to-support-job-growth-economic-development-across-kentucky/.

18   예를 들어 전기차 부품을 생산하는 히타치 아스테모 아메리카스는 파이크빌에서 서쪽으로 세 시간 떨어진 베레아의 공장을 확장하며 평균 시급 26달러(복리후생 포함)의 정규직 일자리 167개를 창출하겠다고 발표했다. 전기차 배터리를 생산하는 인비전 AESC는 파이크빌에서 서쪽으로 30분 거리인 볼링그린에 공장을 착공했다. 이곳에서는 정규직 일자리 2000개가 생겨날 예정이다. 또 파이크빌에서 북서쪽으로 네 시간 거리인 분카운티에는 매트릭스 팩 노스 아메리카가 지속 가능한 종이 제품을 생산하는 신규 시설을 건설 중으로, 평균 시급 24달러의 정규직 일자리 144개가 제공될 계획이다. 이들 공장 설립에 관한 보도자료는 다음을 보라. Kentucky Cabinet for Economic Development, "News Releases," https://ced.ky.gov/Newsroom/News_Releases.

19   그녀가 바라는 공장 일자리는 이 지역에서 새롭게 생겨나는 고용 기회들 중 하나였다. 파이크카운티에서 가장 큰 고용주는 파이크빌의료센터였고, 파이크빌은 관광 중심지로도 점차 성장하고 있었다. 인근 브레익스 인터스테이트 파크에서는 엘크 관찰과 집라인 체험이 가능했고 지역 콘서트에서는 로레타 린(〈나는 광부의 딸I'm a Coal Miner's Daughter〉)과 콘웨이 트위티(〈그게 내 직업That's My Job〉)의 노래를 손녀 테일라 린과 손자 트레 트위티가 부르기도 했다. 또 2017년 발표한 곡 〈애딕션 킬스Addiction Kills〉로 유명한 젤리 롤의 공연도 열렸다. 젤리 롤은 토미 래틀리프가 가장 좋아하는 가수다.

20   Data USA, "Congressional District 5, KY," https://datausa.io/profile/geo/congressional-district-5-ky economy.

21   Shepherd Snyder, "Pike county distillery plans to repurpose underground coal mine to age Kentucky bourbon," WKMS, October 30, 2023.

22   "US Grown Wild-Crafted Botanicals," Appalachian Herbal Company, www.appalachianherbalcompany.com.

23   Nicole Ziege, "Pikeville Couple Grows Mushroom Farm," *Appalachian News-Express*, June 11, 2021.

24   Michelle Lewis, "The Largest Solar farm in Kentucky Will Be Built on a Former Coal Mine," *Electrek*, December 29, 2021.

25   Data USA, "Congressional District 5, KY," https://datausa.io/profile/geo/congressional-district-5-ky.

26   Anthony Flaccavento, "A Rural New Deal Could Help Progressives Win Rural America," *In These Times*, October 4, 2023.

27  Carl Hulse, "On the Border, Republicans Set a Trap, Then Fell Into it," *New York Times*, February 6, 2024.

28  Shauneen Miranda, "Poll: Many Americans Expect Election-Related Violence over Future Losses," *Axios*, Jan 7, 2024.

29  David Corn, "Trump II: How Bad It Could Be?," *Mother Jones*, January 11, 2024.

30  NBC News, "Trump Says He'd Let Russia Do 'Whatever the Hell They Want' to NATO Countries That Don't Pay Enough," NBC News, February 10, 2024.

31  David Corn, "Trump II: How Bad It Could Be," *Mother Jones*, January 11, 2024.

32  John Cassidy, "Trump's Fascistic Rhetoric Only Emphasizes the Stakes in 2024," *The New Yorker*, November 14, 2023.

33  Dylan Riley, *The Civic Foundations of Fascism in Europe* (Baltimore: Johns Hopkins University, 2010). 다음도 보라. "Enigmas of Fascism," *New Left Review* 30, November 1, 2024.

34  Hope Reese, "A champion of the unplugged, earth-conscious life, Wendell Berry is still ahead of us," *Vox*, October 9, 2019.

35  전국적으로는 시골에서 도시로 향하는 인구 이동이 계속되고 있었다. 하지만 농촌 사회학자 벤 윈체스터는 미네소타에서 그 흐름과는 반대되는 현상을 발견했다. 30세에서 49세 사이의 도시 거주자들이 오히려 시골로 이주하면서 '두뇌 유입' 현상이 나타났다. 이런 역이주자들에게는 저렴한 주거비, 더 안전한 환경, 그리고 시골 특유의 여유로운 분위기가 크게 작용했고, 일부는 인터넷 기반의 직업 덕분에 농촌에서도 원격 근무가 가능했다. 윈체스터는 인터넷 덕분에 "이제 우리는 어디에서든 세상의 중심에 살 수 있게 됐다"고 말한다. Marc Perry, Luke Rogers, and Lindsay Spell, "Domestic Outmigration From Some Urban Counties Slowed, Smaller Gains in Rural Counties," US Census Bureau, March 30, 2023, https://www.census.gov/library/stories/2023/03/domestic-migration-trends-shifted.html; Benjamin Winchester, "Continuing the Trend: The Brain Gain of the Newcomers. A Generational Analysis of Rural Minnesota Migration, 1990-2010," University of Minnesota Extension Center for Community Vitality, May 16, 2012; Benjamin Winchester, "Living in the middle of everywhere," University of Minnesota Extension, April 28, 2022; Meltem Odabas, "Concern about drug addiction has declined in U.S., even in areas where fatal overdoses have risen the most," Pew Research Center, May 31, 2022.

36  Gabriel Popkin, "The Green Miles," *Washington Post Magazine*, February 13, 2020.

## 나가는 글

1  Tim Marema, "Rural Voters Shift Toward Democrat in Kentucky Governor's Race," *Hoptown Chronicle*, November 11, 2023, https://hoptownchronicle.org/rural-voters-shift-toward-democrat-in-kentucky-governors-race/.

2  Christina Ford, "Corbin: The Former Sundown Town Works Toward Diversity," LEX18, July 7, 2022, www.lex18.com/news/ex-in-depth/corbin-the-former-sundown-town-works-toward-diversity. 일출 계획에 대한 자세한 정보는 다음을 보라. www.sunupcorbin.com. 다음도 보라. Angela Turner, "Corbin Women, Racial Justice Initiative Planning Event to Remember 100th Anniversary of Racial Cleansing," *Times-Tribune*, July 13, 2019.

3  Jess Clark, "Kentucky School District Bans More Than 100 Books, Citing Anti-LGBTQ+ Law," Louisville Public Media, October 19, 2023. 다음도 보라. Andrew Lapin, "A New Version of the Famous Holocaust Diary Is Being Called 'Anne Frank Pornography' and Getting Banned From Schools," Jewish Community of Louisville, June 12, 2023, https://jewishlouisville.org/a-new-version-of-the-famous-holocaust-diary-is-being-called-anne-frank-pornography-and-getting-banned-trom-schools/.

4  Russell Contreras, "Koch Group Targets Latinos with Anti 'Bidenomics' Campaign," Axios, August 3, 2023.

## 후기

1  https://www.nytimes.com/2025/03/17/opinion/weather-service-doge-cuts.html.

2  https://economictimes.indiatimes.com/news/international/global-trends/us-health-department-to-cut-10000-jobs-as-robert-f-kennedy-jr-announces-overhaul-in-latest-doge-push/articleshow/119599555.cms?from=mdr.

3  https://kykernel.com/113563/news/kentucky-businesses-impacted-by-imposed-tariffs-now-facing-price-increases-a. https://www.rollingstone.com/politics/politics-news/elon-musk-cuts-social-security-medicaid-medicare-1235293407/mid-uncertainty/?print=true.

4  켄터키주 유권자들 사이에서 그의 지지율은 높다. 〈뉴스위크〉가 조사한 트럼프 지지율은 다음을 보라. https://www.newsweek.com/donald-trump-approval-rating-map-march-2051505.

5  https://kypolicy.org/the-four-ways-congress-is-threatening-to-cut-snap-in-

kentucky/.

내 연구 조교 커스틴 크러셀의 계산에 따르면 투표 결과는 다음과 같다.

트럼프: 약 45퍼센트(득표수 24만 7206표 / 등록 유권자 수 54만 6733명)

해리스 또는 기타 후보: 약 10퍼센트(득표수 5만 5969표 / 등록 유권자 수 54만 6733명)

투표하지 않음: 약 45퍼센트(24만 3562명 / 등록 유권자 수 54만 6733명).

6  제임스는 재활 클리닉이 자금 부족으로 문을 닫으면서 책임자 자리를 잃었지만 이후 다시 중독 회복 관련 일을 하게 됐다.

7  2024년 대통령 선거 직전에 실시된 미국 전국선거연구 조사에 따르면 미국인 가운데 MAGA 운동을 지지하는 비율은 11.6퍼센트에 불과했다.

8  Arlie Russell Hochschild, *Stolen Pride: Loss, Shame and the Rise of the Right*(The New Press, 2024), 194.

9  로저는 NBC, ABC, CBS, 〈뉴욕타임스〉를 "선전 매체"라고 보았다. 지금은 폭스 뉴스와 에포크타임스를 조금씩 보고 있지만 〈워싱턴포스트〉, 〈포브스〉, 〈블룸버그〉, 〈월스트리트저널〉도 구독 중이다.

10  https://kypolicy.org/the-four-ways-congress-is-threatening-to-cut-snap-in-kentucky/.

11  〈이코노미스트〉 여론조사에 응한 사람들 가운데 약 37퍼센트는 자신을 무당파라고 밝혔다. 이들 중 37퍼센트는 트럼프의 국정 수행을 긍정적으로 평가했고 54퍼센트는 부정적으로 평가했다. 트럼프는 공화당 내에서는 강력한 지지층을 보유하고 있지만 공화당 지지자는 전체 유권자의 3분의 1도 되지 않는다.

12  https://prospect.org/politics/2025-03-26-bernies-fighting-oligarchy-tour-organizing/. https://www.nytimes.com/elections/2016/results/primaries/kentucky.

13  https://statisticalatlas.com/congressional-district/Kentucky/Congressional-District-5/Food-Stamps.

14  Sylvia Freire, "Kentucky businesses Impacted by Imposed Tariffs, Now Facing Price Increases amid Uncertainty," Kentucky Kernel, March 13, 2025, https://www.google.com/search?sca_esv=2a2a93e8be91f013&udm=7&q=2025+Ashli+Watts,+president+and+CEO+of+Kentucky+chamber+of+Commerce&sa=X&ved=2ahUKEwjdsKaM3aaMAxUCOTQIHV3GDZwQ8ccDKAR6BAgmEAY&biw=1080&bih=1751&dpr=1fpstate=ive&ip=1&vld=cid:f42e9f0a,vid:TMmfMSqFoi4,st:0.

15  https://www.wsj.com/politics/for-jd-vances-kentucky-politics-is-about-pride-and-jobs-a1496bb9.

## 부록 1

1 블룸버그 산하의 시티랩CityLab은 2010년 인구조사 자료를 바탕으로 '선거구 밀도 지수(CDI: Congressional Density Index)'를 개발해 미국 내 연방 하원의원을 선출하는 모든 선거구를 해당 지역의 인구 밀집도를 기준으로 분류했다. 시티랩은 카나가 대표하는 캘리포니아 제17 연방하원선거구(CA-17)를 "완전한 도시"로, 로저스가 대표하는 켄터키 제5 연방하원선거구(KY-5)를 "완전한 시골"로 분류했다. David Montgomery, "City-Lab's Congressional Density Index," Bloomberg, November 18, 2018, www.bloomberg.com/news/articles/2018-11-20/citylab-s-congressional-density-index.

2 U.S. Census Bureau, American Community Survey (ACS), 1-Year Estimates, 2021.

3 Arlie Hochschild, "The Coders of Kentucky," *New York Times*, September 21, 2018.

## 부록 2

1 ANES 자료에 따르면 시골과 도시 지역에 거주하는 백인 응답자들은 흑인에 대한 공감 수준에서 32퍼센트포인트의 차이를 보였다(시골 32퍼센트, 도시 64퍼센트). 도시 거주자는 시골 거주자보다 흑인에 대한 공감을 표현할 가능성이 두 배 더 높았다.

# 색인

## ㄱ

개리맨더링 160, 418
개인주의 60, 63, 145
공화당 18, 21~25, 27, 29, 30, 36,
　　50, 51, 60~65, 77, 83, 90, 134,
　　145, 160, 185, 196, 206, 210,
　　289, 295, 296, 299, 304, 307,
　　314~320, 332, 340, 351, 361,
　　363, 367~370, 394, 403, 404,
　　414, 418, 421~423
　　공화당원 151, 158, 289, 296,
　　　314, 320, 326, 330, 347, 351,
　　　411
국민민주당 85
국민연합 85
국민행동 85
《국부론》 64
《귀향》 115
그라이더, 윌리엄 64
그레이엄, 린지 289
그린, 마저리 테일러 289
〈그린 에이커스〉 57
극단주의자 38, 40, 44, 46, 88, 94,
　　124, 130, 172, 175, 185, 227,
　　266~271, 285, 288, 351, 363
근면함 60, 62, 176
글로벌 십자군 79
기사당 19
기후변화 24, 40, 83, 93, 367, 407,
　　411

## ㄴ

《나의 투쟁》 91
나치 29, 45, 87, 88, 92, 100, 106,
　　128, 129, 156, 170, 264, 267~
　　269, 285, 286, 395
나치당 45
나치즘 272
나치 친위대 80, 90, 92
남부빈곤법률센터 19, 101
남부연합 32, 87, 88, 90, 95~97, 102,
　　170, 266, 267, 320, 389, 390
《너무 과한데 만족을 모르는》 338
네오나치 17, 32, 38, 44, 47, 81, 83,
　　85~88, 92, 93, 101, 122, 128,
　　152, 155~157, 176, 226, 269,
　　270, 278, 281, 282, 351, 412
네이비실 310, 395
노동조합 24, 72, 137, 162, 198, 249,
　　256, 272, 304, 305
노르베리-호지, 헬레나 23
눈물의 길 171

## ㄷ

달리트 128, 129
《당신이 사랑하는 모든 것이 불타버릴 것이다》 87, 101
더 나은 재건 법안 313
더티 화이트 보이스 80, 87
델타포스 310
도둑질을 막아라 295, 315
돕식 246, 257
두테르테, 로드리고 9 81, 83, 158
디턴, 앵거스 225
디프랑코, 애니 273
딥 사우스 22, 109, 110, 115
딥 스테이트 66, 148, 310, 409

## ㄹ

라이트 스터프 80
〈래시〉 57
레드 아메리카 24
레드넥 183, 204, 216, 249, 266, 325, 327
　레드넥 리볼트 133, 266, 270
롬니, 밋 89, 289
롱, 휴이 306
루스벨트, 시어도어 306
루스벨트, 프랭클린 18, 362, 409
루카스, 조지 92
르펜, 마린 85
린, 로레타 36
링컨, 에이브러햄 31, 44, 389

## ㅁ

매시, 토머스 289
매코이 386~389, 418
맥그리얼, 크리스 240
메디케이드 23, 332, 409, 413, 415
멜런전 40
모스, 조지 94
모호크 165, 245
몬토야, 로즈 300
무데, 카스 26
무장 행동 연합 290
물라토 114, 115
민권법 112
민주당 18, 21, 25, 29, 30, 42, 43, 50, 60~66, 72, 82, 83, 145, 151, 185, 196, 203, 206, 210, 296, 300~304, 309~316, 331, 332, 338, 339, 349, 360, 361, 367~370, 394, 403, 404, 413~415, 421~423
민주당원 203, 310, 319

## ㅂ

바이블 벨트 125
《백인 미국 청년》 226
백인 민족주의 18, 19, 24, 25, 32, 35, 38, 44, 45, 79, 85, 86, 95, 98, 100, 101, 133, 152, 155, 158, 180, 183, 215, 229, 231, 263, 269, 270, 274, 275, 277, 282,

285, 291, 387, 411, 412, 422, 425
뱅가드 아메리카 80
베리, 웬델 37, 73, 218, 397, 398, 408, 418, 424
베버, 막스 60, 61
〈베벌리 힐빌리스〉 57, 241, 324
보이지 않는 손 64
《부자들은 왜 우리를 힘들게 하는가?》 304
북부 연맹 85
《분노의 정치학》 326
붉은 주 24, 40, 59, 63, 150, 201, 239, 313, 320, 341, 392
브라만 128, 129
브라운, 카리다 115
블랙 로브 연대 309
블러드 앤 아너 278
비백인 39
비트소스 37

## ㅅ

샌더스, 버니 414, 415
서구 문명을 위한 청년 모임 98
서복손 243, 244
셰이, 대니얼 325
《소농, 문명의 뿌리》 387
수정의 밤 120
수정헌법 1조 44, 270
수정헌법 2조 19, 20, 270

수치심 27~30, 52~59, 65~69, 77, 82, 83, 95~102, 113, 116, 118, 120, 128~130, 145, 150, 153, 173, 175, 176, 180, 186, 201, 202, 204, 210, 211, 221, 225~229, 234, 237, 238, 241, 245, 256, 258, 259, 270, 272, 285, 301, 333~338, 341, 342, 560~358, 361, 362, 365, 368~371, 376, 380, 390, 391, 396, 398, 400, 401, 418, 424
《수치심》 52, 391
슈라이너 295, 411
쇼프, 제프 83, 269, 275
스리 퍼센터스 288, 363
스미스, 애덤 64, 138
스미스, 에피 윌러 106
스킨헤드 88, 157, 226, 278, 285
〈스타워즈〉 91, 92, 193, 364
시거, 피트 273
《시골 유권자》 324, 325
신플람스 연맹 85
실바, 제니퍼 203
실업급여 66

## ㅇ

아동낙오방지법 188
아리스토텔레스 53
아리안 서클 174
아리안 형제단 87

아메리칸드림 44, 59, 60, 62, 64, 65, 76, 90, 99, 100, 117, 129, 135, 137, 145, 176, 180, 203, 214, 217, 222, 227, 235, 242, 243, 249, 258, 341, 364, 369, 372, 396, 400
아이덴티티 에브로파 80, 87
《안네의 일기》403
안티파 33, 50, 133, 266, 267, 269, 270, 291, 303
애덤스, 제임스 트러슬로 59
《앨비언의 씨앗》39
앵글로색슨 170
야노풀로스, 마일로 19
연방정부 23, 25, 41, 55, 64, 65, 83, 118, 149, 159, 168, 285, 296, 313, 319, 322, 331, 332, 348, 380, 395, 407, 410, 428
오바마, 버락 21, 66, 102, 164, 273, 315, 330, 331, 333, 336, 346, 407
오스 키퍼스 288, 351, 363
오피오이드 143, 238, 239, 243, 375
옥시코돈 246
옥시콘틴 25, 143, 208, 238~243, 399, 41
완벽한 폭풍 24, 29, 35
요아캄, 드와이트 74, 321, 424
원 퍼센터 165
윌슨, 윌리엄 줄리어스 258

윌커슨, 이저벨 128, 129
유파이크 37, 108, 122, 229, 263, 270, 271
인디비어 244

## ㅈ

《자기 땅의 이방인들》20, 53, 311, 419
자기 방어권 20
자본주의 64, 65, 118, 225, 324
자부심 19, 27~30, 45, 52~65, 68, 80, 82, 83, 86, 89, 95, 96~102, 106, 126, 128~130, 137, 144, 153, 158, 163, 166, 169, 174~176, 179, 180, 187, 201~203, 207, 210, 214, 222, 224, 233~235, 239, 244, 246~250, 255, 256, 258~260, 270, 272, 275, 288, 301, 307, 310, 313, 321, 323, 324, 326, 329, 333, 339~342, 350, 352, 355, 357, 358, 364, 369, 370, 376, 380, 385, 386, 388~392, 397, 399, 406, 423, 424
자부심 경제 58, 68, 233, 244, 249, 256, 341, 388
자부심의 역설 27, 59, 76, 146, 150, 151, 153, 201, 258, 323, 333, 338, 342, 362, 369, 370, 396, 400

자야데브, 아르준 40
자유당 85
《전체주의의 기원》353
《절망의 죽음과 자본주의의 미래》 225
전통주의 노동자당 44, 80
《제이버 크로》218
제이컵스, 니컬러스 324
존슨, 로버트 40
존슨, 린든 31, 76
《증오를 깨뜨리다》285
지하철도 31
짐 크로 법 83, 129, 198

## ㅊ

체로키 170, 171, 177

## ㅋ

《카스트》128
카푸시친스키, 리샤르드 85
《커밍 업 쇼트》203
컷스루 41, 117, 118
케이스, 앤 225
코딜, 해리 68, 110, 111, 136
코로나19 23, 34, 60, 231, 280, 302, 418, 423, 424
코플린, 찰스 306
큐어넌 310, 311
큐클럭스클랜 80
크러셀, 커스틴 21, 426

크레이머, 캐서린 326
키멀, 마이클 94
킨, 데이비드 52, 335, 353, 354, 391
킹솔버, 바버라 55

## ㅌ

탄, 데이비드 243
터너, 빌 115
《터너의 일기》91
테놀드, 베이거스 87, 101
《톰 아저씨의 오두막》254
툰베리, 그레타 93
트럼프, 도널드 21~23, 26, 51, 52, 79, 81, 83~85, 124, 134, 151, 158, 159, 173, 185, 205, 252~254, 264, 271, 279, 283, 289, 293~295, 299, 302, 303, 305~318, 327, 331, 333~342, 345~355, 357~358, 360~365, 377, 394, 395, 399, 403, 407, 409, 410~415
트럼프, 메리 338
티파티 299

## ㅍ

파란 주 24, 30, 59, 63, 75, 239, 313, 320, 341
파머, 폴 112
파시즘 32, 394, 395
파이크빌대학교 37, 42, 45~47, 213,

263, 268, 279, 308, 320, 371, 413, 417, 424
파커, 크리스토퍼 255
《패배의 문화》 390
퍼듀 파마 25, 238~244, 259, 418
페이프, 로버트 351
페커우드 165
〈페티코트 정크션〉 57
펠 그랜트 285
포트, 폴 92
푸드 스탬프 71, 139, 197, 199, 221, 332, 409, 413~415
프라우드 보이스 33, 95, 351, 363
프라인, 존 73
프레이저, 맥스 71, 74, 142
프레퍼 21, 404
프로테스탄트 윤리 60, 61, 180, 338
프리메이슨 295, 411
플랑스 밸랑 85
피노체트, 아우구스토 92
피셔, 데이비드 해킷 127
피어스, 윌리엄 루서 91
피어슨, 폴 304
피치올리니, 크리스티안 226, 285, 286

## ㅎ

하이드로코돈 246
하임 바크, 매슈 17~19, 26, 29, 32, 33, 39, 44~46, 79~89, 93, 98, 100, 102, 106, 118~120, 133, 147, 152, 158, 175, 176, 180, 229, 263~272, 274, 275, 277~291, 351, 362, 364, 387, 395, 404, 412
《할렘 르네상스》 115
해리스, 카멀라 410
해머스킨스 157, 226, 278
해커, 제이콥 304
햇필드 35, 107, 157, 184, 237, 385~389, 418
헤로인 231, 232, 239, 241, 243, 246, 247, 256, 265, 376
《혐오의 치유》 94
혼혈 40, 114, 148, 169, 177, 185, 219, 227, 254
홀러 185, 196, 198, 199, 234, 253, 295, 297, 298, 303, 380
홀로코스트 83, 97, 101, 117, 119, 120, 122, 175, 176, 219, 265, 287, 363
황금새벽당 85, 282
흑인 생명도 소중하다 84
히틀러, 아돌프 80, 81, 85, 91, 92, 128, 283, 288, 363, 327, 401
〈히호〉 57
힐빌리 55, 75, 76, 109, 183, 198, 199, 241, 250, 253, 278, 287, 323
힐빌리 하이웨이 57, 142

## A~Z

CCC 80

CIA 310

KKK 32, 80, 81, 83, 87, 88, 106, 107, 118, 122, 128, 130, 156~158, 163, 166~176, 185, 229, 254, 255, 265, 288, 405, 424

MAGA 84, 289, 294, 317, 318, 349, 352, 363, 364

MRT 160

NSA 310

NSM 32, 80, 270, 272, 288

SNAP 332, 414

WLM 80

도둑맞은 자부심

초판 1쇄 발행 2025년 8월 22일

**지은이** 앨리 러셀 혹실드
**옮긴이** 이종민
**발행인** 김형보
**편집** 최윤경, 강태영, 임재희, 홍민기, 강민영, 송현주, 박지연, 김아영
**마케팅** 이연실, 김보미, 김민경  **디자인** 김지은, 박현민  **경영지원** 최윤영, 유현

**발행처** 어크로스출판그룹(주)
**출판신고** 2018년 12월 20일 제 2018-000339호
**주소** 서울시 마포구 동교로 109-6
**전화** 070-5080-4038(편집) 070-8724-5877(영업)  **팩스** 02-6085-7676
**이메일** across@acrossbook.com  **홈페이지** www.acrossbook.com

한국어판 출판권 ⓒ 어크로스출판그룹(주) 2025

ISBN 979-11-6774-227-8  03300

- 잘못된 책은 구입처에서 교환해드립니다.
- 이 책은 저작권법에 따라 보호를 받는 저작물이므로 무단 전재와 무단 복제를 금지하며, 이 책의 전부 또는 일부를 이용하려면 반드시 저작권자와 어크로스출판그룹(주)의 서면 동의를 받아야 합니다.

**만든 사람들**
**편집** 강민영  **교정** 윤정숙  **표지디자인** 이지선  **본문디자인** 송은비  **조판** 정은정